转型背景下中国农民合作社发展理论与经验

徐志刚 等◎著

科学出版社
北 京

内 容 简 介

本书主要围绕中国农民合作社发展的相关现实与理论问题，与读者分享作者多年研究取得的一些认识和看法。全书在一个系统性的框架下，客观研判中国农民合作社发展的基本事实、取得的成绩和面临的困境，系统阐释农民合作社高质量发展的必要条件，透彻剖析中国农民合作社发展存在问题的深层次原因和障碍，深入研讨中国农民合作社的发展前景、道路和策略选择，并从法律完善和政策优化层面提供可选择的建议。

本书适合政府决策部门人员、科研工作者、在校研究生、农民合作社经营者等参考阅读，可为读者系统认识和深入理解中国农民合作社的发展状况与前景提供可参考的事实证据、理论思考与学术观点。

图书在版编目（CIP）数据

转型背景下中国农民合作社发展理论与经验 / 徐志刚等著. —北京：科学出版社，2021.8

ISBN 978-7-03-063537-2

Ⅰ. ①转… Ⅱ. ①徐… Ⅲ. ①农业合作社-发展模式-研究-中国 Ⅳ. ①F321.42

中国版本图书馆 CIP 数据核字（2019）第 266090 号

责任编辑：魏如萍 / 责任校对：贾娜娜
责任印制：张 伟 / 封面设计：无极书装

科学出版社出版
北京东黄城根北街 16 号
邮政编码：100717
http://www.sciencep.com
北京建宏印刷有限公司印刷
科学出版社发行 各地新华书店经销
*
2021 年 8 月第 一 版 开本：720 × 1000 1/16
2021 年 8 月第一次印刷 印张：30
字数：480 000

定价：210.00 元

（如有印装质量问题，我社负责调换）

作 者 简 介

徐志刚，1973 年生，苏州人，2001 年南京农业大学管理学博士毕业。教育部“长江学者奖励计划”青年项目入选者，国家社会科学基金重大项目首席专家。先后任职国务院学位委员会第七届农林经济管理学科评议组秘书，中国农业经济学会理事、青年工作委员会副主任委员等。研究领域为农业与资源经济理论与政策、农村发展等。在《经济研究》、《管理世界》、*Food Policy* 等期刊发表论文 140 多篇，出版专著 6 本，曾连续三年被 Elsevier 评为中国高被引学者。2002 年和 2020 年两获教育部高等学校科学研究优秀成果奖，多次获中国农村发展研究奖论文奖和论文提名奖，获 2017 年江苏省教学成果奖（高等教育类）一等奖，2018 年高等教育国家级教学成果奖二等奖，2020 年江苏省第十六届哲学社会科学优秀成果奖二等奖。

作 者 名 单

徐志刚
应瑞瑶
邓衡山
朱哲毅
廖小静

序　言

《转型背景下中国农民合作社发展理论与经验》一书是徐志刚、应瑞瑶、邓衡山、朱哲毅、廖小静五位学者近年来关于中国农民合作社研究成果的汇集。该书就中国农民合作社的发展实践经验与理论问题开展深入系统研究，部分研究成果曾获“中国农村发展研究奖”三个论文提名奖，获福建省社会科学优秀成果奖二等奖、三等奖各一项，书稿部分内容被《新华文摘》和中国人民大学复印报刊资料《体制改革》《农业经济研究》《中国政治》《管理科学》等多次全文转载，部分观点以政策咨询报告形式提交国务院办公厅后被采用并得到国家领导人批示。应该说，该书是合作社研究领域的一部力作。

理论与国际经验表明，相较小农户分散经营，农民合作社有降低交易成本和获取规模经济的制度优势，有助于促进小农户与现代农业发展有机衔接。2006 年 10 月 31 日全国人大常委会通过《中华人民共和国农民专业合作社法》，并于 2007 年 7 月 1 日起实施。2008 年 10 月，中共中央十七届三中全会的决定着重提到要“按照服务农民、进退自由、权利平等、管理民主的要求，扶持农民专业合作社加快发展，使之成为引领农民参与国内外市场竞争的现代农业经营组织”[①]。该决定将农民专业合作社的地位和作用提到前所未有的高度，标志着中国农民专业合作社进入了一个新的历史发展阶段，促成了此后中国农民合作社和入社成员数量的飞跃式增长。近几年，在电视广播的新闻报道或专题节目中，只要谈到脱贫攻坚、乡村振兴等“三农”重要问题时，总会听到或见到农民合作社，合作社这个名称已为国人所熟知。但农民合作社在发展中也出现了许多问题，有必要在系统总结与理性思考的基础上，促进中国的农民合作社更加健康、可持续地发展。

---

① 资料来源：《中共中央关于推进农村改革发展若干重大问题的决定》，人民出版社，2008。

《转型背景下中国农民合作社发展理论与经验》一书主要围绕中国农民合作社发展的相关理论与实践问题，在一个系统性的框架下，与读者分享作者们多年研究取得的一些认识和看法。作者们在书中提出三组问题，并根据问题编排全书的开篇、上篇、中篇和下篇。我个人理解，三组问题可以聚焦为三个核心问题：①中国农民合作社的发展现状究竟怎么样？存在什么问题？②问题的根源何在？③中国农民合作社发展的前景究竟如何？未来的发展方向和政策优化选择是什么？

这三个问题是从事合作社研究的学者及以合作社为研究方向的博士生、硕士生都必须正视的根本性问题，那作者们对这些常规问题的探索有什么独特之处呢？

首先，作者们是在中国的转型背景下研究中国农民合作社发展的理论与经验。这种转型从经济社会层面看，要消除城乡二元结构，促进城乡要素双向流动，健全城乡融合发展机制，实现中国的全面小康。从农业农村的层面看，我国发展不平衡不充分问题主要体现在农业农村，要实现农业农村优先发展，使传统农业向现代农业转化，走中国特色的农业现代化道路，进而促进乡村全面振兴。作者们强调转型背景就凸显了这项研究的时代感和现实意义。

其次，据作者们介绍，在研究方法上，他们在调研设计和数据采集上的构思颇具新意。其基于 2003 年中国科学院农业政策研究中心的一套 9 省大样本村庄调查数据，于 2009 年进一步对吉林、河北、陕西、山东、河南、四川和江苏 7 个省 760 个村庄进行了跟踪调查，并就其所有的农民专业合作经济组织开展了一次调查。2014 年，进一步在 2009 年调查的省份中选择吉林、江苏、四川 3 个省 20 个乡镇的 331 个村庄进行了跟踪调查，并就其所有的合作社进行了调查，共收集了 500 家合作社的数据和资料。

作者们认为，这项研究中所使用的样本数量较大且具有代表性，更能反映实际情况，不同于国内学界以往对合作社的研究主要借助典型案例的现状描述或是定性讨论分析的研究，该书所用的合作社数据和村数据是作者及团队分别于 2003 年底、2009 年初和 2014 年底在全国范围内针对合作社开展的三次调查形成的综列数据，数据具有连贯性，克服了单案例研究和截面数据实证分析的不足，而且建立在数据基础上的实证分析更有说服力，结论更具有普遍意义。

关于研究对象，作者们在研究设计中根据农户与合作社的关系，把农户分为核心成员、普通成员、有合作社村庄的非合作社成员、无合作社村庄的农户等四类，并以无合作社村庄的农户为比较基准，使合作社作用的评估更具科学性和准确性。

我在统计分析方面的学养欠缺，对于调查的抽样设计、数据的搜集、跟踪调查的情况及研究对象的选择是否科学，我无能加以评点。但我认为作者们调研设计的构想与初心是值得称道的。

作者们以这一套综列数据为基础，就转型背景下中国农民合作社发展方面理论与实践的重大问题，在前人研究的基础上，根据所研究问题的不同特质，以不同的理论工具为基础，如交易费用理论、制度变迁理论、成本收益理论、合作博弈论、社会信任理论等，对前人研究得出的一些论点或以往的结论进一步深化与发展，对合作社发展中出现的重大问题或现象，做了更详尽、更深入的计量经济学分析。

计量经济模型说到底还是工具，是为研究工作服务的。再精巧的计量经济模型，也离不开对研究既定前提条件的设定，研究假设的提出，以及变量与参数的选择，整个研究进程决定了能得出什么样的重要发现，这就取决于研究者的视野是否开阔，思考是否深邃，理论功底是否扎实，对现实情况的掌握是否透彻，对重大问题的感知是否敏锐。就该书而言，作者们得出了什么具有创新意义的理论观点和政策建议呢？

作者们基于合作社一手调查样本数据和案例研究，从理论与实证两个方面就合作社发展存在问题的缘由进行了系统深入的研究，运用计量经济分析，对中国农民合作社提供技术服务、农资购买服务和统一销售产品的功能状况、开展生产性集体投资的空间等重大问题，做出了客观的判断，并深入阐述了合作社产生和发展所需的诸多必要条件，对合作社的盈余分配活动及利益分配机制做了条分缕析的研究。在上述实证分析的基础上，作者们提出：当前中国合作社发展适宜条件的约束，决定了合作社现存诸多问题与未来发展的渐进性。合作社在中国未来会呈现多元化的发展态势，并且作者们认为现阶段支持合作社的政策资源在合作社间及内部成员间分配不均，不仅偏离政府支持合作社发展的政策目标，还导致了合作社发展的不公平竞争。作者们的研判与发现具有重要的理论意义和应用价值。

还应指出，对农民合作社发展中的一些问题，以往的研究者也做了大量研究，提出过一些有代表性的观点，该书作者们的研究贡献在于，他们的研究从定性分析进一步转化为定量分析，研究更为系统、具体和深入。例如，第 8 章“农民合作社在中国发展的必要条件”：作者们先认真回顾和研读了相关文献，指出有学者在十多年前已分析了合作社产生和发展的适宜条件。同时作者们认为：“本章基于交易成本理论进行论证，相比于上述文献的突破在于：逻辑更为严密，所得结论也不尽相同。”

任何一部优秀作品都会有缺憾，这本书也不例外。作者在主干篇章中以三次调研的一套综列数据为基础开展计量分析，这使得研究工作具有系统性和连贯性，但也使得研究工作囿于这三次基层调查的数据资料，具有一定的局限性。

基于 2003 年中国科学院农业政策研究中心的一套 9 省大样本村庄调查数据，2009 年，作者们对其中 7 省 760 个行政村及农民专业合作经济组织进行了一次普查。当时连未在工商和民政部门登记但符合研究定义的合作经济组织算在内，整个调研一共才观察到 184 家农民专业合作经济组织。2014 年进一步对其中 331 个村进行了跟踪调研，并就其所有合作社进行了调查，对样本乡镇内的所有合作社进行了普查。随机抽样调查收集到了 500 家在工商局正式注册登记的农民合作社资料。作者在进行计量经济分析时，假设合作社活动不跨村，合作社对外村农户不会产生影响。三次调研的合作社的内涵和外延可能有所差异，跨区域的专业合作社与村庄范围内的社区性合作组织界定上也有所不同。

作者们通过计量经济分析验证了第 10 章的研究假说，即村庄内部村民之间关系越好，社会信任程度越高，农民专业合作经济产生、存续和发展下去的可能性越大。村庄社会信任对村民合作和合作社的产生、发展和存续有显著的正向影响，社会信任是村庄产生组织和组织良好发展的必要条件。问卷问题的设定是：是否产生过组织，现在是否有组织，现在是否有功能性组织。组织是比较宽泛的范畴，与专业合作社的界定还是有差异的。

还应指出，在中国农业现代化初始阶段，中国的农业产业化经营是以“公司＋农户”为主要形式，并以此作为实现农业现代化的跨越式发展，提出了“扶持龙头企业、就是扶持农民”的口号。《中华人民共和国农民专业合作社法》的颁布通过成员资格的界定使公司（龙头企业）取得了合法的团体成员身份，实质上是将农业产业化中的“龙头企业（公司）＋农户”或“龙头企业（公司）＋合作社（协会）＋农户”的外部联结形式内部化于合作社之中，从而把不同利益主体之间的关系和矛盾也内化于合作社中。在农业现代化进程中，一个关键性问题是公司（龙头企业）与农民（农业生产经营者，在入社后是农民成员）之间的关系。从生产关系角度看，是公司（人格化的资本）与农民所代表的农业生产经营者之间的关系；从生产力角度看，是公司所代表的现代生产要素（资金、技术、管理、销售渠道、品牌等）与农民所代表的传统生产要素（劳动、土地承包经营权）之间的关系。无论是公司内化于合作社中，还是公司在市场上与合作社扮演不同的角色，合作社与龙头企业之间是什么关系，这是一个绕不开的问题。在转型背景下，要健全城乡融合发展机制，推动城乡要素平等交换、双向流动，增强农业农村发展活力，就意味着城乡互通，要素双向流动，城市的资金、技术、人才等资源下乡，这些生产要素要与农村的土地、劳动等资源有效结合，只有这样才能改变农村原有的要素配置，实现资源配置的优化。然而要想改变农村的要素配置，实现城乡资源的有效结合，农村资源资产的产权格局必须发生相应变化。这又涉及资本（公司）与农民合作社及合作社普通成员之间的关系。

这本书在公司与合作社的关系方面，涉猎不多。第 14 章通过构建一个资方与劳方的合作博弈框架，从理论上分析了具有不同资源禀赋的成员参与合作利益分配的博弈行为，特别是剖析了成员异质性对合作社盈余分配机制安排的影响和机制形成的均衡条件。除了用来自江苏、四川和吉林三省合作社的调查数据进行实证研究外，还介绍了典型案例。在第 16 章，作者也通过典型案例，分析了“公司”型合作社、“公司＋农户”型合作社等。这方面还有较大空间开展进一步的研究。

该书作者指出：“农户规模小、农户间的异质性及食品质量监管体系的不完善、缺乏有效的政策支持是我国合作社产生和发展的四大不利因素。”现代意义上农民合作社的发展是市场经济的产物，但其健康可持续发展并不仅仅取决于经济因素。合作社可持续发展的底蕴来自广大农民成员对合作社秉持的理念、价值观和人文精神的理解和认同，要在广大农民成员中普及和推广合作社内在的人文精神及合作社文化。在第 22 章谈到政策建议时，作者浓墨重彩地提出了第六条，即“改变合作社政策支持的内容和方式，转向以制度性建构和农户组织化能力建设为主”。这一条成为政策建议的点睛之笔，其中也提及“培养农户合作化的意识和需求，提升他们的合作能力”“培育和发掘合作社领头人”。

虽然成员入社是为了满足自身的经济需求，但由于合作社特殊的组织形态和文化内涵，它也具有一定的社会功能。一些学者将合作社视为社会企业（即运用商业手段，实现社会目的的企业），认为合作社具有社会、经济、文化与教育四种功能，是社会企业的重要基础。

合作社成员所信奉的核心价值观念是：自助、民主、平等、公平和团结。这些理念与科学发展观的理念基本一致。农民专业合作社必将成为社会主义市场经济一个不可或缺的重要组成部分，为农业和农村的发展、全面建成小康社会做出自己独有的贡献。合作社的创立与发展需要具有奉献精神和崇高理念的先驱者、思想家，某种意义上是该书提及的外部代理人。但合作社是否能发展壮大，最终则需要有一大批合作社企业家的出现。制度框架本身不能创造出成就，绩效还是要靠人来实现，如要推动中国合作事业的发展，就需要一批富于献身精神、长于市场竞争、通过制度和组织创新来践行合作社理论和原则的实践者。合作社的领导人要同时具备两种精神：合作精神和企业家精神，他们既要有合作理念，又要能适应市场竞争，能在理想和现实之间寻找平衡点。没有优秀的合作社企业家，就不可能有成功的可持续发展的合作社。我曾有幸与合作社带头人当中的一些人长谈过，他们每个人都是一本书，每个人都有一段令人难忘的故事，他们的艰辛、奋斗与追求令人动容。他们中一些人的人生目标和生活追求已经超越实用主义短期行为阶段的需求，因此，引导他们领办的合作社不断向具有较多合作性质的合作社发展，成为其他合作社的榜样，真正起到示范带头作用，是有可能的。

中国农民合作社能否可持续发展取决于农民成员，首先是带头人，带头人民主意识的觉醒、人文精神的发育及对合作社理念的执着追求至关重要。但这在很大程度上与整个社会政治生态环境和经济体制改革密切相关，也与农村基层民主制度的发育与完善密切相关。应该看到，中国几千年的专制社会形成的等级制度和官本位体系，使得各类制度和体系向行政体系靠拢，对上负责而不是对下负责的现象尚未根本杜绝。另外，市场经济在发展过程中没有得到正确的引导，整个社会充斥着浮躁的气息，拜金主义、功利主义和物质至上的价值观仍然在社会上盛行，社会主义核心价值观念尚未真正建立起来。在这样的大环境和大气候下，合作社不可能独善其身。合作社是民主的大学校，农民应在这里学习政治民主和经济民主，培养共同的价值观，这将是合作社最宝贵的财富，也是其可持续发展的底蕴。在我国的经济体制和政治体制改革不断深化的大的制度环境下，合作社必将能真正健康发展，而不是让那些变异的、充满实用主义的合作社泛滥。

在中国未来经济社会的发展中，如果以人民为中心的新发展理念、可持续发展的新发展模式能见诸行动；如果成熟的、法制健全的市场经济在中国能逐渐确立；如果社会主义的核心价值体系能真正成为广大人民群众，首先是领导干部的道德规范和价值观念，真正成为干部和群众的行为准则，那么未来中国健康的、符合规范的合作社必然能得到大发展。因为合作社价值观念的基点是：自助、民主、平等、公平和团结，合作社成员相信诚实、公开性、社会责任感及关心他人这些信条所具有的伦理价值。合作社的这些理念与以人民为中心的新发展理念是相一致的。各种类型的符合质的规定性的农民合作社必将成为社会主义市场经济一个不可或缺的重要组成部分。

我们对中国经济社会发展的进步走向和光明前景抱有希望，并充满信心，同样，我们对以满足广大农民群众需求为导向的农民所有、农民控制、农民受益的各类农民合作社未来的走向和前景也抱有希望，并充满信心。中国农民合作社的发展需要一批对农民有感情、对合作社事业有感情、筚路蓝缕、不厌不倦、长期坚守合作社研究阵地的学者同仁。衷心祝愿作者们在中国农民合作社研究这条探寻之路上走得更稳，走得更远。

张晓山

中国社会科学院学部委员、研究员

写就于 2020 年岁末

前　言

自改革开放以来，中国小农户为中国实现农业经济快速增长及整个国家的经济社会发展做出了巨大贡献，但随着市场化改革和经济全球化的不断推进，小农户在融入现代市场与全球经济的过程中都陷入了困境。学界和政界的有识之士为探索破解中国小农户发展桎梏的良策做出了长期的思考和努力。农民合作社因其能促进小农户联合，具有降低交易成本、整合产业链、提升市场地位、增加集体投资等制度优势，备受社会各界推崇，被一度视为提升小农户组织化水平，突破中国小农户发展限制，甚至破解“三农问题”困境的不二法门。

2007 年是对于中国农民合作社发展具有里程碑意义的一年。《中华人民共和国农民专业合作社法》正式实施，为农民合作社在全国范围内推行扫清了法律障碍。中央与地方政府在政策和资金方面的大力支持则为农民合作社快速发展提供了政策条件与物质支持。自此，中国农民合作社如雨后春笋般涌现，普通农户、种养大户、农业企业，甚至基层政府部门都积极投身到这场新时期的合作化大发展中。到 2014 年，全国注册登记的农民专业合作社已达每个行政村 2 家、农户参与率 25%的水平，2017 年平均每个行政村已有 3 家合作社。农户组织化程度的提高对中国农业生产与农户发展产生了积极、重要和深远的影响。但同时，农民合作社因为大量存在服务功能不足、运行不规范，乃至“空壳合作社”和“农户被参与”等问题也备受诟病。中国农民合作社走到了亟须通过系统总结和理性反思以明确进一步前进方向的十字路口。学界围绕中国农民合作社发展问题展开了广泛的研究和讨论。

本书作者早于 2007 年就开始密切关注中国农民合作社的发展及相关乡村治理问题。2009 年，也就是《中华人民共和国农民专业合作社法》实施的第二年，依托加拿大国际发展研究中心（International Development Research Center，IDRC）资助项目“支持农民组织以及农村创新进程”，时在中国科学院农业政策研究中心工作的徐志刚与黄季焜研究员、宋一清研究员合作，对吉林、河北、陕西、山东、河南、四川和江苏7省760个行政村及农民专业合作经济组织进行了一次普查。当时连未在工商和民政部门登记、符合研究定义的合作经济组织算在内，整个调研一共才观察到184家组织，也就是每2个行政村1家组织。依据这380个村庄和184家组织的资料，我们通过一系列研究看到了农民合作社在发展初期已显现的一些积极影响，部分揭示了合作社发展需要的条件，同时也注意到了内生发展条件的重要性与政策外力推动的隐患。部分研究成果收录于本书。此后的5年，中国农民合作社数量迅猛增长，但关于发展质量的质疑之声也纷至沓来。一方面，政府部门充分肯定农民合作社的重要作用和意义；另一方面，大批学者同仁基于案例和小样本调查批判合作社的发展不尽如人意。中国农民合作社究竟处于什么状态，发展到了什么阶段，这些问题迫切需要有比较全面的调查研究来予以回答。

2013年下半年，已到南京农业大学经济管理学院工作的徐志刚与长期研究农民合作社的应瑞瑶教授一致认为，有必要组织一次大规模的农民合作社调查，基于代表性较强的大样本合作社数据来对中国农民合作社发展情况做出相对全面和客观的判断，并就相关重要问题进行深入的理论与政策研究。2014年，在没有专门项目的支持下，徐志刚和应瑞瑶设法自筹了数十万元调研经费，并邀请已到福建农林大学经济学院任教的邓衡山博士一起组织开展这一专题研究。由于经费限制，正好当时农民合作社数量已经很多，课题组最后选择2009年曾经调研过的吉林、江苏、四川3省11县的331个村进行了跟踪调研。此次调研最终收集到了500家在工商局正式注册登记的农民合作社资料。基于调研数据，课题组围绕中国农民合作社发展、影响、问题、缘由、条件、前景和策略等开展了一系列研究，并发表了系列论文，它们构成了本书的主体。

本书是徐志刚、应瑞瑶、邓衡山、朱哲毅、廖小静五位学者近年来关于中国农民合作社研究成果的汇集。研究客观把握和评判中国农民合作社发展的事实、成就和面临的困境，通过理论与实证分析明确农民合作社产生和发展的必要条件，揭示中国农民合作社较为普遍面临的服务功能不足、治理机制不完善和运行不规范等问题，结合中国小农经济、农业经营规模化和城市化等基本国情及市场环境变化的时代背景，科学研判中国农民合作社的发展前景、可能道路和策略选择，以及法律和政策优化完善的可行选择。相关研究成果有助于更全面认识中国农民合作社的发展状况和存在的问题，深入理解农民合作社产生、发展和质量提高的必要条件，理性看待中国农民合作社发展面临问题的客观性、必然性与长期性，科学判断中国农民合作社未来发展的前景、方向和策略选择。

全书分开篇、上篇、中篇和下篇四部分。其中，开篇总体阐述当前中国农民合作社发展的背景，介绍全书总体思路和框架，并对合作社概念、相关理论和既有研究进行综述。上篇重点关注中国农民合作社发展的事实与问题，主要基于全国多省的合作社调查数据，客观研判和全面把握中国农民合作社的发展状况、存在的问题及其对合作社成员的影响。中篇聚焦分析中国农民合作社发展的缘由与机制，主要通过理论与实证分析，揭示中国农民合作社治理机制不完善、功能薄弱的缘由，从理论上阐明合作社高质量发展的必要条件和我国面临的制约因素。下篇着重研讨中国农民合作社的未来发展问题，主要基于中篇的研究结论，结合中国的基本国情，研判中国农民合作社的发展前景、可能的道路和策略选择，提出合作社相关法律和支持政策优化的可选择建议。

本书能够完成并成功付梓，得益于诸多前辈和朋友的支持和帮助。首先，要感谢中国农村基层干部、被访问的各村庄村干部和各合作组织的负责人，是他们的智慧和探索为我们的研究提供了经验事实和理论思考的起点，更要感谢他们愿意接受我们的调查和访谈，支持我们的学术与政策研究。其次，要特别感谢黄季焜教授和宋一清研究员的指教与合作，2009 年的调研得益于两位学术前辈的项目支持，还要感谢黄季焜教授在早期 2003 年调查数据使用上的慷慨支持，也要特别感谢在多次调研中帮我们协调的吉林农业大学郭庆海教授、西北农林科技大学霍学喜教授、四川省农业科学院刘永红研究员。再次，要感谢柳海燕博士、张森先生、罗玉峰先生、唐春燕女士、谭鑫女士的合作和贡献，还要感谢吴伟光教授、郜亮亮研究员、魏国学副研究员、刘莹副教授、智华勇博士、马瑞博士、孙顶强教授、郑旭媛副教授、陆五一博士、宁可博士、冯紫曦女士、周铮毅先生、张炯先生、钟龙汉先生，以及我们专门聘请的来自各兄弟院校的上百位研究生在实地调研中专业与敬业的辛苦付出。还有，作者能够开展调查与研究，离不开诸多课题经费的资助，它们包括国家社会科学基金重大项目（11&ZD155）、国家自然科学基金项目（70703032，71103040，71573133，71673047，71803070）、加拿大国际发展研究中心资助项目、江苏高校优势学科建设工程资助项目（PAPD），以及南京农业大学中央高校基本科研业务费专著出版资助项目（SKZZ2016002），在此致以诚挚谢忱。最后，要感谢科学出版社魏如萍女士悉心的编校，以及其同事专业的出版服务工作，是他们使得本书能够顺利出版。

由于作者学识和能力有限，书中难免存在疏漏和不足之处，敬请读者谅解和指正。

徐志刚

2020 年 4 月于宁

目　　录

开　　篇

上篇　发展事实与成效

中篇 发展困境与缘由

下篇 发展前景与政策

开　篇

第1章 导　　言

1.1　本书研究背景、问题与意义

近年来，随着农村基本经营制度的变革、工业化与城市化进程的加快，以及农村劳动力的转移，中国的农业经营方式正在发生巨大的变化。党和政府充分认识到了转变农业经营方式的重要性，在中共十七届三中全会《中共中央关于推进农村改革发展若干重大问题的决定》（简称《决定》）中明确提出要“推进农业经营体制机制创新，加快农业经营方式转变”[①]。并从“统”和“分”两个层次提出了完善农村基本经营制度“两个转变”的政策要求。在“统”的层次上，《决定》提出：“统一经营要向发展农户联合与合作，形成多元化、多层次、多形式经营服务体系的方向转变，发展集体经济、增强集体组织服务功能，培育农民新型合作组织，发展各种农业社会化服务组织，鼓励龙头企业与农民建立紧密型利益联结机制，着力提高组织化程度。”在“分”的层次上，《决定》提出：“家庭经营要向采用先进科技和生产手段的方向转变，增加技术、资本等生产要素投入，着力提高集约化水平”“扶持农民专业合作社加快发展，使之成为引领农民参与国内外市场竞争的现代农业经营组织”。特别是重点培养种养业能人大户，通过他们的引领作用和示范效应，使之成为发展现代农业的示范户和“领头雁”。

农民合作社（简称合作社）[②]是中国农业经营方式转型的重要组成部分，相对农户分散经营具有制度上的潜在优势，这一点在理论或经验上都不太难找

---

① 资料来源：《中共中央关于推进农村改革发展若干重大问题的决定》，人民出版社，2008。

② 在中国，在不同阶段对合作社也有不同的称呼，《中华人民共和国农民专业合作社法》中的称呼是农民专业合作社，也有文献称为农民合作社或农业合作社，而在《中华人民共和国农民专业合作社法》出台前，也有的称为专业协会、农民合作组织等。本书统称为农民合作社，简称合作社。关于合作社的本质规定，详见8.1节。

到有力的支持证据。这一优势主要体现在两大方面：一是合作社能够通过成员之间的合作实现外部交易的内在化，从而降低交易成本。因为合作社一方面有助于降低单个农户与外部市场之间的信息不对称程度，另一方面可以实现产业链的整合，通过横向一体化或纵向一体化实现合作，降低交易成本。二是合作社通过成员合作可以实现农户生产经营的规模化以获取规模经济，或者因为通过合作可以提高市场谈判地位和能力，对抗垄断，或者因为通过集体投资可以实现新技术引进和技术、产品创新来谋求超额利润。从国际经验来看，无论是西方国家还是东亚地区，合作社多运行良好，为各国的农业发展做出了重大的贡献（USDA，2013；Filippi，2012；Bijman et al.，2012）。许多国家经验表明，合作社对于促进就业、益贫增长与社会和谐都发挥了积极作用。合作社在减少技术风险、降低交易费用、提升农产品质量安全水平、联结小农户与现代市场、改善农民生活方式、完善乡村治理等方面也发挥了公司等其他组织无可比拟的优势（Zhou et al.，2016；Naziri et al.，2014；Valentinov，2007；Herbst and Prüfer，2007；Tripathi et al.，2005；LeVay，1983；周洁红等，2019；周文灿，2015；钟真和孔祥智，2012）。北美、北欧和日本等地区（国家）农业发展过程中合作社对农业经济增长和农民福利改善发挥的积极作用也验证了合作社的价值（周应恒等，2013；黄祖辉和梁巧，2007）。

中国人多地少的资源禀赋条件和均分土地制度决定了中国全局性的小农经营特点，并使中国“三农”（农业、农民和农村）问题破局异常艰难。中国农业生产的一个重要特征是“小农户”经营，因此，中国的农业经济也被称为小农经济。始于20世纪70年代末的家庭联产承包责任制改革和农地均分制度对中国促进农业经济增长、减少农村内部收入差距都发挥了重要作用，但农地小规模分散经营对农民增收的制约也日益明显。小农经营不仅制约农户采用机械化和新技术的积极性，也增加了农技推广、小农与现代市场融合的难度和成本（黄季焜等，2008）。此外，小农家庭经营具有自产自用的组织特点，即在土地不足的情况下会因生存需要而在土地上持续投入劳力，直到边际报酬下降到近于零。因此，尽管小家庭农场的单位面积产量可能高于经营式农场，但劳动生产率则要低于经营式农场（黄宗智，2010），这严重制约了农民收入提升的可能性。而且，随着中国小农户越来越深入地参与到开放、流动、分工、社会化的大市场中，小农在规模、信息、资金、技术和抗风险等方面的弱势位置，决定了他们在资源配置、市场竞争、利益分享、抵御外部市场冲击，以及分享经济社会发展成果等多方面都处于不利地位，甚至身陷诸多困境，这些挑战和困境要求小农在竞争中必须扬长避短，通过发展自身能力和提高组织化程度来谋求生存状况的改善和长远可持续发展（白军飞等，2014）。

合作社相对农户分散经营的潜在优势，以及中国小农分散经营对农业生产日益凸显的不利影响和小农在参与现代大市场中所处的弱势地位与面临的困境，促成了 2007 年后中国政府对合作社发展的大力支持。伴随着《中华人民共和国农民专业合作社法》（简称《合作社法》）的颁布和实施，我国政府通过财政、税收等方式对合作社发展进行了积极的扶持。在政府的支持下，合作社发展迅速，合作社数量和成员数量都有飞跃式增长。截至 2015 年 12 月底，全国合作社有 153.1 万家，每个行政村拥有 2 家以上合作社，入社农户 10 090 万户，覆盖了全国 42%的农户。“十二五”期间，合作社数量增长近 3 倍，农户入社率提高近 31 个百分点。[①]然而，如雨后春笋般迅速发展的合作社在实践中却极少能够遵循经典的制度安排，它们在两方面的表现普遍不太理想：一是合作社服务功能较为薄弱（黄季焜等，2010），各项服务功能提供比例都较低，对成员影响有限；二是即便提供了相应的服务功能，在盈余分配环节也很少会实行按交易量返还（应瑞瑶等，2016）。

在经历《合作社法》出台后的这轮数量增长式发展后，中国合作社发展质量和不规范问题的普遍性和严重性提醒越来越多的学者和官员开始反思中国合作社的发展前景和策略及相关理论问题（徐旭初，2013）。事实上，关于中

① 《全国农民合作社发展部际联席会议第四次全体会议召开》：http://www.xinhuanet.com/politics/2016-03/21/c_128819262.htm，2016 年 3 月 21 日。

国合作社的发展成效和功过得失，学界和政界人士自《合作社法》出台两三年后就存在很大的争议，有的持非常肯定的观点，有的持非常消极的观点。持肯定观点的一方认为，中国合作社发展成效显著，虽然发展过程中存在很多需要完善的地方，但总体上中国合作社发展迅速，在提升农户生产组织化水平上已发挥积极作用（陈富桥等，2013；伊藤顺一等，2011；蔡荣，2011；邓宏图和崔宝敏，2008；黄祖辉和梁巧，2007）。这种支持的观点主要来自官方的报告、一些针对成功合作社的案例研究，以及少数基于特定合作社个案对成员影响的实证研究，他们认为应该辩证地看待合作社发展的成绩和问题，接受合作社发展初期的一些问题，这些问题可以后续再逐步规范。然而持消极观点的一方则认为，合作社发展虽然取得了一些成效，但暴露的问题远远超过成绩（徐健和汪旭晖，2009）。由成员自己组建的合作社较少，普遍存在以合作社名义套取政策资源的现象，合作社民主治理机制和利益分配机制形同虚设，合作社“名实不符”“有名无实”“假合作社”“翻牌合作社”“精英俘获”“大农吃小农”“农户被参与”等问题严重，这迫使许多学者开始深刻反思我国合作社发展的策略和成效（邓衡山和王文烂，2014；潘劲，2011；崔宝玉和陈强，2011），甚至质疑中国有没有真正的合作社。

中国合作社发展走到了迫切需要进行系统总结和理性反思的十字路口。关于中国合作社的发展，有若干重要问题需要通过系统的理论研究和扎实的实证分析进行深入研究来予以解答，从而为我国合作社未来的发展前景、方向和政策优化提供建设性的思路和解决方案。

第一组问题：中国合作社究竟发展到了什么程度？对农民生产和收入产生了怎样的影响？农民参与程度怎样？存在哪些问题？

虽然合作社在过去多年被视为解决我国小农困境的重要策略，也被中央一号文件多次强调，虽然关于合作社发展成效的争议如此激烈，但现有研究和文献对于合作社发展状况与成效的判断和分析因为所依据数据和研究方法的局限性，导致结论的一般性和严谨性存在一定的局限。首先，现有研判合作社发展状况和评估合作社作用的文献主要采用的是单个案例局部分析的方法或者使用截面数据，基本上只是基于合作社个案的案例分析和区域性、特定产品的小样本数据。缺乏具有全国范围内较大代表性的调查数据支持大大制约了统计推断的外部有效性，以及研究结论的代表性和说服力。其次，现有对合作社收入效应的研究常常将合作社发展能力假设为同质，忽视了不同合作社服务功能的差异，这无疑会导致对合作社作用评估的片面性，不利于揭示合作社发挥作用的适宜条件。再次，现有对合作社作用的评估往往忽视了合作社政策性资金获取及其在合作社内部的利益分配问题，从而无法客观评判合作社对农户的收入效应。我国财政扶持合作社的主要做法是以扶持项目为载体参与合作社进行扶持，也就是以项目为载体的瞄准机制。同时，扶持环节又广泛存在重“硬件”、轻“软件”的问题，财政扶持方式和扶持对象认定机制都导致政策性资金容易被不规范的合作社所获取（肖琴等，2015；潘劲，2011）。不考虑合作社政策性资金的获取，可能会忽略我国合作社政策性资金在合作社内部分配的问题，从而对合作社的效果研究产生偏误。最后，现有对合作社作用的研究将成员视为同质，仅以加入和不加入合作社区分成员，忽视了合作社内部成员之间受益的差异。事实上，合作社内部核心成员与普通成员的异质性非常明显，核心成员和普通成员差异过大可能会导致资本控制和利益分配问题，损害普通成员的利益（张晓山，2009）。不考虑合作社内部成员在角色上的差异，可能导致对合作社收入效应的评估结果产生偏误，不利于识别合作社发展的真正受益群体。

要就中国合作社发展的事实给出基本的判断，首先需要一套有代表性的高质量数据。仅凭官方统计数字，无法对合作社功能和影响等给出比较深入的判断，而基于个案的案例分析和小样本的实证研究很容易出现研究结论的代表性问题和推断偏误问题。为了解决这一问题，本书作者基于 2003 年中国科学院农业政策研究中心的一套 9 省大样本村庄调查数据，于 2009 年进一步对 7 省 760 个村庄进行了跟踪调查，并就其所有农民专业合作经济组织开展了一次调查。2014 年，进一步在 2009 年调研的省份中选择吉林、江苏、四川 3 个省 20 个乡镇的 331 个村庄进行了跟踪调查，并就其所有合作社进行了调查，共收集了 500 家合作社的数据和资料。

本书将基于上述数据，通过实证研究就合作社的发展和影响具体回答下述一系列问题：中国合作社总体发展状况如何？农户参与程度如何？合作社对农户生产和收入的影响到底如何？合作社对于不同角色农户生产和收入的影响是否存在差异？合作社政策性资金在不同合作社之间及不同角色农户之间是否存在差异？不同角色农户在合作社中受益程度是否有差异？回答这些问题不仅有助于认识中国合作社总体发展状况，而且能够进一步审视合作社的作用，具有一定的现实意义和政策含义。

第二组问题：中国合作社的发展质量究竟如何？服务功能和内部治理机制存在众多问题的根本原因在哪里？是中国缺乏合作社发展的基本条件，还是支持政策不完善使然？

合作社能否给成员提供足够的服务功能是其吸引成员加入、凝聚组织关系和保障组织持续存续发展的核心内容。只有当组织能够为成员提供必要的服务功能时，成员才能从合作中受益，才有加入合作社并参与组织经营活动的动力。就一般的产品类合作社而言，可能的服务功能主要表现在四个方面：提供技术服务、统一购买农资、统一销售产品和开展生产性集体投资。从现有文献看，总体上，目前学界无论是对合作社发展成效持肯定观点的学者还是消极观点的学者，对我国合作社总体上服务功能薄弱和发展质量存在问题的基本判断并不存在太大分歧。首先，从统一购买农资来看，当前提供农资统一购买服务的合作社数量较少，对农产品生产成本的影响有限（李冰，2013）。即便提供该项服务，也只停留在牵线购买层面（宁攸凉等，2011）。其次，从统一销售产品来看，仅有少部分合作社有能力销售成员产品，大部分合作社未能开展有效的产品销售，甚至没有涉及销售服务（王薇，2013），或是演变成核心成员收购普通成员产品的形式。再次，从合作社开展生产性集体投资来看，具备该项服务功能的合作社数量更少，仅存在于政策扶持下的试点或是大户承担生产性集体投资成本的个案。最后，从合作社提供服务功能后的利益分配安排来看，鲜有合作社遵循经典制度安排与其成员实行按交易量返还的利益分配机制。现实中大多选择在一次交付环节就将合作产生的收益核算清楚（如统一购买农资），或是在二次分配环节存在一定数额的返还，但返还形式和比例具有较大的不确定性（如统一销售产品）。

本书将基于合作社一手调查样本数据和案例研究，通过理论与实证分析就合作社发展存在问题的缘由进行系统深入的研究，并回答以下问题：①成员在什么情况下才会合作购买农资？哪些因素是促成合作购买农资的主要动因？统一购买农资为什么难以存在？②成员在什么情况下会合作销售产品？哪些因素是促成合作社提供买断式销售服务的动因？产品买断式销售为何难以实现？③为什么极少合作社能够在技术和加工投资方面有所作为？哪些因素是促成成员合作开展生产性集体投资的主要动因？④合作社服务功能薄弱，是内部动力不够？还是外界条件不足？⑤现实中正在运行的合作社，为什么不按照经典制度安排实行按交易量返还的利益分配？⑥最后，为什么在理论上和国际经验上都表明合作社对小农户融入现代市场、改善小农户处于弱势地位有明显的推动作用，但在我国却发展得不尽如人意？在我国合作社快速发展时期，明晰上述问题，将有助于我们科学认识合作社发展条件和发展空间，进而深入理解组织发展规律。这无论对于促进合作经济组织高质量增长，还是准确定位合作社在我国农业生产中扮演的角色或发挥的作用都具有重要的现实意义。

第三组问题：中国合作社发展的前景究竟如何？应该如何看待中国合作社发展的不规范和多元化现象？未来中国合作社发展的方向和政策优化选择是什么？

中国合作社治理结构和机制的不规范与服务功能的薄弱是近年来被广为诟病的问题，也是引发学界广泛争议的焦点。有些学者认为合作社的“所有者和惠顾者同一”“民主决策和治理”“交易额返回”等本质属性和特征不应被放弃，否则合作社将无异于公司、规模经营户和普通农户等经营主体，应该对当前的合作社进行整顿和规范化管理；有些学者则认为中国有自己的国情，合作社的内涵本身也是动态变化的，经典合作社的内涵和边界照搬到中国不见得合理和适宜，应当尊重中国的现实需求，允许合作社多元化发展，走出具有中国特色的合作社发展道路。

那么，中国的合作社发展究竟应该选择怎样的发展方向和道路？这种发展方向和道路的选择需要考虑哪些因素？理论上规范或者经典的合作社在中国有没有大范围发展的条件和土壤？其制约因素和条件究竟是什么？在中国小农经济在较长时间可能继续存在的基本背景下，中国合作社的发展前景究竟怎样？我们现行的合作社相关法律和政策需要做哪些调整和优化，才能促使中国合作社更好地发挥其联合小农、惠及小农的作用？

1.2　本书研究目标与总体框架

1.2.1　本书研究目标

本书的总体研究目标是全面把握和客观评判我国十多年合作社发展的事实、成就和面临的困境，通过理论分析明确合作社产生和发展的必要条件，从经济、社会多个视角实证研究我国合作社发展较为普遍面临服务功能不足、治理机制不完善的原因和障碍，基于我国小农经济、市场环境变化、农业经营规模化和城市化等基本国情，系统分析和科学研判我国合作社的发展前景、道路和策略选择，并就法律完善和政策优化提供可供选择的方案。

本书研究对于深入认识合作社产生、发展和质量提高的必要条件，理解中国合作社发展面临困境的原因与客观性，具有重要的学术价值；对于科学、客观地评判中国合作社发展的成就和问题，以及未来发展的前景，厘清中国合作社发展的方向和策略选择，具有重要的政策价值和现实意义。

1.2.2 本书研究总体框架

本书将在图 1-1 所示框架下，围绕本章前文所述的三组问题展开研究。

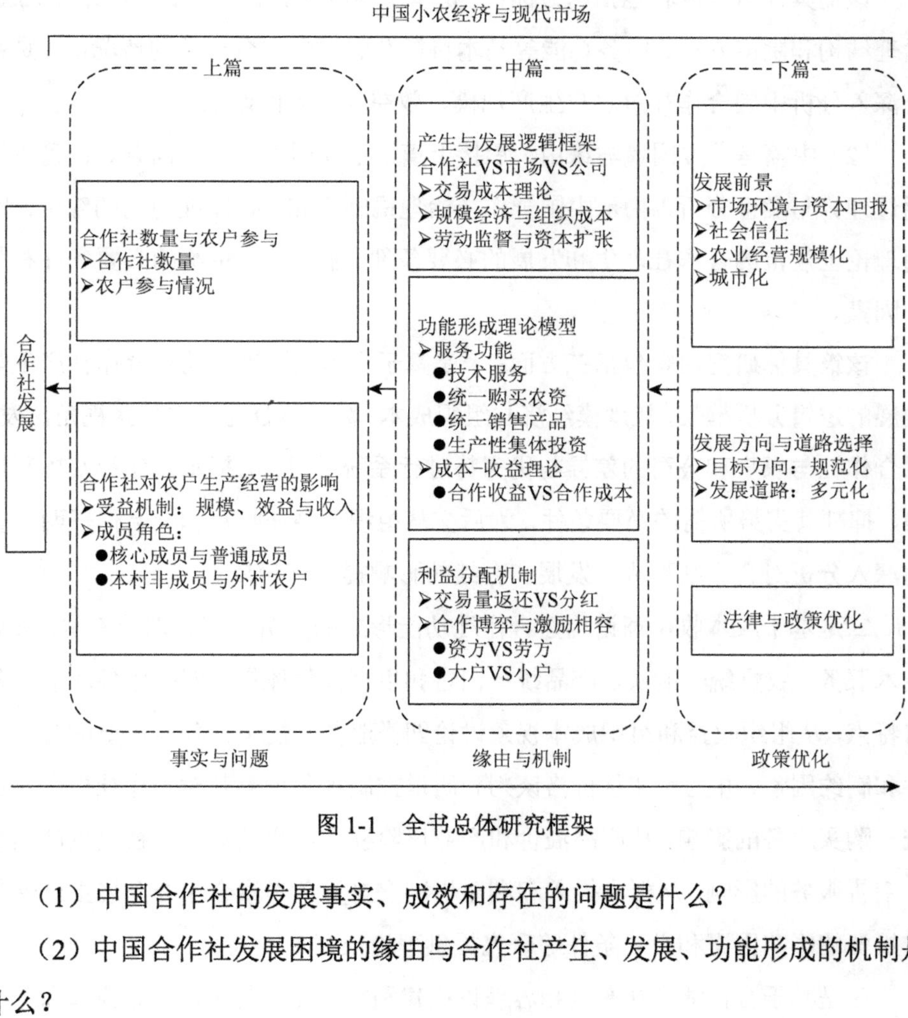

图 1-1 全书总体研究框架

（1）中国合作社的发展事实、成效和存在的问题是什么？

（2）中国合作社发展困境的缘由与合作社产生、发展、功能形成的机制是什么？

（3）中国合作社的发展前景、方向道路选择和政策优化是什么？

与上述三组问题对应，全书分为上篇、中篇和下篇，其内容分工和内在逻辑关系如下。

（1）上篇是发展事实与成效，主要回答第一组问题。该篇主要基于合作社调查数据，客观研判和全面把握中国合作社的发展状况，以及对成员生产经营的影响和存在的问题。

该篇具体研究内容包括两方面：一是基于500家合作社数据，分析其组成、治理结构和制度安排、服务功能等基本特征及农户参与合作社的情况；二是系统深入分析中国合作社对农户生产规模、效益和收入的影响。

（2）中篇是发展困境与缘由，承接上篇，主要回答第二组问题。该篇主要通过理论与实证分析，揭示中国合作社治理机制不完善，功能薄弱的缘由，阐明理论上规范的合作社产生和发展的必要条件，服务功能供给的必要条件和制约因素。

该篇具体研究内容包括三方面：一是基于交易成本理论构建合作社产生与发展的逻辑分析框架，从规模经济与组织成本、劳动监督与资本扩张视角出发，对合作社与农户和公司的差异与优劣势进行系统的对比，揭示合作社发挥其优势、抑制其劣势所需的必要条件，为后文从组织化潜在收益和社会信任两个视角深入分析对合作社形成、发展和存续的影响提供理论依据。

二是基于成本收益理论构建合作社功能形成的分析框架和理论模型，根据技术服务、农资统一购买、产品统一销售和生产性集体投资四类服务功能的各自特点，从组织收益和组织成本视角讨论四类服务功能供给各自需要的必要条件和制约因素，并为后文从价格谈判和质量控制视角考察其对合作社提供农资统一购买服务的影响，从产品溢价和产业风险视角考察其对合作社提供产品统一销售服务的影响，从资本投入和利益机制安排视角考察合作社开展生产性集体投资的影响因素和必要条件等研究提供理论依据。

三是基于合作博弈和激励相容理论构建利益分配机制决定理论模型和分析框架，并为后文从成员异质性视角剖析合作社大小户、资方和劳方通过合作博弈决定合作社利益分配机制安排的过程和内在机制，系统性地解释合作社在提供不同服务功能情况下利益分配安排机制的现实选择与逻辑提供理论依据。

（3）下篇是发展前景与政策，承接中篇，主要回答第三组问题。该篇主要基于中篇研究结论，结合中国的基本国情，研判中国合作社的发展前景、发展方向和道路选择，讨论合作社相关法律和支持政策的优化策略与方案。

该篇具体研究内容包括三方面：一是基于中篇合作社产生和发展的逻辑框架和研究结论，就影响合作社产生和发展的市场环境与监管、社会信任、农业经营规模化和城市化等因素的发展趋势进行分析，研判中长期内合作社在中国的发展前景。二是通过系统检视合作社的本质规定，对合作社组织形式多元化的历史演进规律、内部动力和外部支持进行比较分析，结合我国合作社的现实特征和外部条件，对合作社在我国未来的发展方向进行探讨。同时，从经济学角度对合作社选择隐性利益制度安排的现状进行解释，总结出合作社规范化发展的现实途径。三是研究和提出合作社政策优化的方向、方案和具体建议。

根据上述研究总体框架，本书在第1章完成研究背景、问题和意义，以及研究目标和总体研究框架的介绍，第2章完成概念界定、相关理论基础和文献综述的讨论后，在上篇、中篇和下篇共安排了20章内容就相关问题开展研究分析。

上篇共分5章。

第3章首先梳理中国合作社发展的相关政策，并厘清其演进脉络，然后以2014年实地调研的江苏、吉林、四川3省500家合作社样本数据为主，官方统计数据为辅，系统分析中国合作社发展的基本事实、取得的成绩和存在的问题。

第4章从农民专业合作经济组织提供服务功能强弱视角对我国合作经济组织的发展状况及主要影响因素进行实证研究。论证了组织化潜在收益、组织的创建方式对组织服务功能强弱有明显影响，组织领导人市场从业经验等人力资本条件和村庄市场条件等对组织的发展也有一定影响。未来我国的合作社发展应给予组织发展的利益条件和激励农户积极参与更多的关注，妥善处理好组织发展内部动力与外部推力，特别是与政府支持之间的关系。

第5章和第6章构建了不同治理结构下不同角色农户受益程度与机制的分析框架，基于2014年调查的18家大棚果蔬合作社、255户大棚果蔬种植户的两期数据，对合作社的生产影响、收入效应和利益分配，以及不同角色农户的差异进行了深入系统的实证研究，客观评判合作社对农户生产和收入的影响。论证了由于我国合作社功能普遍很弱，合作社对普通成员生产和收入的促进作用十分有限；然而由于成员异质性，核心成员受益程度普遍高于其他角色的农户。合作社治理结构和功能完善及其可持续发展问题都需要引起高度关注。

第7章深入分析了中国农民合作社的农户参与情况，基于构建农户参与行为“自选择”和“被参与”的理论框架，利用合作社实地调查数据和计量经济模型，在合作社层面分析了合作社官方发起和功能对农户参与率的影响，识别了在目前的政策导向下，我国的合作社面临着严重的虚假参与问题，并且主要集中在具有官方背景且功能较差的那类“空壳合作社”之中。

中篇共分8章。

第8章是全书的核心部分，分别构建了合作社产生和发展的逻辑分析框架、合作社功能形成的分析框架和理论模型，对合作社产生和发展的动因和制约条件，合作社农资统一购买、产品统一销售和生产性集体投资等服务功能提供所需的必要条件和制约因素进行了理论解析，从理论层面深入剖析了合作社产生、发展、功能形成的影响因素和作用机制，为中篇后续各部分的研究提供了总体性的分析框架和理论模型。中篇剩下的第9～15章均是在这两个分析框架下，针对具体的科学问题开展的理论与实证研究。

第9章基于制度变迁理论，针对农民专业合作经济组织形成发展过程中是外部支持还是内在动力更为重要这一争论，提出追求组织化潜在利润是农民进行制度创新的动力，是组织形成和良性发展的先决条件的假说，并基于第一轮、第二轮对380个村庄跟踪调查形成的面板数据，对假说进行了检验。

第10章基于2014年调研获取的样本村庄及村庄农民专业合作经济组织发展的数据资料，实证研究了社会信任对农民专业合作经济组织产生、存续和发展的影响。通过计量经济分析，研究验证了社会信任是农民专业合作经济组织产生、存续和发展必要条件这样一个假说。论证了同样面临组织化的需求，那些村民之间信任程度比较高的村庄更容易形成农民专业合作经济组织，这些组织也能够更好地生存和发展并发挥更好的功能。

第11章以合作社农资统购服务为例，基于涉及农资购买环节的产品类合作社的调查数据，研究了价格谈判、质量控制与合作社农资购买服务的关系，论证了价格谈判动机越强、谈判能力改善潜力越大，合作社提供农资购买服务的概率越大；当农产品买方对产品质量安全有要求时，农资购买服务出现的概率也会增加。中国农村农资市场高度竞争，使得农资批零价差较小；多数合作社农资需求总规模并不是很大，导致合作社统一购买农资所降低的购买成本有限；中国农产品质量安全监管体系不完善，使得下游农产品买家对农产品有质量安全要求的比例很低。因此，中国合作社农资统购难以实现。

第12章通过构建一个大小户合作博弈分析框架，系统剖析了合作社统一销售服务形成的条件和机理，并用有产品销售需求的产品类合作社的调查数据进行实证研究，论证了小农组织起来后产品若能获得增值溢价会显著促进合作社进行统一销售，当合作社有能力降低产业风险时，产业风险越高，农户对合作社统一销售服务的需求越高，合作社越有可能进行统一销售。现实中提供统一销售服务的合作社比例偏低的原因在于：不恰当的政策激励；农户经营规模普遍较小、实力有限；农产品质量监管不完善。

第13章从成本收益角度对合作社开展生产性集体投资的情形进行了研究，剖析了不同成本分摊方式对合作机制的影响及由此带来的不同利益分配方式，同时用现实中不同成本分摊方式的合作社开展生产性集体投资的典型案例加以分析证明。通过研究加深对合作社开展生产性集体投资内在机理的理解，以期为未来合作社开展生产性集体投资提供参考。

第 14 章从成员异质性的角度解释合作社利益分配机制的安排，首先运用合作博弈框架理论，分析具有不同资源禀赋的成员参与合作利益分配的博弈行为，然后基于江苏、四川和吉林三省 66 家有盈余分配合作社的调查数据进行实证研究。论证了中国合作社存在明显的成员异质性，合作社发起人股份比例普遍高于交易量比例；股份比例越是高于交易量比例，合作社盈余分配中按股分红的比例越大，按交易量返还的比例越小。

第 15 章针对中国合作社在现实极少不按照制度安排中的规定，即实行按交易量返还的盈余分配方式这一现象，结合合作社实际运行情况，通过理论和案例分析，剖析我国合作社在利益分配方面不按照经典制度安排实行按交易量返还的深层次原因，并将合作社制度安排与现实选择进行对比，对合作社现实选择给出一个框架性的解释。

下篇共分 7 章。

第 16 章从原理上论证了合作社的本质规定后，运用多案例研究对现实中合作社的本质进行了检视。论证了合作社为了实现潜在的规模经济和自己相对于公司及“公司 + 农户”的独特优势，就必须实行独特的组织方式，即合作社的本质规定：所有者与惠顾者同一。现实中，中国绝大部分合作社都不符合合作社的本质规定，其本质仍旧是公司或“公司 + 农户”等其他类型的组织。造成这一现象的原因在于农户间的异质性和现行的政策环境。

第 17 章基于第 8 章合作社产生和发展的逻辑分析框架和研究结论，在系统分析我国小农经济、市场环境变化、农业经营规模化和城市化等条件演变趋势的基础上，深入分析和科学研判了中国合作社的发展前景。

第 18 章以荷兰、美国和中国台湾等国家和地区为例，对合作社组织形式多元化的历史演进规律、内部动力和外部支持进行了比较分析，并在此基础上结合我国合作社的现实特征和外部条件，对合作社在我国未来的发展进行了探讨。论证了各个国家和地区合作社形式多元化的形成和发展各自具有不同的演进规律，与农户规模、合作利润等内部动力有关，也得益于灵活性的政府法律法规、系统的金融支持及完善的教育培训等外部支持。中国成立综合性农业组织的难度较大，实现合作社形式多元化的关键在于从法律上放宽对农户合作形式的限制和政府支持政策的层次性，既要鼓励规模农户按照合作社经典原则来组建专业合作社，也要鼓励有实质活动但形式松散的类似于我国台湾地区产销班的小规模农户间的合作。

第 19 章基于对中国三省合作社的抽样调查数据和典型案例分析，指出合作社利益机制有显性利益和隐性利益之分，并从经济学角度对合作社选择隐性利益制度安排的现状进行了解释。在理论分析基础上，总结出合作社规范化发展的现实途径：应当借鉴我国台湾地区农业产销班的做法，大力发展以成员之间自我服务为合作内容的协作型合作社，并充分利用“互联网＋”降低合作成本，待条件具备时发展成为企业型合作社，最终实现合作社的规范化。

第 20 章理论分析了合作社核心成员社会资本对其获取政策性资金的影响，并实证分析了获取政策性资金合作社内部核心成员与普通成员的受益差异，对政策资源在不同成员之间的分配差异进行了推断。论证了以理事长为代表的合作社核心成员政治性社会资本越丰富，越容易获得政策性资金，并且获得的金额越大，而没有证据表明商业性社会资本对合作社获取政策性资金有显著影响；获得政策性资金的合作社，其普通成员的受益程度显著低于核心成员，政策性资金在合作社间及内部成员间分配不均。现阶段支持合作社的政策资源存在分配不公问题，合作社发展政策的支持方向和内容，政策性资金的分配方式都需要进行调整和优化，为合作社的公平和健康发展创造更好的政策环境。

第 21 章从理论上分析了合作社的本质规定，并用大样本调查数据考察了现实中合作社的性质，讨论《合作社法》是否需要修改及怎么修改等问题。论证了《合作社法》体现了合作社“所有者与惠顾者同一”的本质规定，不宜修改《合作社法》以承认现实中合作社的多样性。《合作社法》强调对合作社进行物质支持弊大于利，应调整为加强制度建构。

第 22 章是全文研究结论的汇总，以及基于研究结论提出了中国合作社发展政策优化的方向和具体建议。

1.3 本书研究贡献和可能创新

本书在以下方面有一定的学术贡献或创新。

（1）创新性地构建了合作社形成和发展适宜条件的理论分析框架。以交易费用理论为基础，比较分析合作社相对于市场的优势和劣势，以及合作社相对于公司的优势和缺陷，最终得出适宜于发挥合作社优势而又能避免或减轻其劣势的条件。该分析框架弥补了现有研究的不足，为分析中国合作社形成和发展的内部动因和外部条件提供了系统的理论依据。

（2）创新性地构建了合作社功能形成及制约因素的理论分析模型。以成本收益理论为基础，对合作社的四项服务功能的形成的制约因素进行了系统分析。既考虑了合作社服务功能供给的共性问题（均涉及合作社内部不同成员间的博弈和成本效益分析），又考虑了不同服务功能的特殊性（对各项服务功能从不同视角进行剖析）。

（3）创新性地设计了合作社效果评估的分析框架。在我国合作社发展的客观现实和合作社异质性很强的基本事实的前提下，根据农户的角色和合作社服务功能的差异，从生产和收入两个方面，构建了合作社效果评估的分析框架，多层次系统地评估合作社的影响和作用。这不仅能够准确评估合作社作用和对成员的影响，而且有助于深入理解合作社对不同角色农户的影响差异和利益分配问题。

（4）在调查研究设计和数据采集上的构思具有新意，保证了数据的高质量。具体而言体现在以下三个方面：①采用基于大样本数据的计量经济模型分析同时补充案例分析的研究策略是国内合作社研究领域为数极少的尝试，不仅新颖，而且研究结论的普遍意义和说服力更强。调研从全国范围内选取了地区跨度较大、经济发展水平和农业资源禀赋各异的吉林、江苏和四川3省，综合考虑各省经济发展水平和区域分布随机选择3个县6个乡镇，并对样本乡镇内的所有合作社进行普查。随机抽样调查获取了500家合作社及255户农户数据，为实证研究提供了扎实的数据基础，确保分析对象的随机性和代表性；调研由20名经过严格培训的研究生历时2个月逐家走访，不仅调查了合作社，还调查了合作社成员、村干部等相关利益主体，从而保证了调研数据的系统性和准确性。本书研究中所使用的样本数量较大且具有代表性，更能反映实际情况，不同于国内学界以往主要借助典型案例进行现状描述或是定性讨论分析的研究。②本书所用的合作社数据和村数据是作者及团队分别于2003年底、2009年初和2014年底在全国范围内针对合作社开展的三次调查形成的综列数据，数据具有连贯性，克服了单案例研究和截面数据实证分析的不足，使本书对合作社功能、利益分配及合作社效果的评估更加严谨，结论更具有一般性。③本书针对合作社影响的识别策略和调查研究设计构思新颖，能够很好地来解答研究问题。现有评估合作社影响的同类实证研究多采取单案例或者对局部地区个别合作社的调查数据，其实隐含了我国合作社基本同质的假设，分析时农户一般只分为合作社成员和非合作社成员两类，又隐含了合作社成员同质的假设，这与我国合作社发展的基本事实严重不符，直接影响到这些研究结论外推的外部有效性。本书放松了合作社及其成员同质的假设，细分了农户角色。在研究设计中根据农户与合作社的关系，把农户分为核心成员、普通成员、有合作社村庄的非合作社成员、无合作社村庄农户等四类，并以无合作社村庄农户为比较基准，使合作社作用的评估更具科学性和准确性。研究调查了样本农户的两期数据，保证了在技术上能够很好地识别合作社对农户的影响。

（5）评估合作社影响时放松了合作社同质假定，创造性地对合作社服务功能进行测算，依合作社服务功能强弱将合作社分类，以评估合作社对农户生产和收入的影响，研究视角新颖且多元。本书研究克服了现有文献多将合作社视为同质可能带来的结论偏差，评估了合作社服务功能强弱对农户生产和收入的影响差异，使合作社作用的评估更有层次和更加系统。

（6）对合作社成员的虚假参与问题进行了定量研究，弥补了现有定性研究的不足。合作社成员虚假参与问题普遍存在，但并未有研究通过定量分析进行科学论证。本书通过村级层面的数据，分析了合作社功能与合作社是否具有官方背景对合作社成员参与率的影响。

（7）创新性地对社会信任、组织化潜在利润对合作社形成和发展的影响进行理论分析和实证研究。现有文献对于农民合作组织化所需的必要条件研究得不够深入，同时村民之间的社会关系和信任程度状况是组织形成的重要外部条件也几乎没有研究，本书从内部动力和外部条件方面对此进行了研究，为深刻理解合作社发展的动因和约束条件提供了新的认识。

（8）突破了现有研究的定性分析，采用大样本随机抽样调查数据揭示了合作社服务功能实现所面临的障碍和缘由。本书中，统一购买农资服务侧重于从价格谈判地位、价格谈判能力的改善空间和质量控制视角进行解释，统一销售产品服务侧重于从规模扩大后增加的产品溢价和降低的产业风险视角进行解释，生产性集体投资的开展则侧重从不同类别成本的分类进行解释。这与将功能作为整体或是综合指标进行研究、不区分具体服务功能的既有研究存在较大差别。本书研究无论对于更系统、更全面地理解合作社各项服务功能的形成原因，还是对未来合作社服务质量的提升和服务范围的扩大都将起到重要作用。

（9）建立合作博弈模型，从成员异质性角度探究我国合作社盈余分配机制，方法与视角新颖。合作社成员的异质性是成员重要的外生性属性，异质性程度决定了不同利益主体之间资源禀赋和利益诉求的差异程度，对合作社的产权设置、治理结构和盈余分配机制等安排都可能有重要的影响，而且现有文献鲜有运用合作博弈的分析框架就此进行深入研究的。

（10）从政策性资金获取的视角，就核心成员社会资本与政策性资金获取之间的关系进行了研究，并评估了政策性资金在合作社内部的分配机制与成员受益差异，视角新颖，有助于判断中国政府政策支持合作社的效果，以及今后政府财政政策应调整的方向。

参考文献

白军飞，徐志刚，王晓兵，等. 2014. 中国食物安全与营养保障：基于公正视角的审视. 北京：经济科学出版社.

蔡荣. 2011. “合作社＋农户”模式：交易费用节约与农户增收效应——基于山东省苹果种植农户问卷调查的实证分析. 中国农村经济，(1)：58-65.

陈富桥，丁士军，姜爱芹. 2013. 产销对接方式对农户农产品销售收入的影响——基于茶叶种植户的实证研究. 农业技术经济，(7)：72-77.

崔宝玉，陈强. 2011. 资本控制必然导致农民专业合作社功能弱化吗？. 农业经济问题，(2)：8-15，110.

邓衡山，王文烂. 2014. 合作社的本质规定与现实检视——中国到底有没有真正的农民合作社？. 中国农村经济，(7)：15-26，38.

邓宏图，崔宝敏. 2008. 制度变迁中土地产权的性质与合约选择：一个有关合作经济的案例分析. 管理世界，(6)：61-67，94.

黄季焜，邓衡山，徐志刚. 2010. 中国农民专业合作经济组织的服务功能及其影响因素. 管理世界，(5)：75-81.

黄季焜，陶然，徐志刚，等. 2008. 制度变迁和可持续发展：30 年中国农业与农村. 上海：格致出版社，上海人民出版社.

黄宗智. 2010. 龙头企业还是合作组织？. 中国老区建设，(4)：25-26.

黄祖辉，梁巧. 2007. 小农户参与大市场的集体行动——以浙江省箬横西瓜合作社为例的分析. 农业经济问题，(9)：66-71.

李冰. 2013. 当前我国农民专业合作社存在的问题及对策. 中国种业，(7)：17-19.

宁攸凉，乔娟，宁泽逵. 2011. 农户生产资料购买行为特征分析——以北京市养猪户为例. 中国畜牧杂志，(18)：10-14.

潘劲. 2011. 中国农民专业合作社：数据背后的解读. 中国农村观察，(6)：2-11，94.

王薇. 2013. 保定市农民专业合作社农产品销售现状及对策研究. 河北农业大学硕士学位论文.

肖琴，李建平，李俊杰，等. 2015. 财政扶持农民专业合作社的瞄准机制研究——基于东部某市农业综合开发产业化经营项目的思考. 农业经济问题，(5)：98-103，112.

徐健，汪旭晖. 2009. 订单农业及其组织模式对农户收入影响的实证分析. 中国农村经济，(4)：39-47.

徐旭初. 2013. 略论农民专业合作社理论研究进展及趋势. 中国农民合作社，（1）：20-21.

伊藤顺一，包宗顺，苏群. 2011. 农民专业合作社的经济效果分析——以南京市西瓜合作社为例. 中国农村观察，（5）：2-13，95.

应瑞瑶，唐春燕，邓衡山，等. 2016. 成员异质性、合作博弈与利益分配——一个对农民专业合作社盈余分配机制安排的经济解释. 财贸研究，（3）：72-79.

张晓山. 2009. 农民专业合作社的发展趋势探析. 管理世界，（5）：89-96.

钟真，孔祥智. 2012. 产业组织模式对农产品质量安全的影响：来自奶业的例证. 管理世界，（1）：79-92.

周洁红，杨之颖，梁巧. 2019. 合作社内部管理模式与质量安全实施绩效：基于农户农药安全间隔期执行视角. 浙江大学学报（人文社会科学版），（1）：37-50.

周文灿. 2015. 不同生产组织模式对食品安全的影响.德州学院学报，（6）：89-92.

周应恒，李强，耿献辉. 2013. 日本农协发展的新动向. 世界农业，（9）：27-32，187.

Bijman J，Sangen G，Poppe K J，et al. 2012. Support for farmers' cooperatives：country report the Netherlands. Wageningen University and Research：Support for Farmer's Cooperatives.

Filippi M. 2012. Support for Farmers' Cooperatives：Country Report France. Wageningen：Wageningen UR.

Herbst P，Prüfer J. 2007. Firms，nonprofits， and cooperatives：a theory of organizational choice. Discussion Paper 2007-003，Tilburg University，Tilburg Law and Economic Center.

LeVay C. 1983. Agricultural co-operative theory：a review. Journal of Agricultural Economics，34：1-44.

Naziri D，Aubert M，Codron J M，et al. 2014. Estimating the impact of small-scale farmer collective action on food safety：the case of vegetables in Vietnam. The Journal of Development Studies，50（5）：715-730.

Tripathi R S，Singh R，Singh S. 2005. Contract farming in potato production：an alternative for managing risk and uncertainty. Agricultural Economics Research Review，18（1）：47-60.

USDA. 2013. Rural business-cooperative programs service report 75. www.rd.usda.gov/files/publications/BCP_SR75-2013CoopReport.pdf[2015-03-19].

Valentinov V. 2007.Why are cooperatives important in agriculture？An organizational economics perspective. Journal of Institutional Economics，3（1）：55-69.

Zhou J H，Yan Z，Li K. 2016. Understanding farmer cooperatives' self-inspection behavior to guarantee agri-product safety in China. Food Control，59：320-327.

第 2 章　概念界定、理论基础与文献综述

2.1　概 念 界 定

2.1.1　实证研究对象界定

本书将分别从理论和实证两个方面对合作社进行研究，因此，必须给出理论上合作社的定义并界定实证研究时的研究对象。关于理论上合作社的定义，本书将在 8.1 节分析后给出。此处仅界定本书的实证研究对象——现实中的合作社。

本书研究的合作社，既包括产品类合作社，也包括服务类合作社。另外，在《合作社法》出台之前和出台之初，很多合作社在民政局和农业局注册，名称也各不相同，有的称为合作社，也有的称为协会，还有的甚至没有注册。考虑到这些情况，本书将实证研究对象合作社界定如下。

本书所指合作社是指农民自愿参加，以农户经营为基础，以某一产业或产品为纽带，以增加成员收入为目的，实行资金、技术、生产、购销、加工等的互助合作经济组织，要求成员在四户以上，主要从事农业生产经营活动，有特定名称，有专门的负责人或协调人的组织。不仅包括目前那些已经在工商部门注册登记的合作社，在民政局、农业局等部门注册登记的专业或技术协会，也包括有企业参与的股份合作社，还包括与上述三类组织相似，但因各种原因尚未登记注册的组织和协会。不过，考虑到在调研中许多标会、钱庄等地下金融性组织的调查难度比较大，而村庄层次的用水协会、农村土地股份合作社等管理村庄水、地等公共资源的组织多数为自上而下的产物，本

书所称合作社不包括这两类组织。在实证研究时，本书所指的合作社、专业合作社、专业合作经济组织的含义相同。

2.1.2 合作社成员角色

合作社的成员角色与合作社的原则密切相关。国际合作社联盟（International Cooperative Alliance，ICA）对合作社自治与自立的解释是“合作社是受成员控制的自发自立的组织”，对成员经济参与的解释是“成员持股并对合作社资本进行控制并受益”。美国农业合作社是世界上合作社发展中最接近经典合作社原则的，1987 年美国农业部（United States Department of Agriculture，USDA）制定了有关合作社的三个原则，分别为惠顾者所拥有、惠顾者所管理及惠顾者从中获益。惠顾者所拥有原则指的是所有者和惠顾者同一；惠顾者所管理原则指的是惠顾者是合作社的控制者；惠顾者从中受益原则则指的是合作社的唯一目的是为惠顾者创造和分配利润。其后，美国农业部把合作社定义为“一个成员所有、成员管理并且是在为成员提供服务的基础上进行利益分配的组织”（Zeuli and Cropp，2004）。

从以上合作社的经典原则来看，成员角色是指合作社的成员既扮演所有者的角色，又扮演惠顾者的角色。但从中国目前合作社的实际发展来看，由于成员异质性差异大，惠顾者往往并不是合作社的所有者。在中国现有对合作社成员参与、成员异质性的研究中，往往根据成员参与合作社时扮演的角色不同将合作社的成员角色区分为代表所有者、控制者和管理者的核心成员，以及代表惠顾者的普通成员（邵科和朱守银，2014；张晓山，2009；黄胜忠和徐旭初，2008）。

基于以上分析及研究的需要，本书对中国合作社成员角色的划分参照前人研究中所区分的两种类型，即普通成员与核心成员。普通成员是指作为惠顾者享受合作社中的服务，不参与合作社管理的成员。核心成员是指实际所有、控制和管理合作社的成员，即理事长及从事合作社日常经营管理的人员。

2.1.3 合作社盈余分配及分配原则

1. 合作社盈余分配

合作社通过合理运营能够产生一定的盈利，但是产生的盈利不叫“利润”而称为“盈余”。合作社盈余的计算方式如下：盈余 = 经营收入 + 其他收入-经营支出-管理成本-其他支出；其中，其他收入包括政策支持获得的补贴收入、投资收入和利息收入等。

一个比较完整的盈余分配机制应当具备按交易量返还、按股份分红、按股息分红，以及预先提取各项公共积累在内的多种分配方式。在弥补亏损和提留公共积累之后，盈余分配的主要方式是按交易量返还和按股分红。《合作社法》明确规定，“可分配盈余按成员与本社的交易量（额）比例返还的返还总额不得低于可分配盈余的百分之六十”。

2. 合作社盈余分配原则

合作社盈余分配原则指的是“按交易额返利，资本报酬有限”。盈余来源于成员与合作社间的交易，盈余返还体现了盈余取之于成员还之于成员；且这种分配方式能够提高成员生产或提供服务的积极性，促进潜在成员加入合作社，有利于组织不断发展壮大。作为农民自我服务的联合，合作社区别于公司等其他组织表现在盈余主要按交易额返还，而不是按资分配，这体现了合作社的本质特征。因为这样的分配方式更能保护农业生产者而不是资本的利益。

但合作社作为参与市场交易的经济组织，资本仍然是其生存与发展不可或缺的要素。特别是随着市场竞争日益激烈，合作社需要资本更新技术、设备和完善购销渠道等，从而取得竞争优势。但合作社盈余对资本的吸引力较弱，合作社中的资本只能以利息形式获得有限的报酬。因为合作社仍然是人的联合而不是资本的联合，引入资本只是为了合作社更好地实现自我服务。

因此，为了吸引资本以促进合作社进一步发展，《合作社法》放宽了对盈余分配的要求，允许资本分得一部分盈余，但不得超过40%，这样既保证了劳动者仍掌握着大部分的剩余索取权，也提高了对资本进入合作社的吸引力。

2.2 理论基础

2.2.1 农户理论

通常认为，农民生产具有二元性质，农户以家庭作为生产经营单位，同时又是消费单位，也就是说，农户会同时出现在生产和消费中。正是农民具有这样的二元经济特征，使得农民有别于市场中的其他经济主体。

农业生产的新古典经济学理论是指从个人决策出发，在生产的过程中，农业生产者对生产每种农作物需要多少劳动力、是否使用商品性投入、什么作物种植在哪块土地上等问题做出的决策。也就是说，新古典经济学的中心思想是农业生产者能够改变农业投入和产出的水平与类别。艾利思（2006）认为，通常农业投入与产出之间需要特别关注三类关系，分别是投入-产出的技术关系，也就是生产函数；要素-要素关系，通常也被称为生产方法或生产技术；产品-产品关系，通常也被称为企业选择，指的是一定的农业资源投入可以获得不同产出。在新古典经济学理论中，农业产出是由农业投入所决定的，同时不同投入之间又存在着要素投入组合的关系。农业产出的具体反映是产量，如果考虑价格，就是农业收入。农业产出主要由农业投入决定，而现实生产中，农户的农业投入即各项生产资料投入。对于农户来说，生产资料的投入不仅包括土地这样的不变要素投入，还包括劳动力、种子、化肥、农药和农膜等可变要素投入。

恰亚诺夫（1996）在《农民经济组织》一书中指出小农与企业主的经济行

为存在很大的差异。在恰亚诺夫看来，小农家庭的目标不是追求利润最大化，而是消费最大化。劳动者的生产行为完全由家庭消费需求决定，而生产行为则受到劳动力自身能力的制约。因此，他认为改造传统农业需要走合作化的道路。但恰亚诺夫的理论出现于商品化率较低的历史时期，在当时具有一定的指导意义，由于当前农业生产商品化率较高，农户的家庭目标已经发生变化，因此其理论不再适用。舒尔茨（1987）在《改造传统农业》一书中指出小农和企业主对于利润的追求和要素价格上的反应一致，都是利润最大化的追求者，对市场信号非常敏感。传统农业在经济增长中的贡献率低是因为资本收益率低下，改造传统农业就是要寻找一些新的生产要素，如技术。舒尔茨的理论假设中，将农户面临的市场视为同质，但有的学者认为农户参与的市场并不完备，如艾利思（2006）认为，农民就是指在农业生产中利用家庭劳动力及从农业中获得生产资料的农户。也就是说，农户大量的劳动是从事农业，且参与的市场并不完备。

以上的理论都只考虑了农户生产和消费行为本身，讨论时多将农户置身于一个完备的市场。然而随着交易费用理论的兴起，张五常（2001）在《佃农理论：应用于亚洲的农业和台湾的土地改革》中提出了一个关于农户理论的观点：在交易费用不为零且出于风险规避的目的，农户会采用合约的形式来进行生产。分成租佃合同的成本和效率则介于固定租金合同和工资合同之间。分成租佃合同的特殊治理结构在于，土地所有者（即地主）和土地使用者（即佃农）都有剩余分配的权利，无论产出的大小如何，双方都能获得产出的一部分作为要素投入的报酬。但同时，与另外两种合同形式一样，双方都有可能采用机会主义行为：地主可能不会在工资合同下积极地改良土地的质量，而佃农工作努力程度也会低于固定租金合同下对应的努力水平。此外，在分成租佃合同下，产出的界定也存在一定困难，会导致边际的扭曲。但只要较高的交易成本至少可由分散风险所带来的收益予以补偿，人们仍然会选择分成合约。

本书考察合作社对农户的经济影响，合作社作为一种与生产性行为相关的制度安排，对农户的影响主要是通过生产行为影响其收入，因此对农户层面的研究重点考察其生产行为和收入的变化。

2.2.2 集体行动理论

集体行动是指由 N 个人（$N>1$）组成特定利益团体，将团体成员的利益（如集团福利、社会福利、他人福利）纳入同一个博弈框架体系中，为追求共同利益目标而采取行动的过程（汪敏达，2014；Marshall，1998；Sandler，1993）。集体行动的开展是否需要具备一定的前提条件，学术界莫衷一是。从理性和寻求自我利益的角度看，集团会采取行动维护集团利益（奥尔森，1995），因此部分学者认为集体行动一定是自愿进行的。事实上，只有集团中人数很少或是存在强制性或其他特殊手段使得集团共同利益与个人最优利益一致，或是参与者可以获得额外的不同于集团的独立利益时，才能保证集团中的不同个体为集团共同利益行事（奥尔森，1995）。换言之，在确保集团中的个体愿意共同分摊集体行动所产生的成本之余，集团还应给予成员不同于共同利益或集体利益的特殊激励或是强制性手段，否则集团中的不同个体很难为实现共同利益而采取行动（奥尔森，1995），因为谁都无法保证集团成员利益和集团利益始终保持一致。因此，不少学者认为集体行动的开展必须具备一定的前提条件。Becker 和 Ostrom（1995）将集体行动得以成功进行的前提条件归结为如下几点：第一，具备文化同质性（如资产、信息、成本收益预期、偏好、规范化准则等）；第二，集团规模较小；第三，集团内部具备相对严格的规则；第四，预期未来利率水平相对较低；第五，集体行动产生的成本明确，且监督明确；第六，集体行动准则明确且容易在实现过程中进行维护。奥尔森（1995）认为，集团规模、成员构成和奖惩规定在很大程度上将影响集体行动成功与否：集团规模越大、异质性越强、选择性激励越小，集体行动得以开展的可能性越小，即集体物品在存在一定异质性的小集团中更容易被提供（郭珍，2015；奥尔森，1995）。

围绕集体行动产生原因展开的既有研究，基本都指出集团规模或是成员数量会对集体行动产生影响，对影响方向和影响产生机制的探讨基本达成一致。集团规模和合作产生的成本成正比，集团规模越大，合作成本越高，即达成合作产生的信息成本、执行成本和监督成本都将随着集团规模的扩大而上升。因此，相较之下，小集团的集体行动协调成本更低，合作发生的可能性增加，集体利益也越容易实现（张克中和贺雪峰，2008；奥尔森，1995）。换言之，当持有相同或相近认知的成员个数越多时，集体行动发生的概率也相应升高（汪敏达，2014）。因此，建立集体认同是集体行动过程中必不可少的环节，其关键在于塑造可辨识的“我们”的身份，继而重新界定一套新的成本收益计算模式（任丙强和孙龙，2015）。也有学者将该方法归结为在制度基础上实行的“自主治理”，认为其是解决集体行动困境的有效方法（奥斯特罗姆，2012）。

特别地，当集体物品对于集团中成员的意义或价值不平衡时，也会出现集体行动的例外。如果有一定量的集体物品，获取成本远低于获得的收益，即使集团中一个人分享的收益也会超过总成本，这样就可以假设这种集体物品会被提供（奥尔森，1995）。例如，在异质性明显的小集团中，占有较大份额的成员更可能接近独占集体利益的状态，其往往会有更高的积极性为集体利益做贡献（蔡亮亮，2014）。并且，由少数几个实力雄厚的核心成员联合提供某项公共物品的协调成本反而更低，当收益高于成本时，公共物品则倾向于被提供。

有时，社会激励（即社会地位和社会承认，如声望、尊敬和友谊等）也会驱使集团中的个人为集团利益做贡献（奥尔森，1995）。但是这种激励只在较小的集团中才起作用，因为在大集团中每个成员都微不足道，不可能彼此都认识，所以不大可能产生一定的社会压力来获得收益。

因此，奥尔森集体行动的逻辑实质上是一种“合作”逻辑。合作实现与否，取决于合作收益与参与合作所需承担成本的对比。当合作收益足以弥补参与合作所需承担的成本且优于不合作收益时，集团中的个人会选择合作、获取更高的经济利益。

集体行动理论在农业生产中的另一个主要应用，体现在农业生产经营组织的（以合作社居多）产生与经营方面。部分学者对农业生产经营组织带动小农户开展的集体性生产经营活动给予了高度评价，认为这种方式降低了小农户市场准入的难度，是当前小农户与现代大市场实现对接的有效途径和重要载体，产生作用的途径包括三种：第一，集体行动产生规模效应，带来集体优势（李霖和郭红东，2014；Moustier et al.，2010；Markelova et al.，2009）；第二，集体行动下可以获得更多、更全面的信息和服务（李霖和郭红东，2014；Markelova et al.，2009；Poteete and Ostrom，2004；Stockbridge et al.，2003）；第三，在一定程度上保证分配机制的相对公平（李霖和郭红东，2014；黄祖辉和梁巧，2007）。

2.2.3 产权理论

传统经济学理论中，在“理性经济人”的假设下，理性人根据面临的约束所做出的选择是从效用最大化出发而不是利润最大化出发的。在完全竞争市场中，个人追求效用最大化的结果也会使整个社会实现效用最大化。在市场上交易费用为零的情况下，政府等制度安排的作用是保证私有产权和自由竞争的合法化。但是，现实世界中，交易费用并不为零，每一项经济活动的实现都离不开合约制定、合约监督、交易主体的讨价还价及交易信息的获得。这些交易费用的存在甚至高企，必然要求一些制度安排能够降低这些交易费用。同时，完全界定的私有产权制度在完全竞争模型中虽然是合理的，但现实中，非私产制度和私产制度往往受到限制，完全界定的私有产权几乎是不存在的。正是如此，各种产权形式的存在，势必会对经济行为产生影响。

产权理论就是探讨不同的产权结构对收益分配及资源配置的影响。经济学意义上的产权主要是界定某种物品使用的权利并使人们互相认可这样的权利，从而实现交易主体形成与其他交易方的交易预期。一种产权结构是否有效率，取决于它能否为成员提供将外部性内部化的激励。在产权共有的情形下，所有成员不仅共同分享组织带来的权利，而且在权利的共有会产生监督成本和谈判成本而所有成员又必须共同分摊成本时，如果单个成员追求个人效用最大化，那么所产生的成本将由其他成员共同承担。与此同时，如果其中一个成员对组织的发展做出了努力，那么无论哪一个共有产权者也不能排斥其他人来分享自己努力的成果。因此，共有产权时外部性非常强，所有成员要达成最优行动的成本也非常高。相比之下，私有产权却能够将这种外部性内部化。私人产权在做出一项行动决策时会选择能使私有权利的现值最大化的方式，从而实现成本收益的最大化，以达到资源的最优配置。正如 Hart 和 Moore（1996）所陈述的观点，在对产权或者资产进行控制时，应遵循少数服从多数的原则，如果组织中某种关键性资产是由一组当事人来决定的，那么这组当事人对资产的控制也是理所当然的。

在 Coase（1937）看来，由于市场是不完全的，市场上存在交易费用，而企业可以大大节约这些费用。企业之所以会产生，是因为个体为了最大化利用其比较优势，每个参与合作的人，其生产报酬要高于分散生产的报酬。不过，在合作生产中，又面临着劳动监督和报酬分配的问题，组织的效率也因此受到了考验。通常为了解决监督的难题，监督者会获取高于规定数额的报酬，并将成员的净收入和其他收入给予监督者作为报酬，因此，成员与监督者之间的关系属于委托-代理问题。

Hart 和 Moore（1996）认为合约是不完备的，有三个方面的原因：一是合约在个人有限理性的行为下不能预见一切可能发生的后果；二是合约条款在外部条件充满复杂性和不确定性的情况下不能做到事无巨细；三是合约激励机制会在信息不对称和不完全的情况下失灵。正是由于以上原因，人的有限理性和外部条件不确定性共同决定了合约的不完备性。在合约不完备的情况下，合约中的权利就会被界定为特定权利和剩余权利两种，特定权利能够写明并且被证实，而剩余权利就是没有写明或者如果写入就会导致成本很高的权利。总的来说，交易双方形成交易合约时，所有权的分配决定了治理结构，而交易双方进行专用性投资时，所选的投资水平又取决于所有权的分配，这是因为所有权的分配指定了合约没有涉及的情况下讨价还价权利的分配。不完全合约必然会引发事后机会主义行为，这会影响到事前关于专用投资的决策。所有权结构的变化会改变讨价还价权利的分布，从而影响事前投资激励。

Williamson（1979，1971）提出，在交易具有经常性、非标准化和专用性投资等特点时，通过“关系契约”来进行双边治理更合适。因此，从 20 世纪末以来，关系契约就被应用于科层制和市场之间的治理结构的研究。关系契约理论模型下，交换的特性包括交易性和关系性两种，反映了人与人之间的交换关系。关系契约中因为存在信任、合作、声誉等机制，而这些因素能够直接影响参与者的行动，通常不需要类似于制度或者仲裁者这样的第三方的加入，就可以保证交易的顺利运行。

合作社与成员之间的交换是属于介于科层制和市场之间的双边治理关系，在合作社中，共有产权意味着在共同体内的每一位成员都能分享权利，农户与合作社之间的关系也是契约关系，又取决于所有权结构，也就是说，合作社的所有权结构的分配能够决定契约关系下的利益分配。因此，产权理论构成了本书研究的理论基础。

2.2.4 交易成本理论

交易成本（transaction cost）又称交易费用，最早由科斯提出，指交易双方为促成交易发生而产生的一系列成本（Coase，1937）。Williamson（1975）提出有限理性和机会主义的观点，将交易成本理论应用到制度经济学的分析和研究中，将其与组织理论结合，进一步丰富了交易成本理论。Williamson（1979）认为，交易成本是以不同方式执行不同交易的过程中产生的成本。换言之，交易是交易成本的基本组成单位，因此交易不确定性、交换频率和资产专用性程度等交易的基本组成方面将显著影响组织经济活动。

交易成本产生于生产经营过程中多个环节的不同执行方式，是一个综合概念，根据具体环节的差别，可以对其进一步细分。Williamson（1979）将交易成本分为以下五类。①搜寻成本：搜集商品或是交易对象信息的过程中所产生的成本。②信息成本：获得与交易对象有关的信息，以及与交易对象进行信息交换过程中产生的成本。③议价成本：与交易对象就产品交易是否需要签订契约、商定成交价格等产生的成本。④决策成本：组织内部进行决策或签订契约前期准备等事项产生的内部成本。⑤监督成本：组织监督交易对象是否按照契约内容进行交易所产生的成本，如采取追踪、监督、检验等手段或方式确保组织与外部的交易正常进行。弗鲁博顿和芮切特（2006）在《新制度经济学：一个交易费用分析范式》一书中的讨论，将交易成本细分为三类：①搜寻和信息成本，即获取交易对象信息所需的成本；②讨价还价和决策成本，即针对价格、质量、契约等进行讨价还价并达成交易所需的成本；③监督和执行成本，即确认交货时间、产品质量和数量所需的成本。Williamson（1985）根据时间差别，将交易成本分为事前和事后两大类：①事前交易成本，指交易双方就签订契约、保障契约实施等进行谈判及因此开展的前期准备工作产生的成本；②事后交易成本，指交易双方无法按照约定履行契约内容产生的成本。

交易成本理论的应用较广泛，在农业领域以联合小农户组成合作社最为典型。从理论上看，合作社的存在有其合理性。在一般需求和货源数目同时增加的情况下，如果继续沿用原先的专用交换势必导致效率下降；依托市场中介处理在不确定性条件下发生的经常性交易并进行相应的管理，将是提高运作效率、改善现状的有效途径（Williamson，1979）。也就是说，有效的交易方式或组织形式一定是特定交易过程中不同参与主体产生的交易成本总和最小的（梁巧，2011）。从现实来看，合作组织的出现顺应了农业生产经营的发展趋势。就农业本身而言，农业生产具有不确定性大、资产专用性强、短时间内交换频率高等特点，产业特性决定了生产经营过程中交易成本较为可观；就中国现状而言，以家庭为单位开展生产经营的小农户分别与交易半径相对较大的现代大市场间实现对接，产生近乎雷同的交易成本，总交易成本较高，亟须成立合作组织提高生产和流通的效率。因此，合作社应运而生。

2.2.5　合作博弈理论

现实社会中无时无刻不存在着合作与对抗。无论是什么样的活动，都会有很多的参与者，每个参与者都会根据自己的偏好，在别人行为的基础上来决定自己采取什么样的行动。这种行为通常被称为对策。博弈就是某种活动的参与者在互动中做出决策，以及如何使决策达到均衡的过程。博弈论就是研究博弈的相关理论。

早在 19 世纪，数学家们就开始关注博弈理论。到 20 世纪 40 年代，约翰·冯·诺依曼和奥斯卡·摩根斯特恩提出了合作博弈的概念，并且对双人零和博弈进行了讨论。新古典经济学的经典假设是市场处于完全竞争状态且信息对称，但博弈论提出之后，为讨论不完全竞争市场和信息不对称提供了理论和方法上的依据。随后，纳什提出了“纳什均衡”理论。纳什均衡理论的核心思想在于，在博弈中的其他人不变换策略的情况下，博弈中任何一个人都不能单方面地改变策略以提高自己的效用水平。

随着合作博弈的理论研究不断深化，合作博弈解的应用也逐渐被人们关注。合作博弈被广泛应用于股东投票等涉及选举权问题的各类领域。合作博弈解应用的另一个重要领域则是合作成本分摊和利益分配的问题。20 世纪 50 年代，夏普利（Shapley）根据博弈参与方期望边际收入的思想提出了夏普利值的概念，采用定量分析的方法对收益分配问题进行探索。夏普利值对成员的贡献是假定该组织成员不在该组织所造成的组织损失，组织收益也是根据成员对组织所做的边际贡献来进行划分的，从而体现某种程度上的公平性和合理性。纳什协商解则开辟了用数学化方法讨论收益分配的途径，并用数学方法证明了这些原则的唯一解。这些原则包括度量无关性、帕累托效率性，以及不相关选择的无关性。

可见，对合作博弈的相关问题研究，主要集中在联盟（组织）在利益分配上的问题。对既有研究中合作博弈利益分配问题进行梳理后发现，定性研究主要关注利益分配原则、策略及供应链的协调激励机制等方面；定量研究则主要采用数学模型引入利益分配的因子来分析各方博弈的情况。在合作社的研究中，合作博弈存在于成员之间，尤其是在中国成员异质性的背景下，核心成员与普通成员之间的合作博弈情况更是决定了最终合作社的利益分配去向。同时，合作社与政府之间也存在着合作博弈，合作博弈的结果决定了政府财政资源的去向。因此，有必要采用合作社博弈的利益分配理论关注合作社对农户受益差异的影响。

2.2.6　农户分化理论

1978 年家庭联产承包责任制的出现，农民有了更多的选择，不仅可以自主经营土地，还可以自由流动并选择职业。农民独立的生产经营地位为之后农民的转型和分化奠定了基础。1992 年市场经济体制的确立，加快了农村实现产业多元化结构并加速了农民群体的分化，主要表现在原本同质的农民群体在职业、收入、消费结构等方面出现分化（陆学艺，2006）。陆学艺和张厚义（1990）较早地研究了农民分化问题，并将农民分化形成的结果分为农业劳动者、农村管理者等八大层次。

从分化的农民群体中去除已经不再从事农业生产的农民，那些仍然留在农村从事农业生产的纯农户或兼业户也存在明显的异质性。Wolf（1999）将农民分为传统农民与职业农民，传统农民一般是土生土长在农村、流动性较小，从事农业生产的目的是自给自足，只有存在多余的农产品时才会进入市场进行销售，而职业农民一般是主动和有目的地从事农业生产，并指向市场需求从而获取利润。因此，职业农民更乐意参加农业知识的培训，也更愿意对农业生产所需的资金或技术进行不断深入的投入。随着经济体制市场化加深，农业产业化加速，中国农民和农户的分化将不可逆转地进行下去。

农民与农户分化对中国农村的发展产生了巨大的影响。农民的分化改变了农村社会结构的分层，农户的分化进一步推进了农村产业结构和经济发展模式的多元化，特别是农户的分化对农村组织的发展具有深刻的影响。2007 年迅速发展起来的合作社是农户自主加入、自愿联合形成的组织，与传统合作社相异的是，目前中国农村合作社成员存在显著的异质性，这也是农民与农户分化的一个重要表现。从农村走访的情况来看，目前中国农户存在的主要差异表现在生产规模、资金存量、技术水平、风险偏好、社会网络、市场敏感度等方面。那么，由这些分化的农户联合成立的合作社必然存在成员异质性的特征。这样的异质性意味着具有不同资源禀赋的农户联合起来在促进合作社发展的同时，也给合作社的制度安排提出了新要求。

本书研究的成员异质性主要是指成员结构的异质性，即合作社发起人与其他普通成员之间的差异。国内外学者通过调查研究发现，成员异质性主要表现在个人能力、经营规模、资本禀赋、社会网络等方面（楼栋和孔祥智，2014；邵科和徐旭初，2008；林坚和黄胜忠，2007；Nilsson，2001）。由于成员异质性的根本差异在于成员间基于基本特征的利益诉求，又考虑到数据获得的可行性和准确性，本书从经营规模和股权投资这两个方面来研究合作社异质性的成员结构。合作社的发起人一般是本村的能人、大户、村干部或者当地的龙头企业，发起人是一般农户的情况较少；而合作社的其他普通成员往往是生产经营能力相对弱小的一般农户，经营规模相对较小；同时，发起人为了获得合作社的收益权往往占据了大部分的股权，而一般农户由于资本的短缺和风险规避往往不愿意出资。因此，合作社发起人和普通成员在经营规模、股权投资上存在明显的异质性特征。

2.2.7 激励相容理论

激励相容（incentive compatibility）理论产生于委托-代理理论。在委托-代理关系中，委托人将部分决策权托付给代理人，聘请代理人代表其履行相应的服务。但在经济体发展过程中，如果保证组织恒处于竞争性优势状态，就意味着代理人效用趋向于零（Roberts and Postlewaite，1976），这与“理性经济人”的前提假设不符。也就是说，代理人决策与委托人效用最大化决策并不总会一致，从“理性经济人”的基本假设出发，代理人不会总以委托人利益最大化为目标实施行动（詹森和梅克林，2007），因此，在信息不对称的背景下必然会造成一定的效率损失（李红坤，2007）。在不确定和不完全监督条件下，如何为代理人提供适当激励以促使其行为选择能使委托人福利最大化将成为重要议题，激励相容理论随之产生。

激励相容理论主要用于解决委托-代理关系中可能产生的代理人问题（agent problem），即因目标函数不一致、信息不对称等导致代理人行为偏离委托人目标函数的现象（吴军和何自云，2005）。激励相容理论认为，当信息不对称、委托人与代理人目标函数不一致时，委托人需对代理人实行一定的激励、支付代理人一定的报酬（即信息成本），以确保代理人为了委托人利益而采取相应行动（McLean and Postlewaite，2002）或者不至于太过危害委托人利益（詹森和梅克林，2007），即通过激励机制（incentive scheme）弥补信息不对称导致的委托-代理问题（agency problem），从而最大限度保障委托人利益（张春霖，1995；Baker et al.，1994）。

因此，在集体行动中，委托人和代理人之间同时存在参与约束（participation constraint）和激励约束（incentive constraint）（Hammond，1979）。其中，参与约束也称个人理性约束（individual rationality constraint），指在合作机制中参与者现状不比合作前原本的状况差，即参与即可获得收益。激励约束，指代理人选择委托人最大效用行动时获得的期望效用不低于其他行动选择下的效用水平，即委托人和代理人的预期收益同时实现最大化（李红坤，2007）。

在合作社的运营中，同样存在委托-代理问题。农户加入合作社，合作社代理农户部分的生产经营活动。理论上，只要市场处于竞争状态，农户和合作社就会选择参与最有利于自身经济利益的活动。但事实上，合作社搜集了解到的市场信息更全面，小农户的信息则相对闭塞，两者间信息不对称，因此小农户的农业生产需要依赖合作社；合作社又是组织成本高昂的非营利性组织，在其运行过程中必然涉及组织成本分摊问题，而这并不是小农户乐于接受的，因此合作社和小农户间利益诉求并不完全一致。另外，合作社作为同类农产品生产者的联合，其成员利益应当具有较高的一致性，但当前中国正处于由计划传统经济向现代市场经济转型的时期（聂辉华，2013），农户分化严重，而合作社的内部成员在资源禀赋、经营规模、个人能力、文化程度等方面的差异将导致不同成员利益诉求存在较大差别（Iliopoulos and Cook，1999），劳动分工、产品交易及效用函数均不一致，导致集体行动的利益存在冲突（江曙霞和何建勇，2009），从而进一步加深了委托-代理问题。

2.3 文献综述

2.3.1 合作社的形成和治理

1. 合作社形成和发展的动因

在新古典经济学的分析框架下，早期的合作社研究者认为合作社的组建是为了使分散的农民对抗来自买方市场的垄断力量。Sapiro（1993）主张合作社可以用来纠正农产品生产者在市场上面临的不公平的交易条件，如果按照农产品生产者生产的商品类别来组建合作社就能更好地实现农产品市场秩序。同时，合作社还有“竞争标尺”的作用，这是因为合作社可以纠正市场失灵，通过合作社的有效运作帮助分散的弱势群体获得买方本来垄断的市场份额（Nourse，1992）。根据合作社面临的外部环境和内部制度安排，Cook（1995）就合作社的形成划分成了五个时期，分别是发起、适应、运行困难、变革及退出。在发起和适应的阶段，合作社因市场上存在潜在利润而组建，农产品生产者可以通过组织起来对市场进行有效的控制，或者针对市场上存在垄断导致的供给不足来增加供给。接着，如果合作社针对市场失灵而能够降低价格、增加市场供给，就可获得生产和发展，否则该合作社难以长期维系。运行困难阶段主要是由于合作社固有的产权问题加之合作社组织规模越来越大，成本与收益不成正比导致合作社运行出现极大的困难，在这样的情况下合作社面临着变革、继续和退出的艰难选择。最后，合作社因为种种原因必须退出，退出的方式有可能是被别的合作社合并，也有可能被改变成为投资者所有企业，抑或是寻求同类合作社的横向联合的同时内部仍然保持合作社的基本运行机制，再或者就是对合作社内部的资本结构和资产份额进行改变以获得长足的生存和发展。

对于中国合作社形成和发展的动因，也有很多学者从多角度进行了探讨。如应瑞瑶（2002）探讨了合作社异化的根本原因在于合作社外部的制度环境和要素的相对价格。马彦丽和林坚（2006）则认为集体行动的悖论是中国合作社在中国发展非常缓慢的重要原因，同时他们还认为合作社成员之间的收入差距反而有助于合作社的发展，政府可以在扩宽合作社生存边界的问题上发挥一定的作用。马彦丽（2008）从交易成本理论出发，认为合作社对于交易成本的节约如果不能大于合作社的组织成本，那么合作社就难以形成。柴效武和叶益东（2006）从农村制度变迁过程中组织模式选择的视角分析了合作社这种制度安排的有效性。该研究认为，由于农户经营规模过小，订单农业会导致农户受到来自农业龙头企业的强烈支配，因此农户可以通过组建合作社，共同有效地联合起来以寻求市场力量的均衡。徐旭初（2013）认为，中国家庭经营的缺陷及市场经济条件是农民专业合作组织形成和发展的最根本原因，同时，农业生产的特殊性、分散性也是合作社必然存在的决定性因素。

近年来，一批学者深入研究了组织潜在化收益、社会信任和政策推动等因素对合作社形成和发展的影响。例如，邓衡山等（2011）认为，合作社形成和发展的主要原因是组织化潜在收益、农户间的异质性及现行的政策环境推动。徐志刚等（2011）则认为合作社的形成和发展依赖于合作社所在村庄的社会信任。2000 年以来，在中国沿海地区普遍发生了合作社的资本化倾向，学者对于这种现象发生的原因也进行了研究，如黄祖辉和徐旭初（2005）认为，沿海地区之所以产生这种现象主要是因为这种治理结构或者企业制度吸引了相关的关键性生产要素。中国目前劳动力充裕而资本相对稀缺，因此资本的回报率也较高，但是如果合作社中资本占据主要地位，资本所有者和普通成员在身份上就很难实现统一。即使身份统一，普通成员也无法向合作社提供获得平等话语权的资本份额。同时，普通成员还缺乏企业家才能。因此，中国沿海地区投资能力较强并且具有才能的能人所举办的合作社就容易出现股份化的现象，普通农户参与合作社也只是为了获得利益改进而非以民主决策作为目标。

另有部分学者通过国际比较的方式探讨中国合作社发展道路问题。例如，阮蔚（2006）对日本综合农协在第二次世界大战后到 20 世纪 80 年代的成功经验进行了分析，分析表明日本综合农协之所以在 20 世纪中期取得了成功，主要是由于农协是当时日本农业政策的唯一执行者，在执行农业政策的过程中农协将粮食统购制度及银行业务等集中为一体发挥了重要的作用，但是之后外部环境发生了变化，农协也因此面临改革。因此，中国不能学习日本的综合农协。王醒男（2006）从政治经济学的视角对日本农协的历史发展过程进行了梳理后认为，日本农协的成功有一定反市场原理的因素存在，因此，尽管目前中国农户规模及资源禀赋与日本有些类似，但仍然不能肯定农协模式在中国具备推广的条件。黄宗智（2015）认为，和东亚合作化历史经验一样，中国农业需要的不是横向一体化的大农场，而是“小农场 + 合作社”提供的产、加、销的纵向一体化服务，由此来克服小农户面对大市场的困境。孔凡宏和张继平（2015）从目标和环境两个方面对合作社未来发展模式考量得出的结论是：由于最初开放式发展形成了路径依赖，中国合作社的发展呈现出了多样化的模式，但是每一个模式的生成机理都有其必然性并存在缺陷。小农合作型通常是民主管理的互助性组织，符合经典原则，但外部环境决定了龙头企业领办和大农领办有其显著的优势，要保证小农的退出权以倒逼大农不过度剥削小农才能保障小农的权益。

2. 合作社治理结构与治理机制研究

合作社是一种特殊的纵向协作形式，也就是说，成员和合作社之间既有市场元素（交易行为），又有科层元素（控制关系）；并且合作社是所有成员共有的（Bijman and Hendrikse，2003）。有的学者从契约的角度来审视治理结构，认为治理结构是一个关于企业所有权安排的契约，通过显性契约和隐性契约对公司内部不同要素的所有者的控制权和剩余索取权进行规定（张维迎，1999；杨瑞龙和周业安，1997）。

2000年以来，国外的合作社治理结构的研究逐渐增多，主要是基于所有权视角对合作社产权类型进行分析，通常是将合作社与投资者所有企业（investor owned firm，IOF）进行对比研究，合作社并未单独考虑控制权（决策权）结构是因为它是所有权与控制权合一的组织的形式。Chaddad和Cook（2007）设定了传统合作社和投资者所有企业为两种极端情况，然后在两种极端情况中间有类似于光谱一样的组织形式，包括一定比例投资的合作社、新一代合作社等。介于传统合作社和投资者所有企业的这些组织尽管已经或多或少偏离了传统合作社原则，但依旧处于传统合作社的范畴之内，而资本外联型合作社和投资者企业则完全突破了传统合作社原则，本质上已经逼近投资者企业。Notta和Vlachvei（2007）以瑞典奶业为对象，研究了影响合作社和投资者企业绩效的因素。分析表明，在1990～2001年，瑞典奶业中投资者企业的盈利水平比合作社更高，这主要是由于投资者企业的资本机构和市场份额更加有活力。

国内学者的研究侧重对中国合作社特殊治理结构背后的原因进行研究。应瑞瑶（2002）从创办主体的多样性出发解释了合作社制度安排的特点和内部异质性；黄祖辉和徐旭初（2005）认为能力和关系是影响中国沿海发达省份合作社治理结构的主要因素；吴彬和徐旭初（2013）则认为，国外已有的研究将合作社治理结构视为一种广义的合作社产权关系进行讨论，国内的研究又偏重于内部治理机制，并没有一个整体框架来分析合作社这种特殊治理形式。他们通过合作社成员扮演的不同角色和对应的权利来对中国现有的合作社治理结构进行解释。

在对治理结构研究的基础上，学者们对合作社的内部治理机制也进行了深入的研究。徐旭初（2005）认为，合作社治理机制包括激励机制、监督机制和决策机制。激励机制是为了减少道德风险，监督机制则用来评价代理人，决策机制是合作社的所有者对合作社控制的体现。徐旭初和吴彬（2010）认为股权结构和理事会及理事长或发起人对于合作社绩效的影响较大。黄胜忠和徐旭初（2008）认为合作社的组织结构与成员之间各方面资源禀赋差异过大相关，从激励相容的角度看，产权结构普遍采用资本化的方式在聚集生产要素和降低代理成本方面具有效率及合理性。刘滨等（2009）认为影响合作社治理机制的因素不仅包括理事会、监事会这样比较典型的治理变量，还包括股权结构这样嵌入在合作社资本结构的因素。黄胜忠（2007）从合作社内部制度安排方面对合作社的治理机制进行了分析，他认为合作社不但要在规模上保证理事会有一个合理的规模，而且在理事会内部还要有一部分态度积极的成员理事以减少“搭便车”的行为，不然理事会内部可能会产生较大的矛盾和冲突；此外，最好聘请能够带来有效资源的外部独立董事，合作社的直接管理者不能对理事会进行控制。Bijman 和 Hendrikse（2003）认为合作社成员忠诚度降低和决策难度加大及组织成本高都是成员之间要素禀赋差异过大引起的。

2.3.2 合作社服务功能形成机制及其影响因素研究

1. 合作社统一购买农资功能形成机制及影响因素研究

已有研究从多个角度总结出合作社统一购买农资有如下不少优点。

首先，合作社联合分散农户统一购买农资，提高了市场谈判能力，形成了规模优势，降低了农业生产投入成本。经济学中将随着生产能力扩大，产品单位成本下降的现象称作规模经济，也称规模利益。统一采购是规模经济在生产领域中的具体体现。所谓统一采购（也称集中采购、批量采购），是指将通用性强、技术规格统一的物品需求归集后，交由特定的部门或组织进行购买的一种采购模式（马海涛和王东伟，2013）。统一采购模式将有限的、分散的采购人力和采购资源整合起来，形成信息优势，利用大市场资源吸引更多的供应商参与到物资采购竞价环节，通过询价、比价和谈判等多个过程，最终实现降低采购价格和提高采购效率的目标（宋扬，2014；肖高求，2009）。这一规律性认识在农业领域生产资料购买方面也成立。早期，李岳云等（1999）的研究表明，受农村社会化服务体系发达程度、合作社发育不成熟等的限制，农户几乎都采用单独购买的方式采购农业生产资料，仅有少数经营规模较大的农户通过供销社购买农药、化肥等生产资料。当合作社发展到一定程度，便开始提供统一购买农资服务。合作社统一购买农资，以消费者联合的规模优势形成消费者垄断，整合采购资源、优化供应链、提高谈判和议价能力，在同类产品上可以获得低于从个体商户处购买农资的价格，克服了单个消费者分散采购时的弱势（何洲，2011；何慧丽，2007a）。甘肃省某合作社的调查表明，80%的农户希望合作社统一购买廉价优质的农业生产资料（何洲，2011）。但统一购买的形成及具体获益，将取决于组织规模、产品通用性及地理位置是否接近。一般来说，产品同质性越强、地理位置越接近，越容易实现集中统一采购（宋扬，2014；肖高求，2009）；形成统一购买后，供应链上主体所占份额和规模越大，越具有利益分割的优势（龚大鑫，2012）。

其次，合作社通过向上游整合，将农资购买环节纳入组织内部，有效降低了生产环节的交易成本。产业链整合是指将产业链上各生产经营环节通过一定的方式联系起来，使产业链的运行更加流畅和有效的过程（张宇，2012）。从组织边界来看，产业链整合包括产业链上各环节内部的整合和上下游各环节间的外部整合，具体即产业链内部物流、信息流的整合，产业链间合作关系、协调物流、共享信息等的整合（朱毅华和王凯，2004）。其中，上游的供应绩效会显著影响下游生产、加工等环节的绩效，因此向上游整合、控制原料是整合产业链的核心（沈志勇，2013；宋扬，2014）。通过产业链垂直整合，各部门间的外部交易转变为组织内部交易，有效减少了交易成本、降低了风险，因此产生了不同形式的垂直协作模式（Williamson，1985），该结论在农业生产领域同样适用（姚文和祁春节，2011；孙艳华等，2008）。分散的小农户通过合作社这类介于松散的市场交易和紧密的政府交易模式之间的特殊中介组织进入大市场（应瑞瑶，2009；戴迎春，2003），以组织名义向上游整合产业链，与农资供应者纵向联合，提高了分散农户在市场中的谈判能力，节省了交易成本，降低了投入品的价格和成本，从而有利于实现农户农业生产利润最大化的目标（张宇，2012；邓衡山等，2011）。陕西省宝鸡市眉县某猕猴桃专业合作社的实践也充分证明了合作社在降低生产成本、保护小农收益方面的作用。该合作社自行组建了涵盖良种、苗木、农药、化肥和植保机械等农资在内的农资配送网络体系，对其下设的 3 个配送中心和 20 个服务网点实行农资的统一购买及配送，节省了单个农户购买农资的交易成本，有效降低了当地果农农资采购的成本。

最后，合作社统一购买农资，以组织名义鉴别和购买，有利于对农资质量进行控制。农户种养规模有限、认知程度有限，无法凭借其自身实力对农业生产过程中使用的农资进行质量控制，但通过合作社建立起的纵向契约协作能在很大程度上有效控制食品质量安全（王瑜和应瑞瑶，2008）。胡定寰（1997）的研究发现，以契约形式联合农业生产中的不同部门，实现微观农业产业化，能在一定程度上确保生产资料的质量。这是因为，在契约约束下，合作组织出于避免下游企业对成员的群体性惩罚和维护组织声誉的需要，其统一采购的生产资料必须要符合国家、地方和行业的相关标准，以及下游企业的质量安全要求，在客观上起到了保证产品质量安全的作用（巩顺龙等，2012）。也就是说，合作社在食品安全标准扩散方面具有独特的优势。对农产品质量安全水平的提高具有正向效应，农产品质量安全正日益成为合作社承担社会服务功能和提升市场竞争力的有效载体（张千友和蒋和胜，2011）。

但现实中，统一购买农资的合作社数量却很少，且功能单一。即便那些声称提供该项服务的合作社，多数也由于资金缺乏、市场谈判能力不足等原因，提供的服务往往也只是虚有其名（宁攸凉等，2011）。因此，总体来看，合作社对农产品生产成本的控制和影响很有限（李冰，2013）。

2. 合作社统一销售产品功能形成机制及影响因素研究

农产品销售方式或销售渠道是多种因素综合考虑的选择，受到主观、客观等一系列因素的影响，已有研究从多个方面对其进行阐释。齐文娥和唐雯珊（2009）对广东省 18 县 871 户荔枝种植户展开调查，从产业链源头——生产者的利益出发进行实证分析，发现销售便利程度、成交价格、稳定性、销售规模、经济性、关系性、习惯性和控制性是农户选择销售渠道的主要影响因素。宋金田和祁春节（2011）基于湖北省宜昌市 272 户柑橘种植户的调查数据进行实证分析，结论表明信息成本、谈判成本和执行成本三项交易成本显著影响农户对销售方式的选择，因此未来相关主管部门应当通过完善信息化和基础设施建设、提高组织化程度来促进当地柑橘产业的发展。李丽莎（2013a）基于云南鲜花主产区 218 户花农生产经营情况的调查数据进行实证分析，验证了“资源禀赋（具体包括种植面积、销售经验、组织负责人年龄和健康状况、家庭劳动力数量）相对处于劣势的花农对高组织化程度的销售方式需求更大”的研究假说。

然而发达国家和地区的经验表明，以农户联合形式组成的合作社是实现产品销售的有效途径。在 19 世纪末，合作社在推动北美和北欧地区农业发展的过程中发挥了重要作用（Fulton，2005）。刘静（2009）指出日本农协作为民办官助型农民群众经济团体，在农产品进入流通环节过程中发挥了重要作用，通过联合分散农户，将农户由原先的农产品小量供应者变成大宗产品供应者，增强了议价能力，农户获益增加。

在中国市场化改革不断深入的过程中，分散小农户与现代大市场间的矛盾日益凸显，合作社也成了小农户应对现代大市场的重要中介。中国当前的土地制度决定了中国的农业现代化必然是建立在以家庭为单位进行生产经营基础上的小农户现代化（郑鹏，2012），而小农户受制于自身资源禀赋等的约束，难以满足现代市场对农产品数量、质量等多方面的要求（马跃峰和赵予，2005），常被排除在外（郑鹏，2012；Bignebat et al.，2009），且难以与现代市场对接。但是，合作社所实行的统一销售服务在很大程度上克服了上述难题，它被认为是解决农产品销售问题和突破农产品流通瓶颈的重要选择方式（何慧丽，2007b；程漱兰，2005）。

合作社提供统一销售服务的优点主要表现在两个方面：从形成机理看，合作社作为小农户的联合与产品收购方进行价格谈判，挤占了被过度市场力量占据的农村地区购销市场的利润（何慧丽，2007a），在客观上节省了多个交易主体分别购销产生的交易费用（林坚和马彦丽，2006），实现了“联合购销、风险最小”（温铁军，2006）。从对农户影响看，合作社统一销售服务促进了农户收入的提高，上涨空间甚至超过批发市场、龙头企业等销售主体对农户收入的改善（陈富桥等，2013），改善了生产经验多于购销经验的普通农户在现代农业复杂体系下既无精力也无能力关注购销活动，只能任凭市场宰割、随行就市的现状（苑鹏，2013a），在一定程度上缓解了农产品流通不畅对农民增收的制约影响。在合作社统一销售产品情况下，农户只需关注生产环节，收获后直接将产品交付合作社即可，无须考虑后续销路；合作社以组织名义与外界商讨价格，产品市场竞争力提升，成员福利增加（杨冬梅和施燕萍，2014）。李丽莎（2013b）对云南花农合作社成员收益情况分析的结果发现，合作社统一销售提高了鲜花销售规模和专业化程度，节省运输费用和劳动时间的同时提高了交易效率，带动合作社成员收入增长。

不同合作社统一销售服务采取的方式也不同。根据销售途径的差别，合作社销售模式基本可以分为五类，具体是：“合作社 + 市场”、“合作社 + 龙头企业”、“农超对接”、协会组织销售（或“合作社＋专营店”）和电子商务销售（杨冬梅和施燕萍，2014；刘恩龙，2012）。张喜才（2012）指出云南蒙生石榴专业合作社的成功实践为合作社统一销售服务提供了新的思路。首先，获得“无公害”石榴认证后，加强对生产过程的监督管理，严格控制石榴质量。其次，合作社采用特殊定价策略进一步扩大了利润空间。合作社对组织内部和外部分别采取两套定价策略：对内与农户签订契约，约定以最低价收购成员产品；对外则在包装、运输基础上根据销售对象的不同，分别加价（产品销售到批发市场、超市及礼品等销售渠道分别加价1元以上、2元以上及3元以上）。北京绿莱园蔬菜专业合作社率先启动了“农宅对接”的销售模式，即在传统农产品销售过程中融入电子商务思想，实现了生产者和消费者的直接对接，减少中间环节、降低流通损耗的同时，增加了生产者收入，有利于保证食品安全（姜祎，2012）。北京市益农兴昌农产品产销专业合作社采用网络销售和实体店销售相结合的方式开展产品销售活动，在专业销售平台和通畅销售网络的基础上，建立专业配送中心和网络会员定制系统，线上线下相结合，方便消费者的同时可长期稳定地增加销售收入（罗欣，2012）。

虽然合作社提供的统一销售服务功能能在一定程度上能克服小农户与现代大市场对接的困难，但现实中中国合作社销售服务发展却不尽如人意。一方面，仅有少部分合作社有能力开展产品统一销售服务。大部分因为缺少职业销售经理等没能开展有效的产品销售，甚至没有涉及销售服务（王薇，2013）。张喜才（2012）在云南省合作社理事长培训班上调查了55家合作社，其中实行买断式销售的合作社仅占6%，合作社代理销售的约占25%，合作社充当产品销售中介的约占31%，说明合作社销售方式选择还有很大的上升空间。同时，合作社与产品收购方合作关系稳定性较差，理事长培训班中仅有40%的合作社与企业签订销售合同。另一方面，即使涉及销售服务，也因为经营规模小、销售渠道单一等，对市场和农户的影响有限。虽然中国合作社总数庞大，但带动农户在30人以下的约占65%，绝大多数合作社经营收入都低于50万元（张喜才，2012）。山东省 348 户苹果种植户的实地调查表明，按照“市场价＋附加价”销售产品的农户约占 45.4%，说明合作社在降低甚至规避价格风险方面发挥的作用还很有限（蔡荣和韩洪云，2012a）。合作社统一销售成员产品，相较于小农户自行销售，已经提升了销售收入，但在产品储存、提升品牌和扩大营销等方面仍存在较大的改进空间（张喜才，2012）。这与国际经验中，日本农协在提升小农户产品销售方面发挥的作用有一定差距。日本农协将农产品小量供应者转变为大宗产品供应者，增强其议价能力，提升获益（刘静，2009）。

3. 合作社生产性集体投资形成机制及影响因素研究

合作社进行纵向一体化联合，由单一要素的合作转向多种要素（如劳动、技术、资金、土地等）的合作，对提升组织经营绩效、增加成员收入等均具有显著的促进作用（刘颖娴，2015）。合作社进行生产性集体投资就是纵向一体化联合的典型形式。该种形式突破传统生产经营仅局限于初级农产品买卖的范畴，将产业链延伸到产前生产资料购进和后端产成品加工阶段，减少了产业链中多个主体产生的交易成本，增加了利润空间①。因此，在成立之初，合作社就面临纵向一体化发展的格局（张滢，2011）。

国内外已有不少研究分析了合作社进行生产性集体投资的收益状况。从现实中几家成功的合作社看，辽宁锦州某奶牛合作社打破原先向奶制品公司提供原料的传统经营模式，引进牛奶加工设备，生产奶制品，提升收益。陕西宜川某苹果合作社投资建设了冷库和果汁加工流水线，将合作社经营产品拓展为初级产品和精加工产品两种，提升获利空间（岳文，2011）。为确保组织成员收益，美国西部中央合作社将经营范围拓展到创造额外产品价值的加工服务环节，对种子和谷物进行干燥、分类、仓储和包装等初级加工，对大豆等初级农产品进行精加工及营养改良，合作社盈利逐年增加（吴彬和郭红

① 有研究表明，对初级农产品进行投资加工，能显著改善其利润空间。粮食作物经过加工后出售，可以增值 1～4 倍，棉花等经济作物加工后可增值 2～4 倍，果品蔬菜的增值空间甚至高达 1～10 倍（魏百刚，2012）。

东，2014）。云南蒙生石榴专业合作社向后端延长石榴销售的产业链，建立石榴汁加工厂，与相关企业签订供货合同，形成全产业链发展模式，进一步增强了在产品定价方面的话语权，农户获益增加（张喜才，2012）。可见，通过产业链延伸确实能提高合作社收益。

然而，虽然合作社开展生产性集体投资能有较高的经济获益，但现实中推动合作社进行生产性集体投资却困难重重。首先，先决条件苛刻。合作社进行生产性集体投资需要前期投入高昂的成本，包括基础设施投入成本和生产设备购置成本，后期还会产生相应的设备维护等多项成本，整个过程产生的组织成本种类较多、数额较高，较为复杂。其次，资金难以保证。由于合作社在经济上处于弱势地位，且存在经营管理规范性不高、贷款审批制度不健全等问题，使得合作社无法从信用社、银行等正规金融机构获得贷款（孔祥智和黄博，2013；魏百刚，2012），即使政府可以提供启动资金，但其后续运转的流动资金仍然缺乏（张中，2012）。最后，合作社对地方财政没有突出贡献，很难拿到建设用地指标，且植根于农村的基层组织，对外来人才吸引力有限（魏百刚，2012）。因此，合作社进行生产性集体投资的情况在现实中极少存在。即使是作为工业强省的江苏，截至 2012 年 6 月，合作社进行加工投资的也仅占 11%（魏百刚，2012）。

2.3.3　合作社成员异质性相关研究

外部经济环境的日益变化，传统合作社正发生变革，原先相对同质的合作社成员开始呈现异质性趋势。合作社普遍存在的成员异质性问题吸引了国外广大学者的关注（Cook，1995；Zusman，1992）。Iliopoulos 和 Cook（1999）认为合作社成员不仅在个人特征和资源禀赋上存在明显差异，而且在农业生产决策、经营方式及市场应对等方面也存在明显的异质性特征，并且异质性在不断加强。由于合作社成员都追求自身利益最大化，因而成员异质性特征加大了组织协调各方利益的难度。van Dijk（1997）指出，由于很多合作社缺乏资金支持，因而大大放宽新成员加入的要求，合作社内部逐渐出现仅出资入股的成员，从而进一步加强了合作社成员的异质性特征。

成员异质性使合作社盈余分配更加复杂化。当成员潜在或实际利益受损时，往往会独立出来或联合起来形成一个团队，充分利用合作社内部畅通的信息沟通渠道向管理层施压来争取利益，甚至利益受损的成员还可以“用脚投票”退出合作社（Hansmann，1996）。Nilsson（2001）也提出合作社成员异质性程度相对较高，合作社治理结构方面的问题会比较突出。Choi 和 Feinerman（1993）也对具有成员异质性特征的合作社产生了兴趣，并对关于其如何达到帕累托最优状态及分配策略展开了深入探讨。Sexton（1986）通过构建多方合作博弈的模型发现，在合作社成员存在明显异质性特征条件下，按照这种差异选择不同的定价策略有利于促进合作社进一步发展。

在研究合作社的相关文献中，成员异质性是其中重要的组成部分之一。合作社是农民自愿联合起来实现自我服务的组织，传统的合作社认为成员是同质的，但是随着农村经济与文化的深入发展，合作社参与主体呈现多样化趋势，农民贫富分化、资源禀赋和参与动机的差异日渐扩大，合作社成员呈现明显的异质性特征。

邵科和徐旭初（2008）认为合作社成员异质性体现在多个方面，如成员的个人能力、社会关系网络的异质性和在合作社中业务分工的异质性等，但其根本表现还是在于成员利益诉求的差异。于会娟（2013）大胆提出成员异质性是目前中国合作社发展的常态。她认为合作社成员在个人基本特征及农业生产决策、技术水平、社会交往等方面已经出现较大差异；并提出合作社的持续发展需要以增强开放性、提高服务能力为前提，新加入的合作社成员则具有不同的要素禀赋，增强了合作社成员的异质性。楼栋和孔祥智（2014）认为，合作社的成员异质性并不是体现在成员农民身份的异质性上，而是体现在理事会成员与普通成员之间的文化程度、经营规模、社会活动能力、在合作社内的出资和在合作社内的角色等方面的差异。

合作社内部由于家庭资源禀赋等方面的差异必然会形成合作社成员的异质性，而农户也是理性人，农户在参与合作社活动中的行为决策是他们在现有条件下的有限理性选择。合作社内部成员具有不同类型，特别是在管理角色和参与目的两个方面具有显著差异，因而容易产生意见分歧或利益冲突（黄胜忠和徐旭初，2008）。

2.3.4　合作社盈余分配及机制研究

合作社的盈余有别于一般企业的利润，合作社不以利润最大化为目标，盈余分配也只是维持各成员间合作关系的润滑剂（Phillips，1953）。合作社的盈余分配强调按交易额返还，这种盈余分配方式有利于形成并巩固普通成员作为合作社所有者的地位。但限制股金分红比例不利于合作社吸收发展资金，也限制了投资者入社的积极性（Vercammen et al.，1996）。Vitaliano（1983）研究了合作社产权中剩余索取权的主要内容并总结了它的性质，以及代理人之间关于分配额的决策问题。Jia 和 Huang（2011）认为成员异质性特征会影响产权安排，从而对合作社盈余分配产生影响。

舒尔茨（1987）对合作社成员做出假定，认为成员是理性人，加入合作社是为了获得更优的利益。因此在盈余分配时，股权也应享有适度的利益回报。Cook（1995）也提出，新一代合作社的盈余是惠顾者多付或少收的部分，这部分应该分配给成员，那么资本要素的贡献也应当按照成员的股份比例进行分配。

Bijman 等（2012）认为合作社不仅能与内部成员交易获得剩余，还能与非成员交易获得额外收入，按照比例分配这些收益能够实现合作社的稳定发展。Iliopoulos 和 Hendrikse（2008）指出合作社的盈余分配机制若能兼顾不同类型成员的剩余索取权，将有助于缓解异质性特征导致的内部利益冲突问题，而且能够提高不同资源禀赋的成员加入合作社的积极性。

黄祖辉和徐旭初（2005）在对中国合作社盈余分配机制安排的分析中指出，合作社利益机制主要包括利益联结机制和盈余分配机制，其中盈余分配是合作社的关键问题，也是合作社本质要求的体现。合作社的盈余分配主要包括按股分红、按交易量返还及公积金、公益金的提取等。一个合适的盈余机制不仅能实现成员对经济利益的追求，而且对合作社自身的发展也有重大的意义。

作为农民的自我服务组织，合作社盈余要求按惠顾额返还，而不是按资本分配，是合作社区别于公司等其他组织的本质特征之一。合作社不同于一般公司或企业，其目的不在于追求经济利益最大化。合作社盈余由其成员自身创造，来自合作社与成员间的交易活动，将合作社剩余在其成员内部进行分配，能够满足成员对经济利益的需求（米新丽，2008）。因此，盈余按惠顾额返还这一分配方式更能保护农业生产者而不是资本的利益。

2006 年中国出台的《合作社法》在第三十七条第一项中明确规定合作社盈余分配应采用“惠顾返还”方式，即“按成员与本社的交易量（额）比例返还，返还总额不得低于可分配盈余的百分之六十”。这说明以按照交易量（额）返还为主进行盈余分配得到了中国社会和法律的认可与保障。刘肖（2013）在对合作社盈余分配决定因素综合讨论的基础上，根据合作社发展程度，将其分为初创期、成长期和成熟期，并建立相对应的盈余分配模型，以此对合作社盈余分配方案提出建议。马志雄等（2012）从专用性和稀缺性两个角度解释了盈余分配制度，认为合作社盈余分配按照交易量返还能够保护农户产中环节的专用性投资，按资本分红能够保护资本所有者产后加工环节的专用性投资，只有以按交易额分配为主，资本要素领取有限的报酬，才能同时兼顾产中和产后，既保护产后环节的专用性投资，促进农业合作社发展，又限制分配比例，巧妙避免对生产环节专用性投资产生威胁。

虽然按交易额返还盈余的分配方式能够真正代表成员利益，体现合作社公平和效率的本质，对合作社的发展具有重大意义。但是，目前中国大部分合作社并没能遵守这个原则，而且合作社在进行盈余分配的实际操作中遇到的问题十分复杂。马丽岩（2008）对河北省合作社展开调查发现，合作社盈余分配中按股分红的比例比按交易额（量）返还的比例高得多，而且合作社获得的政府扶持资金也基本为大股东所得，即盈余分配制度更利于优势股东。因而，马丽岩认为合作社在借鉴经典合作社盈余分配制度的同时也应当充分结合自身情况，从而选择最适合的盈余分配方式。郑鹏和李崇光（2012）也指出《合作社法》中对盈余分配的规定只是提供一个指导性的框架，在确保普通成员利益的基础上，合作社可以根据自身情况制定合理的盈余分配制度。

随着合作社的迅猛发展，合作社盈余分配呈现分配方式灵活多样，分配标准千差万别，公共积累提取随意性大的特点。特别是合作社盈余分配不规范的现象非常普遍，主要表现在分配比例较低，按股分红比例过高，财政补贴资金利用不合理、分配不恰当和公积金提取混乱等（卢新国，2009）。张菊和邓军蓉（2012）在对湖北省合作社的研究中也发现，合作社在盈余分配方面存在不规范问题，特别是公积金留取比例很随意也没有量化到成员个人，这已成为合作社发展的瓶颈。

合作社盈余除了分配给成员，每年应当提取部分公共积累用于合作社的未来发展及成员的福利支出，这也是合作社盈余机制中的一个重要内容。通常，合作社章程中有关于盈余分配时提取公共积累比例的相关规定。但是，《合作社法》中并没有关于公共积累留取比例的强制要求，大多数合作社章程即使有对公共积累提取的要求但也没有规定具体比例。合作社在实际运行时，根本不提取公共积累或提取较低比例的公共积累，那么公共积累很难发挥它本应起到的效果。没有公共积累的提留会增加合作社运行的风险，还会限制合作社生产规模。

因此，公共积累的作用对于合作社发展的影响不容小觑，包括公积金、公益金、发展基金等内容的公共积累体系相对完整，但实践中公共积累的提取仅仅停留在公积金和公益金两个方面。提取公共积累对处于成熟发展阶段的合作社尤为重要，随着中国合作社组织发展不断深入，对公共积累需求增大，就要求不断丰富公共积累的提取（孙晓红和张慧娟，2012）。米新丽（2008）通过对合作社盈余分配制度的研究，认为提取公共积累及其能否分割也是盈余分配机制中不可或缺的内容，提出应当从不同情况分层讨论、区别对待公共积累能否分割的问题，并希望中国《合作社法》关于公共积累的制度更加具体化，从而更好地引导合作社发展。

目前国内关于盈余分配机制决定因素的学术研究还比较少。孙亚范（2011）通过对江苏省205家合作社的利益机制研究发现，合作社成员越是趋于同质性、越是拥有普遍持股的产权关系和越是民主的治理结构，越有利于形成按惠顾额返还盈余的盈余分配机制。冯开文（2006）认为合作社的盈余分配机制是合作社内部因素和外部因素共同作用的结果。内部因素包括组织内部的产权结构、治理机制和企业家治理等。外部因素主要指经济发展水平、其他利益主体影响、农民的落后状况等。各个因素作用的强度不同，因而形成了各具特色的盈余分配方式。

合作社的盈余机制从根本上来说是由产权制度决定的，产权制度是组织内的成员取得对合作社剩余索取权和控制权的前提和依据（张雪峰，2011；马丽岩，2008）。林坚和黄胜忠（2007）从成员异质性角度探究了合作社的所有权安排，发现成员异质性条件下合作社的剩余控制权和索取权主要掌握在核心成员手中，并认为在当前这是一种有效的制度安排，但面临着变革和调整的压力。赵鲲和门炜（2006）对合作社和公司在发起主体、经营过程等方面的差异进行了比较分析，揭示出合作社以劳动联合为基础的本质属性，但是成员出资的差异会对合作社盈余的分配和决策机制产生影响。

2.3.5 政府扶持合作社的政策研究

从国外的实践经验来看，由于合作社的发展有助于农民利益的维护，促进农业、农村的发展，提高农户的福利，因此无论是发达国家还是发展中国家，政府都积极地支持、倡导合作社的建立和发展。通常各国政府支持合作社的措施主要是通过立法、财政支持、税收优惠、低息和贴息优惠贷款等，为合作社提供技术援助、教育培训等扶持举措，以增强合作社的吸引力。

合作社的发展之所以需要政府支持，是由合作社特殊的治理结构决定的。合作社特殊的治理结构容易引发五种问题，分别是“搭便车”问题、视野问题、投资组合问题、控制问题和影响成本问题。这些问题的出现会对合作社内部资源配置效率产生影响，同时也会导致内部组织成本的高企。作为介于公司和市场的特殊治理结构，合作社这种制度安排在世界范围内都受到了政府的支持。理论上的原因主要在于合作社具有公共物品的性质。作为公共物品或者准公共品，首先，合作社具有竞争标尺的作用，能促进市场的充分竞争；其次，合作社作为成员的联合，由此产生了与买方或者卖方垄断抗衡的力量；再次，合作社在促进农产品质量标准化方面发挥了很大的作用；最后，合作社特殊的治理结构决定了其目标是为惠顾者服务，并且采用的是民主决策的制度，有利于促进普通成员利益的实现。尤其是竞争尺度学派代表人物诺斯把合作社看作是衡量竞争效率的标尺，认为通过合作社来建立市场均势，可以提高经济整体效率，但同时在处理政府与合作社之间的关系方面又要注意尺度，以防止合作社出现政府依赖。

从中国的相关研究来看，一部分学者认为，正是由于合作社某种天然的弱质性和准公共产品的性质，政府对合作社的支持不可避免。黄宗智（2010）通过比较政府对龙头企业和合作社的扶持政策发现，在《合作社法》颁布以前的五年间，中央政府共投入 119 亿元来扶持国家级龙头企业，但龙头企业的数量从 2000 年占纵向一体化组织的 41%上升到 2005 年的 45%；而合作组织在 5 年间几乎没有任何扶持的情况下从 14%上升到 2005 年的 36%。因此，黄宗智认为如果能够得到政府的积极扶持，合作组织可能会成为一个强有力的纵向一体化组织，有利于成员福利的提高。国鲁来（2006）则认为，发展中国家和发达国家对合作社的扶持政策因为面对的市场不同，政策内容也必然不同。发达国家的农业合作社内部运行良好，且规模较大，为了保证规范的市场秩序，不需要给予合作社特殊的保护政策，通常将合作社视为与其他市场主体一样的组织；发展中国家政府则通常将合作社视为能够促进农村发展、提高农民福利并促进国家农业经济发展的重要手段，因此对合作社的扶持政策更加多样化，包括减免税收、贷款、赠款、协助合作社开展业务和开展合作社教育等方面。徐旭初（2014）基于赋权理论视角讨论了合作社发展中的政府行为逻辑，他认为中国政府在合作社发展过程中拥有很大的政策干预空间，因此两者之间呈现出的关系性质是政府主导的“法团主义”关系，合作社与政府之间并不是权力平等基础上的交互式赋权，而是政府主导下的单向赋权，两者之间是控制和被控制的关系。政府对合作社赋权涉及了合作社的组织战略制定、组织方式和职能界定等方面的维度。

另一些学者认为，政府对合作社的支持虽然具有合理性，但也要把握好支持的目标与尺度。例如，崔宝玉和陈强（2011）认为，外部组织环境影响合作社的发展，但中国合作社是在政府规制越位和缺位共存等条件未理顺的情况下发展起来的，因此合作社的规范发展只能是缘木求鱼。苑鹏和刘凤芹（2007）在分析美国合作社中的政府作用时也发现，政府扶持合作社之所以有其合理性，是因为合作社发挥的社会功能和政府公共政策目标是一致的。同时，如果政府要避免扶持政策被某些掌握较多社会资源的组织利用，就应该以成员的需求为导向，不然政策就不能为真正的合作社所享受，并会侵犯成员利益。崔宝玉（2014）则认为，现阶段政府规制与政府俘获的夹杂与并存会影响中国合作社的发展，造成合作社的“二元化”发展格局与分化路径，把以小农为主体的合作社排挤出中国的财政政策扶持体系之外，并由此催生出大量的大农控制型合作社，同时也加剧了合作社对政府政策性资金的依赖并弱化政府的合法性，从而陷入政府权力和合作社发展低效率的双边“锁定”。

2.3.6 合作社运行效果研究

1. 合作社对农户经济影响研究

从国外的研究来看，Falco 等（2008）通过对意大利南部的农业合作社的研究表明，当地农业合作社在保持粮食的多样性及促进粮食的产出方面起到了正向的作用。Verhofstadt 和 Maertens（2014）采用倾向匹配得分法对卢旺达农业合作社的减贫效应进行了分析，检验了合作社的包容性和有效性。研究表明，普遍来看，合作社增加了收入并且减少了贫困，尤其是对于较大规模的农场及偏远山区来说作用最大。合作社对成员收入有正面影响，也能减少贫困的可能性，但是这种作用与农户规模、与市场的距离及家庭劳动力相关。

从国内的研究来看，关于合作社对农户影响的评估通常有两种形式：一是根据农户是否加入合作社作为评判标准来分析合作社对农户的影响；二是将合作社置于农业产业链中进行研究。但研究的结论也不尽相同。

采用第一种形式进行研究的文献，主要分析是否加入合作社对农户收入、生产决策权、价格风险、成本收益、安全生产行为的影响。黄祖辉和梁巧（2007）通过案例分析的形式，就浙江箬横西瓜合作社对成员的影响进行了分析，结果表明，西瓜合作社对成员的收入有促进作用。邓宏图和崔宝敏（2008）通过详尽讨论农村集体产权或农业合作经济的形式，对天津市徐堡村的枣业种植合作社进行了分析，结果表明，合作社成立后，农户的净收入得到了显著的提高。蔡荣（2011）的实证研究表明，加入合作社可以有效降低苹果种植户的交易费用，增加苹果种植户的收入。伊藤顺一等（2011）对南京市的西瓜合作社的研究表明，合作社对小规模农户作用效果显著，对大规模农户作用效果不显著。薛凤蕊等（2012）采用倍差法（difference in difference，DID）模型对是否参与土地合作社对农户的收入进行了研究，研究表明参与户的人均纯收入与未参与户相比有明显的增加。张晋华等（2012）分析了加入合作社与否对农民收入的影响，认为合作社不仅促进了纯农户的农业收入，同时提高了兼业农户的工资性收入和农业收入，不过合作社对外出务工的农户的收入影响不明显。陈富桥等（2013）从产销对接方式的角度，将通过合作社销售茶叶的农户与其他销售方式的农户进行对比，实证分析表明，以批发市场做对照组时，通过合作社销售或者自行销售的农户收入得到明显增加。

采用第二种形式进行研究的文献，主要围绕农户在农业产业链中的位置对其安全生产行为、收入等的影响展开。例如，张利国（2008）从垂直协作方式的角度对水稻种植农户化肥使用行为进行了分析，合作社这种紧密的垂直协作方式能在一定程度上对农户化肥的施用量产生影响。苑鹏（2013b）从农户福利改善的视角，分析了合作社作为订单农业的中介时，如果实现纵向一体化，将获得最大的福利改善。施晟等（2012）分析了合作社在农超对接上的作用，通过合作社向超市出售农产品的农户，其收入明显高于没有通过合作社向超市出售农产品的农户。徐健和汪旭晖（2009）就农业组织模式对农民收入的影响进行了分析，其分析结果表明“龙头企业 + 生产大户 + 农户”和“龙头企业 + 合作社 + 农户”相对于传统的“龙头企业 + 农户”的模式，对农户的收入影响呈现出不确定性。王常伟和顾海英（2013）的研究发现，即使加入了合作社，也没有对菜农的农药使用产生正向的作用，相反，参加合作社的菜农使用农药的量更大。

现有围绕合作社对农户生产行为的研究大致可以分为两个方面：一是关于合作社对农业生产决策权的控制程度及其影响因素的研究。二是关于合作社对农户技术采纳行为影响的研究。从第一个方面的研究来看，蔡荣（2012）以苹果产业为例，考察了合作社对农业生产决策权的控制程度及其影响因素。研究结果表明，资产专用性、合作社成立时间，以及领头人身份等因素会影响合作社对农业生产决策权的控制程度。资产专用性程度越高、成立时间越久，农业企业或贩销大户领办的合作社对农业生产决策权控制程度相对会越高。潘传快和祁春节（2015）通过对柑橘产业的研究表明，合作社对柑橘生产的控制权程度平均为40%，但各合作社之间差异较大。影响合作社生产控制权的因素包括合作社物质资产专用性、成员对合作社认可和接受的程度、果品质量要求程度、股权集中度、合作社的组建模式，合作社的经营规模对生产控制权的让渡无显著影响。从第二个方面的研究来看，李莎莎和马骥（2015）以测土配方施肥为例，对合作社开展技术培训主题的效果进行了评估，研究表明，合作社对农户的资本投入、劳动投入及土地投入有显著的影响，但对通过培训影响农户测土配方施肥的技术行为并无影响。李青和陈红梅（2015）通过随机效应模型测算了红枣生产技术效率，研究表明，在控制其他因素不变的情况下，林果业专业合作社的建立对农户生产技术效率具有推动作用。

2. 合作社的社会效益研究

合作社以其自身不同于公司等其他组织的特殊制度形式，正逐渐成为小农户应对日益严峻的现代市场挑战的重要载体（黄季焜等，2010）。总体来看，合作社运行带来的积极影响，可以概括为以下几个方面。

从农业生产来看，合作社打破了传统生产经营模式，推动了小农户融入现代大市场。19 世纪末，合作社在推动北美和北欧地区农业发展过程中发挥了重要作用（Fulton，2005）。在日本农业发展进程中，农协联合分散农户，将农产品小量供应者变成大宗产品供应者，提高其议价能力，缓解小规模生产者进入流通环节的压力（刘静，2009；曲国庆，1997；徐翔临和刘卫国，1995）。自 2007 年《合作社法》实施后，合作社在中国也迅速兴起，对农业经济增长产生了积极影响，正逐渐成为小农户应对日益严峻的现代市场挑战的重要途径（黄季焜等，2010）。山东省东营市 26 家合作社的运营情况表明，合作社对农民收入增长、农村产业结构优化与升级，乃至新农村建设都起到了积极的推动作用（刘婧怡，2015）。2007～2012 年福建省合作社发展宏观数据表明，合作社带动了优势产业和特色产业的开发，推动了农业规模化与产业化经营，在提高农户收入、缩小贫富差距、提升小农户风险抵抗能力等方面均发挥了重要的作用（张宜接，2013）。2010～2013 年上半年，黑龙江省合作社发展情况的统计数据表明，合作社的兴起吸纳农户集中土地进行农业生产，进一步扩大了黑龙江省的农业生产规模，为现代农业的推进奠定了基础；此外，合作在提高农户收入的同时，也提升了农户的社会地位和自身素质（王营，2014）。湖南省 25 家生猪养殖业合作社 263 户养殖户的调查数据表明，合作社提升农民收入的绩效明显，合作社成员收入甚至高出非成员几倍（林凌，2014）。

从食品安全来看，合作社在保障食品安全、扩散安全标准等方面有其独特作用和优势（陈新建和谭砚文，2013；巩顺龙等，2012；张千友和蒋和胜，2011）。陈新建和谭砚文（2013）运用广东省26个乡镇50家水果合作社的调查数据，分析了合作社在食品安全中的作用，研究表明：合作社提供标准化的技术服务，农户科学种田、合理适量施用化肥/农药等化学药品，有效减少了化肥、农药等化学药品的使用量，降低生产成本的同时保证了食品安全；合作社统一销售品牌农产品，提升产品销售收入的同时促使合作社加强产品质量把关，长此以往，形成良性循环；但总体来看，目前合作社在食品安全服务方面的功能仍较薄弱。

从社会环境来看，合作社的发展能在一定程度上促进社会稳定与和谐。一方面，社会信任和组织发展两者相辅相成。社会信任对组织的产生、存续和发展具有积极的推动作用，社会信任程度越高的村庄，协调合作产生的成本越低，高效率的合作将推动组织发展；同时，组织发展也将在其内部形成和建立起社会信任（如集体意识等），这又将反过来促进社会信任水平的提升（徐志刚等，2011）。另一方面，合作社的发展能带动就业（邓衡山和王文烂，2014）。意大利社会合作社的实践表明，合作社增加了就业安置岗位，对于缓解弱势人员就业问题起到了积极作用（于薇薇，2003）。江苏丰县农户充分依托当地果蔬资源丰富的产业基础，成立果蔬合作社，以“公司＋合作社＋农户”的经营模式，将农资购买、果蔬生产、销售和加工等多项农业生产活动纳入合作社经营范围，共吸纳当地2000多名剩余劳动力，显著提高了当地农户的人均收入（平安，2016）。

特殊地，当市场失灵或政府失效时，合作社将继续承担关心社区的责任，能暂时提供准公共物品（Rogers and Petraglia，1994）。例如，合作社对成员生产过程的标准加以限制，农户农业生产过程中涉及的化肥和农药等化学药品的施用强度有所降低，从而有利于改善农业生态环境（蔡荣，2012）。具体地，对山东省 8 县 360 户苹果种植户的实地调查发现，成员化肥、农药施用强度较非成员平均每亩[①]分别低 344.6 元、189.7 元，有机肥施用较非成员平均高 269.4 元/亩（蔡荣，2012）。

2.3.7　合作社运行中存在的问题及原因研究

合作社数量呈“井喷式”增长的同时，也暴露出如服务功能薄弱、内部治理机制不完善、成员异质性突出等诸多问题。

总体来看，现实中合作社的发展仍处在浅层次的初级阶段，对农业生产经营的带动作用有限。没有开展实际经营活动的合作社大量存在（彭晓静和李风瑞，2014；潘劲，2011；熊万胜，2009；马彦丽和孟彩英，2008），所占比重甚至高达 80%（马彦丽，2013；苑鹏，2013a）。运行中的合作社主要表现为两类：一类合作社基本停留在微型企业行列，规模较小、经营实力较弱、抗风险能力较差（张晓山，2013）。即使是对于合作社发展起步较早的山东省临沂市而言，截至 2006 年底，当地合作社带动农户也仍大多集中在 20～50 户，且产业和地区间还表现出明显的不平衡性，因此合作社对农业生产的影响力较为有限（李强，2007）。张益丰（2016）对山东蓬莱红旗果业合作社迅速兴起又迅速衰败案例进行深入剖析，结论表明融资能力弱、社区嵌入度差、企业家才能匮乏等问题已经严重制约了合作社的发展，甚至挤占了其生存空间。另一类合作社则表现出明显的“内卷化”[②]或是“泛化”[③]（黄胜忠，2007；樊红敏，2011），组织名实分离现象严重，实际制度与法律规定间、不同组织间的实际制度都存在较为明显的差异，即使存在健全的治理结构，也仅仅流于形式（熊万胜，2009）。

从成员构成看，合作社内部成员异质性突出的现状已经对组织内部利益分

① 1 亩≈666.67 平方米。
② 合作社内卷化指合作社虽然具备合作经济的制度形式，却没有发挥出合作社应有的功能。
③ 合作社泛化指公司、家庭农场等非合作社形式的组织也被挂上合作社的招牌。

配产生了影响，甚至制约组织未来的发展。成员异质性主要表现为参与主体多元化，龙头企业、专业大户、小农户等多类经济主体都不同程度地出现在各类合作社中（黄胜忠和徐旭初，2009），不同经济主体在资源禀赋、经营规模、个人能力、文化程度等方面都存在较大差异，进而利益诉求和价值取向也不尽相同（黄胜忠和徐旭初，2009；Iliopoulos and Cook，1999），对组织目标和功能的认知也将存在差异。小农户因其自身技术更新能力弱，容易被大规模户形成的规模经济所取代，因此小农户谈判能力弱（史道敏，2009），规模较大、实力较强的农户在利益分配中占有主导权。长期下来，不同参与主体间利益不平衡容易引起一股独大、财务混乱和退出合作社等一系列问题（李静，2013）。成员异质性对合作社的影响主要表现在决策控制、盈余分配两个方面（邵科和徐旭初，2008）。

首先，从决策层面看，成员异质性增加了经营决策和协调成员的难度。实力较强的成员倾向于参与集体行动，并且获益也相对更多（Dayton-Johnson and Bardhan，2002），而普通成员则选择“搭便车”或被迫参与集体行动（Ruttan，2008；Ruttan and Borgerhoff，1999）。在成员异质性的影响下，产权安排和治理结构也逐渐偏离经典的合作社模式，合作社逐渐成为关键性生产要素所有者主导的组织（王建明，2007），管理方面则开始出现“独裁”化、利益分配股份化的局面（江维国和李立清，2014）。长期下来，成员对组织的信任度和忠诚度降低，加速老成员退出、影响新成员加入，组织规模扩大受限（Gebremedhin et al.，2004）。

其次，从盈余分配层面看，成员异质性严重导致盈余分配和组织控制权逐渐向理事会或禀赋高的成员集中（楼栋和孔祥智，2014），进一步加剧成员分化。再加上财政扶持资金有限等的制约，政策扶持投入大户领办型合作社行政效率相对更高，因此普惠性政策更多惠及精英农户，而更需要帮扶的小农户往往被“客体化”或“边缘化”（温铁军，2013；仝志辉和楼栋，2010）。长期下来组织内部所有权结构、控制权结构和利益分配机制等均会背离初始状态

（黄胜忠和徐旭初，2008），“大农吃小农”和“精英俘获”的逻辑形成并不断延续（温铁军，2013；仝志辉和楼栋，2010），合作社综合治理和可持续发展受限。因此，2008 年，《世界发展报告》也呼吁各国政府应对农民在经济和社会方面存在的异质性问题加以关注。彭晓静和李风瑞（2014）结合河北省合作社发展现状，指出成员异质性带来的利益分配问题将进一步影响合作社的稳定性和新成员加入合作社的动机，降低组织运行效率。

从制度安排看，合作社内在治理机制不健全，出现了不同程度的“异化”。杨清和马丁丑（2015）基于甘肃省 265 个合作社样本，将合作社的“异化”归纳为如下几个方面：首先，章程异化，约有 2.35%的合作社没有章程，4.63%的合作社没有建立明确的财务制度；其次，生发主体异化，约有 37.93%的合作社由具有公共管理职务的事业单位领办，违反了基本规定；再次，管理异化、成员权利和义务与原先的组织安排相比，均已发生变化；最后，利益分配的机制设计也呈现出明显的异化特点，盈余分配向少数人倾斜的同时扩大了贫富差距。在不健全的异化制度安排下，合作社成员账户大多处于缺失状态，即使有也只是形同虚设，不同成员间共享利益和共担风险的激励机制并不存在（张晓山，2013）。长期下来，合作社自我服务和民主控制的本质性规定也已发生漂移（黄祖辉和邵科，2009），在成员关系、决策原则、收益分配和经营规则等方面均已背离经典合作社理论（苑鹏，2013a）。民主原则和收益分配原则基本由领办人掌控，普通成员受益极为有限（苑鹏，2013a），甚至有相当比例的合作社吸收普通农户加入只是为了满足合作社登记条件对成员数量的最低限制（马彦丽，2013）。因此，有学者质疑中国是否存在真正意义上的“规范”合作社（邓衡山和王文烂，2014）。

从带动农户来看，合作社对农户影响程度浅、作用范围窄，使得农户获益有限。一方面，合作社寿命短和成员数量较少，难以持久有效地带动农民（赵晓峰和王艺璇，2013；潘劲，2011）。另一方面，成员对组织的归属认同感低，主人翁意识薄弱，参与程度也不高。由于合作社内部管理制度不完善和成员文化程度偏低等问题同时存在，合作社成员对组织构成、监管机制、政策扶持和运行规范等事项很陌生，甚至并不了解（王营，2014），因此“搭便车”和机会主义等问题频频出现（张荣和王礼力，2014），合作社成员对组织的存在感到茫然和漠然（潘劲，2011）。山东省 348 户苹果种植户的调查数据表明，约有 57.76%的种植户加入合作社，但成员完全通过合作社销售苹果的情况几乎不存在（蔡荣和韩洪云，2012b）。

从外部环境来看，合作社发展的适宜性条件不够，造成“先天不足”。从自然环境来看，部分省份地形复杂（如湖南省），村落规划和资源分配不尽合理，导致偏远地区农户无法享受合作社提供的服务，因此农户参与度也不高（林凌，2014）。从社会环境来看，情况则更为复杂。首先，政府对其自身作用和定位缺乏全面认识，缺位、越位现象严重。政府将合作社工作的重心放在考核组织数量增长上，但乡镇却很少和合作社进行联系（熊雄，2012）。其次，政府部门职能交叉，合作社的管理涉及农业、财政、工商、税务、科技、林业、水利和司法等多个部门，登记和管理分离导致不同部门难以及时处理合作社实际运营中产生的问题，从而官方管理作用尚未完全发挥（房桂芝，2014）。最后，合作社成立门槛过低且缺乏相应的监督管理制度，导致相当一部分合作社出于获取政府补贴的初衷成立后，尚未开展正式的运营（李亚敏，2016）。对于部分正在运营的合作社，甚至还存在当合作社经营目标和村两委（即村支部和村委会）发展目标存在差异时，合作社正常生产和管理流程将受限制的情况（张益丰，2016）。

从未来发展来看，资金、人才等要素缺失导致合作社自身发展能力薄弱，从而限制了组织服务功能的深入和组织运行质量的提升。合作社内部核心要素严重缺乏导致大多数合作社没有能力向产品流通领域拓展、延伸，主要业务基本围绕生产资料购买和产品销售开展，市场效益远远低于发达国家合作社（王云跃，2010）。在资金要素方面，当前合作社开展生产经营性投资所需的资金大多来自政府项目和机构资金等外界支持，组织内部自我筹措资金能力几乎为零（王营，2014）。资金短缺严重使得购置新设备、扩大经营规模和增加服务内容等均无法实施（彭晓静和李风瑞，2014；熊雄，2012），产业链的整合和延伸也将受抑制（张益丰，2016），盈利空间增加有限（张益丰，2016；彭晓静和李风瑞，2014；熊雄，2012）。在人才要素方面，合作社主要负责人在很大程度上将决定合作社未来走向。江苏和浙江 64 家合作社的调查数据显示，能人领办的合作社，通过长期建立起来的认知信任和情感信任，能显著增强组织内部凝聚力，从而更好地发挥合作社对农业生产的积极作用（杨灿君和方宁，2016）。徐旭初和吴彬（2010）基于浙江省 526 家合作社运营情况，围绕组织运行、运营活动、成员收益、组织发展和社会影响几个方面构建合作社经营绩效评价体系，通过结构方程模型进行分析，结果表明合作社成员文化水平、综合素质和社会资本等情况将在很大程度上影响合作社经营绩效，尤其是核心成员的影响程度更深。湖南、河南、湖北和四川四省 383 份农户的调查数据表明，组织带头人的管理能力将影响农户对合作社的信任程度，从而影响农户参与合作的行为，信任程度越高，集体行动越容易形成（黄珺，2009）。但当前中国合作社真正由农民自己兴办的很少，由能人带动的更少（黄珺，2009），黑龙江省农业委员会公布的统计数据表明，截至 2011 年，黑龙江省合作社牵头人中 92%是农民。也就是说，缺乏能人带动已经严重制约中国合作社发展（黄珺，2009）。

2.3.8　文献评述

综上所述，学术界围绕合作社的运行展开了大量研究，取得了丰富的研究成果，为本书阐述合作社发展、合作社服务功能形成原因、合作社盈余分配制度和合作社运行效果等方面提供了丰富的文献资料和知识储备。但已有研究在以下几个方面仍然存在不足和可以进一步完善的空间。

第一，从研究视角来看，在评估合作社的运行效果方面，已有研究往往是单案例研究，在单一的合作社中选取成员或者是运用截面数据进行研究，结论自然缺乏普适性。并且已有研究中没有将合作社根据服务功能来进行区分以反映服务功能对农户的影响。同时，国内虽然有很多文献探讨了合作社与政府之间的关系，但很少有研究直接关注政府政策性资金获取对不同角色成员的影响；在探讨服务功能的形成机制及其影响因素方面，已有研究大多从农户层面出发，判断“是否加入合作社”对农户收入的影响。事实上，合作社服务功能能否提供及提供程度将显著影响组织对农户的带动情况。因此，缺少从合作社层面开展的服务功能研究将难以为主管部门提供合作社服务功能发展情况的量化证据，从而难以为合作社服务功能的完善和组织层次的提升提供科学而系统的证据；在研究合作社盈余分配制度方面，已有研究对合作社盈余分配决定因素的研究较少，关注点主要在合作社自身发展因素、产权安排和治理结构上，从合作社成员异质性角度出发的比较少。

第二，从研究内容来看，在评估合作社的运行效果方面，大部分对合作社作用的研究将农户视为同质，但农户在合作社内部的角色可能是组织负责人、股东成员，也可能是普通成员甚至是名义成员，他们与合作社之间的关系因此而不同，合作社对他们收入的影响也可能不同。在探讨服务功能的形成机制及其影响因素方面，已有研究大多考虑服务功能提供对农户收入或福利状况改善的影响，鲜有研究将合作社服务功能作为研究对象，剖析其形成机制。而且当前评估合作社对其成员农业生产经营影响的文献中，大多选择零售商、经纪人、批发商或龙头企业等作为参照物。事实上，合作社与零售商、经纪人、批发商、龙头企业等经济主体在制度安排等方面存在较大的本质性差别，因此合作社并不是上述经济主体的简单替代，对比分析的结果并不能真实反映合作社的作用。在研究合作社盈余分配制度方面，已有研究主要集中在对盈余分配机制现状和存在问题的调查分析上，很多只是泛泛而谈没有深入挖掘，且已有研究大量指出合作社在发展过程中存在与法律规定不符的现象，并从不同角度列举了其具体表现，但少有研究用完整的框架对现实中合作社不按照法律规定构建组织内部制度的原因进行解释。

第三，从研究方法来看，目前无论是对合作社影响评估、对合作社服务功能的研究，还是对合作社盈余分配机制的研究，大多只停留在定性分析或典型个案研究阶段，缺少基于大样本随机抽样调查的实证分析。且前人的定量研究大部分使用的是横截面数据，没有考虑农户的内生性选择偏差问题，以及不同产业之间合作社给农户带来效果的不可比性。

鉴于以上研究中存在的不足，在评估合作社的运行效果方面，本书考虑了内生性问题、合作社对不同农户的影响，以及填补了合作社服务功能和合作社政策性资金获取对农户收入的作用；在探讨服务功能的形成机制及其影响因素方面，本书将从新的视角系统性解释现实中合作社各项服务功能提供比例均偏低、不按照法律规定进行利益分配机制安排的原因。在厘清不同服务功能的基础上，对具体服务功能从不同视角切入进行深入剖析，系统性阐释合作社服务功能的形成机理，归纳其影响因素，并运用一手调查数据建立计量经济模型进行实证分析。在研究合作社盈余分配制度方面，本书从合作社成员异质性的角度出发，对合作社盈余分配机制的运行状况和影响机制进行分析，并运用实地访谈收集的有关合作社的第一手数据资料，对目前中国合作社盈余分配机制进行系统深入的实证研究。此外，本书对当前合作社不按照法律规定的实行按交易量返还的利益分配机制进行解释，以期为合作社未来发展提供可借鉴的参考依据。

参 考 文 献

艾利思 F. 2006. 农民经济学：农民家庭农业和农业发展. 胡景北，译. 上海：上海人民出版社.

奥尔森 M. 1995. 集体行动的逻辑. 陈郁，郭宇峰，李崇新，译. 上海：上海人民出版社.

奥斯特罗姆 E. 2012. 公共事物的治理之道：集体行动制度的演进. 余逊达，陈旭东，译. 上海：上海译文出版社.

蔡亮亮. 2014. 农民专业合作社社员“搭便车”行为探究——基于集体行动逻辑视角. 经济研究导刊，(4)：33-34.

蔡荣. 2011. “合作社 + 农户”模式：交易费用节约与农户增收效应——基于山东省苹果种植农户问卷调查的实证分析. 中国农村经济，(1)：58-65.

蔡荣. 2012. 合作社内部交易合约安排及对农户生产行为的影响——以山东省苹果产业为例. 浙江大学博士学位论文.

蔡荣，韩洪云. 2012a. 合作社内部交易的价格风险配置及其影响因素分析——基于山东省苹果种植户的问卷调查. 财贸研究，23（1）：53-61.

蔡荣，韩洪云. 2012b. 农户参与合作社的行为决策及其影响因素分析——以山东省苹果种植户为例. 中国农村观察，（5）：32-40，95.

柴效武，叶益东. 2006. “农业合作社 + 农户”——农村制度变迁过程中组织模式的抉择. 浙江大学学报（人文社会科学版），36（4）：98-107.

陈富桥，丁士军，姜爱芹. 2013. 产销对接方式对农户农产品销售收入的影响——基于茶叶种植户的实证研究. 农业技术经济，（7）：72-77.

陈新建，谭砚文. 2013. 基于食品安全的农民专业合作社服务功能及其影响因素——以广东省水果生产合作社为例. 农业技术经济，（1）：120-128.

程漱兰. 2005. 如何搞活农产品流通促进农民增收. 中国合作经济，（6）：7-11.

崔宝玉. 2014. 政府规制、政府俘获与合作社发展. 南京农业大学学报（社会科学版），（5）：26-33.

崔宝玉，陈强. 2011. 资本控制必然导致农民专业合作社功能弱化吗？. 农业经济问题，（2）：8-15，110.

戴迎春. 2003. 猪肉供应链垂直协作关系研究——以江苏省为例. 南京农业大学硕士学位论文.

邓衡山，王文烂. 2014. 合作社的本质规定与现实检视——中国到底有没有真正的农民合作社？. 中国农村经济，（7）：15-26，38.

邓衡山，徐志刚，黄季焜，等. 2011. 组织化潜在利润对农民专业合作组织形成发展的影响. 经济学（季刊），（4）：1515-1532.

邓宏图，崔宝敏. 2008. 制度变迁中土地产权的性质与合约选择：一个有关合作经济的案例分析. 管理世界，（6）：61-67，94.

樊红敏. 2011. 新型农民专业合作经济组织内卷化及其制度逻辑——基于对河南省 A 县和 B 市的调查. 中国农村观察，（6）：12-21，45，94.

房桂芝. 2014. 合作社规范失效分析. 农村经济，（12）：116-119.

冯开文. 2006. 合作社的分配制度分析. 学海，（5）：22-27.

弗鲁博顿 E，芮切特 R. 2006. 新制度经济学：一个交易费用分析范式. 姜建强，罗长远，译. 上海：上海人民出版社.

龚大鑫. 2012. 甘肃省区域特色农业竞争力研究. 甘肃农业大学博士学位论文.

巩顺龙，白丽，杨印生. 2012. 农民专业合作组织的食品安全标准扩散功能研究. 经济纵横，

（1）：88-91.

郭珍. 2015. 农地流转、集体行动与村庄小型农田水利设施供给——基于湖南省团结村的个案研究. 农业经济问题，（8）：21-27，110.

国鲁来. 2006. 农民合作组织发展的促进政策分析. 中国农村经济，（6）：4-11，37.

何慧丽. 2007a. 农民合作的结构性力量之形成——以胡村合作社为例. 学习与探索，（3）：85-87.

何慧丽. 2007b. 农民合作销售与村庄经纪人角色的冲突与调适. 中国农业大学学报（社会科学版），24（2）：110-115.

何洲. 2011. 甘肃省农民专业合作社发展研究. 甘肃农业大学硕士学位论文.

胡定寰. 1997. 微观农业产业化的理论及其应用——我国现代农业产业组织理论的初探. 中国农村观察，（6）：21-26.

黄季焜，邓衡山，徐志刚. 2010. 中国农民专业合作经济组织的服务功能及其影响因素. 管理世界，（5）：75-81.

黄珺. 2009. 信任与农户合作需求影响因素分析. 农业经济问题，（8）：45-49，111.

黄胜忠. 2007. 转型时期农民专业合作社的组织行为研究——基于成员异质性的视角. 浙江大学博士学位论文.

黄胜忠，徐旭初. 2008. 成员异质性与农民专业合作社的组织结构分析. 南京农业大学学报（社会科学版），（3）：1-7，43.

黄胜忠，徐旭初. 2009. 农民专业合作社的运行机制分析. 商业研究，（10）：121-124.

黄宗智. 2010. 龙头企业还是合作组织？. 中国老区建设，（4）：25-26.

黄宗智. 2015. 农业合作化路径选择的两大盲点：东亚农业合作化历史经验的启示. 开放时代，（5）：5，18-35.

黄祖辉，梁巧. 2007. 小农户参与大市场的集体行动——以浙江省箬横西瓜合作社为例的分析. 农业经济问题，（9）：66-71.

黄祖辉，邵科. 2009. 合作社的本质规定性及其漂移. 浙江大学学报（人文社会科学版），（4）：11-16.

黄祖辉，徐旭初. 2005. 中国的农民专业合作社与制度安排. 山东农业大学学报（社会科学版），（4）：15-20，125.

江曙霞，何建勇. 2009. 激励相容视角下银行监管机制设计：研究综述和展望. 制度经济学研究，（3）：187-203.

江维国，李立清. 2014. 农民专业合作社的机制与效率. 开放导报，（4）：97-100.

姜祎. 2012. “农宅对接”销售模式探析——以北京绿菜园蔬菜专业合作社为例. 理论学刊，

（2）：62-64.
孔凡宏，张继平. 2015. 我国农民专业合作社未来发展模式的应然路向：基于目标与环境的考量. 华东理工大学学报（社会科学版），30（2）：67-75.
孔祥智，黄博. 2013. 合作社自办加工企业可借鉴的国外经验. 科技致富向导，（7）：22.
李冰. 2013. 当前我国农民专业合作社存在的问题及对策. 中国种业，（7）：17-19.
李红坤. 2007. 资本约束、激励相容与银行业监管. 金融论坛，（5）：19-25.
李静. 2013. 农民专业合作社法人治理结构及其规范运行分析. 经济问题，（3）：114-116.
李丽莎. 2013a. 资源禀赋对农户销售方式的影响研究——基于云南鲜花主产区的实证研究. 生态经济（学术版），（2）：203-207.
李丽莎. 2013b. 云南花农合作社社员收益增长机理研究. 西南大学博士学位论文.
李霖，郭红东. 2014. 小农户集体行动研究文献综述——基于市场准入视角. 中国农村观察，（6）：82-91，96.
李强. 2007. 农民专业合作社运行及管理问题研究——以临沂市为例. 山东农业大学硕士学位论文.
李青，陈红梅. 2015. 红枣生产技术效率测算：基于随机效应模型. 农业技术经济，（5）：103-113.
李莎莎，马骥. 2015. 不同技术培训主体的效果评估及政策启示——以测土配方施肥为例. 科技与经济，（3）：50-54.
李亚敏. 2016. 农民专业合作社发展中存在的问题和措施. 农民致富之友，（5）：185.
李岳云，蓝海涛，方晓军. 1999. 发达地区纯农户经营行为的特征. 江苏社会科学，（5）：24-29.
梁巧. 2011. 合作社对农户生产效益和规模效率的影响——基于理论模型和经验研究. 浙江大学博士学位论文.
林坚，黄胜忠. 2007. 成员异质性与农民专业合作社的所有权分析. 农业经济问题，（10）：12-17，110.
林坚，马彦丽. 2006. 农业合作社和投资者所有企业的边界——基于交易费用和组织成本角度的分析. 农业经济问题，（3）：16-20，79.
林凌. 2014. 湖南省农民专业合作社运行机制研究——以生猪行业为例. 湖南农业大学硕士学位论文.
刘滨，陈池波，杜辉. 2009. 农民专业合作社绩效度量的实证分析——来自江西省 22 个样本合作社的数据. 农业经济问题，（2）：90-95，112.
刘恩龙. 2012. 浙江省农民专业合作社产品销售模式研究. 浙江农林大学硕士学位论文.
刘婧怡. 2015. 东营市农民专业合作社运行机制研究. 山东农业大学硕士学位论文.

刘静. 2009. “农产品卖难”为何频现国内市场？. 观察与思考，(3)：25-29.
刘肖. 2013. 农民专业合作社盈余分配模型研究. 太原理工大学硕士学位论文.
刘颖娴. 2015. 农民专业合作社纵向一体化研究——影响因素、组织绩效与发展模式. 浙江大学博士学位论文.
楼栋，孔祥智. 2014. 成员异质性对农民合作社收益分配控制权归属的影响分析——基于京、冀、黑三省 72 家农民合作社的调查. 农林经济管理学报，13（1)：32-40.
卢新国. 2009. 农民专业合作社盈余分配现状及对策研究. 调研世界，(11)：8，17-19.
陆学艺. 2006. 中国社会结构的变化及发展趋势. 云南民族大学学报（哲学社会科学版)，23（5)：28-35.
陆学艺，张厚义. 1990. 农民的分化、问题及其对策. 农业经济问题，(1)：16-21.
罗欣. 2012. 借“销售”带农致富——记北京益农兴昌农产品产销专业合作社. 中国农民合作社，(11)：50-51.
马海涛，王东伟. 2013. 论政府批量集中采购的理论依据. 中央财经大学学报，(4)：1-6.
马丽岩. 2008. 河北省农民专业合作社利益分配问题研究. 河北农业大学硕士学位论文.
马彦丽. 2008. 论我国农民专业合作社的发展空间. 河北经贸大学学报，29（5)：76-82.
马彦丽. 2013. 论中国农民专业合作社的识别和判定. 中国农村观察，(3)：65-71，92.
马彦丽，林坚. 2006. 集体行动的逻辑与农民专业合作社的发展. 经济学家，(2)：40-45.
马彦丽，孟彩英. 2008. 我国农民专业合作社的双重委托-代理关系——兼论存在的问题及改进思路. 农业经济问题，(5)：55-60，111.
马跃峰，赵予. 2005. 农产品流通中农户组织问题的研究. 物流科技，28（8)：53-55.
马志雄，丁士军，王建军，等. 2012. 农民专业合作社的盈余分配制度——一个“专用性—稀缺性”视角的解释. 湖北经济学院学报，10（6)：55-59.
米新丽. 2008. 论农民专业合作社的盈余分配制度——兼评我国《农民专业合作社法》相关规定. 法律科学（西北政法大学学报)，(6)：89-96.
聂辉华. 2013. 最优农业契约与中国农业产业化模式. 经济学（季刊)，12（1)：313-330.
宁攸凉，乔娟，宁泽逵. 2011. 农户生产资料购买行为特征分析——以北京市养猪户为例. 中国畜牧杂志，(18)：10-14.
潘传快，祁春节. 2015. 农业合作社生产控制权让渡分析——以赣南柑橘为例. 农业技术经济，(11)：90-98.
潘劲. 2011. 中国农民专业合作社：数据背后的解读. 中国农村观察，(6)：2-11，94.
彭晓静，李风瑞. 2014. 构建农民专业合作社发展新机制的路径探析：以河北为例. 农业经济，(7)：96-98.

平安. 2016. 创新经营模式 促进农民就业 丰县凯宇果蔬专业合作社. 农家致富，（23）：13.
齐文娥，唐雯珊. 2009. 农户农产品销售渠道的选择与评价——以广东省荔枝种植者为例. 中国农村观察，（6）：14-22，94.
恰亚诺夫 A. 1996. 农民经济组织. 萧正洪，译. 北京：中央编译出版社.
曲国庆. 1997. 日本农协与我国农村合作经济组织建设. 农业经济问题，（5）：62-63.
任丙强，孙龙. 2015. 互联网与环境领域的集体行动：比较案例分析. 经济社会体制比较，（2）：143-152.
阮蔚. 2006. 日本农协面临的改革难题及对中国的启示. 中国农村经济，（7）：72-76.
邵科，徐旭初. 2008. 成员异质性对农民专业合作社治理结构的影响——基于浙江省 88 家合作社的分析. 西北农林科技大学学报（社会科学版），8（2）：5-9.
邵科，朱守银. 2014. 农民专业合作社发展的不良类型、成因与应对思路. 农业经济与管理，（1）：35-41.
沈志勇. 2013. 农业产业纵向一体化：整合产业链. 中国畜牧业，（9）：93-94.
施晟，卫龙宝，伍骏骞. 2012. “农超对接”进程中农产品供应链的合作绩效与剩余分配——基于“农户＋合作社＋超市”模式的分析. 中国农村观察，（4）：14-28，92-93.
史道敏. 2009. 农民专业合作社的运行机制研究——以湖南省为例. 湖南农业大学硕士学位论文.
舒尔茨 T W. 1987. 改造传统农业. 梁小民，译. 北京：商务印书馆.
宋金田，祁春节. 2011. 交易成本对农户农产品销售方式选择的影响——基于对柑橘种植农户的调查. 中国农村观察，（5）：33-44，96.
宋扬. 2014. 基于供应链优化的集中采购策略研究——以 A 公司非生产性物料采购为例. 上海外国语大学硕士学位论文.
孙晓红，张慧娟. 2012. 中国合作社的盈余分配制度研究. 经济研究导刊，（5）：220-222.
孙亚范. 2011. 农民专业合作社利益机制、成员合作行为与组织绩效研究. 南京农业大学博士学位论文.
孙艳华，刘湘辉，周发明，等. 2008. 生产合同模式对农户增收绩效的实证研究——基于江苏省肉鸡行业的调查数据. 农业技术经济，（4）：55-64.
仝志辉，楼栋. 2010. 农民专业合作社“大农吃小农”逻辑的形成与延续. 中国合作经济，（4）：60-61.
汪敏达. 2014. 集体行动的实验研究——偏好、理性、目标与治理. 南开大学博士学位论文.
王常伟，顾海英. 2013. 市场 VS 政府，什么力量影响了我国菜农农药用量的选择？. 管理世界，（11）：50-66，187-188.

王建明. 2007. 农民专业合作社运行机制研究. 上海交通大学硕士学位论文.
王薇. 2013. 保定市农民专业合作社农产品销售现状及对策研究. 河北农业大学硕士学位论文.
王醒男. 2006. 日本农协演变经纬的政治经济学分析. 中国农村观察，(1)：66-73，81.
王营. 2014. 黑龙江省农民专业合作社运行机制研究. 中国农业科学院硕士学位论文.
王瑜，应瑞瑶. 2008. 垂直协作与农产品质量控制：一个交易成本的分析框架. 经济问题探索，(4)：128-131.
王云跃. 2010. 辽宁省农民专业合作社运行模式研究. 中国农业科学院硕士学位论文.
魏百刚. 2012. 对合作社兴办农产品加工企业政府应“扶上马，送一程”. 中国农民合作社，(11)：1.
温铁军. 2006. 新农村建设理论探索. 北京：文津出版社.
温铁军. 2013. 农民专业合作社发展的困境与出路. 湖南农业大学学报（社会科学版)，(4)：4-6.
吴彬，郭红东. 2014. 美国农产品加工合作社的发展经验——基于谷物加工合作社 WCC 的分析. 中国农民合作社，(11)：28-30.
吴彬，徐旭初. 2013. 合作社的状态特性对治理结构类型的影响研究——基于中国 3 省 80 县 266 家农民专业合作社的调查. 农业技术经济，(1)：107-119.
吴晨. 2013. 不同模式的农民合作社效率比较分析——基于2012年粤皖两省440个样本农户的调查. 农业经济问题，(3)：79-86.
吴军，何自云. 2005. 金融制度的激励功能与激励相容度标准. 金融研究，(6)：33-46.
肖高求. 2009. 百威英博啤酒集团中国区集中采购战略的初探. 复旦大学硕士学位论文.
熊万胜. 2009. 合作社：作为制度化进程的意外后果. 社会学研究，(5)：83-109，244.
熊雄. 2012. 农民专业合作社及其运行机制研究——以瑞金市为例. 南昌大学硕士学位论文.
徐健，汪旭晖. 2009. 订单农业及其组织模式对农户收入影响的实证分析. 中国农村经济，(4)：39-47.
徐翔临，刘卫国. 1995. 日本农协对中国建立农业社会化服务体系的启示. 管理世界，(6)：175-182.
徐旭初. 2005. 中国农民专业合作经济组织的制度分析. 北京：经济科学出版社.
徐旭初. 2013. 略论农民专业合作社理论研究进展及趋势. 中国农民合作社，(1)：20-21.
徐旭初. 2014. 农民合作社发展中政府行为逻辑：基于赋权理论视角的讨论. 农业经济问题，(1)：19-29，110.
徐旭初，吴彬. 2010. 治理机制对农民专业合作社绩效的影响——基于浙江省 526 家农民专业合作社的实证分析. 中国农村经济，(5)：43-55.

徐志刚，张森，邓衡山，等. 2011. 社会信任：组织产生、存续和发展的必要条件？——来自中国农民专业合作经济组织发展的经验. 中国软科学，(1)：47-58，192.
薛凤蕊，乔光华，姜冬梅. 2012. 土地合作社对农户收入影响评价. 农业经济问题，(5)：34-39.
杨灿君，方宁. 2016. 能人领办型合作社中的信任机制构建——基于江浙两省 64 家合作社的实证研究. 农村经济与科技，(13)：51-53.
杨冬梅，施燕萍. 2014. 松江区农民专业合作社农产品销售模式研究. 上海农业学报，(4)：131-136.
杨清，马丁丑. 2015. 农民专业合作社异化倾向及原因剖析——基于甘肃的 265 个样本. 农业经济，(3)：59-61.
杨瑞龙，周业安. 1997. 一个关于企业所有权安排的规范性分析框架及其理论含义——兼评张维迎、周其仁及崔之元的一些观点. 经济研究，(1)：12-22.
姚文，祁春节. 2011. 交易成本对中国农户鲜茶叶交易中垂直协作模式选择意愿的影响——基于 9 省（区、市）29 县 1394 户农户调查数据的分析. 中国农村观察，(2)：52-66.
伊藤顺一，包宗顺，苏群. 2011. 农民专业合作社的经济效果分析——以南京市西瓜合作社为例. 中国农村观察，(5)：2-13，95.
应瑞瑶. 2002. 合作社的异化与异化的合作社——兼论中国农业合作社的定位. 江海学刊，(6)：69-75.
应瑞瑶. 2009. 农民专业合作社：规范与发展. 江苏农村经济，(5)：10-11.
应瑞瑶，何军. 2002. 中国农业合作社立法若干理论问题研究. 农业经济问题，(7)：2-7.
于会娟. 2013. 成员异质性视角下中国渔民专业合作社治理研究. 中国海洋大学博士学位论文.
于薇薇. 2003. 意大利社会合作社发展及其对中国的借鉴意义. 对外经济贸易大学硕士学位论文.
苑鹏. 2013a. 中国特色的农民合作社制度的变异现象研究. 中国农村观察，(3)：40-46，91-92.
苑鹏. 2013b. “公司＋合作社＋农户”下的四种农业产业化经营模式探析——从农户福利改善的视角. 中国农村经济，(4)：71-78.
苑鹏，刘凤芹. 2007. 美国政府在发展农民合作社中的作用及其启示. 农业经济问题，(9)：101-106.
岳文. 2011. 解决好合作社办加工的资金用地问题. 中国农民合作社，(9)：28.
詹森 M，梅克林 W. 2007. 所有权、控制权与激励. 陈郁，译. 上海：上海人民出版社.
张春霖. 1995. 存在道德风险的委托代理关系：理论分析及其应用中的问题. 经济研究，(8)：3-8.
张晋华，冯开文，黄英伟. 2012. 农民专业合作社对农户增收绩效的实证研究. 中国农村经济，(9)：4-12.
张菊，邓军蓉. 2012. 农民专业合作社盈余分配的实证分析——以湖北省 24 家专业合作社为例. 湖北农业科学，(10)：2148-2150.
张克中，贺雪峰. 2008. 社区参与、集体行动与新农村建设. 经济学家，(1)：32-39.
张利国. 2008. 垂直协作方式对水稻种植农户化肥施用行为影响分析——基于江西省 189 户农户的调查数据. 农业经济问题，(3)：50-54.
张千友，蒋和胜. 2011. 专业合作、重复博弈与农产品质量安全水平提升的新机制——基于四川省西昌市鑫源养猪合作社品牌打造的案例分析. 农村经济，(10)：125-129.
张荣，王礼力. 2014. 农民专业合作社社员搭便车行为影响因素分析——以陕西省为例. 农村经济，(11)：125-129.
张维迎. 1999. 企业理论与中国企业改革. 北京：北京大学出版社.
张五常. 2001. 佃农理论：应用于亚洲的农业和台湾的土地改革. 北京：商务印书馆.
张喜才. 2012. 合作社农产品销售定价权的研究——基于云南蒙自市蒙生石榴专业合作社的调研. 中国合作经济，(7)：46-49.
张晓山. 2009. 农民专业合作社的发展趋势探析. 管理世界，(5)：89-96.
张晓山. 2013. 农民专业合作社规范化发展及其路径. 湖南农业大学学报（社会科学版），(4)：1-4.
张雪峰. 2011. 江苏省农民专业合作社利益机制分析. 西南大学硕士学位论文.
张宜接. 2013. 福建农民专业合作社运行机制研究. 福建农林大学硕士学位论文.
张益丰. 2016. 合作社经营绩效及农产品供应链构建——以山东蓬莱红旗果业合作社为例. 中国农民合作社，(6)：22-23.
张滢. 2011. 农民专业合作社风险识别与治理机制——两种基本合作社组织模式的比较. 中国农村经济，(12)：14-24.
张宇. 2012. 山东省棉花产业链整合问题研究. 安徽财经大学硕士学位论文.
张中. 2012. 合作社办加工企业：何时才能“不差钱”. 中国农民合作社，(11)：9-10.
赵鲲，门炜. 2006. 关于合作社基本特征的分析和思考——从合作社与有限责任公司对比的角度. 中国农村观察，(3)：23-31，80.
赵晓峰，王艺璇. 2013. 阶层分化、派系竞争与村域合作社发展——基于河南省先锋村新型农民合作社发展实践的调查. 中国农村观察，(3)：72-79，93.
郑鹏. 2012. 基于农户视角的农产品流通模式研究. 华中农业大学博士学位论文.
郑鹏，李崇光. 2012. “农超对接”中合作社的盈余分配及规制——基于中西部五省市参与“农超对接”合作社的调查数据. 农业经济问题，(9)：77-85，112.

朱毅华，王凯. 2004. 农产品供应链整合绩效实证研究——以江苏地区为例. 南京农业大学学报（社会科学版），(2)：42-48.

Alchian A A，Demsetz H. 1972. Production，information costs，and economic organization. The American Economic Review，62：777-795.

Baker G，Gibbons R，Murphy K J. 1994. Subjective performance measures in optimal incentive contracts. The Quarterly Journal of Economics，109（4）：1125-1156.

Becker C D，Ostrom E. 1995. Human ecology and resource sustainability：the importance of institutional diversity. Annual Review of Ecology and Systematics，26（1）：113-133.

Bignebat C，Koç A A，Lemeilleur S. 2009. Small producers，supermarkets，and the role of intermediaries in Turkey's fresh fruit and vegetable market. Agricultural Economics，40（s1）：807-816.

Bijman J，Hendrikse G. 2003. Co-operatives in chains：institutional restructuring in the Dutch fruit and vegetable industry. Journal on Chain and Network Science，3（2）：95-107.

Bijman J，Sangen G，Poppe K J，et al. 2012. Support for farmers' cooperatives：country report the Netherlands. Wageningen University and Research：Support for Farmer's Cooperatives .

Chaddad F R，Cook M L. 2007. Conversions and other forms of exit in U.S. agricultural cooperatives//Karantininis K，Nilsson J. Vertical Markets and Cooperative Hierarchies：The Role of Cooperatives in the Agri-Food Industry. Dordrecht：Springer：61-72.

Choi E K，Feinerman E. 1993. Producer cooperatives，input pricing and land allocation. Journal of Agricultural Economics，44（2）：230-244.

Coase R H.1937. The nature of the firm. Economica，4（16）：386-405.

Cook M L. 1995. The future of U. S. agricultural cooperatives：a neo-institutional approach. American Journal of Agricultural Economics，77（5）：1153-1159.

Dayton-Johnson J，Bardhan P. 2002. Inequality and conservation on the local commons：a theoretical exercise. The Economic Journal，112（481）：577-602.

Falco S D，Smale M，Perrings C. 2008. The role of agricultural cooperatives in sustaining the wheat diversity and productivity：the case of southern Italy. Environmental and Resource Economics，39（2）：161-174.

Fulton M. 2005. Producer associations：international experience//Sonntag B H，Huang J K，Rozelle S，et al. China's Agricultural and Rural Development in the Early 21st Century. Australian Government，Australian Centre for International Agricultural Research：174-196.

Gebremedhin B，Pender J，Tesfay G. 2004. Collective action for grazing land management in crop-livestock mixed systems in the highlands of northern Ethiopia. Agricultural Systems，82（3）：273-290.

Hammond P J. 1979. Straightforward individual incentive compatibility in large economies. Review of Economic Studies，46（2）：263-282.

Hansmann H. 1996. The Ownership of Enterprise. Cambridge：The Belknap Press.

Hart O，Moore J. 1996. The governance of exchanges：members' cooperatives versus outside ownership. Oxford Review of Economic Policy，12（4）：53-69.

Iliopoulos C，Cook M L. 1999. Beginning to inform the theory of the cooperative firm：emergence of the new generation cooperative. Journal of Business Economics and Management，（4）：525-535.

Iliopoulos C，Hendrikse G. 2008. Influence costs in agribusiness cooperatives：evidence from case studies. Wageningen：Working Paper，Wageningen University.

Jia X P，Huang J K. 2011. Contractual arrangements between farmer cooperatives and buyers in China. Food Policy，36（5）：656-666.

Markelova H，Meinzen-Dick R，Hellin J，et al. 2009. Collective action for smallholder market access. Food Policy，34（1）：1-7.

Marshall G A. 1998. Collective Action：A Dictionary of Sociollgy. New York: Oxford University Press.

McLean R，Postlewaite A. 2002. Informational size and incentive compatibility. Econometrica，70（6）：2421-2453.

Moustier P，Tam P T G，Anh D T，et al. 2010. The role of farmer organizations in supplying supermarkets with quality food in Vietnam. Food Policy，35（1）：69-78.

Nilsson J. 2001. Organisational principles for co-operative firms. Scandinavian Journal of Management，（3）：329-356.

Notta O，Vlachvei A. 2007. Performance of Cooperatives and Investor-Owned Firms：The Case of the Greek Dairy Industry. Berlin：Springer Netherlands.

Nourse E G. 1992. The place of the cooperative in our national economy：American cooperation 1942-1945. Journal of Agricultural Cooperation，7：105-110.

Phillips R. 1953. Economic nature of the cooperative association. Journal of Farm Economics，35（1）：74-87.

Poteete A R，Ostrom E. 2004. In pursuit of comparable concepts and data about collective action. Agricultural Systems，82（3）：215-232.

Roberts D J，Postlewaite A. 1976. The incentives for price-taking behavior in large exchange economies. Econometrica，44（1）：115-127.

Rogers R T，Petraglia L M. 1994. Agricultural cooperatives and market performance in food manufacturing. Journal of Agricultural Cooperation，9：1-12.

Ruttan L M. 2008. Economic heterogeneity and the commons：effects on collective action and collective goods provisioning. World Development，36（5）：969-985.

Ruttan L M，Borgerhoff M M. 1999. Are east African pastoralists truly conservationists？. Current Anthropology，40（5）：621-652.

Sandler T. 1993. Collective action，theory and applications. American Political Science Association.

Sapiro A. 1993. True farmer cooperation. https://core.ac.uk/reader/6220726[2021-03-05].

Sexton R J. 1986. Cooperatives and the forces shaping agricultural marketing. American Journal of Agricultural Economics，68（5）：1167-1172.

Sonntag B H，Huang J K，Rozelle S，et al. 2005. China's agricultural and rural development in the early 21st century. Australian Government，Australian Centre for International Agricultural Research.

Stockbridge M，Dorward A，Kydd J. 2003. Farmer organizations for market access：a briefing paper. Wye Campus，Kent，London：Imperial College.

van Dijk G. 1997. Implementing the sixth reason for cooperation: new generation cooperatives in the agribusiness//Nilsson J，van Dijk G. Strategies and Structures in the Agro-food Industries. Assen：Van Gorcum & Comp：94-110.

Vercammen J，Fulton M，Hyde C. 1996. Nonlinear pricing schemes for agricultural cooperatives. American Journal of Agricultural Economics，78：572-584.

Verhofstadt E，Maertens M. 2014. Smallholder cooperatives and agricultural performance in Rwanda：do organizational differences matter?. Agricultural Economics，45（S1）：39-52.

Vitaliano P. 1983. Cooperative enterprise：an alternative conceptual basis for analyzing a complex institution. American Journal of Agricultural Economics，65（5）：1078-1083.

Williamson O E. 1971.The vertical integration of production：market failure considerations. The American Economic Review，61（2）：112-123.

Williamson O E. 1975. Markets and Hierarchies：Analysis and Antitrust Implications. New York：The Free Press.

Williamson O E. 1979. Transaction-cost economics：the governance of contractual relations. The Journal of Law and Economics，22（2）：233-261.

Williamson O E. 1985. The Economic Institutions of Capitalism. New York：The Free Press.

Wolf E R. 1999. Peasant Wars of the 20th Century. Norman：University of Oklahoma Press.

Zeuli K，Cropp R. 2004. Cooperatives：principles and practices in the 21st century. https://library.uniteddiversity.coop/Cooperatives/Cooperatives-Principles_and_practices_in_the_21st_century.pdf[2016-07-21].

Zusman P. 1992. Constitutional selection of collective-choice rules in a cooperative enterprise. Journal of Economic Behavior & Organization，17（3）：353-362.

上　　篇
发展事实与成效

第 3 章　中国农民合作社发展的基本事实

3.1　政府扶持合作社的政策演进

中国政府对合作社的政策支持演进主要有四个阶段，具体如下。

第一阶段是 2000 年及之前，合作社对基层政府部门的天然依赖阶段。合作社最初是作为农民专业协会的形式存在的，通常与当地政府推广某项技术有着密不可分的关系。当时一些学者关注到专业协会与政府之间的关系，并认为政府干预对合作组织的发展是不可或缺的“第一推动力”（张晓山和苑鹏，1991），但这个阶段，政府并没有对农民协会进行系统的政策支持，除了地方基层组织组建的合作组织会依托政府或者农技部门外，其他的合作社通常是自发组织起来的。比如说在 2000 年，浙江依托农业部门或政府其他部门的合作组织，分别有完全政府组建的、农业部门组建的及科学技术协会组建的。截至 2000 年，浙江省总数为 2667 个农民专业合作组织中，农业部门组建的合作组织所占比例最大，约占比为 45%，政府部门组建的占 13.7%，科学技术协会组建的占 12.75%，而农民自己组建的大约占 19.84%（黄祖辉等，2002）。尽管这个阶段，农民专业合作组织与政府之间的关系密切，但总体来说基层政府是作为发起主体而存在的，农民协会对基层政府部门呈现出天然的依赖性。

第二阶段是 2000～2006 年，各省政府从省级层面对合作社进行支持，中央政府也开始关注合作社，并提供财政支持。这一时期，农民专业合作组织发展较快的省区市如浙江、山东等已经率先安排一定的财政专项资金，用来扶持农民专业合作组织的发展，如浙江就对制度健全、运作规范及作用明显的合作社，给予 10 万～30 万元的资金扶持；山东省则于 2002 年开始设立农民专业合作组织发展专项财政资金（肖琴等，2015），2003～2008 年，山东省用于扶持合作社的资金共计 3 亿元，2009 年更是增加到了 7000 万元（蔡荣，2011）。2003～2004 年，农业部门在河南省建立中央级合作社试点 3 个，扶持资金 45 万元，省级试点 10 个；财政部门扶持建立中央级试点 12 个，扶持资金 230 万元，省级试点 32 个，扶持资金 472 万元。在政府的支持下，2004 年，河南省的农民专业合作组织已发展到 8427 家（刘珉和茹广明，2009）。随着合作组织的进一步发展，21 世纪初，全国的农民专业合作组织中比较规范的就有 14 万个，迫切需要对合作社进行专门立法，学界也对此进行了热烈的讨论（刘振伟，2004；应瑞瑶和何军，2002；任大鹏等，2004）。2004 年，浙江省又率先通过了农民专业合作经济组织的专门性法规——《浙江省农民专业合作社条例》。

同时，国家政府也开始重视合作社的发展并初步采用财政资金和专门立法支持合作社。这个阶段，国家政府不仅开始设立专项资金支持合作社，而且对资金的用途给予了规定，同时对合作社的运行提供立法支持。2003 年，财政部设立了中央财政支持农民专业合作经济组织发展的专项资金，当年额度是 2000 万元，此后逐年加大支持的力度。2007 年，该专项资金达到 8000 万元（韩志峰，2007）。

第三阶段是 2007～2012 年，政府通过立法确定合作社作为农村重要的经营主体的地位，并且通过一系列财政政策对合作社进行扶持，支持合作社的政策逐渐细化和深入。

从合作社的立法来看，2007 年实施的《合作社法》确定了合作社在农村生产经营制度改革中的重要地位。同时，该法不仅对合作社的设立、机制进行了规定，而且在第一章第八条规定，“国家通过财政支持、税收优惠和金融、科技、人才的扶持以及产业政策引导等措施，促进农民专业合作社的发展”。同时，该法第七章更是明确了政府对合作社四个方面的扶持政策。一是“国家支持发展农业和农村经济的建设项目，可以委托和安排有条件的有关农民专业合作社实施”。二是“中央和地方财政应当分别安排资金，支持农民专业合作社开展信息、培训、农产品质量标准与认证、农业生产基础设施建设、市场营销和技术推广等服务。对民族地区、边远地区和贫困地区的农民专业合作社和生产国家与社会急需的重要农产品的农民专业合作社给予优先扶持”。三是“国家政策性金融机构应当采取多种形式，为农民专业合作社提供多渠道的资金支持”“国家鼓励商业性金融机构采取多种形式，为农民专业合作社提供金融服务”。四是“农民专业合作社享受国家规定的对农业生产、加工、流通、服务和其他涉农经济活动相应的税收优惠”。

在对合作社立法的基础上，政府逐渐深化了对合作社的扶持政策。一是对税收优惠政策进行细化，2008年，财政部、国家税务总局印发了《关于农民专业合作社有关税收政策的通知》。该通知主要内容包括：将合作社销售的产品与生产者直接销售农产品视为一致，免征增值税；一般纳税人从农民专业合作社购进免税的农产品，可以在增值税进项税额中按13%的比率进行扣除；农民专业合作社向本社成员销售农膜、种子、种苗、化肥、农药、农机等农资免征增值税；农民专业合作社与本社成员签订的农业产品和农业生产资料购销合同，免征印花税。但总的来看，针对合作社的税收优惠措施比较单一，涉及面也很窄。二是国家项目支持细化。在《合作社法》颁布之初，国家农业综合开发部门就正式提出要将合作社纳入“2008年国家农业综合开发产业化经营项目”并作为扶持对象，之后又把农民专业合作组织纳入国家农业综合开发部门项目进行扶持。2010年，国家农业综合开发产业化经营项目中明确表示，在同等条件下要优先扶持合作社申报的项目。随后，农业部、国家发展和改革委员会、科学技术部、财政部、水利部、商务部及国家林业局印发了《关于支持有条件的农民专业合作社承担国家有关涉农项目的意见》，进一步明确了涉农项目中合作社承担主体地位。总的来看，2003～2012年，中央财政扶持合作社资金累计达到34.2亿元。尽管各级政府在财政、金融、税收、人才及科技等方面都做出了政策支持，但是使用最广泛的，对合作社发展最能产生直接影响的，还是以国家项目支持为主的财政支持（黄胜忠和刘洋洋，2013）。

第四阶段是 2013 年至今，合作社作为新型经营主体以更为宽泛的形式存在和获得政府支持。2013 年中央一号文件首次提出“农民合作社”的概念，这说明合作社的提法逐渐不符合合作社发展的新趋势，无法囊括社区合作社、股份合作社等多种农民合作形式。2013 年中央一号文件提出，“安排部分财政投资项目直接投向符合条件的合作社，引导国家补助项目形成的资产移交合作社管护，指导合作社建立健全项目资产管护机制。增加农民合作社发展资金，支持合作社改善生产经营条件、增强发展能力。逐步扩大农村土地整理、农业综合开发、农田水利建设、农技推广等涉农项目由合作社承担的规模。对示范社建设鲜活农产品仓储物流设施、兴办农产品加工业给予补助”。从各级财政来看，2013 年，各级财政扶持总额达 55 亿元（肖琴等，2015）。2014 年中央一号文件提出要构建“新型农业经营体系”，扶持发展“新型农业经营主体”，农民合作社和家庭农场、专业大户、农业企业等共同得到政府的支持。

3.2　成绩与问题：基于 500 家合作社的抽样调查数据

3.2.1　全国合作社的调查与数据

本书所用数据来源于三轮分别于 2003 年、2009 年、2014 年在全国范围内针对农民专业合作经济组织进行深度访谈后形成的资料，具体如下。

第一轮调查中，综合考虑地域和经济发展水平，依据分层随机抽样方法在全国抽取了吉林、河北、陕西、山东、河南、四川、江苏、甘肃、福建 9 省作为样本省[①]。在每个样本省，将全省所有县根据人均工业总产值[②]大小按降序排列并等分为 3 组，每组随机选 2 个县。每个样本县按照类似的方法分层随机抽取 6 个样本乡镇。最后，在样本乡镇，调查队对该乡镇所有村庄进行调查。村庄基本情况的调查由村干部（多数为村会计、村支书或村主任）集中到乡镇后在调查队员的指导下统一填写问卷。调查最后共收集了 2459 个村庄的基本信息。此后，调查员继续访问了村庄农民专业合作经济组织的发展情况。

第二轮调查在上述样本中抽取吉林、河北、陕西、山东、河南、四川和江苏 7 省进行跟踪调查。每个省在每组样本县（2003 年所抽取的，每组 2 个县）中随机选取 1 个县，每个县将 6 个样本乡镇按经济发展水平分为 2 组，每组抽取 1 个乡镇，对每个乡镇的所有村庄进行调查。由于河南、山东情况特殊，在第二轮调查中只调查了这 2 个省的 3 个乡镇。本轮调查共收集了 7 省 760 个村庄及 184 家农民专业合作经济组织的数据。184 个农民专业合作经济组织中，173 个为现存组织，11 个为 2003~2008 年消亡的组织。其中，现存的 173 个组织中，有 9 个组织因为多种原因没有能够直接访问到，最后收集到了 164 个农民专业合作经济组织的数据。

第三轮调查采取相同策略，从前两轮调查中抽取子集进行跟踪调查。在综合考虑经济发展水平和区域分布的基础上，选取了江苏、吉林、四川 3 省开展调查。随机选择了 11 个县，每个县随机抽取 20 个乡镇，对每个乡镇的所有村庄进行调查。村庄调查由村干部（多数为村会计、村支书或村主任）集中到乡镇后在调查队员的指导下统一填写问卷。此后，调查员继续访问村庄合作社发展情况。本轮调查共收集了 331 个村 500 家合作社的资料。此外，本轮调查还

---

① 该轮调研由黄季焜教授牵头组织。江苏、山东、福建代表东部沿海发达地区（江苏、浙江、山东、上海、福建和广东），四川代表西南地区（四川、贵州、云南和广西），陕西和甘肃代表黄土高原和西北地区（陕西、山西、内蒙古、甘肃、宁夏、青海和新疆），河北、河南代表北部和中部地区（河北、河南、安徽、湖南、湖北和江西），吉林代表东北地区（辽宁、吉林和黑龙江）。

② 使用人均工业总产值进行排序，是依据 Rozelle（1996）的研究，因为人均工业总产值是最好的关于生活标准和发展潜力的预测指标之一；同时，这一指标相对于农村人均纯收入等指标而言，可信度也更高。

重点关注蔬菜合作社对成员及周边农户的带动情况，同步开展了对 18 家大棚果蔬合作社及 255 户农户的调查。

调查过程中共设计了如下三套调查问卷。

（1）《新型农业经营主体培育与发展项目（合作社问卷）》。由调查队员与合作社理事长或是主要日常经营事务负责人进行的深度访谈展开调查，主要了解合作社发起成立背景、组织成员构成及其基本信息、服务功能提供情况、获得外界政策环境支持情况、制约后续发展存在的障碍等信息。

（2）《新型农业经营主体培育与发展项目（村问卷）》。由调查队员与村会计进行的深度访谈展开调查，主要了解村庄人口、地形地貌等基本信息，产业基础、交通和市场发育情况，合作社等新型农业经营主体存续和发展情况。通过对比分析村庄基本情况来推断合作社产生和发展的基础。

（3）《新型农业经营主体培育与发展项目（农户问卷）》。由调查队员与合作社成员、本村经营同类或相近农产品的非成员农户进行的深度访谈展开调查，主要用于核实合作社服务功能提供情况和成员收益情况。其中，合作社成员进一步区分为负责主要事务的核心成员和普通成员，分别对两类成员进行访问，核实合作社服务功能的提供程度。对于没有合作社的村，主要了解同类或相近农产品经营农户的生产经营情况，分析合作社产生和发展的农户基础。

本章主要结合第三轮 500 家合作社的调查数据，对合作社发展状况展开描述。

3.2.2　合作社发展概述

1. 组织产生及类别情况统计

自 2007 年《合作社法》实施以来，中国合作社数量呈飞跃式增长。2007 年以前合作社增长缓慢：2004 年以前仅成立了 10 家合作社，在样本中占比约为

2%；2004～2006 年，每年新增的合作社数量分别有 2 家、5 家、8 家，所占比例从 0.4%增长到 1.6%。2007 年《合作社法》实施催生了大量新生组织，2008 年合作社数量较 2007 年增长了近 2.36 倍。2008～2013 年，合作社数量保持相对稳定的增长态势，样本中每年产生的合作社分别有 37 家、55 家、74 家、79 家、96 家、123 家，在样本中所占比例分别为 7.4%、11.0%、14.8%、15.8%、19.2%、24.6%，平均年增长率约为 27.9%。2008～2013 年，合作社数量累计增长了 12.6 倍。样本中每年增加组织的趋势与国家工商行政管理总局公布的市场登记总数趋势一致，说明样本具有较好的代表性，能在很大程度上反映现实。成立的合作社中，组织类型各异，大体上可以分为农机服务类合作社①、土地股份合作社②和产品类合作社③三种。其中，产品类合作社是最主要的组织类型，共有 416 家合作社属于产品类合作社，在样本总数中所占比例为 83.2%，占有绝对的数量优势。其次是农机服务类合作社，共有 66 家，在样本中所占比例为 13.2%。数量最少的是土地股份合作社，共有 18 家，在样本中所占比例仅为 3.6%。详见表 3-1。

表 3-1　合作社组织类型情况统计

组织类别	组织数量/家	所占比例
农机服务类合作社	66	13.2%
土地股份合作社	18	3.6%
产品类合作社	416	83.2%
合计	500	100.0%

资料来源：根据调查资料统计整理所得

① 农机服务类合作社，指合作社的经营一般只涉及农业生产中的某一个环节，且服务的提供往往和某些农业机械或器械联系在一起。现实中出现的农机合作社、植保合作社、机插秧合作社均属于农机服务类合作社，提供的服务主要包括播种、机插秧、病虫害防治、收割等。

② 土地股份合作社，指农户以农村土地的承包经营权入股合作社，合作社整体规划后实行规模化经营或是整体流转，农户获得土地租金的运作形式。

③ 产品类合作社，指在经营过程中涉及具体农产品，其运营主要围绕具体产品在生产、销售过程中所需的服务（如技术服务、农业生产资料的购买、农产品销售等）展开的合作社。

2. 合作社产业类别分布

合作社的主营业务一般涉及六个产业[①]，调查样本中的合作社对应的产业分布情况，详见表 3-2。

表 3-2　合作社产业分布情况统计

产业类别	合作社数量/家	所占比例
种植业	252	50.4%
林业	17	3.4%
畜牧业	119	23.8%
渔业	28	5.6%
服务业	66	13.2%
其他产业	18	3.6%
合计	500	100.0%

资料来源：根据调查资料统计整理所得

从表 3-2 中可以看出，从事种植业经营的合作社在样本中占大多数，共有 252 家，略超过半数，所占比例为 50.4%。其次是从事生猪、鸡、牛、羊等畜禽养殖的合作社，样本中有 119 家合作社从事畜牧业经营，占比为 23.8%。然后是提供农机等机械服务的服务类合作社，样本中有 66 家，所占比例为 13.2%。再者是从事水产养殖经营的渔业合作社，有 28 家，在样本中所占比例为 5.6%。最后，数量相对较少的是 18 家从事土地股份合作经营的合作社和 17 家经营苗木、经济林等的林业合作社，在样本中所占比例分别为 3.6%和 3.4%。

3. 合作社影响概述

合作社成立的初衷是带动农户、实现互助性生产，从而在一定程度上缓解

① 本章对合作社进行的产业划分，参照《中国农民专业合作社发展报告（2012）》中的产业类型，即将产业划分为种植业、畜牧业、渔业、林业、服务业和其他产业。对应于本次的调查样本，本章将粮食作物、经济作物（含蔬菜、水果）算入种植业，将畜禽养殖算入畜牧业，将水产养殖算入渔业，将树木（如样本中涉及的桦树、红叶石楠）算入林业，将农业机械合作社算入服务业，将土地股份合作社算入其他产业。

小农户难以融入现代大市场的难题，实现农民收入增加。因此，组织在经营过程中带动农户的数量，是衡量合作社影响辐射范围的重要指标。调查样本中合作社带动农户[①]情况，如表 3-3 所示。

表 3-3　合作社带动农户情况统计

带动农户/人	合作社成立第二年		2013 年	
	合作社数量/家	所占比例	合作社数量/家	所占比例
0	194	51.5%	246	49.2%
1～50	135	35.8%	190	38.0%
51～100	13	3.4%	13	2.6%
101～150	15	4.0%	18	3.6%
大于 150	20	5.3%	33	6.6%
合计	377	100.0%	500	100.0%

资料来源：根据调查资料统计整理所得

注：2013 年成立的合作社只统计 2013 年情况，成立第二年情况不予统计

从表 3-3 中的数据可以看出，截至 2013 年，调查样本中有 246 家合作社没有带动任何农户，在样本中所占比例为 49.2%，即有将近一半的合作社没有开展任何经营活动、没有提供任何服务功能，甚至是处于“空壳”状态。无论是合作社成立的第二年，还是 2013 年，绝大多数合作社带动农户数量都较少，呈统计学中的右偏分布。带动农户超过 150 人的主要是农机合作社，把服务对象都算入带动农户范畴。

从合作社发起成立的第二年到 2013 年，除带动农户在 51～100 人区间的合作社数量不变以外（两年均为 13 家合作社），其余各区间的合作社数量均有所上升，数量增长最多的是带动农户在 1～50 人的区间，但总体分布依然不变。说明从总体来看，合作社数量迅速增加，带动农户数量也相应增加，但仍然以小范围带动为主，影响和辐射范围并没有明显的变化和提升。

① 以下两类群体均算入带动的农户：一类是合作社成员；另一类不是合作社成员，但是与合作社在生产、销售等环节存在一定联系的农户。

不同类别合作社的运行机制存在较大差别，为使讨论主题更集中，下文主要针对产品类合作社展开详细分析。

3.2.3　产品类合作社服务功能概述

样本中共有 416 家产品类合作社，对应的各项服务功能提供情况如表 3-4 所示。该表中把产品类合作社功能细分为技术服务、注册商标、产品认证、农资购买服务、产品销售服务和生产性集体投资六种[①]。

表 3-4　合作社服务功能提供情况统计

合作社服务功能	不含雇佣关系的合作社		所有合作社	
	数量/家	比例	数量/家	比例
所有合作社	359	71.80%	500	100.0%
所有产品类合作社	311	86.63%	416	83.20%
技术服务				
技术培训指导	76	24.44%	142	34.13%
无技术服务	235	75.56%	274	65.87%
注册商标				
有注册商标	7	2.25%	30	7.21%
无商标	304	97.75%	386	92.79%
产品认证				
有认证	4	1.29%	22	5.29%
无认证	307	98.71%	394	94.71%
农资购买服务				
统一购买	37	11.90%	85	20.43%
牵线购买	45	14.47%	58	13.94%
自己购买	229	73.63%	273	65.63%

① 注册商标和产品认证一般都与产品销售服务联系在一起，这里为进一步细化各项服务功能，将注册商标和产品认证两项功能单列。

续表

合作社服务功能	不含雇佣关系的合作社		所有合作社	
	数量/家	比例	数量/家	比例
产品销售服务				
统一销售	13	4.18%	66	15.87%
牵线销售	40	12.86%	58	13.94%
自己销售	258	82.96%	292	70.19%
生产性集体投资				
精加工	2	0.64%	22	5.29%
粗加工	11	3.54%	25	6.01%
无加工	298	95.82%	369	88.70%

资料来源：根据调查资料统计整理所得

注：服务内容可多选

总体来看，合作社各项服务功能提供比例均较低，甚至有不少合作社没有提供任何服务功能。从“不含雇佣关系的合作社”和“所有合作社”两类样本的对比来看，“所有合作社”样本中合作社服务功能提供情况明显优于前者，在技术服务、注册商标、产品认证、农资购买服务、产品销售服务和生产性集体投资六种功能中都成立，这与“所有合作社”样本中有实力相对较强的含雇佣关系的组织（如农业企业、家庭农场等）有关。

在六项服务中，提供比例最高的是技术服务[①]。在“不含雇佣关系的合作社”和“所有合作社”两类样本中分别有 76 家和 142 家合作社为成员提供技术服务，在对应样本中所占比例分别约为 24.44%和 34.13%。本章中统计的技术服务包括动植物新品种选择、农资选择、植物栽培/动物养殖、植保和防疫、产品质量控制等多个方面，涵盖了三种来源，具体包括：合作社内部人员提供的技术指导，合作社定期从外部聘请专家做讲座、开展培训，

① 需要特别说明的是，农机服务类合作社也会提供不同程度的技术服务，比如：小型器械使用方法，在种植过程中前期如何进行田间管理有利于后期的机械操作等。这里讨论的技术服务仅指产品类合作社提供的技术服务，农机服务类合作社提供的技术服务不计算在内。

以及合作社从外部聘请专门的技术员（特指从合作社领取固定工资）。

然后是农资[1]购买服务。根据合作深浅程度的差别，合作社农资购买服务可以进一步细分为浅层次的牵线购买和深层次的统一购买两种。在“不含雇佣关系的合作社”样本中，有 45 家合作社提供牵线购买服务、37 家合作社提供统一购买服务，在该类样本中所占比例分别约为 14.47%、11.90%。在“所有合作社”样本中，有 58 家合作社提供牵线购买服务、85 家合作社提供统一购买服务，在该类样本中所占比例分别约为 13.94%、20.43%。在“不含雇佣关系的合作社”样本中，浅层次的牵线购买农资提供比例相对更大；而在“所有合作社”样本中，则是深层次的统一购买提供的相对更多。

再者是产品销售服务。类似于农资购买服务，产品销售服务根据合作深浅程度的差别，同样可以进一步细分为浅层次的牵线销售和深层次的统一销售两种形式。在“不含雇佣关系的合作社”样本中，提供牵线销售服务的合作社有 40 家、提供统一销售服务的合作社有 13 家，在该类样本中所占比例分别约为 12.86%、4.18%。在“所有合作社”样本中，提供牵线销售服务的合作社有 58 家、提供统一销售服务的合作社有 66 家，占比分别约为 13.94%、15.87%。在“不含雇佣关系的合作社”样本中，浅层次的牵线销售提供比例相对更大，而在“所有合作社”样本中，则是深层次的统一销售提供的相对更多。

相比于技术服务、农资购买服务和产品销售服务，开展生产性集体投资[2]的合作社更少。在“不含雇佣关系的合作社”样本中，对产品进行简单粗加工的合作社有 11 家，在该类样本中所占比例约为 3.54%；对产品进行精加工的合

① 本章所说的农资，包括种植业中的化肥、农药，养殖业中的饲料、兽药这四种常见的农业生产资料。农机合作社有时也会存在为服务对象统一购买秧苗后进行机插秧的行为，这种情况本章不考虑在内。本章的农资购买服务仅仅指产品类合作社统一购买农资的行为。在统计服务功能时，只要合作社提供上述四种农资中的任意一种农资的购买服务，就认为该组织具备农资购买这一服务功能。

② 本章中的加工服务具体包括简单的粗加工和精加工两种。粗加工指使用简单的仪器或是包装袋套袋等方式对产品进行冷藏或加工，产品形态不发生改变。精加工指通过加工设备经过相对复杂的加工处理程序后再对外销售，产品自然特性（如保质期）或是产品形态发生一定程度的改变。

作社有 2 家，所占比例约为 0.64%。在“所有合作社”样本中，对产品进行简单粗加工的合作社有 25 家，在该类样本中所占比例约为 6.01%；对产品进行精加工的合作社有 22 家，所占比例约为 5.29%。

此外，还有小部分提供产品销售服务的合作社在产品销售过程中会涉及注册商标和进行产品认证[①]的活动。在“不含雇佣关系的合作社”样本中，使用注册商标的合作社仅有 7 家，在该类样本中所占比例约为 2.25%；进行过产品认证的则更少，仅有 4 家，所占比例约为 1.29%。在“所有合作社”样本中，使用注册商标的合作社有 30 家，在该类样本中所占比例约为 7.21%；进行过产品认证的有 22 家，所占比例约为 5.29%。

下文将选择上述六项服务功能中最主要的服务功能，即技术服务、农资购买服务、产品销售服务和生产性集体投资四项功能[②]，进一步展开具体分析。

3.2.4 技术服务

1. 技术服务内容

技术服务的内容包括新品种选择、农资选择、植物栽培/动物养殖、植保和防疫、产品质量控制等几个方面。2013 年，调查样本中合作社提供技术服务涉及的具体内容如表 3-5 所示。

表 3-5　产品类合作社技术服务内容统计

技术服务内容	不含雇佣关系的合作社		所有合作社	
	组织数量/家	比例	组织数量/家	比例
产品类合作社	311	100.0%	416	100.0%
提供技术服务	76	24.4%	142	34.1%
新品种选择	17	5.5%	24	5.8%

① 本章中所提及的产品认证，包括无公害产品、绿色产品、有机产品等的认证。

② 现实中，合作社提供的服务功能可能不局限于某一种，提供的服务功能也是基于多种因素考虑后的综合决策。考虑到计算和分析的方便，本章将各项服务功能剥离开来进行研究，但这不意味着合作社只能提供一项服务功能。

续表

技术服务内容	不含雇佣关系的合作社		所有合作社	
	组织数量/家	比例	组织数量/家	比例
农资选择	14	4.5%	25	6.0%
植物栽培/动物养殖	64	20.6%	124	29.8%
植保和防疫	54	17.4%	105	25.2%
产品质量控制	7	2.3%	12	2.9%
其他	1	0.3%	3	0.7%

资料来源：根据调查资料统计整理所得

注：技术服务内容可多选

大部分合作社都提供植物栽培/动物养殖、植保和防疫的技术服务，在“不含雇佣关系的合作社”样本中分别有 64 家和 54 家，占比为 20.6%和 17.4%；在“所有合作社”样本中分别有 124 家和 105 家，占比为 29.8%和 25.2%。

提供新品种选择和农资选择技术服务的合作社数量次之。在“不含雇佣关系的合作社”样本中分别有 17 家和 14 家，占比为 5.5%和 4.5%；在“所有合作社”样本中分别有 24 家和 25 家，占比为 5.8%和 6.0%。

然而提供产品质量控制方面技术服务的合作社较少，在“不含雇佣关系的合作社”和“所有合作社”两类样本中，分别有 7 家和 12 家，占比为 2.3%和 2.9%。这在一定程度上反映出当前产品质量控制、食品安全等问题在一线生产中受到的关注较少。

此外，还有部分合作社提供除上述列举以外的技术服务，如以讲座形式告知成员采茶新标准、制茶程序，以及培训成员如何使用制茶机器、如何进行秸秆还田等。

2. 技术服务来源

合作社提供的技术服务主要包括合作社内部提供和外部引进两种。其中，合作社外部引进技术根据其来源可细分为聘请外部技术人员（特指领取固定工资的技术人员）、定期邀请外部专家做讲座或开展培训及组织成员去外地参加专业培训三种。2013 年调查样本中合作社技术服务的来源详见表 3-6。

表 3-6　合作社技术服务来源情况统计

技术服务来源	不含雇佣关系的合作社		所有合作社	
	组织数量/家	比例	组织数量/家	比例
提供技术服务	76	100.0%	142	100.0%
合作社内部：技术人员	64	84.2%	119	83.8%
合作社外部	43	56.6%	90	63.4%
外来技术人员	5	11.6%	23	25.6%
外来专家	30	69.8%	60	66.7%
外地培训	23	53.5%	44	48.9%

资料来源：根据调查资料统计整理所得

注：技术服务来源可多选

合作社内部人员进行技术指导是合作社提供的最主要的技术服务。在“不含雇佣关系的合作社”和“所有合作社”两类样本中，分别有 64 家和 119 家合作社通过该途径提供技术服务，占对应样本的比例分别约为 84.2%和 83.8%。

此外，从合作社外部引进也是较常见的技术来源。其中，定期从外部（如科研院所、农业类院校、农技或其他政府部门、产品收购商等）邀请专家做讲座和开展培训是合作社最主要的技术来源，在“不含雇佣关系的合作社”和“所有合作社”两类样本中分别有 30 家和 60 家，占对应合作社外部引进样本的 69.8%和 66.7%。组织成员去外地示范合作社学习先进技术和生产经验的数量次之，在两类样本中分别有 23 家和 44 家合作社采纳该方式，占对应合作社外部引进样本的比例分别约为 53.5%和 48.9%。而仅有少数合作社从外部雇佣专业技术人员进行技术指导，在不同的分类中分别只有 5 家和 23 家合作社采纳，占对应合作社外部引进样本的 11.6%和 25.6%。

3. 技术服务影响

合作社为其成员提供技术服务的同时，也辐射周边农户，产生溢出效应。

如图 3-1 所示。总体来看，合作社提供技术服务时间普遍较短，呈统计学上的右偏分布。

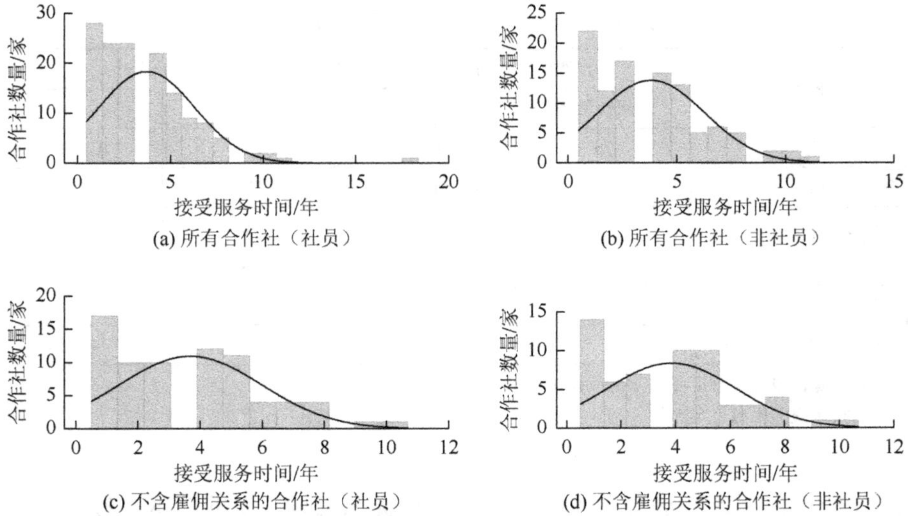

图 3-1　合作社技术服务提供时间情况

从为成员提供技术服务来看，“不含雇佣关系的合作社”样本中有 76 家合作社提供该项服务，平均服务 3.69 年；“所有合作社”样本中共有 142 家合作社提供技术服务，平均服务 3.74 年，略高于前者。

从为非成员提供技术服务来看，“不含雇佣关系的合作社”样本中有 59 家合作社为非成员提供技术服务，占比约为 77.63%，平均服务 3.85 年；“所有合作社”样本中有 100 家合作社，占比约为 70.42%，平均服务 3.80 年，所占比例和服务年限均低于前者。表明与含有雇佣关系的家庭农场或是规模大户相比，合作社的溢出效应更强，在一定程度上具有准公共物品的特性。

进一步来看，在“不含雇佣关系的合作社”样本中，技术服务兼顾非成员的合作社有 98.31%在对待成员和非成员的服务内容和服务方式上不存在差别；在“所有合作社”样本中，有 96.00%的合作社不会区别对待两类农户。表明对于同一个合作社而言，成员和非成员享受到的技术服务在本质上并没有差别。

3.2.5　农资购买服务

1. 农资购买服务提供情况

2013 年，调查样本中的合作社统一购买化肥、农药、饲料和兽药四种常见农资的情况，如表 3-7 所示。

表 3-7　合作社农资购买服务提供情况统计

合作社农资购买服务	不含雇佣关系的合作社		所有合作社	
	数量/家	比例	数量/家	比例
所有产品类合作社	311	100.0%	416	100.0%
统一购买	37	11.90%	85	20.43%
牵线购买	45	14.47%	58	13.94%
自己购买	229	73.63%	273	65.63%
种植业类合作社	204	100.0%	269	100.0%
统一购买	19	9.31%	55	20.45%
牵线购买	36	17.65%	42	15.61%
自己购买	149	73.04%	172	63.94%
化肥购买				
统一购买	19	9.31%	53	19.70%
牵线购买	35	17.16%	41	15.24%
自己购买	150	73.53%	175	65.06%
农药购买				
统一购买	15	7.35%	49	18.22%
牵线购买	30	14.71%	35	13.01%
自己购买	159	77.94%	185	68.77%
养殖业类合作社	107	100.0%	147	100.0%
统一购买	18	16.82%	30	20.41%
牵线购买	9	8.41%	16	10.88%
自己购买	80	74.77%	101	68.71%
饲料购买				

续表

合作社农资购买服务	不含雇佣关系的合作社		所有合作社	
	数量/家	比例	数量/家	比例
统一购买	18	16.82%	29	19.73%
牵线购买	8	7.48%	15	10.20%
自己购买	81	75.70%	103	70.07%
兽药购买				
统一购买	9	8.41%	16	10.88%
牵线购买	3	2.80%	10	6.80%
自己购买	95	88.79%	121	82.31%

资料来源：根据调查资料统计整理所得

从表 3-7 中可以看出，农资购买形式因产业的不同而有所差别。种植业中统一购买比例略低于或与养殖业中合作社统一购买比例相当；牵线购买，则是种植业中的提供比例明显高于养殖业。在“不含雇佣关系的合作社”样本中，种植业中有 19 家合作社统一购买农资、36 家合作社牵线购买农资，在对应样本中所占比重分别约为 9.31%、17.65%；养殖业中有 18 家合作社统一购买农资、9 家牵线购买农资，在对应样本中占比分别约为 16.82%、8.41%。在“所有合作社”样本中，种植业类合作社中有 55 家统一购买农资、42 家牵线购买农资，在所有种植业类合作社中占比分别约为 20.45%、15.61%；养殖业类合作社中有 30 家统一购买农资、16 家牵线购买农资，在对应样本中占比分别约为 20.41%、10.88%。

从种植业内部看，合作社购买化肥的比例明显高于农药，并在两类样本中均成立。在种植业类合作社的“不含雇佣关系的合作社”样本中，有 19 家合作社统一购买化肥、35 家合作社牵线购买化肥，所占比例分别约为 9.31%、17.16%，高于农药购买情况：15 家合作社统一购买农药、30 家合作社牵线购买农药，占比分别约为 7.35%、14.71%。在种植业类合作社的“所有合作社”样本中，53 家统一购买化肥、41 家牵线购买化肥，所占比例分别约为 19.70%、

15.24%，同样高于农药购买情况：49 家统一购买农药、35 家牵线购买农药，占比分别约为 18.22%、13.01%。

从养殖业内部看，饲料购买比例明显高于兽药，并在两类样本中均成立。在“不含雇佣关系的合作社”和“所有合作社”样本中，分别有 18 家、29 家合作社统一购买饲料，在对应样本中所占比例分别约为 16.82%、19.73%；而两类样本中对应的提供购买兽药服务的合作社分别有 9 家、16 家，占比分别约为 8.41%、10.88%。在“不含雇佣关系的合作社”和“所有合作社”样本中，分别有 8 家、15 家合作社牵线购买饲料，在对应样本中所占比例分别约为 7.48%、10.20%；而两类样本中对应的提供购买兽药服务的合作社分别有 3 家、10 家，占比分别约为 2.80%、6.80%。

2. 合作社农资购买渠道情况

农资购买渠道因农资种类差别而有所差异，下文将根据农资种类的差别，分别统计合作社农资购买渠道[1]情况，详见表 3-8～表 3-11[2]。

表 3-8　合作社购买化肥渠道来源情况统计

供货来源	不含雇佣关系的合作社		所有合作社	
	数量/家	比例	数量/家	比例
生产厂家	10	18.87%	19	21.11%
代理商	24	45.28%	37	41.11%
农资店	16	30.19%	29	32.22%
产品买家	1	1.89%	1	1.11%
农技部门	2	3.77%	4	4.44%
合计	53	100.00%	90	100.00%

资料来源：根据调查资料统计整理所得

① 此处统计购买渠道和来源时，不区分具体购买形式是统一购买还是牵线购买，即只要存在合作社提供农资购买方面服务的均计算在内。为方便统计，合作社购买农资可能有多种渠道或来源，本章仅统计常见农资最主要的供货渠道。

② 调查中部分合作社农资购买渠道信息缺失，故表 3-8~表 3-11 中部分情形下合作社数量小于表 3-7 中数据。

表 3-9　合作社购买农药渠道来源情况统计

供货来源	不含雇佣关系的合作社		所有合作社	
	数量/家	比例	数量/家	比例
生产厂家	4	9.09%	10	12.50%
代理商	18	40.91%	34	42.50%
农资店	21	47.73%	31	38.75%
产品买家	1	2.27%	1	1.25%
农技部门	0	0	4	5.00%
合计	44	100.00%	80	100.00%

表 3-10　合作社购买饲料渠道来源情况统计

供货来源	不含雇佣关系的合作社		所有合作社	
	合作社数量/家	所占比例	合作社数量/家	所占比例
生产厂家	18	72.00%	33	75.00%
代理商	5	20.00%	8	18.18%
农资店	2	8.00%	3	6.82%
合计	25	100.00%	44	100.00%

表 3-11　合作社购买兽药渠道来源情况统计

供货来源	不含雇佣关系的合作社		所有合作社	
	合作社数量/家	所占比例	合作社数量/家	所占比例
生产厂家	4	36.36%	10	38.46%
代理商	5	45.45%	12	46.15%
农资店	0	0	2	7.69%
农技部门	2	18.18%	2	7.69%
合计	11	100.00%	26	100.00%

化肥的购买渠道主要有五种，分别是：代理商、农资店、生产厂家、农技

部门和产品买家[①]。其中，代理商和农资店是最主要的化肥供货来源。在“不含雇佣关系的合作社”样本中，有 24 家合作社通过该途径购买化肥，在对应样本中占比约为 45.28%；16 家直接从农资店购买化肥，占比约为 30.19%。在“所有合作社”样本中，有 37 家合作社从代理商处购买化肥，在对应样本中所占比例约为 41.11%；29 家合作社直接从农资店购买化肥，占比约为 32.22%。合作社直接去生产厂家购买化肥次之，在“不含雇佣关系的合作社”和“所有合作社”样本中分别有 10 家、19 家合作社通过该途径购买化肥，占比约为 18.87%、21.11%。购买渠道占比相对较低的是农技部门和产品买家，在“不含雇佣关系的合作社”样本中有 2 家合作社使用农技部门提供的化肥，仅有 1 家合作社使用产品买家提供的化肥，占比分别约为 3.77%、1.89%。在“所有合作社”样本中，有 4 家合作社使用农技部门提供的化肥、1 家合作社使用产品买家提供的化肥，占比分别约为 4.44%、1.11%。

农药的购货来源与化肥基本相似，代理商和农资店仍然是最主要的购买渠道。在“不含雇佣关系的合作社”样本中，直接从农资店购买农药的合作社数量最多，有 21 家，占比约为 47.73%；18 家合作社从代理商处购买农药，占比约为 40.91%。在“所有合作社”样本中，选择最多的购货渠道是代理商，共有 34 家合作社从代理商处购买农药，占比约为 42.50%；31 家合作社直接从农资店购买农药，占比约为 38.75%，仅次于从代理商处购买农药的比例。其次，有部分合作社与生产厂家联系后直接从厂家处购买农药。在“不含雇佣关系的合作社”和“所有合作社”两类样本中，分别有 4 家、10 家合作社选择该购买渠道，在对应样本中的占比分别约为 9.09%、12.50%。此外，在“所有合作社”样本中，还有 4 家合作社从农技部门获取农药，占比为 5.00%

相对于种植业，养殖业所需农资涉及的购买渠道相对单一，主要购货渠

① 产品买家指农产品收购方为了确保产品质量安全，会要求农业生产过程中使用收购方提供的或是指定品牌的生产资料。

道也不尽相同。就饲料而言，涉及三种销售渠道：生产厂家、代理商和农资店。其中，生产厂家是最主要的供货渠道，在两类样本中均成立。在“不含雇佣关系的合作社”和“所有合作社”两类样本中，分别有 18 家、33 家合作社从生产厂家购买饲料，在对应样本中所占比例分别为 72.00%、75.00%，远超其他购买渠道所占的比例。从代理商处购买饲料次之，在“不含雇佣关系的合作社”和“所有合作社”两类样本中，分别有 5 家、8 家合作社从代理商处购买饲料，在对应样本中所占比例分别约为 20.00%、18.18%。选择相对较少的购买渠道是农资店，在“不含雇佣关系的合作社”和“所有合作社”样本中，分别仅有 2 家、3 家合作社通过该途径购买饲料，占比分别约为 8.00%、6.82%。

合作社购买兽药的渠道来源也相对较为单一，但具体的渠道选择与饲料略有差异。在“不含雇佣关系的合作社”和“所有合作社”两类样本中，代理商均是兽药最主要的供货来源，分别有 5 家、12 家合作社选择从代理商处采购兽药，在对应样本中所占比例分别约为 45.45%、46.15%。从生产厂家处购买兽药次之，在“不含雇佣关系的合作社”和“所有合作社”两类样本中，分别有 4 家、10 家合作社从生产厂家购买兽药，所占比例分别约为 36.36%、38.46%。现实中，在畜禽养殖中会存在强制性免疫，即农技部门免费提供部分疫苗或是兽药，但合作社使用该途径提供兽药的并不多，在“不含雇佣关系的合作社”和“所有合作社”两类样本中，均只有 2 家合作社从农技部门获取兽药，在对应样本中所占比例分别约为 18.18%、7.69%。此外，在“所有合作社”样本中，还有 2 家合作社从农资店购买其所需兽药，占比约为 7.69%。

3. 农户获益情况

农户从合作社提供农资购买服务中获益的情况，主要体现在获得价格优惠和返利两个方面，详见表 3-12。

表 3-12　合作社农资购买服务对成员的影响

农资种类	不含雇佣关系的合作社			所有合作社		
	平均价格优惠	获得返利合作社		平均价格优惠	获得返利合作社	
		数量/家	比例		数量/家	比例
化肥	7.39%	1	1.85%	7.82%	2	2.13%
农药	9.67%	1	2.22%	9.68%	3	3.57%
饲料	9.12%	6	23.08%	9.16%	11	25.00%
兽药	20.34%	0	0	20.71%	2	7.69%

资料来源：根据调查资料统计整理所得

从获得的价格优惠来看，农户从合作社购买农资的平均单价均低于市场零售价，但具体优惠价格因产业和农资品种而各异。种植业中，在“不含雇佣关系的合作社”样本中，农户从合作社购买化肥比市场购买价平均优惠 7.39%；在“所有合作社”样本中，平均价格优惠为 7.82%。然而农药的优惠幅度普遍高于化肥，在“不含雇佣关系的合作社”样本中，农户获得平均价格优惠约为 9.67%；在“所有合作社”样本中，平均价格优惠为 9.68%，与前者优惠幅度相当。养殖业中，在“不含雇佣关系的合作社”样本中，成员购买饲料的价格平均比市场零售价低 9.12%；在“所有合作社”样本中，平均价格优惠幅度为 9.16%。购买兽药获得的优惠明显超过其他农资，在“不含雇佣关系的合作社”样本中，购得兽药的价格比市场零售价低 20.34%；在“所有合作社”样本中，平均价格优惠为 20.71%。

从获得返利来看，合作社根据农资购买量进行返利的比例普遍较低（饲料除外）。“所有合作社”样本中返利比例略高于“不含雇佣关系的合作社”样本中的情况，但总体返利比例仍然较低。在“不含雇佣关系的合作社”样本中，分别有 1 家合作社根据化肥购买量获得返利、1 家根据农药购买量获得返利、6 家根据饲料购买量获得返利，占比分别约为 1.85%、2.22%和 23.08%，没有合作社根据兽药购买量返利。在“所有合作社”样本中，分别有 2 家、3 家、

11 家和 2 家合作社根据化肥、农药、饲料和兽药的购买量获得返利，占比分别约为 2.13%、3.57%、25.00%和 7.69%。

为成员服务的同时，部分合作社也为非成员购买农资，详见表 3-13。总体来看，养殖业中合作社为非成员提供农资购买服务的比例和平均价格优惠幅度均高于种植业。

表 3-13 合作社农资购买服务对非成员的影响

农资种类	不含雇佣关系的合作社			所有合作社		
	合作社数量/家	所占比例	平均价格优惠	合作社数量/家	所占比例	平均价格优惠
化肥	24	44.44%	6.78%	39	41.49%	6.60%
农药	16	35.56%	10.56%	30	35.71%	10.22%
饲料	18	69.23%	7.69%	27	61.36%	7.28%
兽药	6	50.00%	24.17%	11	42.31%	19.27%

资料来源：根据调查资料统计整理所得

细化到具体农资，饲料购买比例、价格优惠幅度均高于化肥。在“不含雇佣关系的合作社”和“所有合作社”两类样本中，分别有 18 家、27 家合作社为非成员购买饲料，占比分别约为 69.23%和 61.36%，非成员平均价格优惠分别约为 7.69%、7.28%。两类样本中化肥购买情况为：分别有 24 家、39 家合作社为非成员购买化肥，占对应样本的 44.44%、41.49%，成交价格比市场零售价低 6.78%、6.60%。

类似地，兽药购买比例、价格优惠幅度也均高于农药。在“不含雇佣关系的合作社”和“所有合作社”两类样本中，分别有 6 家、11 家合作社为非成员购买兽药，占对应样本的 50.00%、42.31%，成交价格比市场零售价低 24.17%、19.27%。农药的购买情况为：在两类样本中，分别有 16 家、30 家合作社为非成员购买农药，占比约为 35.56%、35.71%，平均优惠约为 10.56%、10.22%。

3.2.6　产品销售服务

1. 产品销售服务提供情况

2013 年，调查样本中的合作社产品销售服务提供情况及其在不同类别产品[①]中的分布，如表 3-14 所示。

表 3-14　合作社产品销售服务提供情况

项目	不含雇佣关系的合作社		所有合作社	
	合作社数量/家	比例	合作社数量/家	比例
产品类合作社	311	100.00%	416	100.00%
统一销售	13	4.18%	66	15.87%
牵线销售	40	12.86%	58	13.94%
自行销售	258	82.96%	292	70.19%
粮食作物	122	100.00%	144	100.00%
统一销售	4	3.28%	8	5.56%
牵线销售	10	8.20%	15	10.42%
自行销售	108	88.52%	121	84.03%
一般经济作物	50	100.00%	80	100.00%
统一销售	1	2.00%	27	33.75%
牵线销售	8	16.00%	10	12.50%
自行销售	41	82.00%	43	53.75%
高附加值农产品	139	100.00%	192	100.00%
统一销售	8	5.76%	31	16.15%
牵线销售	22	15.83%	33	17.19%
自行销售	109	78.42%	128	66.67%

资料来源：根据调查资料统计整理所得

① 考虑到不同产品的产品特性、产业风险、销售难度等的差别，本章在统计合作社销售服务提供情况时，借鉴邓衡山等（2011）在《组织化潜在利润对农民专业合作组织形成发展的影响》一文中对产品分类的讨论，根据产品潜在利润的差别将农产品细分为粮食作物、一般经济作物和高附加值农产品三类。具体包括三类：（a）粮食作物，包括小麦、玉米、水稻、薯类、高粱、谷子、荞麦、莜麦等。这类产品的共同特征是同质性较强、市场需求弹性小、潜在利润空间较小。（b）一般经济作物，包括棉花、大豆、花生、甜菜、油菜、板栗等。这类产品在分类上区别于粮食作物，不同品种间的差异性并不太大，市场需求弹性不大，利润空间略高于粮食作物。（c）高附加值农产品，包括蔬菜、水果、畜禽产品（肉牛、奶牛、种公牛、肉猪、母猪、仔猪、种公猪、绵羊、山羊、种公羊、鸡、鸭、鹅、兔子等）、水产品（虾、螃蟹、鱼等）等。这类产品基本属于劳动密集型产品，产品品质和功能差别各异，市场需求弹性较大，利润空间较大。

总体来看，合作社产品销售服务的提供比例较低。在“不含雇佣关系的合作社”样本中，13 家合作社统一销售成员产品、40 家合作社为成员产品的销售提供牵线搭桥服务，在对应样本中的占比分别约为 4.18%、12.86%。在“所有合作社”样本中，66 家合作社统一销售成员产品、58 家合作社牵线销售成员产品，占比分别约为 15.87%、13.94%。

两类样本中，对应的服务提供情况因作物类别而各异。在“不含雇佣关系的合作社”样本中，高附加值农产品统一销售产品的比例最高（5.76%），经营粮食作物合作社次之（3.28%），一般经济作物的合作社提供统一销售服务的比例最低（2.00%）；但牵线销售产品的情况则刚好相反，一般经济作物合作社的提供比例最高（16.00%），经营高附加值农产品的合作社次之（15.83%），粮食作物的合作社牵线销售的较少（8.20%）。“所有合作社”样本中销售服务的提供情况则是另一番情形。在“所有合作社”样本中，一般经济作物统一销售服务的提供最为普遍（33.75%），经营高附加值农产品的合作社次之（16.15%），粮食作物统一销售的比例最低（5.56%）；牵线销售服务在不同作物中的提供情况较为接近，高附加值农产品合作社牵线销售提供情况最多（17.19%），一般经济作物合作社次之（12.50%），粮食作物合作社提供牵线销售服务的仍然是最少的（10.42%）。

2. 合作社产品销售渠道分析

1）产品销售渠道概况

表 3-15 列出了调查样本中合作社 2013 年销售成员产品对应渠道的情况[①]。“不含雇佣关系的合作社”和“所有合作社”两类样本中销售渠道的使用情况有所差别。

① 需要特别说明的是，合作社往往经营不止一种产品，或者产品销售时不止一种销售渠道。考虑到统计和比较的方便，本章仅统计合作社最主要经营产品的最主要销售渠道。

表 3-15　合作社产品销售渠道统计

销售渠道	不含雇佣关系的合作社		所有合作社	
	合作社数量/家	所占比例	合作社数量/家	所占比例
批发市场	6	11.32%	23	18.55%
加工企业	19	35.85%	30	24.19%
批发商	19	35.85%	37	29.84%
超市	0	0	2	1.61%
饭店或宾馆	0	0	1	0.81%
直接零售	0	0	15	12.10%
集团消费	0	0	5	4.03%
其他	9	16.98%	11	8.87%
合计	53	100.00%	124	100.00%

资料来源：根据调查资料统计整理所得

在“不含雇佣关系的合作社”样本中，加工企业和批发商是最主要的销售渠道，分别有 19 家合作社采纳上述两种渠道，在对应样本中所占比例约为 35.85%，远超其他销售渠道。批发市场也是采用较多的渠道，共有 6 家合作社将其产品销售到批发市场，占比约为 11.32%。此外，还有 9 家合作社选用了不太常规的销售渠道：有 4 家合作社将其成员饲养的生猪卖到国有屠宰场，占比约为 7.55%；有 2 家合作社将其成员种植的玉米卖到粮库，占比约为 3.77%；有 2 家合作社将其产品卖到城市的农副产品零售店，占比约为 3.77%；还有 1 家合作社通过开办农家乐采摘等休闲农业活动的形式销售产品，占比约为 1.89%。

在“所有合作社”样本中，合作社销售产品的渠道更多元化。批发商和加工企业仍是最主要的产品销售渠道，分别有 37 家、30 家合作社通过该渠道销售产品，在对应样本中所占比例分别约为 29.84%、24.19%。批发市场和直接零售次之，分别有 23 家、15 家合作社，所占比例约为 18.55%、12.10%。集团消费、超市、饭店或宾馆的选择比例相对较低，有 5 家合作社将产品销售给政府或是集团消费等特殊消费者，占比约为4.03%；有2家合作社将产品销售给大型超市，占比约为1.61%；仅有1家合作社将产品销售给饭店或宾馆，占比约为0.81%。此外，还有11家合作社的销售渠道比较特殊：有6家合作社将其成员饲养的生猪卖到国有屠宰场，占比约为4.84%；有3家合作社将其成员种植的玉米或水稻卖到粮库，占比约为2.42%；有2家合作社以农家乐采摘蔬菜或水果等形式销售产品，占比约为1.61%。

2）产品销售渠道稳定性分析

产品交易双方间是否存在契约、约定形式、约定时间等均能体现产品销售渠道的稳定情况。常见的约定形式包括口头约定和书面合同两种，约定时间有收获之前、当年生产之前、长期约定和收获之后的区别。在两类样本中，合作社与产品收购方间的约定情况及关系稳定程度如表3-16所示。

表3-16　合作社产品销售渠道稳定性分析

项目	不含雇佣关系的合作社		所有合作社	
	合作社数量/家	比例	合作社数量/家	比例
产销合作社	53	100.00%	124	100.00%
无约定	24	45.28%	71	57.26%
有约定	29	54.72%	53	42.74%
约定形式				
书面合同	12	41.38%	19	35.85%
口头约定	17	58.62%	34	64.15%
约定时间				
收获之前	15	51.72%	27	50.94%
当年生产之前	5	17.24%	10	18.87%
长期约定	6	20.69%	10	18.87%
收获之后	3	10.34%	6	11.32%

资料来源：根据调查资料统计整理所得

总体来看，约有半数的合作社与产品收购方就产品收购事项达成一致，但大多只是口头约定，约定时间也较多地选择在当年产品收获之前。在“不含雇佣关系的合作社”样本中，29 家合作社与产品收购方有约定，占对应样本的 54.72%，其中，签订明确的书面合同的有 12 家，占比约为 41.38%。从约定时间看，15 家合作社的约定在当年产品收获之前，占比约为 51.72%；5 家合作社在当年生产之前约定，长期约定的有 6 家，3 家在收获之后约定，占比分别约为 17.24%、20.69%、10.34%。在“所有合作社”样本中，53 家合作社与产品收购方有约定，占比约为 42.74%，略低于“不含雇佣关系的合作社”样本中的占比。其中，19 家合作社与产品收购方有明确的书面合同，所占比例约为 35.85%。从约定时间看，27 家合作社在产品收获之前达成约定，占比约为 50.94%；分别有 10 家、10 家、6 家合作社与收购方在当年生产之前，或者长期约定，或者收获之后达成约定，占比分别约为 18.87%、18.87%、11.32%。

3. *农户获益情况*

表 3-17～表 3-18 展示了合作社提供产品销售服务对小农户农业生产经营的影响。总体来看，提供销售服务的合作社中，由合作社销售产品是其成员最主要的产品销售方式，但该影响因样本分类、具体产业、农户身份的不同而各异。

表 3-17　合作社产品销售服务对成员的影响（不含雇佣关系的合作社）

产业分类	合计/家	成交价格				平均销售比例
		高于市场价		低于市场价		
		数量/家	比例	数量/家	比例	
产销合作社	53	25	47.17%	4	7.55%	83.74%
粮食作物	14	4	28.57%	0	0	90.25%
一般经济作物	9	4	44.44%	3	33.33%	82.00%
高附加值农产品	30	17	56.67%	1	3.33%	81.17%

资料来源：根据调查资料统计整理所得

注：平均销售比例指成员产品通过合作社销售的产品比例

表 3-18　合作社产品销售服务对成员的影响（所有合作社）

产业分类	合计/家	成交价格				平均销售比例
		高于市场价		低于市场价		
		数量/家	比例	数量/家	比例	
产销合作社	124	48	38.71%	11	8.87%	86.61%
粮食作物	23	6	26.09%	1	4.35%	89.65%
一般经济作物	37	11	29.73%	6	16.22%	89.14%
高附加值农产品	64	31	48.44%	4	6.25%	83.94%

资料来源：根据调查资料统计整理所得

注：平均销售比例指成员产品通过合作社销售的产品比例

在“不含雇佣关系的合作社”样本中，成员通过合作社销售产品的平均销售比例高达 83.74%，其中，47.17%的合作社销售产品的价格高于市场价，只有 7.55%的合作社销售价格低于市场价。但该影响因产业不同而各异。粮食作物合作社的成员通过合作社销售产品最多，平均比例高达 90.25%，超过其他合作社，但销售价格多半是按市场价销售，仅有 4 家合作社销售价格高于市场价格。一般经济作物合作社的平均销售比例约为 82.00%，其中，有 44.44%的合作社高于市场价销售，但也有 33.33%的合作社低于市场价进行销售。高附加值农产品合作社的平均销售比例约为 81.17%，其中，有 56.67%的合作社销售价格高于市场价，仅有 1 家合作社低于市场价销售。

在“所有合作社”样本中，成员通过合作社销售的平均销售比例约为 86.61%，其中，38.71%的合作社销售价格高于市场价格，8.87%的合作社销售价格低于市场价格。从具体产业情况看：粮食作物合作社的平均销售比例为 89.65%，高于其他类型合作社，并且高于市场价销售的比例约为 26.09%，只有 4.35%低于市场价销售。一般经济作物合作社的平均销售比例为 89.14%，与粮食作物相当；但有超过半数的合作社按市场价销售产品，明显超过“不含雇佣关系的合作社”样本中对应的情况。高附加值农产品合作社的平均销售比例为 83.94%，但其中也仍有 6.25%的合作社低于市场价销售产品。

3.2.7　生产性集体投资

1. 生产性集体投资开展情况

2013 年，调查样本中的合作社开展生产性集体投资情况及其在不同类别产品[①]中的分布，如表 3-19 所示。总体来看，合作社进行生产性集体投资在两类样本中的比例均较低，“所有合作社”样本中对应的投资情况略高于“不含雇佣关系的合作社”样本中的情形（11.30%＞4.18%）。

表 3-19　合作社开展生产性集体投资情况

合作社类别	不含雇佣关系的合作社		所有合作社	
	合作社数量/家	比例	合作社数量/家	比例
产销合作社	311	100.00%	416	100.00%
无投资	298	95.82%	369	88.70%
有投资	13	4.18%	47	11.30%
粮食作物	121	100.00%	143	100.00%
无投资	117	96.69%	138	96.50%
有投资	4	3.28%	5	3.50%
一般经济作物	50	100.00%	80	100.00%
无投资	45	90.00%	54	67.50%
有投资	5	10.00%	26	32.50%
高附加值农产品	140	100.00%	193	100.00%
无投资	136	97.14%	177	91.71%
有投资	4	2.86%	16	8.29%

资料来源：根据调查资料统计整理所得

从不同作物来看，一般经济作物类的合作社进行生产性集体投资明显多于粮食作物和高附加值农产品合作社，在“不含雇佣关系的合作社”（10.00%＞3.28%＞2.86%）和“所有合作社”（32.50%＞8.29%＞3.50%）两类样本中均符

① 产品类别分类参照 3.2.6 节标准。

合。从两类样本的对比来看，“所有合作社”样本中，一般经济作物合作社（32.50%＞10.00%）和高附加值农产品合作社（8.29%＞2.86%）中生产性集体投资的开展情况明显高于“不含雇佣关系的合作社”样本中对应的情况，前者约为后者的三倍，而粮食作物在两类样本中的投资情况则较为接近。

2. 生产性集体投资内容

根据深浅程度的差别，合作社的生产性集体投资可以细分为两类：一是通过简单的仪器或包装袋进行简单的包装或是加工，简称粗加工；二是对产品进行精加工或精包装，简称精加工。2013 年，调查样本中的合作社开展生产性集体投资的具体内容见表 3-20。总体来看，合作社开展的生产性集体投资以粗加工为主，在两类样本中均符合；“所有合作社”样本中对应的精加工比例明显高于“不含雇佣关系的合作社”样本中对应的情况。

表 3-20　合作社开展生产性集体投资的具体内容

产业分类	不含雇佣关系的合作社		所有合作社	
	合作社数量/家	比例	合作社数量/家	比例
产销合作社	13	100.00%	47	100.00%
粗加工	11	84.62%	25	53.19%
精加工	2	15.38%	22	46.81%
粮食作物	4	100.00%	5	100.00%
粗加工	3	75.00%	3	60.00%
精加工	1	25.00%	2	40.00%
一般经济作物	5	100.00%	26	100.00%
粗加工	5	100.00%	8	30.77%
精加工	0	0	18	69.23%
高附加值农产品	4	100.00%	16	100.00%
粗加工	3	75.00%	14	87.50%
精加工	1	25.00%	2	12.50%

资料来源：根据调查资料统计整理所得

从不同作物来看，合作社开展生产集体投资的情况有一定差异。对于粮食作物合作社而言，两类样本中对应的生产性集体投资情况与总体情况类似，粗加工比例明显高于精加工比例（75.00%>25.00%，60.00%>40.00%），“所有合作社”样本中精加工比例相对更高（40.00%>25.00%）。对于一般经济作物合作社而言，在“不含雇佣关系的合作社”中，生产性集体投资全部集中在粗加工方面；在“所有合作社”样本中，精加工投资开展情况明显高于粗加工（69.23%>30.77%），与总体和其他产业合作社对应的情况刚好相反。对于高附加值农产品合作社而言，生产性集体投资也是较多集中在粗加工层面，在“不含雇佣关系的合作社”和“所有合作社”两类样本中均是如此（75.00%>25.00%，87.50%>12.50%）。

3. 投资决策情况

合作社进行生产性集体投资，常见的决策形式包括：全体成员决定、一人一票，全体股东决定，成员代表大会决定，理事会决定，组织负责人决定，发起人推举等。调查样本中合作社进行生产性集体投资决策情况，如表 3-21 所示。

表 3-21　合作社开展生产性集体投资决策情况统计

决策方式	不含雇佣关系的合作社		所有合作社	
	合作社数量/家	比例	合作社数量/家	比例
全体成员决定、一人一票	0	0	1	2.13%
全体股东决定	1	7.69%	3	6.38%
一人一票	1	7.69%	2	4.26%
票数与股份挂钩	0	0	1	2.13%
成员代表大会决定	2	15.38%	2	4.26%
理事会决定	5	38.46%	10	21.28%
组织负责人决定	4	30.77%	29	61.70%
发起人推举	1	7.69%	2	4.26%
合计	13	100.00%	47	100.00%

资料来源：根据调查资料统计整理所得

总体来看，理事会决定和组织负责人决定是最主要的投资决策方式，并在两类样本中均符合。在“不含雇佣关系的合作社”样本中，5 家合作社的投资决策由理事会决定、4 家合作社由组织负责人决定，所占比例分别约为 38.46%、30.77%；成员代表大会决定、发起人推举、全体股东一人一票决定的采纳比例较低，分别约为 15.38%、7.69%、7.69%。在“所有合作社”样本中，29 家合作社进行生产性集体投资由组织负责人决定，在对应样本中所占比例约为 61.70%，10 家合作社由理事会决定生产性集体投资，占比约为 21.28%，远超过成员代表大会决定（4.26%）、全体股东一人一票决定（4.26%）、全体成员一人一票决定（2.13%）、全体股东按股份多少决定（2.13%）的采纳比例。

相较于“不含雇佣关系的合作社”，“所有合作社”样本中对应的决策方式更为多元化。在“所有合作社”样本中，有合作社在决定组织生产性集体投资时采用全体成员一人一票决定或是全体股东按股份多少决定的方式进行，但采用比例较低，在对应样本中所占比例分别约为 2.13%。在“不含雇佣关系的合作社”样本中，则没有采用上述两种方式。理事会决定、组织负责人决定、发起人推举、全体股东一人一票决定、成员代表大会决定在两类样本中均有所涉及。

参 考 文 献

蔡荣. 2011. “合作社 + 农户”模式：交易费用节约与农户增收效应——基于山东省苹果种植农户问卷调查的实证分析. 中国农村经济，(1)：58-65.

邓衡山，徐志刚，黄季焜，等. 2011. 组织化潜在利润对农民专业合作组织形成发展的影响. 经济学（季刊），(4)：1515-1532.

韩志峰. 2007. 财政资金：为合作社“量身定做”——财政部农业司农业处周艳伟解读目前国家对农民专业合作经济组织的财政扶持政策. 中国合作经济，(5)：23-24.

黄胜忠，刘洋洋. 2013. 促进农民专业合作社发展的财政支持政策. 农村经济，(12)：64-68.

黄祖辉，徐旭初，冯冠胜. 2002. 农民专业合作组织发展的影响因素分析——对浙江省农民专业合作组织发展现状的探讨. 中国农村经济，(3)：13-21.

刘珉，茹广明. 2009. 财政资金支持农民专业合作社政策研究. 经济经纬，(2)：111-114.

刘振伟. 2004. 农民合作经济组织立法的几个问题. 农村经营管理，(5)：8-11.
任大鹏，潘晓红，龚诚，等. 2004. 有关农民合作经济组织立法的几个问题. 中国农村经济，(7)：41-45.
肖琴，李建平，李俊杰，等. 2015. 财政扶持农民专业合作社的瞄准机制研究——基于东部某市农业综合开发产业化经营项目的思考. 农业经济问题，(5)：98-103，112.
应瑞瑶，何军. 2002. 中国农业合作社立法若干理论问题研究. 农业经济问题，(7)：2-7.
张晓山，苑鹏. 1991. 合作社基本原则及有关问题的比较研究. 农村经济与社会，(1)：1-10.
Rozelle S. 1996. Stagnation without equity：patterns of growth and inequality in China's rural economy. The China Journal，35：63-92.

第 4 章　中国农民专业合作经济组织[①]的服务功能及其影响因素

4.1　引　　言

在中国现有农村土地制度下，借助农民专业合作经济组织进入市场已成为小农户应对现代市场挑战的重要选择之一。截至 2020 年底，我国户均耕地面积不到 1 公顷，在农业现代化进程中，小农经济正面临越来越严峻的挑战。市场化发展促进了农产品销售半径的扩大，但小农户难以直接面对加工业和终端消费者，不得不通过成千上万的小商贩和经纪人等中间商进入市场。而消费者购买农产品所支付的价格相当一部分被中间商抽走，这将在很大程度上制约农民享受销售半径扩大带来的好处。同时，大量流动小商贩也增加了食品追溯制度的建立和执行成本，制约食品安全保障水平的提高。国际经验表明，农民专业合作经济组织可以通过向其成员提供农资统一供应、农产品统一销售、农产品包装或精加工等集体投资、资金借贷、技术和信息统一提供等服务，帮助小农户解决在现代市场经济发展中遇到的种种问题（Zachernuk and Fock，2006；Fulton，2005；Baker and Theilgaard，2004；Bijman and Hendrikse，2003；Sanderson and Fulton，2003）。随着近年来中国农民专业合作经济组织数

---

① 本章所指农民专业合作经济组织与前文合作社有区别，是指农民自愿参加的，以农户经营为基础，以某一产业或产品为纽带，以增加成员收入为目的，实行资金、技术、生产、购销、加工等互助合作经济组织，要求成员在四户以上，主要从事农业生产经营活动，有特定名称，有专门的负责人或协调人的组织。不仅包括目前那些已经在工商部门注册登记的合作社，在民政局、农业局等部门注册登记的专业或技术协会，也包括由企业参与的股份合作社，还包括与上述三类组织相似，但因各种原因尚未登记注册的组织和协会。不过，考虑到在调研中许多标会、钱庄等地下金融性组织调查到的难度比较大，而村庄层次的用水协会、农村土地股份合作社等管理村庄水、地等公共资源的组织多数为自上而下的产物，本章所称农民专业合作经济组织不包括这两类组织。

量迅速增长，全面分析组织的发展状况，特别是其服务功能及决定因素无论是对于我们深入理解组织发展规律，还是促进农民专业合作经济组织更快更好发展都有重要意义。

近年来，学术界围绕农民专业合作经济组织的发展，包括农民专业合作经济组织的服务功能状况及影响因素已开展了不少研究，取得了不少成果，但研究也存在不少进一步完善的空间，主要表现在以下两方面。首先，缺乏有全国代表性的研究。现有文献对农民专业合作经济组织服务功能的分析多数限于案例研究和局部地区的非随机抽样调查（黄祖辉和梁巧，2007；孔祥智和郭艳芹，2006；张晓山，2004；苑鹏，2001；杜吟棠和潘劲，2000）。其次，缺乏针对农民专业合作经济组织发展、服务功能及其影响因素的深入的定量研究，多数文献只限于定性分析（苑鹏，2006；黄祖辉等，2002）。①

本章将在既有研究文献的基础上，对农民专业合作经济组织服务功能发展的影响因素进行定性分析，进一步利用第二轮调查数据，从服务功能的角度分析组织发展现状，并通过计量经济模型深入分析组织服务功能的主要影响因素。

4.2　文献综述

既有文献主要从组织化潜在收益空间、组织的创建方式及社会经济条件几个方面研究了农民专业合作经济组织的服务功能和发展的影响因素。

一些文献讨论并分析了农户生产经营组织化后潜在收益大小对组织形成发展的影响。制度变迁理论认为，在既定制度安排下，如果存在无法实现的潜在的外部收益，如规模经济、风险降低和转移、外部经济内部化、交易费用的降低和转移等带来的收益，行为决策主体将被诱致进行制度创新并寻求制度创新的利润（North，1990，1981）。中国农民专业合作经济组织就是小农户无力应对现代大市场背景下的制度变迁的产物。农户追求组织化潜在收益无疑是他

① 也有少量文献定量分析了治理机制对合作组织绩效的影响［如黄胜忠等（2008）］。

们组建或参加组织的根本内在动力。由于组织化的潜在收益具有不可观测的特性，实证研究上的一个技术难点是如何测度组织化的潜在收益。不过，不同农产品生产经营的交易费用与产品类别和特性密切相关（黄祖辉等，2002），因此，组织化潜在收益也与组织经营的产品特性密切相关。邓衡山等（2010）通过系统分析不同类别农产品的投入结构、市场风险大小、交易成本高低和质量鉴别难易等特性，将农产品分为高组织化潜在收益产品和低组织化潜在收益产品，并用经济计量模型分析了组织化潜在收益对合作经济组织形成的影响。

也有许多学者认为组织的创建和发起方式对组织形成和功能发挥有重要影响。从国际经验来看，合作经济组织的创建依据发起力量的不同可大体分为两种方式：一是以外部力量为主发起成立；二是以农户为主发起成立。目前文献就创建方式对组织功能的影响尚未取得一致看法。曹锦清（2000）认为中国农民“善分不善合”，赵晓峰（2007）则认为，农民要走向合作，离不开国家力量的强有力介入，只有国家从各个层面发挥作用，才能使农民合作从理想走向现实并使农民得到实惠。Fulton（2005）认为，由于组织发展过程中存在成员“搭便车”、能人缺乏、成员异质性过大和成员之间缺乏信任与承诺等问题，组织很难完全自发形成并产生作用，外部支持是必需的；但他同时也指出，采用自上而下的方式组建组织很容易导致组织化失败，因此，对组织进行援助最好通过与组织没有直接关系的外部代理人。Zachernuk 和 Fock（2006）则认为，合作经济组织成功的关键是如何赋权于农民，使他们能够实现自助并按这一目标建立组织。外部力量对合作经济组织形成与发展的影响在一定程度上也是个实证问题，因为外部力量的介入有助于弥补合作组织企业家供给短缺的不足（苑鹏，2001），但也可能忽略组织发展所必备的基本条件，同时，也是最根本的，外部力量可能缺乏发展组织的内在动力。

还有许多研究讨论了其他社会经济条件对组织及其功能发展的影响，主要包括组织治理能力、生产集群、市场条件等。首先，就组织的治理能力而言，有德国学者指出，建立合作组织的可能性不会自发地转变为现实性，没有合作组织企业家就不会有合作组织（国鲁来，2001）。同时，组织成员存在着关键成员（通常是发起者、领导者和大股东）与普通成员之分，关键成员的素质、水平甚至个性将直接影响合作组织的创建和功能的发挥（黄祖辉等，2002）。当然普通成员的人力资本情况也同样会影响组织的发展，农户对合作组织的认知对他们参与合作经济组织的意愿有显著的正向影响（石敏俊和金少胜，2004），农户对合作组织的低认知程度和高协调成本会阻碍农业合作组织的形成和发展（孙亚范，2003）。其次，就生产集群来说，对于近乎完全竞争的农业来说，任何基于市场目标的联合或合作行为，都必须以在一定区域内有一定的生产群体或集群为条件（黄祖辉等，2002）。生产集群因素不仅取决于集群中个体成员的数量，还取决于个体成员的规模。20 世纪 60 年代以来埃及合作经济组织的发展主要是因为土地在农民中的平均分配形成了对组织的需求，以色列合作经济组织的发展则是因为大量移民的农业生产规模较小，需要组织起来应对生产和销售中的风险（Albaum，1966）。再次，在市场条件方面，石敏俊和金少胜（2004）的实证研究表明，农户销售农产品的渠道对于农户参与合作组织的意向有显著影响。郭红东和蒋文华（2004）通过对浙江省农户的实证调查发现，农户参与合作组织受当地市场发育程度和经济发展水平的影响。最后，合作组织的发展还可能受到经济发展水平和融资能力的影响（郭红东和蒋文华，2004；黄祖辉等，2002）。

4.3　农民专业合作经济组织服务功能及其影响因素的相关分析

4.3.1　农民专业合作经济组织的基本状况与服务功能

调查表明，近年来中国农民专业合作经济组织数量增长迅速。截至 2008 年底，全国已有 22%的村庄成立了农民专业合作经济组织。这些组织有 2/3 成立于 2007 年和 2008 年，89%为产品类组织，11%为服务类组织（如农机合作社、劳务协会等）。考虑到服务类组织与产品类组织在服务功能上差异很大，后文主要分析产品类组织的服务功能及影响因素。

研究表明，中国农民专业合作经济组织已经在多方面发挥服务功能，但不同组织提供的服务差异很大。我们将产品类合作经济组织提供的服务归为技术服务、农资购买服务[①]、产品销售服务和资金借贷服务 4 类，并根据一定标准将服务功能进一步区分为强、弱两类（表 4-1）。统计表明，农民专业合作经济组织提供技术服务的最普遍，占 94.4%，但 45.8%的农民专业合作经济组织只提供 1～3 项技术服务，另外 48.6%的农民专业合作经济组织能提供 4～6 项技术服务，服务功能相对较强。农民专业合作经济组织提供农资购买服务和产品销售服务的也较普遍，分别占到 62.0%和 67.6%。在提供农资购买服务方面，34.5%的农民专业合作经济组织只统一提供 1～2 种农资，另外 27.5%的农民专业合作经济组织能提供 3～6 种农资；在提供产品销售服务方面，42.3%的农民专业合作经济组织仅限于提供牵线销售服务，另外 25.3%的农民专业合作经济组织收购成员产品后再统一销售。农民专业合作经济组织能提供资金借贷服务的非常少，仅占 2.8%，且 2.1%的农民专业合作经济组织年均贷款总额小于 3 万元，仅有 0.7%的农民专业合作经济组织年均贷款总额大于 3 万元（平均为 15 万元）。

表 4-1　产品类农民专业合作经济组织的服务功能状况

农民专业合作经济组织服务功能	不提供服务组织的比例	提供服务组织的比例				
		小计	功能弱		功能强	
			标准	占比	标准	占比
技术服务	5.6%	94.4%	1～3 项服务	45.8%	4～6 项服务	48.6%
农资购买服务	38.0%	62.0%	1～2 种农资	34.5%	3～6 种农资	27.5%
产品销售服务	32.4%	67.6%	牵线销售	42.3%	收购再销售	25.3%
资金借贷服务	97.2%	2.8%	年均贷款总额小于 3 万元	2.1%	年均贷款总额大于 3 万元	0.7%

资料来源：根据 2009 年调查资料统计整理所得

① 技术服务的内容主要包括市场价格和渠道信息、种植技术、植物病虫害防治、养殖技术、动物疫病防治及兽医服务；农资购买服务的农资主要包括化肥、农药、种子、饲料和动物种苗。

4.3.2　农民专业合作经济组织服务功能的测度

农民专业合作经济组织为其成员提供服务的强弱是难以直接观测的，为了综合测度农民专业合作经济组织服务功能的强弱，我们根据农民专业合作经济组织提供服务的数量和强弱编制了一个服务功能指数，来间接测度不同农民专业合作经济组织为成员提供服务的强弱差异。具体编制方法如下。

首先，按照农民专业合作经济组织各类服务功能的强弱标准（表 4-1），将技术服务、农资购买服务、产品销售服务和资金借贷服务 4 类服务都分为无、弱和强三等，并分别给予 0、1 和 2 的赋值。按照上述标准和每个农民专业合作经济组织提供各类服务的实际情况，分别对组织的 4 类服务进行赋值。

其次，将每个农民专业合作经济组织的 4 类服务的得分进行加权求和，得到农民专业合作经济组织的服务功能指数。考虑到各类服务的重要性存在差异，同时为了检验研究结果的稳定性，我们在加权计算农民专业合作经济组织的服务功能指数时采取了如下三套不同权重。

（1）第 1 套权重：4 类服务权重相等，均为 25%。所有农民专业合作经济组织服务功能指数平均为 3.03，最低为 0，最高为 6.00。

（2）第 2 套权重：技术服务权重 10%，其他 3 类服务权重各 30%[①]。所有农民专业合作经济组织服务功能指数平均为 2.49，最高为 5.60。

（3）第 3 套权重：技术服务权重 10%，农资购买服务权重 20%，产品销售服务权重 30%，资金借贷服务权重 40%[②]。所有农民专业合作经济组织服务功能指数平均为 2.15，最高为 6.00。

---

① 农民专业合作经济组织的技术和信息相当一部分是通过农资购买和产品销售等服务来获取的，调查数据表明，仅提供技术服务的农民专业合作经济组织平均只提供 2.3 项技术服务，而同时还提供农资购买服务和产品销售服务的农民专业合作经济组织则平均提供 3.6 项技术服务。因此，我们降低了技术服务的权重而增加了其他各类服务的权重。

② 许多研究表明，产品销售困难是农户加入农民专业合作经济组织的主要原因之一（石敏俊和金少胜，2004；郭红东和蒋文华，2004），因此，我们调高了其权重；另外，在日本和韩国等农户经营规模和我国相似的国家，资金借贷功能被认为是农民专业合作经济组织最重要的功能，因此我们也给予了其更高的权重。

4.3.3　农民专业合作经济组织服务功能影响因素的相关分析

表 4-2 报告了农民专业合作经济组织服务功能与可能的影响因素的相关关系。由于采用不同权重计算服务功能指数分析的结果基本一致，以下仅讨论基于第 1 套权重计算的服务功能指数分析的结果。

表 4-2　农民专业合作经济组织服务功能指数与相关因素之间的关系

项目	组织数/家	服务功能指数		
		权重 1	权重 2	权重 3
所有产品类组织	142	3.03	2.49	2.15
组织经营的产品类型				
粮食和一般经济作物类	17	2.2	1.7	1.5
高附加值经济作物类	59	3.4	2.9	2.4
畜禽养殖类	66	2.9	2.3	2.0
是否纯粹由外部力量发起				
是	57	2.5	2.0	1.7
否	85	3.4	2.8	2.4
领导人从业经验				
0～1	81	2.8	2.3	2.0
2～4	61	3.3	2.8	2.4
受教育程度在高中及以上的劳动力比例				
低于 10%	67	2.7	2.2	1.9
高于 10%	75	3.3	2.8	2.3
成员规模				
25 人以下	70	2.9	2.4	2.0
25 人及以上	72	3.2	2.6	2.3
户均耕地面积				
小于 5 亩	65	3.3	2.8	2.4
大于 5 亩	77	2.8	2.2	1.9
到集贸市场距离				
小于 3 千米	58	3.0	2.4	2.1
大于 3 千米	84	3.1	2.5	2.2

续表

项目	组织数/家	服务功能指数		
		权重 1	权重 2	权重 3
到批发市场距离				
小于 10 千米	69	3.4	2.9	2.5
大于 10 千米	73	2.7	2.1	1.8
村人均纯收入				
低于 4000 元	70	3.0	2.5	2.1
高于 4000 元	72	3.0	2.5	2.2

资料来源：根据调查资料统计整理所得

注：部分农民专业合作经济组织的因功能数据缺失尚未进入样本，故本章分析样本对应的农民专业合作组织数量为 142

（1）组织化潜在收益。我们用农民专业合作经济组织经营的主要产品的类型作为组织化潜在收益的代理变量。具体地，我们将农民专业合作经济组织经营的产品划分为粮食和一般经济作物类、高附加值经济作物类及畜禽养殖类 3 类，其中，粮食和一般经济作物类的组织化收益要明显低于高附加值经济作物类[①]及畜禽养殖类。统计结果显示，粮食和一般经济作物类农民专业合作经济组织的服务功能指数仅为 2.2，高附加值经济作物类农民专业合作经济组织和畜禽养殖类农民专业合作经济组织则分别达到了 3.4 和 2.9，而组织化潜在收益越高，农民专业合作经济组织的服务功能越强。

（2）组织的创建方式。我们将农民专业合作经济组织的创建方式划分为两类：一类是纯粹由外部力量发起成立，主要由乡政府、村委会、企业单独或联合发起成立，但农户没有参与发起；另一类则是由农户参与发起，即农户单独发起或与外部力量联合发起成立。统计结果显示，外部力量发起的农民专业合作经济组织的服务功能指数仅为 2.5，而农户参与发起的则达到了 3.4。

（3）其他社会经济条件。在人力资本方面，我们用村庄受教育程度在高中

① 粮食作物，包括水稻、小麦、玉米、薯类、大麦等。一般经济作物，包括棉花、大豆、花生、油菜籽、向日葵、甜菜、烤烟等。高附加值经济作物，包括水果、蔬菜、茶、中药材、花卉苗木等。

及以上的劳动力比例和领导人从业经验分别度量普通成员和关键成员的人力资本。[①]统计结果显示，农民专业合作经济组织服务功能与人力资本呈正相关关系，领导人从业经验为 0～1 的组织的服务功能指数仅为 2.8，而领导人从业经验为 2～4 的组织则达到了 3.3；村庄受教育程度在高中及以上劳动力比例低于 10%的组织的服务功能指数为 2.7，而高于 10%的则达到了 3.3。

在生产集群方面，我们用户均耕地面积和成员规模作为生产集群的代理变量。统计结果显示，农民专业合作经济组织服务功能与户均耕地面积呈负相关关系，户均耕地面积小于 5 亩的组织的服务功能指数为 3.3，而大于 5 亩的则仅为 2.8。这可能是由于户均耕地面积越大的村，其粮食和一般经济作物的播种面积比例也越大，更容易成立粮食和一般经济作物类组织，而这类组织的服务功能则更弱的缘故；农民专业合作经济组织的服务功能与其成立之初的成员规模呈正相关关系，小于 25 人的组织的服务功能指数为 2.9，而大于等于 25 人的组织的服务功能指数则达到了 3.2。

在市场条件方面，我们用村庄到集贸市场和批发市场的距离来度量市场条件。集贸市场是单个农户销售农产品的重要场所，农户距离集贸市场越远，则农户销售产品越困难，组织提供产品销售服务的必要性也越强。批发市场是农民专业合作经济组织销售农产品的重要场所，组织距离批发市场越远，则进入批发市场的难度越大，农民专业合作经济组织提供相应服务的可能性也越低。统计结果显示，农民专业合作经济组织的服务功能与农民专业合作经济组织到最近集贸市场的距离没有明显的相关关系，但与农民专业合作经济组织到最近批发市场的距离呈负相关关系，到最近批发市场距离小于 10 千米的组织的服务功能指数为 3.4，而大于 10 千米的则仅为 2.7。

最后，我们用村人均纯收入来度量成员的经济实力。但统计结果显示，农民专业合作经济组织的服务功能与村人均纯收入没有明显的相关关系。

① 组织领导人从事过以下各类工作（包括在企业工作、在政府部门任职、在金融部门任职、做农资生意、做农产品生意和做其他生意）的类别数即为其从业经验。

4.4　计量经济分析

下面我们根据前文的文献综述和简单的统计描述分析，建立计量经济模型，分析在控制其他因素的情况下不同因素对农民专业合作经济组织服务功能发展的影响。

4.4.1　模型设计

我们建立了如下农民专业合作经济组织服务功能的计量经济模型：

$$\begin{aligned} P_i &= \beta_0 + \beta_1 I_i + \beta_2 R_i + X_i \gamma_1 + u_c D_c + \varepsilon_i \\ &= S_i + \varepsilon_i \end{aligned} \tag{4-1}$$

其中，下标 i 和 c 分别表示特定农民专业合作经济组织和县。解释变量 I 表示农民专业合作经济组织的发起力量，是一个取值为 0 和 1 的虚拟变量，取值为 1 表示农民专业合作经济组织是外部力量发起成立的，0 表示农民专业合作经济组织是农户自发或参与发起的。R 表示该农民专业合作经济组织生产经营产品的组织化潜在收益，用两个虚拟变量来测度：一个是农民专业合作经济组织生产经营的产品是否是果蔬及特色农作物产品，取值为 1 表示是，0 表示否；另一个是农民专业合作经济组织生产经营产品是否是畜禽产品，取值为 1 表示是，0 表示否。X 表示一组社会经济条件变量，包括领导人从业经验、受教育程度在高中及以上的劳动力比例、成员规模、户均耕地面积、到集贸市场距离、到批发市场距离、村人均纯收入。D 表示虚拟变量，控制地方差异。ε 表示其他不可观测的影响因素。β_0、β_1、β_2、γ_1、u_c 表示模型的待估参数或参数矩阵。为后文表达方便，本章将除残差项之外的所有项目统称为 S_i。

模型中被解释变量 P 用来衡量农民专业合作经济组织的服务功能强弱，该服务功能的取值为离散数值，其中取值越大表示组织的服务功能越大。由于 P

是一个多元离散变量，并且不同取值之间有优先次序，因此，我们用有序 Probit 模型（ordered probit model）对模型进行参数估计。

假设当 $k_{i-1} < P_i \leqslant k_i$ 时，即农民专业合作经济组织功能介于 k_{i-1} 和 k_i 之间时，农民专业合作经济组织的服务功能指数 $P_i = j$，则该农民专业合作经济组织功能影响因素的概率模型为

$$
\begin{aligned}
\Pr(P_i = j) &= \Pr(k_{i-1} < P_i \leqslant k_i) \\
&= \Pr(k_{i-1} < P_i = \beta_0 + \beta_1 I_i + \beta_2 R_i + X_i \gamma_1 + u_c D_c + \varepsilon_i \leqslant k_i) \\
&= \Pr(k_{i-1} < S_i + \varepsilon_i \leqslant k_i) \\
&= \varPhi(k_i - S_i) - \varPhi(k_{i-1} - S_i)
\end{aligned} \tag{4-2}
$$

其中，$\varPhi(\cdot)$ 表示标准正态分布的累积分布函数；k_{i-1} 和 k_i 分别表示农民专业合作经济组织服务功能指数 $P_i = j$ 时，农民专业合作经济组织为成员提供的服务所处数值区间的两端值。

模型（4-2）的参数估计可能存在内生性问题。模型中，领导人从业经验、成员规模、村人均纯收入对组织的服务功能有影响，但反过来，随着农民专业合作经济组织的发展和服务功能的不断增强，领导人从业经验也会相应增加，成员规模会逐渐扩大，村人均收入也可能会提高。模型（4-2）潜在的这种因果反馈关系将导致内生性问题。为了避免内生性问题导致模型参数估计偏误，对于可能存在内生性问题的解释变量我们采用前定变量来衡量。具体地，我们采用领导人加入组织前的从业经验、组织成立之初的成员规模和 5 年前的村人均纯收入作为模型的解释变量。

4.4.2 模型估计结果与分析

由于我们在计算农民专业合作经济组织服务功能指数时用 3 套不同权重得到了 3 个服务功能指数，对模型(4-2)的估计结果也有 3 套。表 4-3 列出了有序 Probit 模型的 3 套结果。作为对比，表 4-3 也列出了基于第 1 套权重计算的服务指数对模型（4-2）的普通最小二乘法（ordinary least squares，OLS）估计结果。

表 4-3　农民专业合作经济组织服务功能影响因素模型估计结果

变量名	OLS	有序 Probit 模型		
	权重 1	权重 1	权重 2	权重 3
是否为高附加值经济作物类组织 $_t$（1＝是，0＝否）	1.10 （2.82）***	1.06 （3.19）***	1.03 （3.16）***	0.98 （3.01）***
是否为畜禽养殖类组织 $_t$（1＝是，0＝否）	0.73 （1.95）*	0.68 （2.17）**	0.60 （1.98）**	0.65 （2.12）**
是否纯粹由外部发起 $_t$（1＝是，0＝否）	−0.64 （2.50）**	−0.57 （2.62）***	−0.55 （2.56）**	−0.45 （2.14）**
领导人从业经验指数 $_{t-n}$（n≥0）	0.17 （1.56）	0.17 （1.83）*	0.16 （1.72）*	0.14 （1.57）
受教育程度在高中及以上的劳动力比例 $_t$（%）	0.02 （2.17）**	0.02 （2.12）**	0.02 （2.20）**	0.02 （2.27）**
成员规模 $_{t-n}$（n≥0）（万户）	3.71 （0.50）	3.00 （0.49）	2.37 （0.40）	4.04 （0.68）
户均耕地面积 $_t$（亩）	0.000 （0.01）	−0.001 （0.03）	−0.005 （0.17）	−0.010 （0.51）
到集贸市场距离 $_t$（千米）	0.03 （0.89）	0.03 （1.08）	0.03 （1.02）	0.03 （1.02）
到批发市场距离 $_t$（千米）	−0.04 （2.45）**	−0.03 （2.67）***	−0.03 （2.76）***	−0.03 （2.74）***
村人均纯收入 $_{t-5}$（万元）	0.87 （0.57）	0.70 （0.55）	0.65 （0.52）	0.88 （0.71）
县级虚拟变量	省略	省略	省略	省略
似然比检验卡方值		68.97***	68.05***	63.64***

注：所有模型的观测值均为 142，部分农民专业合作经济组织因功能数据缺失尚未进入回归样本
*、**和***分别表示 10%、5%和 1%的显著性水平

从模型估计结果来看，无论是模型参数估计的总体拟合优度、单个参数的大小及参数是否显著异于零，3 个有序 Probit 模型都几乎没有差异，这表明，模型的估计结果在不同权重假设下非常稳定。为此，以下仅分析和讨论基于第 1 套权重假设的估计结果。

从模型参数估计的总体拟合优度看，衡量模型总体拟合优度的似然比检验

卡方统计量达到了 68.97，在 1%的显著性水平下模型参数联合显著异于零。同时，几乎所有变量的参数符号都与前文的定性分析相一致，并且不同模型下结果比较稳定。因此，总体上模型能较好地用来分析农民专业合作经济组织服务功能及其影响。

表 4-3 得出如下主要结论。就组织化潜在收益而言，代表高组织化潜在收益的高附加值经济作物类合作组织和畜禽养殖类合作组织的服务功能要明显强于代表低组织化潜在收益的粮食和一般经济作物类合作组织。就农民专业合作经济组织的组建方式而言，由农户参与发起的合作组织的服务功能要明显强于纯粹由外部力量发起成立的合作组织。就社会经济条件而言，代表农民专业合作经济组织治理能力的人力资本对组织服务功能有显著的影响，无论是成员的人力资本还是组织领导人的人力资本，其均对合作组织的服务功能有正向促进作用；到批发市场距离对合作组织的服务功能有显著影响，距离批发市场越远，则合作组织服务功能越弱。

表 4-3 列出的对模型（4-2）的有序 Probit 模型估计结果除了进行参数统计检验外，参数大小没有明确的经济意义。为了对模型进行更有意义的定量分析，我们需要估计模型（4-2）中解释变量的边际效应。在有序 Probit 模型中，边际效应表示的是解释变量变化对被解释变量取特定值概率的影响。由于农民专业合作经济组织的服务功能指数取值包括从 0 到 6 共 7 个值，因此，边际效应参数共 7 套，讨论起来比较烦琐，为此，我们对农民专业合作经济组织服务功能指数的取值做了进一步分组处理和简化，重新估计了有序 Probit 模型（4-2）（按权重 1 对服务功能进行加权求和）并计算了解释变量的边际效应（表 4-4）。具体分组如下：将原来服务功能指数取值为 0～1 的组织归为一组，定义为弱服务功能组织，重新赋值为 0；将原来服务功能指数取值为 2～4 的组织归为一组，称之为服务功能中等组织，重新赋值为 1；将原来服务功能指数取值为 5～6 的归为一组，称之为强服务功能组织，重新赋值为 2。

表 4-4　农民专业合作经济组织服务功能影响因素模型估计结果及边际效应

变量名	有序 Probit 模型参数估计	边际效应	
		弱服务功能	强服务功能
是否为高附加值经济作物类组织 $_t$（1＝是，0＝否）	1.47 （3.36）***	−0.25 （3.11）***	0.30 （2.92）***
是否为畜禽养殖类组织 $_t$（1＝是，0＝否）	0.93 （2.29）**	−0.17 （2.17）**	0.17 （2.11）**
是否纯粹由外部发起 $_t$（1＝是，0＝否）	−0.62 （2.39）**	0.13 （2.16）**	−0.10 （2.39）**
领导人从业经验指数 $_{t-n}$（$n\geqslant0$）	0.23 （2.08）**	−0.04 （2.00）**	0.04 （2.00）**
受教育程度在高中及以上的劳动力比例 $_t$（%）	0.02 （2.10）**	−0.004 （2.03）**	0.004 （2.03）**
成员规模 $_{t-n}$（$n\geqslant0$）（万户）	−1.01 （0.12）	0.19 （0.12）	0.00 （0.12）
户均耕地面积 $_t$（亩）	0.04 （1.12）	−0.01 （1.11）	0.01 （1.11）
到集贸市场距离 $_t$（千米）	0.05 （1.52）	−0.01 （1.48）	0.01 （1.49）
到批发市场距离 $_t$（千米）	−0.06 （3.76）***	0.01 （3.37）***	−0.01 （3.40）***
村人均纯收入 $_{t-5}$（万元）	−0.10 （0.08）	0.02 （0.08）	0.00 （0.08）
县级虚拟变量	省略	省略	省略
似然比检验卡方值	73.82***		

注：模型的观测值为 142，部分农民专业合作经济组织的因功能数据缺失尚未进入回归样本

和*分别表示 5%和 1%的显著性水平

重新估计的计量经济结果表 4-4 与表 4-3 的估计结果相比，各解释变量对农民专业合作经济组织服务功能的影响方向和显著程度都没有大的变化，进一步表明了模型结果的稳定性。从边际效应来看，组织化潜在收益越高、组织由农户参与发起组织、领导人从业经验等人力资本越高、到批发市场的距离越近，农民专业合作经济组织发展为强服务功能农民专业合作经济组织的概率越高，

而成为弱服务功能农民专业合作经济组织的概率越低。相对而言，农民专业合作经济组织经营的产品类型和农民专业合作经济组织的创建方式对农民专业合作经济组织的服务功能影响最大。在同等条件下，高附加值经济作物类农民专业合作经济组织发展成我们定义的强服务功能农民专业合作经济组织的概率要比粮食和一般经济作物类高 30%，而发展为弱服务功能农民专业合作经济组织的概率要低 25%；类似地，畜禽养殖类农民专业合作经济组织发展成弱服务功能农民专业合作经济组织的概率要比粮食和一般经济作物类低 17%，而成为强服务功能农民专业合作经济组织的概率要高 17%。就农民专业合作经济组织的组建方式来说，在其他条件相同的情况下，有农户参与发起的农民专业合作经济组织成为强服务功能农民专业合作经济组织的概率要比纯粹由外部力量发起的组织高 10%，相反成为弱服务功能农民专业合作经济组织的概率要低 13%。领导人市场从业经验对组织服务功能也有较高影响，平均而言，农民专业合作经济组织领导人从业经验每增加 1 项，农民专业合作经济组织发展成为强服务功能组织的概率能提高 4%，成为弱服务功能农民专业合作经济组织的概率能降低 4%。

4.5 结论与政策建议

本章用一套具有全国代表性的数据，对中国农民专业合作经济组织的服务功能现状及其影响因素进行了研究。研究表明，目前农村大部分农民专业合作经济组织都向成员提供了不同程度的服务，已在提高农户农业生产经营等方面发挥了积极的作用，但总体上，目前多数农民专业合作经济组织的服务功能还比较薄弱，并且差异很大。计量经济研究表明，组织化潜在收益和组织的组建方式对组织的服务功能影响最为明显，领导人能力等人力资本和村庄市场条件对组织服务功能也有一定影响。

本章的研究结论在以下两方面具有深刻的政策含义。首先，我们应深刻认识农民专业合作经济组织发展的目标，理性看待政府支持在农民专业合作经济组织形成发展过程中的作用。对于农户而言，他们组建并经营农民专业合作经济组织的动力源泉是追求组织化潜在收益。如果组织化收益空间过小，即便在外部力量的推动下，组织能够勉强形成，也难以发挥真正作用和持续发展。在未来的政策支持方面，政府应创造条件提升组织化潜在收益和实现条件，帮助农户认识农民专业合作经济组织这一制度的相对优势及发挥这一优势所需的必要条件。

其次，我们应正确认识组织发展过程中的农户自身动力与外部推力的关系，充分发挥农户自身力量，完善组织的发起成立方式。我们的研究表明，农民参与农民专业合作经济组织的发起成立对农民专业合作经济组织服务功能的发挥具有重要影响，纯粹的外部力量来推动农民专业合作经济组织产生并不利于农民专业合作经济组织提高服务功能。政府在推动农民专业合作经济组织形成发展时应充分因地制宜，充分考虑农户的实际条件，鼓励和吸纳农户积极参与组织的发起成立过程，使农民专业合作经济组织的产生和发展都建立在自愿和自助的基础上。

参考文献

曹锦清. 2000. 黄河边的中国：一个学者对乡村社会的观察与思考. 上海：上海文艺出版社.

邓衡山，徐志刚，黄季焜，等. 2010. 组织化潜在收益对农民专业合作经济组织形成发展的影响——基于中国5省380村调查数据的实证分析. 中国科学院农业政策研究中心工作论文.

杜吟棠，潘劲. 2000. 我国新型农民合作社的雏形——京郊专业合作组织案例调查及理论探讨. 管理世界，(1)：161-168，216.

郭红东，蒋文华. 2004. 影响农户参与专业合作经济组织行为的因素分析. 经济研究参考，(63)：29-31.

国鲁来. 2001. 合作社制度及专业协会实践的制度经济学分析. 中国农村观察，(4)：36-48.

黄胜忠，林坚，徐旭初. 2008. 农民专业合作社治理机制及其绩效实证分析. 中国农村经济，(3)：65-73.

黄祖辉，梁巧. 2007. 小农户参与大市场的集体行动——以浙江省箬横西瓜合作社为例的分析. 农业经济问题，（9）：66-71.

黄祖辉，徐旭初，冯冠胜. 2002. 农民专业合作组织发展的影响因素分析——对浙江省农民专业合作组织发展现状的探讨. 中国农村经济，（3）：13-21.

孔祥智，郭艳芹. 2006. 现阶段农民合作经济组织的基本状况、组织管理及政府作用——23省农民合作经济组织调查报告. 农业经济问题，（1）：54-59.

石敏俊，金少胜. 2004. 中国农民需要合作组织吗？——沿海地区农户参加农民合作组织意向研究. 浙江大学学报（人文社会科学版），（3）：35-44.

孙亚范. 2003. 现阶段我国农民合作需求与意愿的实证研究和启示——对江苏农户的实证调查与分析. 江苏社会科学，（1）：204-208.

苑鹏. 2001. 中国农村市场化进程中的农民合作组织研究. 中国社会科学，（6）：63-73，205-206.

苑鹏. 2006. 试论合作社的本质属性及中国农民专业合作经济组织发展的基本条件. 农村经营管理，（8）：15-21.

张晓山. 2004. 促进以农产品生产专业户为主体的合作社的发展——以浙江省农民专业合作社的发展为例. 中国农村经济，（11）：4-10，23.

赵晓峰. 2007. 农民合作：客观必要性，主观选择性与国家介入. 调研世界，（2）：28-31.

Albaum M. 1966. Cooperative agricultural settlement in Egypt and Israel. Land Economics，42（2）：221-225.

Baker D，Theilgaard S. 2004. Group action by farmers. Abel Projects ApS，Draft Report for the World Bank.

Bijman J，Hendrikse G. 2003. Co-operatives in chains：institutional restructuring in the Dutch fruit and vegetable industry. Journal on Chain and Network Science，3（2）：95-107.

Fulton M. 2005. Producer associations：international experience//Sonntag B H，Huang J K，Rozelle S，et al. China's Agricultural and Rural Development in the Early 21st Century. Australian Government，Australian Centre for International Agricultural Research：174-196.

North D C. 1981. Structure and Change in Economic History. New York：W. W. Norton & Company Inc.

North D C. 1990. Institutions，Institutional Change and Economic Performance. New York：Cambridge University Press.

Sanderson K，Fulton M. 2003. Producer adaptation to the new agriculture：application of the cooperative model to changes in market specification，regulation and service access. Report

Prepared for the Canadian Cooperative Association and the Le Conseil Canadien de la Cooperation. University of Saskatchewan，Centre for the Study of Cooperatives.
Zachernuk T，Fock A. 2006. China-farmers Professional Associations Review and Policy Recommendations，East Asia and Pacific Region. Washington DC：The World Bank.

附表　计量经济模型相关变量的描述统计量

变量名	观测	均值	标准差	最小	最大
组织服务功能指数					
权重 1	142	3.03	1.46	0	6.00
权重 2	142	2.49	1.46	0	5.60
权重 3	142	2.15	1.21	0	6.00
是否为高附加值经济作物类组织 $_t$（1＝是，0＝否）	142	0.42	0.49	0	1.00
是否为畜禽养殖类组织 $_t$（1＝是，0＝否）	142	0.46	0.50	0	1.00
是否纯粹由外部发起 $_t$（1＝是，0＝否）	142	0.40	0.49	0	1.00
领导人从业经验指数 $_{t-n}$（$n \geqslant 0$）	142	1.46	1.08	0	4.00
受教育程度在高中及以上的劳动力比例 $_t$（%）	142	15.19	12.17	0.20	47.14
成员规模 $_{t-n}$（$n \geqslant 0$）（万户）	142	0.01	0.02	0	0.12
户均耕地面积 $_t$（亩）	142	8.03	7.58	0.55	37.13
到集贸市场距离 $_t$（千米）	142	4.35	4.16	0	20.00
到批发市场距离 $_t$（千米）	142	13.08	12.19	0	58.00
村人均纯收入 $_{t-5}$（万元）	142	0.32	0.15	0.40	0.70

第5章　中国农民合作社对不同角色农户生产的影响

5.1　引　　言

由于农村市场发育不平衡和信息的缺乏，在最不发达国家和发展中国家，合作社作为一项农业制度安排，通过横向一体化和纵向一体化实现规模经济，代表了农户降低交易成本的努力。对于小规模农业生产者、农业兼业户等小农户来说，农业收入的增加则主要依赖于农户种植作物的生产规模和生产效益的提高。因此，要评估合作社对小农户的影响，首先需要评估合作社对小农户生产规模和生产效益的影响。

国内外对合作社对农户生产的研究主要集中在合作社对农户生产决策、技术采纳、生产效率方面。Abebaw 和 Haile（2013）采用面板数据和倾向匹配得分法对埃塞俄比亚农户技术采纳行为进行分析，认为合作社对成员的化肥使用有正向影响，在小农户技术采纳行为上扮演了重要的角色。Shumeta 和 D'Haese（2016）认为合作社给成员带来的总效应掩盖了合作社之间及成员之间的差异，合作社成员的表现远不如非成员。老年人、受教育程度高的人，以及生产规模较大的种植户更易以成员身份获益。蔡荣（2012）的研究结果表明，资产专用性、合作社成立时间及领头人身份等因素会影响合作社对农业生产决策权的控制程度。王太祥和周应恒（2012）的研究表明加入合作社的农户的技术效率要高于没有加入合作社的农户。吴晨（2013）根据牵头人的性质对合作社的技术效率进行的研究表明，农产品加工型合作社的效率最高。李莎莎和马骥（2015）的研究表明，合作社对农户的资本投入、劳动投入及土地投入有显著的影响，但对于通过培训影响农户测土配方施肥的技术行为并不显著。李青和陈红梅

（2015）通过随机效应模型测算了红枣生产技术效率，认为林果业专业合作社的建立对农户生产技术效率具有推动作用。

从国内外的研究来看，合作社对农户生产的作用并非都呈现出正向的影响，结论不一致的主要原因在于：并未对成员内部角色进行区分，并未对合作社服务功能进行区分，并未将农户的生产规模和生产效益纳入同一个框架进行分析。在目前中国合作社的成员异质性较为严重的情况下，合作社内部成员通常包括普通成员和核心成员，只有将成员异质性纳入合作社，并对不同角色生产规模和生产效益的作用进行分析，才能较为系统地评价合作社对农户福利的影响；在目前中国合作社发展质量良莠不齐的现状下，只有将合作社服务功能纳入对合作社作用的评估，才能使研究结论更加客观。

本章首先从理论上分析成员异质性、合作社服务功能对农户生产规模和生产效益的影响机制，并根据中国合作社的发展现实特征提出研究假说，然后用第三轮调查数据（即 18 个大棚果蔬合作社的 255 户农户）对提出的假说进行验证，最后得出结论。

5.2　合作社对农户生产的影响机制分析

在既定的家庭经营目标下，农户的产出取决于一定资源禀赋约束下农户的投入决策。农业家庭经营的主要目标可能包括稳定的收入、家庭实物保障、降低家庭外部风险等。农户家庭所面临的资源禀赋约束则通常包括耕地资源约束、劳动力约束、资金约束和生产技术约束。此外，农户还会面临来自自然、市场和政策方面的外部风险约束。

在农业领域，合作社通常是生产者联合起来以节约交易成本的组织形式，有两种类型的农户有组建合作社的动机，即以农业生产为主要生产经营活动并且收入也大部分来自农业收入的小户和大户。尽管两者都是以农业收入为家庭生产经营的主要来源，但家庭经营目标却有所不同，小户的目标是获得长期稳定的收入，降低家庭外部风险；大户则更多的是追求规模经济，实现利润最大化。此外，两类农户面临的资源禀赋约束也不同，相对于大户来说，小户无论在耕地、劳动力、资金还是在技术方面的资源都更加匮乏，面临的外部风险也更大。正是经营目标和资源禀赋上的差异及面临的外部风险不同，两类农户存在着明显的异质性，如果由异质性明显的两类农户共同组建合作社，那么合作社对其生产规模和生产效益的影响也可能存在差异。

为了分析成员异质性和合作社服务功能对农户生产规模和生产效益的影响，本章假设有一个合作社，其中有一个大户（合作社的核心成员）和一个小户（作为普通成员加入合作社）。两类农户均可同时种植高附加值作物（合作社的主营农产品）和普通作物（粮食作物）。高附加值作物与普通作物的相对价格为$-P_1/P_0$。PPF 为生产可能性前沿。假设小户和大户均面临家庭土地（N）、劳动力（L）、技术（T）、资金（K）方面的资源禀赋约束和外部风险（G），小户可用的资源为$R=(N_1,L_1,T_1,K_1)$，大户可用的资源为$M=(N_2,L_2,T_2,K_2,G_1)$。由于大户和小户身处于相同的自然环境和市场环境中，因此假设两者外部风险G是相同的。资源禀赋约束下合作社服务功能提供对异质性合作社成员产出的影响，如图 5-1 所示。

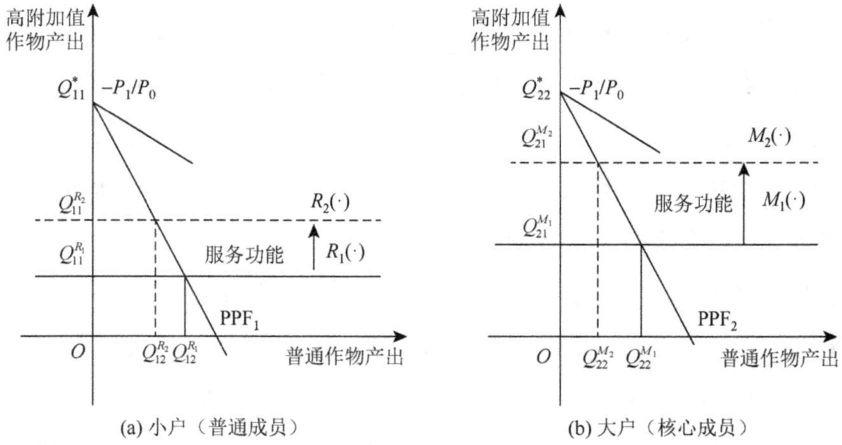

图 5-1 资源禀赋约束下合作社服务功能提供对异质性成员产出的影响

加入合作社之前，小户高附加值作物和普通作物产出分别为Q_{11}和Q_{12}，总产出为$Q_{11}+Q_{12}$。大户高附加值作物和普通作物产出分别为Q_{21}和Q_{22}，总产出为$Q_{21}+Q_{22}$。由线 PPF 表示生产可能性边界，生产可能性边界代表了一定投入下的最大产出。假设小户和大户面临的自然风险和市场风险相同，在农户只能将家庭资源的一部分投入到高附加值作物的生产中去的情况下，大户和小户分别投入部分资源 M_1 和 R_1 到高附加值作物生产中去，大户的资源禀赋比小户丰富，此时，小户生产高附加值作物的产出为$Q_{11}^{R_1}$，大户生产高附加值作物产出为$Q_{21}^{M_1}$，且$Q_{21}^{M_1} > Q_{11}^{R_1}$。小户和大户要增加产出，均要减少普通作物的种植，转而扩大高附加值作物的生产，而实现高附加值作物的增产、增效，必须对自身所面临的土地、技术、劳动力、资金等方面的约束条件进行改善。从生产规模的提高所面临的约束来看，更多的是资金约束和土地约束，而生产效益的提高则依赖于技术约束的改善。

理论上说，合作社是成员共有和成员控制的组织，成员加入合作社后可能会改变农户面临的各种约束。合作社可通过产业集聚效应缓解成员在土地可获性上的约束；可通过技术服务缓解成员在技术可获性和劳动力配置上的约束；可通过合作社内部信贷缓解成员的资金约束；可通过统一购买生产资料和建立稳定的销售渠道提高成员的市场风险承受能力；同时，也会促使农户在合作社的主营农产品上获得更稳定的渠道和价格，提高收入。然而，现实中合作社是否能够对成员产生缓解约束的作用，还取决于合作社提供服务的程度。合作社服务功能的强度和深度由合作社的治理结构所决定，而合作社的治理结构又取决于合作社发起人在合作社形成时的制度安排。

在中国农户异质性较强的现实背景下，大户成立合作社时，承担了大部分的组织成本，因此治理结构和服务功能等制度安排的设置会更有利于大户。同时，由于不同的大户发起合作社的动机不同，治理结构和服务功能的设置的偏离程度也会有所不同。大户成立合作社的动机主要有以下两种：一是当合作社发起人仅出于政策驱动成立合作社时，合作社可能是空组织或者功能非常弱，但大户可通过成立合作社以更便利的条件从村里获得土地、获取技术培训，以及从政府处获得政策性资金支持，改善自身的资源禀赋约束，从而提高生产规模和生产效益，此时大户生产经济作物所能使用的资源从$M_1(\cdot)$提高到$M_2(\cdot)$，生产规模和生产效益两方面的约束条件都得到改善，产出从$Q_{21}^{M_1}$提高到$Q_{21}^{M_2}$。但这种情况下合作社没有功能或者功能很弱，受益的主要是大户，小户无法从中受益。小户不能缓解扩大生产规模所面临的资金、土地约束，产出自然无法得到提高。二是当合作社发起人有稳定的农产品销售渠道时，其出于实现规模经济而成立合作社，小户才有可能依靠合作社较强的服务功能缓解资源禀赋约束，但由于小户并不承担合作社的组织成本，因此可能只能获得较低的技术层次的服务，在缓解资金约束的能力上比较有限，合作社对小户的影响也主要体现在合作社示范效应带来的种植方式的改变和合作社技术服务带来的生产效益的改变上，并不能改善小户在资金上的约束，因此，小户的种植规模可能也无法得到明显扩大。此时小户生产高附加值作物所能使用的资源从$R_1(\cdot)$提高到$R_2(\cdot)$，但主要是改善了生产效益的约束条件，因此产出从$Q_{11}^{R_1}$提高到$Q_{11}^{R_2}$，但由于仅仅在生产效益上获得了改进，因此提升的幅度远远小于大户的产出提高幅度。

根据以上分析，结合中国合作社发展的现状来看，中国的“空合作社”较多，这是因为政策驱动建立的合作社比例较大。因此，普遍来看，合作社对于大户，也就是核心成员所起的作用更大，大户的生产规模和生产效益都会有所提高；对于以小农户和兼业农户为主的普通成员来说，因为成员异质性的存在及合作社服务功能的普遍弱化，功能强的合作社即使对普通成员有作用，作用也可能更多地体现在对普通成员生产效益的影响上。因此本章提出如下假说。

总体来看，合作社对核心成员的生产规模和生产效益有促进作用，功能强的合作社对普通成员的生产效益有正向影响，对生产规模的影响不显著。

5.3　不同角色农户生产规模和生产效益比较

本节首先对使用的数据来源进行说明，并对不同角色农户的生产规模和生产效益及其与服务功能的基本关系进行总体描述，以期能够从中理解合作社中普通成员与核心成员在生产规模和生产效益上的差异。

本章的数据来自第三轮调查，即 2014 年 9～11 月对江苏、吉林、四川 3 省 18 家大棚果蔬合作社和 255 户农户的深度访谈数据。调查过程中不仅访谈了大棚果蔬合作社的负责人，还调查了合作社所在村若干大棚果蔬种植农户，包括参加合作社的成员和非成员、村会计，以及同镇没有大棚果蔬合作社村的若干大棚果蔬种植户。最后，调查到外村农户 40 户，有合作社村的非成员 80 户、普通成员 115 户、核心成员 20 户。为了反映农户生产、收入特征的变化，调查收集了 2008 年和 2013 年两期数据。为了就合作社对不同角色农户生产规模和生产效益的影响进行分析，全面反映合作社对农户生产的影响，本章选取了大棚果蔬生产规模、果蔬生产规模反映农户的种植规模，选取大棚果蔬亩均净收益和果蔬亩均净收益反映农户的生产效益。大棚果蔬生产规模用农户大棚果蔬种植面积表示，果蔬生产规模用农户大棚果蔬种植面积和露地果蔬种植面积之和表示。

5.3.1　不同角色农户生产规模比较

表 5-1 列出了 2008 年、2013 年各类农户大棚果蔬生产规模、果蔬生产规模均值及均值变化。从大棚果蔬生产规模和果蔬生产规模来看，2008 年，有合作社村非成员的种植规模相对较小，而普通成员和外村农户之间的差异并不是很大。2013 年，外村农户的种植规模要大于有合作社村非成员和普通成员，从两期变化上看，核心成员的种植规模变化要大于其他三种类型的农户。

表 5-1 各类农户角色的生产规模比较 单位：亩

项目	2008 年	2013 年	两期变化
大棚果蔬生产规模			
外村农户	4.2	10.1	5.9
有合作社村非成员	2.6	6.1	3.5
有合作社村成员	5.1	12.3	7.2
普通成员	4.0	8.4	4.4
核心成员	6.1	29	22.9
果蔬生产规模			
外村农户	5.5	12.2	6.7
有合作社村非成员	4.3	7.9	3.6
有合作社村成员	6.6	13.7	7.1
普通成员	5.5	9.9	4.4
核心成员	7.6	31.4	23.8

资料来源：根据调查资料统计整理所得

为了进一步反映合作社功能与种植规模之间的关系，表 5-2 列出了功能强的合作社和功能弱的合作社在大棚果蔬生产规模增长值、果蔬生产规模增长值方面的差异，可以看出，功能弱的合作社中，有合作社村非成员、普通成员及核心成员之间的差异并不大，但功能强的合作社中，其核心成员的大棚果蔬生产规模增长值和果蔬生产规模增长值明显高于有合作社村非成员与普通成员。

表 5-2 合作社服务功能与不同角色农户生产规模变化的交叉分析 单位：亩

项目	功能弱的合作社	功能强的合作社
大棚果蔬生产规模增长值		
有合作社村非成员	2.9	5.8
有合作社村成员	3.1	16.5
普通成员	3.0	9.1
核心成员	3.8	33.2
果蔬生产规模增长值		
有合作社村非成员	2.7	7.0

续表

项目	功能弱的合作社	功能强的合作社
有合作社村成员	3.0	16.0
普通成员	3.0	7.7
核心成员	3.8	34.5

资料来源：根据调查资料统计整理所得

对于合作社服务功能的测度，本章借鉴黄季焜等（2010）对合作社服务功能测度的方法。如果合作社提供的技术服务为 0 项，则赋值 0，提供的技术服务有 1～3 项，则赋值 1，大于 3 项赋值 2；如果是农户自己购买农资，则赋值 0，牵线购买赋值 1，统一购买农资赋值 2；如果是自己销售，则赋值 0，牵线销售赋值 1，买断销售赋值 2；如果合作社没有加工或者包装服务，则赋值 0，粗加工或粗包装赋值 1，精加工或精包装赋值 2。最后，对各合作社的四项服务功能进行等权重加权求和，得分在 0～4 分的为功能弱，得分在 5～8 分的为功能强。为了便于分析和比较，本章将功能弱的设置为 1，功能强的设置为 0。

5.3.2　不同角色农户生产效益比较

表 5-3 列出了各种农户角色在 2008 年、2013 年的大棚果蔬亩均净收益、果蔬亩均净收益的平均数，可以看出，在 2008 年，有合作社村的非成员和成员之间的大棚果蔬亩均净收益和果蔬亩均净收益差异并不大，到了 2013 年，普通成员的亩均净收益比外村农户和有合作社村非成员要高，核心成员大棚果蔬亩均净收益和果蔬亩均净收益则比其他三类角色的农户更高。

表 5-3　各类农户角色的亩均收益比较　　单位：元

项目	2008 年	2013 年	两期变化
大棚果蔬亩均净收益			
外村农户	4526.0	5781.1	1255.1

续表

项目	2008 年	2013 年	两期变化
有合作社村非成员	3091.7	5829.4	2737.7
有合作社村成员	2836.1	8147.8	5311.7
普通成员	3332.7	6809.7	3477.0
核心成员	1408.4	9860.7	8452.3
果蔬亩均净收益			
外村农户	4365.6	5586.6	1221.0
有合作社村非成员	3134.8	5693.9	2559.1
有合作社村成员	3112.6	7882.3	4769.7
普通成员	3406.1	6612.4	3206.3
核心成员	2259.2	9458.1	7198.9

资料来源：根据调查资料统计整理所得

进一步地，为了反映合作社服务功能与不同角色农户亩均净收益变化的关系，表 5-4 列出了合作社服务功能强弱与不同角色农户亩均净收益的交叉分析。分析结果表明，功能弱的合作社与功能强的合作社的普通成员和核心成员在大棚亩均净收益增长值上的差异并不大。

表 5-4　合作社服务功能强弱与不同角色农户生产效益变化的关系　单位：元

项目	功能弱的合作社	功能强的合作社
大棚果蔬亩均净收益增长值		
有合作社村非成员	2954.1	1936.0
有合作社村成员	5047.9	5895.9
普通成员	4751.0	4808.6
核心成员	8695.4	8321.4
果蔬亩均净收益增长值		
有合作社村非成员	2761.6	1808.3
有合作社村成员	4595.5	5155.1
普通成员	4377.3	4257.5
核心成员	7276.2	7157.3

资料来源：根据调查资料统计整理所得

5.4　合作社对不同角色农户生产的影响

5.4.1　合作社对不同角色农户生产规模的影响

为了评估合作社对不同角色农户生产规模的作用，本章建立了以下两个面板数据模型来研究合作社对不同角色农户生产规模影响的差异，以检验文中的第一个假说。

$$\text{scale}_{it} = \alpha + \beta p_{1it} + \chi p_{2it} + \delta p_{3it} + Z_{it}\gamma + \varepsilon_{it} \tag{5-1}$$

$$\text{scale}_{it} = \alpha + \beta p_{1it} + \chi p_{2it} + \delta p_{3it} + \phi p_{1it} \times \text{gn} + \theta p_{2it} \times \text{gn} + \sigma p_{3it} \times \text{gn} + Z_{it}\gamma + \varepsilon_{it} \tag{5-2}$$

其中，i 表示农户；t 表示时间，t 是取值为 0 和 1 的虚拟变量，t 为 1 时是 2013 年，为 0 时是 2008 年；被解释变量 scale 表示农户的大棚果蔬生产规模和果蔬生产规模（大棚果蔬 + 露地果蔬）；p_1 表示有合作社村非成员；p_2 表示有合作社村的普通成员；p_3 表示有合作社村的核心成员。式（5-1）不考虑合作社的服务功能，从总体上来评价合作社对农户生产规模的影响。式（5-2）中，gn 表示合作社的功能，是赋值为 0、1 的虚拟变量。为了便于对比分析，本章将功能弱的合作社设置为 1，将功能强的合作社设置为 0。Z 表示一组控制变量。由于本章使用的是固定效应估计方法，控制变量中，户主性别和受教育年限是不随时间变化的变量，因此参数不估计；年龄是随时间等距离变化的变量，参数也不估计。

在不区分合作社服务功能的情况下，从总体来看，合作社对不同角色农户生产规模影响的差异的估计结果见表 5-5。从估计结果可以看出，在不区分合作社服务功能的时候，总体来看，合作社对核心成员的生产规模有显著的影响，在 1%的显著性水平下核心成员的大棚果蔬生产规模和果蔬生产规模比外村农户多近 18 亩，而有合作社村的普通成员与同村的非成员、外村农户的大棚果蔬生产规模、果蔬生产规模并没有差异，可见，由于中国合作社总体发展状况欠佳，普遍来看合作社对普通成员的生产规模并没有显著影响。

表 5-5　合作社对不同角色农户生产规模的影响（不区分服务功能）

项目	大棚果蔬生产规模	果蔬生产规模
关键解释变量（以外村农户为基准组）		
有合作社村非成员 （1＝是；0＝否）	−3.173 （4.250）	−3.925 （4.245）
普通成员 （1＝是；0＝否）	−0.950 （4.046）	−2.105 （4.042）
核心成员 （1＝是；0＝否）	17.67*** （5.976）	17.71*** （5.970）
控制变量		
户主性别 （1＝男；0＝女）	不随时间变化变量，参数不估计	
户主年龄（岁）	随时间等距离变化变量，参数不估计	
户主受教育年限（年）	不随时间变化变量，参数不估计	
时间 （1＝2013 年；0＝2008 年）	6.799* （3.957）	7.188* （3.953）
当年是否从事农业经营 （1＝是；0＝否）	9.698** （4.091）	12.570*** （4.087）
是否种植水果 （1＝是；0＝否）	0.050 （6.075）	0.048 （6.069）
是否处于农业园区 （1＝是；0＝否）	1.300 （6.840）	2.277 （6.833）
是否为温室大棚 （1＝是；0＝否）	−6.351 （8.280）	−7.040 （8.271）
村人均耕地（亩）	1.382 （5.572）	1.012 （5.567）
村人均收入（元）	−0.000 422 （0.001）	−0.000 381 （0.001）
村总人口（人）	0.000 （0.001）	0.000 （0.001）
村离最近高速公路的距离（千米）	0.861 （1.251）	0.845 （1.250）
常数项	−22.16 （26.640）	−22.31 （26.610）
R^2	0.148	0.166
样本数	510	510

注：括号里是估计系数的标准误

*、**和***分别表示在 10%、5%、1%的置信水平上具有统计显著性

区分服务功能后，合作社对不同角色农户生产规模的影响差异的估计结果见表 5-6。从回归的结果来看，在区分了合作社功能之后，功能强的合作社对核心成员的生产规模有显著的影响，在 1%的显著性水平下，核心成员的大棚果蔬生产规模和果蔬生产规模均比外村农户要多 31 亩左右，而功能强的合作社的普通成员的大棚果蔬生产规模和果蔬生产规模与功能弱的合作社普通成员相比并没有差异。可见，即使是功能强的合作社，其对普通成员的生产规模也没有影响，对于有合作社村非成员的作用更是无从谈起。

表 5-6　合作社对不同角色农户生产规模的影响（区分服务功能）

项目	大棚果蔬生产规模	果蔬生产规模
关键解释变量（以外村农户为基准组）		
有合作社村非成员 （1 = 是；0 = 否）	−0.810 （6.120）	−0.554 （6.113）
普通成员 （1 = 是；0 = 否）	4.182 （5.421）	1.704 （5.414）
核心成员 （1 = 是；0 = 否）	30.270*** （7.158）	30.490*** （7.149）
有合作社村非成员×功能 （1 = 功能弱；0 = 功能强）	−2.638 （5.705）	−3.856 （5.698）
普通成员×功能 （1 = 功能弱；0 = 功能强）	−6.999 （5.156）	−5.162 （5.150）
核心成员×功能 （1 = 功能弱；0 = 功能强）	−31.090*** （10.260）	−31.810*** （10.250）
控制变量		
户主性别 （1 = 男；0 = 女）	不随时间变化变量，参数不估计	
户主年龄（岁）	随时间等距离变化变量，参数不估计	
户主受教育年限（年）	不随时间变化变量，参数不估计	
时间 （1 = 2013 年；0 = 2008 年）	5.515 （3.927）	5.945 （3.922）
当年是否从事农业经营 （1 = 是；0 = 否）	8.59** （4.069）	11.57*** （4.064）
是否种植水果 （1 = 是；0 = 否）	−7.281 （6.601）	−6.592 （6.593）

续表

项目	大棚果蔬生产规模	果蔬生产规模
是否处于农业园区 （1＝是；0＝否）	3.800 （6.857）	4.418 （6.849）
是否温室大棚 （1＝是；0＝否）	−5.567 （8.165）	−6.266 （8.155）
村人均耕地（亩）	−0.177 （5.785）	0.207 （5.778）
村人均收入（元）	−0.000 （0.001）	−0.000 （0.001）
村总人口（人）	0.000 147 （0.001 11）	0.000 141 （0.001 11）
村离最近高速公路的距离（千米）	0.251 （1.250）	0.230 （1.248）
常数项	−8.000 （26.830）	−9.475 （26.800）
R^2	0.183	0.200
样本数	510	510

注：括号里是估计系数的标准误

、*分别表示在5%、1%的置信水平上具有统计显著性

由于以上的实证结果都是以外村农户为基准，反映的是核心成员和普通成员与外村农户之间的差异，并未直接反映核心成员和普通成员之间的差异。为了直接比较功能强的合作社对核心成员和普通成员影响的差异，本章将功能弱的合作社设置为虚拟变量1，将功能强的合作社设置为虚拟变量0，对表5-6中核心成员的系数δ和普通成员的系数χ之间的差异进行F检验。F检验的结果见表5-7。核心成员和普通成员在大棚果蔬生产规模、果蔬生产规模差异的F检验值分别为13.3和16.2，均拒绝了核心成员与普通成员生产规模无差异的假设，接受了核心成员与普通成员有差异的备择假设。F检验的结果表明，即使是功能强的合作社，其普通成员的生产规模也是显著低于核心成员的。

表 5-7　功能强的合作社对普通成员与核心成员生产规模影响差异的 F 检验

项目	大棚果蔬生产规模	果蔬生产规模
功能强的合作社普通成员与外村农户规模的差异（χ）/亩	4.2	1.7
功能强的合作社核心成员与外村农户规模的差异（δ）/亩	30.2	30.5
功能强的合作社核心成员和外村农户规模差异与功能强的合作社普通成员和外村农户规模差异的差（$\delta-\chi$）/亩	26.0	28.8
F 检验值	13.3	16.2

5.4.2　合作社对不同角色农户生产效益的影响

为了分析合作社对不同角色农户生产效益影响的差异，本章以外村农户做基准，比较有合作社村的非成员、普通成员、核心成员在大棚果蔬亩均净收益和果蔬亩均净收益的差异。基本模型如下：

$$\text{yield}_{it}=\alpha+\beta p_{1it}+\chi p_{2it}+\delta p_{3it}+Z_{it}\gamma+\varepsilon_{it} \tag{5-3}$$

$$\text{yield}_{it}=\alpha+\beta p_{1it}+\chi p_{2it}+\delta p_{3it}+\phi p_{1it}\times \text{gn}+\theta p_{2it}\times \text{gn}+\sigma p_{3it}\times \text{gn}+Z_{it}\gamma+\varepsilon_{it} \tag{5-4}$$

其中，i 表示农户；t 表示时间，t 是取值为 0 和 1 的虚拟变量，t 为 1 时是 2013 年，为 0 时是 2008 年；被解释变量 yield 表示农户的大棚果蔬亩均净收益和果蔬亩均净收益；p_1 表示有合作社村的非成员；p_2 表示有合作社村的普通成员；p_3 表示有合作社村的核心成员。式（5-3）不考虑合作社的功能。式（5-4）中，gn 表示合作社的功能，是赋值为 0、1 的虚拟变量。为了便于对比分析，本章将功能弱的合作社设置为 1，将功能强的合作社设置为 0。Z 表示一组控制变量，由于本章使用的是固定效应估计方法，控制变量中户主性别和受教育年限是不随时间变化的变量，因此参数不估计；年龄是随时间等距离变化的变量，参数也不估计。

根据模型（5-3）的设置，不区分服务功能时，合作社对四类农户亩均净收益影响差异的估计结果见表 5-8。从估计结果可以看出，在不区分合作社服务功能的时候，总体来看，合作社只对核心成员的大棚果蔬亩均净收益有作用，在 1%的显著性水平下核心成员的大棚果蔬亩均净收益要比有合作社非成员的大棚亩均净收益高 4360 元，核心成员的果蔬亩均净收益要比外村农户的果蔬亩均净收益高 3217 元。普通成员、有合作社村的非成员及外村农户的大棚果蔬亩均净收益、果蔬亩均净收益都没有差异。可见，普遍来看，由于中国合作社总体发展能力较差，合作社对普通成员生产效益的影响不明显。

表 5-8　合作社对不同角色农户生产效益的影响（不区分服务功能）

项目	大棚果蔬亩均净收益	果蔬亩均净收益
关键解释变量（以外村农户为基准组）		
有合作社村非成员（1 = 是；0 = 否）	700.1（830.6）	555.2（722.1）
普通成员（1 = 是；0 = 否）	966.5（790.9）	697.3（687.6）
核心成员（1 = 是；0 = 否）	4 360***（1 168）	3 217***（1 015）
控制变量		
户主性别（1 = 男；0 = 女）	不随时间变化变量，参数不估计	
户主年龄（岁）	随时间等距离变化变量，参数不估计	
户主受教育年限（年）	不随时间变化变量，参数不估计	
时间（1 = 2013 年；0 = 2008 年）	849.0（773.5）	581.8（672.5）
当年是否从事农业经营（1 = 是；0 = 否）	2 919***（799.7）	3 455***（695.2）
是否种植水果（1 = 是；0 = 否）	4 938***（1 187）	4 537***（1 032）
是否处于农业园区（1 = 是；0 = 否）	9 456***（1 337）	7 769***（1 162）
是否为温室大棚（1 = 是；0 = 否）	11 817***（1 618）	13 756***（1 407）

续表

项目	大棚果蔬亩均净收益	果蔬亩均净收益
村人均耕地（亩）	797.5 （1 089.0）	1 140.0 （946.9）
村人均收入（元）	−0.062 6 （0.113 0）	−0.035 5 （0.098 4）
村总人口（人）	0.481** （0.218 0）	0.578*** （0.189 0）
村离最近高速公路的距离（千米）	−16.4 （244.5）	−120.1 （212.6）
常数项	−1 719.0 （5 206）	−967.3 （4 526）
R^2	0.704	0.741
样本数	510	510

注：括号里是估计系数的标准误

和*分别表示在 5%和 1%的置信水平上具有统计显著性

根据模型（5-4）的设置，从表 5-9 的估计结果来看，区分合作社服务功能后，合作社对普通成员的大棚果蔬亩均净收益和果蔬亩均净收益都有显著的影响。功能强的合作社，其普通成员的大棚果蔬亩均净收益在 5%的显著性水平下比外村农户高 2232 元，同时，功能强的合作社普通成员的果蔬亩均净收益在 10%的显著性水平下比外村农户高 1758 元。从功能强的合作社对核心成员生产效益的影响来看，功能强的合作社的核心成员与外村农户相比，其大棚果蔬亩均净收益在 1%的显著性水平下高 4172 元，果蔬亩均净收益在 5%的显著性水平下高 3176 元，也就是说，功能强的合作社的核心成员的收入是显著高于包括普通成员在内的其他三类农户的。

表 5-9　合作社对不同角色农户生产效益的影响（区分服务功能）

项目	大棚果蔬亩均净收益	果蔬亩均净收益
关键解释变量（以外村农户为基准组）		
有合作社村非成员 （1＝是；0＝否）	55.63 （1 212）	49.67 （1 055）

续表

项目	大棚果蔬亩均净收益	果蔬亩均净收益
普通成员 （1＝是；0＝否）	2 232** （1 073）	1 758* （934.0）
核心成员 （1＝是；0＝否）	4 172*** （1 417）	3 176** （1 233）
有合作社村非成员×功能 （1＝功能弱；0＝功能强）	755.5 （1 130）	594.7 （983.0）
普通成员×功能 （1＝功能弱；0＝功能强）	–1 768* （1 021）	–1 480* （888.5）
核心成员×功能 （1＝功能弱；0＝功能强）	723.7 （2 032）	310.1 （1 769）
控制变量		
户主性别 （1＝男；0＝女）	不随时间变化变量，参数不估计	
户主年龄（岁）	随时间等距离变化变量，参数不估计	
户主受教育年限（年）	不随时间变化变量，参数不估计	
时间 （1＝2013 年；0＝2008 年）	797.2 （777.5）	529.5 （676.7）
当年是否从事农业经营 （1＝是；0＝否）	2 802*** （805.6）	3 352*** （701.1）
是否种植水果 （1＝是；0＝否）	4 282*** （1 307）	3 947*** （1 137）
是否处于农业园区 （1＝是；0＝否）	9 815*** （1 358）	8 078*** （1 182）
是否为温室大棚 （1＝是；0＝否）	11 838*** （1 617）	13 780*** （1 407）
村人均耕地（亩）	108.1 （1 145.0）	571.8 （996.8）
村人均收入（元）	–0.039 5 （0.116）	–0.014 0 （0.101）
村总人口（人）	0.434** （0.220）	0.540*** （0.192）
村离最近高速公路的距离（千米）	–189 （247.5）	–127.2 （215.4）
常数项	–414.0 （5 313）	202.4 （4 623）
R^2	0.709	0.745
样本数	510	510

注：括号里是估计系数的标准误

*、**、***分别表示在 10%、5%、1%的置信水平上具有统计显著性

由于以上的实证结果都是以外村农户为基准，反映的是核心成员和普通成员与外村农户之间的差异，并未直接反映核心成员和普通成员之间的差异。为了直接比较功能强的合作社对核心成员和普通成员影响的差异，本章将功能弱的合作社设置为虚拟变量 1，将功能强的合作社设置为虚拟变量 0，对表 5-9 中核心成员的系数 δ 和普通成员的系数 χ 之间的差异进行 F 检验。F 检验的结果见表 5-10，两者在大棚果蔬亩均净收益、果蔬亩均净收益差异的 F 检验值分别为 1.88 和 1.32，均接受了核心成员与普通成员收入无差异的假设，拒绝了核心成员与普通成员有差异的备择假设。F 检验的结果表明，功能强的合作社普通成员的生产效益与核心成员的生产效益的差别并不明显。

表 5-10　功能强的合作社对普通成员与核心成员生产效益影响差异的 F 检验

项目	大棚果蔬亩均净收益	果蔬亩均净收益
功能强的合作社普通成员与外村农户亩均净收益的差异（χ）/元	2232	1758
功能强的合作社核心成员与外村农户亩均净收益的差异（δ）/元	4172	3176
功能强的合作社核心成员和外村农户亩均净收益差异与功能强的合作社普通成员和外村农户亩均净收益差异的差（$\delta-\chi$）/元	1940	1418
F 检验值	1.88	1.32

可见，普遍来看，合作社对核心成员的生产效益的影响大于其他三类农户。功能强的合作社的普通成员的生产效益显著高于外村农户。同时，功能强的合作社的核心成员与普通成员之间在生产效益上的差别并不明显，这可能主要是由于功能强的合作社，其核心成员与普通成员之间的利益联结相对更紧密，成员之间在技术方面的交流通常比功能弱的合作社更加紧密和频繁，尤其在新品种选择、农资选择及植物栽培技术方面，功能强的合作社通常都是比较一致的，所以核心成员与普通成员之间在亩均净收益上并没有特别明显的差异。

5.5 结　论

本章基于 18 家大棚果蔬合作社、255 户大棚果蔬种植户的两期数据，就合作社对不同角色的生产规模与生产效益的影响进行了实证研究。总体来看，合作社对核心成员的大棚亩均净收益的影响大于其他三类农户，不过功能强的合作社，其普通成员的大棚亩均净收益和果蔬亩均净收益均高于功能弱的合作社的普通成员，也就意味着，功能强的合作社的普通成员的大棚亩均净收益和果蔬亩均净收益要高于外村农户和有合作社村非成员，合作社对于普通成员的生产效益影响显著。同时，研究结果表明，无论是否考虑合作社的服务功能，合作社对普通成员的生产规模影响均不显著。

从实证研究的结果来看，合作社对于普通农户是有作用的，但是这种作用主要是由服务功能好的合作社带来的，普遍来看，合作社对于普通农户来说，无论是生产规模还是生产效益，都是没有影响的。因此，我们应该以更全面、更客观的视角对合作社作用进行评估，切不可一刀切；政府对合作社的扶持政策更应该以普惠性的支持为主，减少项目型支持，盲目对合作社进行项目型支持可能会导致一些组织打着合作社旗号套取财政资金，利益分配会因此偏向那些即使不成立合作社也会得到较高收益的大户；同时，取消跟合作社发展数量挂钩的地方政府考核制度，取消地方政府对合作社的直接补贴、奖励的措施，此外，由于中国功能强的合作社偏少，政府对于合作社的发展定位也不用非要按照合作社经典原则来组建，应该因地制宜，多元化发展，以促使小农户能够真正从合作社中受益。

参 考 文 献

艾利思 F. 2006. 农民经济学：农民家庭农业和农业发展. 2 版. 胡景北，译. 上海：上海人民出版社.

蔡荣. 2012. 农业生产决策权配置的理论分析与实证检验——基于“合作社＋农户”模式. 农

业技术经济，（8）：46-55.

黄季焜，邓衡山，徐志刚. 2010. 中国农民专业合作经济组织的服务功能及其影响因素. 管理世界，（5）：75-81.

李青，陈红梅. 2015. 红枣生产技术效率测算：基于随机效应模型. 农业技术经济，（5）：103-113.

李莎莎，马骥. 2015. 不同技术培训主体的效果评估及政策启示——以测土配方施肥为例. 科技与经济，（3）：50-54.

王太祥，周应恒. 2012. "合作社 + 农户"模式真的能提高农户的生产技术效率吗——来自河北、新疆两省区 387 户梨农的证据. 石河子大学学报（哲学社会科学版），(1)：73-77.

吴晨. 2013. 不同模式的农民合作社效率比较分析——基于2012年粤皖两省440个样本农户的调查. 农业经济问题，（3）：79-86.

Abebaw D，Haile M G. 2013. The impact of cooperatives on agricultural technology adoption：empirical evidence from Ethiopia. Food Policy，38（1）：82-91.

Shumeta Z，D'Haese M. 2016. Do coffee cooperatives benefit farmers？An exploration of heterogeneous impact of coffee cooperative membership in Southwest Ethiopia. International Food and Agribusiness Management Review，19（4）：37-52.

第 6 章　收入效应与利益分配：中国农民合作效果研究

6.1　引　　言

无论从理论还是国际经验看，合作社都被认为是有助于促进农民增收的组织制度创新。在理论上，合作社不仅可保留农户在生产环节的相对独立性，避免生产环节劳动监督的难题，又可实现流通环节和部分生产环节的规模经营，还能避免订单农业中由于契约双方力量不对等容易产生违约的问题（邓衡山和王文烂，2014）；从国际经验看，欧美等发达国家农业合作社的销售额通常占到本国农产品销售额的 30%～60%，在增加农民收入方面起到了重要的作用（林坚和马彦丽，2006；Galdeano et al.，2005）。

自 2007 年《合作社法》实施以来，中国合作社进入了一个新的历史发展阶段。但关于中国合作社发展的情况及其对小农户生产和收入的作用，学界争议颇多，褒贬不一（蔡荣，2011；徐健和汪旭晖，2009）。现有文献对中国合作社在现实中发挥的作用众说纷纭，很大程度上是因为在研究方法、视角和数据上存在分歧或不足。对合作社的作用要有更为深刻而准确的认识和判断，现有研究存在的三方面不足之处必须得到改善。

首先，现有对中国合作社收入效应的评估主要运用单案例分析方法和一期横截面数据，研究结论的准确性和普适性存在不足。一些研究通过单个合作社案例描述指出加入合作社明显增加了农户的收入（邓宏图和崔宝敏，2008；黄祖辉和梁巧，2007），但单案例研究通常很难做到在控制其他条件不变的情况下探讨因果效应，结论严谨性不够，研究结论由于案例的代表性问题也难以推广到其他合作社。也有少数研究利用大样本农户数据实证分析了加入合作社对农户增收的作用（陈富桥等，2013；张晋华等，2012；伊藤顺一等，2011），但其样本农户或者只是来自单个合作社，影响研究结论的普适性，或者数据只是一期横截面数据，无法处理高收入农户内生选择加入合作社导致合作社作用高估的研究结论偏差。

其次，既有对合作社收入效应的研究通常将合作社发展能力假设为同质，忽视了合作社之间的差异。很多文献指出，近年来中国合作社虽然数量获得了井喷式增长，但由成员自主创建的比例不高、真正规范的合作社不多，"空壳合作社"和"翻牌社"大量存在。甚至有学者指出，国家政策支持和财政补贴也成了发起合作社的重要诱因（潘劲，2011；崔宝玉和陈强，2011）。合作社发展质量存在重大差异的现实无疑会影响到对合作社整体作用的评估。但现有对合作社收入效应评估的研究多没有将这样的差异纳入分析中，致使既有文献对上述现象的普遍性及其对合作社作用的影响都缺乏基本的判断。

最后，现有对合作社收入效应的研究基本将成员视为同质的，忽略了成员受益程度的差异性。中国的合作社为了获取政策支持，在成员边界的判定上往往采用双重标准，成员边界不清楚，在不少合作社中普通成员通常只具有称谓意义（潘劲，2011）。同时，"核心-外围"成员结构的存在不可避免地会导致内部人控制，诱发成员利益冲突、利益侵占、小农主体地位弱化等问题（张晓山，2009；李玉勤，2008）。这些研究揭示了合作社发展过程中农户角色的冲突，但并未对这种冲突下农户受益程度的差异进行量化研究和判断。

本章试图在对合作社收入效应分析的过程中正视上述三个问题，以期能对合作社作用有一个更为全面、深入的认识。一是基于第三轮调查数据，采用 18 家设施蔬果合作社与相关农户的两期面板数据，检验合作社对农户收入的平均影响，考察现有合作社从总体来看是否发挥了实质性作用；二是分析成员和非成员在合作社中受益程度的差异，检验合作社的成员边界是否清晰及合作社的溢出效应；三是分析合作社内部普通成员和核心成员受益程度的差异，检验合作社的益贫性。

本章先基于合作社的本质规定和治理结构提出合作社中农户受益差异的分析框架，并结合中国合作社发展的现实提出研究假说，进而利用设施蔬果种植户的问卷调查数据①对研究假说进行实证检验。本章研究不仅有助于充实合作社理论中有关政策推动、成员异质性对合作社收入效应影响的研究并提供经验事实，而且对于全面把握合作社的发展现状及其影响，对现有政策进行反思也具有重要的现实意义。后文安排如下：6.2 节是分析框架与研究假说；6.3 节是对合作社相关的不同角色农户收入进行简单比较分析；6.4 节是用计量经济模型对研究假说进行实证检验；6.5 节是本章总结与讨论。

6.2 分析框架与研究假说

在合作社中，农户既是服务的提供者和惠顾者，也是组织的所有者，合作社与其他组织的本质差别在于其可以实现“所有者与惠顾者同一”（黄祖辉和邵科，2009；应瑞瑶，2004）。合作社能为成员带来不同于其他组织的好处，就是建立在自我服务，即“所有者与惠顾者同一”的本质规定之上的。它要求合作社盈余按惠顾额返还与合作社治理成员民主控制。也正因此，相对于其他组织，合作社被认为更有利于保护作为惠顾者的普通成员的利益（唐宗焜，2012）。但是，现实中合作社要发挥不同于其他组织的独特作用，必须符合以下三个条件：一是合作社要有实质的活动，提供成员所需要的服务，只有这样才能从根本上满足成员“自我服务”的需要。二是作为一个组织，合作社必须

① 之所以选取设施蔬果这一产业，原因有两个：一是不同产业间农户收入不可比，因此，最好选取同一产业的农户进行收入比较；二是从理论上来说，设施蔬果产业很适合发展合作社。设施农业在化肥、农药、农膜等方面的投入要远高于粮食和其他普通经济作物，同时，设施农业的产品品质鉴别难度大，组织化对减少信息不对称的作用较大，组织化潜在收益明显高于粮食作物和经济作物，组织化潜在利润更大。（邓衡山等，2011）

有明确的成员边界。否则，谁都可以享受合作社的服务，这样合作社要么会成为以营利为目的的公司，要么会成为公益组织。三是成员内部异质性不能过强。若成员间异质性太强，如成员的惠顾额差异太大，则盈余按惠顾额返还与民主控制之间就会产生不可调和的矛盾。因为此时剩余索取权与控制权高度不匹配，而这种剩余索取权和控制权的不对称安排将导致组织治理结构的不稳定（费方域和蒋士成，2011；张维迎，1999），合作社将无法信守"所有者与惠顾者同一"的治理结构。

为了深入理解合作社对不同角色农户生产和收入的影响及利益分配差异，根据上述合作社的本质规定讨论，本章构建了一个在不同的合作社治理结构下，不同角色农户受益程度差异和受益机制的分析框架（图 6-1）。假设有 A、B 两个同质的村庄，其中 A 村有一个合作社，B 村没有合作社。根据农户与合作社的关系，可以将两村农户分成四种类型：A 村中加入合作社的核心成员和普通成员，A 村中没有加入合作社的非成员，以及外村农户，即 B 村所有农户。假设合作社活动不跨村，合作社对外村农户不会产生影响，按照上述三个条件，对 A 村合作社服务功能强弱、成员边界和成员异质性给予不同的假设，可以推断出合作社对不同角色农户不一样的影响。

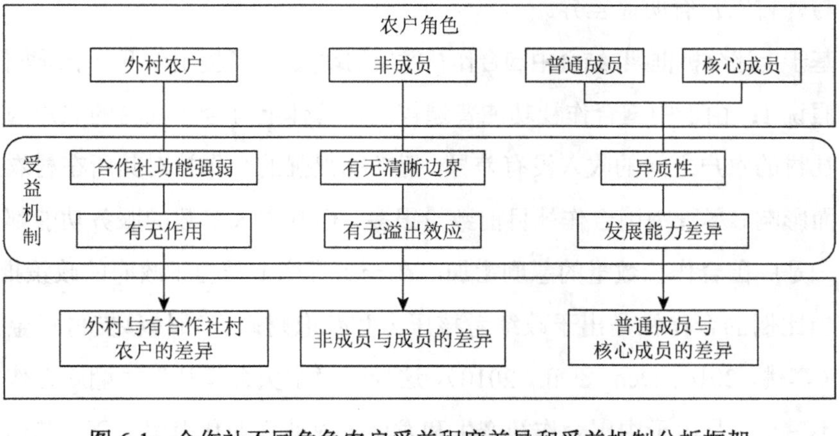

图 6-1　合作社不同角色农户受益程度差异和受益机制分析框架

（1）零效应：如果合作社功能极弱，极端情况是一个空组织，那么其对成员生产和收入的作用将十分有限。在这种情况下，A 村的核心成员、普通成员和非成员都无法从合作社受益，合作社对他们收入的影响与对外村农户没有差异。

（2）收入效应：如果合作社有功能，对成员生产和收入有作用，且合作社内部成员能共同受益，但成员和非成员之间有清晰的边界，非成员无法从合作社受益，那么，合作社核心成员和普通成员的受益程度将明显大于非成员和外村农户，且合作社服务功能越强，这种差异将越明显。同时，核心成员与普通成员之间，非成员和外村农户之间则都没有明显差异。

（3）利益分配效应：如果合作社有作用，但成员间异质性很强，合作社作用仅限于核心成员，普通成员无法受益，非成员更无法受益，那么，合作社对核心成员收入的影响会与普通成员、非成员和外村农户三类农户有明显差异，后三类农户则无差异。

（4）溢出效应：如果合作社有作用且内部成员能够共同受益，而且合作社成员与非成员之间边界不清晰，即除了成员能够从合作社受益，A 村非成员也能受益，能享受到合作社的溢出效应，那么，合作社对 A 村所有农户收入的影响将与外村农户有明显差异。

基于上述分析框架，结合中国合作社发展的现实，本章提出以下三个研究假说。

假说 1：由于中国合作社功能普遍较弱，总体上有合作社村的农户与没有合作社村的农户之间的收入没有差异，但功能很强的合作社对其所在村农户会有正面影响。尽管中国合作社目前数量很多，但其中大多数的服务功能都比较弱。一是中国合作社数量的急剧增加，在一定程度上是由于政府的政策推动，有相当比例的合作社是出于政绩考核压力和获取财政专项转移支付资金而建立的（李桃，2014；Deng et al.，2010），这导致“空头合作社”“翻牌合作社”层出不穷。二是由于中国合作社产生和发展于农业产业化背景之下，其形成和发展不得不依赖于生产和运销大户、农村基层组织。在“强者牵头，弱者参与”

的合作社内部，合作社具有明显的“产权锁定”的特征，导致合作社呈现出明显的功能弱化现象（崔宝玉和李晓明，2008）。由于合作社无法为成员提供服务或提供的服务功能较弱，就不能给成员带来收益的改善，更不可能对同村的非成员有溢出效应，因此，外村农户和有合作社村的农户在受益程度上就不会有明显差异。

假说2：中国合作社普遍功能弱且成员界限不清晰，合作社对同村的成员和非成员收入的影响没有明显差异；但很少数功能强的合作社会力图设置边界防止溢出效应，合作社对同村成员和非成员收入的影响有显著差异。中国合作社往往采用双重标准判定成员边界：在争取政府资助、寻求项目支持时，会尽可能扩展自己的成员边界，以获得更多数量的“带动农户”，但凡与其交易的农户，都被称为合作社成员；但当进行盈余分配及量化政府补助时，合作社又会尽可能地缩小成员边界，通常以持股成员或核心成员甚至少数发起人为判定标准，以减少利益外溢（潘劲，2011）。而且，由于中国合作社普遍功能弱、服务少，成员受益程度很低，设置边界本身也没有意义。但对很少数功能强的合作社，核心成员为防止盈余分流，会努力设置成员边界，防止溢出效应发生，非成员与成员受益程度会有明显差异。

假说3：由于中国合作社成员间异质性较大，合作社对核心成员的影响会大于普通成员。中国绝大多数合作社的成员异质性从成立之初就非常明显。部分成员因为具有更大生产规模，拥有更多的社会资本、物质资本，主要充当管理人员的角色，成为核心成员；普通农户则缺乏生产资源、人力资源和社会资源，且出于对风险的规避，主要充当惠顾者的角色（黄胜忠和徐旭初，2008）。普通成员大多是名义成员或被动参加者，与合作社的关系多只限于产品交易，日常管理和民主决策对于普通农户来说只是形同虚设（苑鹏，2004）。在这种成员异质性背景下，核心成员的受益程度会高于普通成员：一是核心成员的规模通常较大，绝对受益程度更高；二是核心成员通常拥有更多的资本，能够在合作社中合理运用，以增加其收益；三是核心成员通常会优先利用销售资源和采购资源；四是当新技术引进后，核心成员通常会优先使用；五是当外部提供财政支持和补贴时，核心成员也可能优先获益。强势核心成员与弱势普通农户的合作博弈结局通常被认为是，合作社的剩余控制权和索取权被掌握在核心成员手里，合作剩余的分配更多地通过股份分红偏向核心成员（谭智心和孔祥智，2012），普通成员受益大打折扣。

6.3　合作社不同角色农户收入比较

为了更全面地反映合作社对不同角色农户的影响，本章选取了人均大棚果蔬收入、人均果蔬总收入及人均总收入三个指标来反映加入合作社对农户收入的作用。从表 6-1 中可以看到，在 2008 年，总体来说，核心成员的人均大棚果蔬收入和人均果蔬总收入均高于其他角色的农户，这说明核心成员在基期的收入相对较高。外村农户的人均大棚果蔬收入平均与有合作社村的成员相比，差异不太大。从两期变化来看，核心成员的人均大棚果蔬收入、人均果蔬总收入及人均总收入的两期变化都明显高于其他三类农户。

表 6-1　各类农户角色的收入比较　　单位：元

项目	2008 年	2013 年	两期变化
人均大棚果蔬收入			
外村农户	5 344	12 618	7 274
有合作社村非成员	3 217	9 718	6 501
有合作社村成员	4 684	17 507	12 823
普通成员	4 204	12 482	8 278
核心成员	5 771	35 625	29 854
人均果蔬总收入（大棚 + 露地）			
外村农户	5 777	14 139	8 362
有合作社村非成员	4 423	11 439	7 016
有合作社村成员	6 000	18 549	12 549
普通成员	5 295	13 768	8 473

续表

项目	2008 年	2013 年	两期变化
核心成员	7 574	37 460	29 886
人均总收入			
外村农户	20 584	29 237	8 653
有合作社村非成员	13 447	23 551	10 104
有合作社村成员	15 367	30 462	15 095
普通成员	15 535	25 860	10 325
核心成员	16 149	54 447	38 298

资料来源：根据调查资料统计整理所得

在以上对不同角色收入对比的基础上，本章就合作社的服务功能及不同角色农户收入变化进行交叉分析，以期从数据描述的层面探讨合作社发展状况与农户角色之间的关系。交叉分析的结果见表 6-2。结果表明，无论是从人均大棚果蔬收入增长值、人均果蔬总收入增长值还是从人均总收入增长值来看，功能强的合作社的核心成员和普通成员的收入增长值都明显高于功能弱的合作社的核心成员和普通成员。而从非成员的情况来看，功能弱的合作社所在村的非成员与功能强的合作社所在村的非成员之间在人均大棚果蔬收入增长值和人均果蔬总收入增长值上的差异并不大。

表 6-2　合作社服务功能与不同角色农户收入变化的关系　　单位：元

项目	功能弱的合作社	功能强的合作社
人均大棚果蔬收入增长值		
有合作社村非成员	6 387	6 926
有合作社村成员	8 928	21 449
普通成员	8 033	15 285
核心成员	19 925	35 200
人均果蔬总收入（大棚＋露地）增长值		
有合作社村非成员	6 767	7 934
有合作社村成员	8 972	20 469

续表

项目	功能弱的合作社	功能强的合作社
普通成员	8 078	13 824
核心成员	19 950	35 292
人均总收入增长值		
有合作社村非成员	11 111	6 372
有合作社村成员	9 569	27 331
普通成员	8 403	18 937
核心成员	23 888	46 058

资料来源：根据调查资料统计整理所得

6.4　合作社对不同角色农户的影响

6.4.1　收入效应、溢出效应与利益分配

在以上描述性分析的基础上，本章建立了两个面板数据模型来研究合作社对不同角色农户收入影响的差异，考察合作社总体作用及合作社的收入效应、溢出效应与利益分配。本章以无合作社村（外村）农户为基准，如果普通成员、核心成员与外村农户相比收入有明显差异，则表明合作社有收入效应；如果有合作社村非成员与外村农户收入相比有差异，表明合作社对有合作社村非成员有溢出效应；如果核心成员与有合作社村非成员农户相比收入有差异，而普通成员与有合作社村非成员农户没有差异，则表示合作社利益分配偏向核心成员。模型如下：

$$\text{income}_{it} = \alpha + \beta p_{1it} + \chi p_{2it} + \delta p_{3it} + Z_{it}\gamma + \varepsilon_{it} \tag{6-1}$$

$$\text{income}_{it} = \alpha + \beta p_{1it} + \chi p_{2it} + \delta p_{3it} + \phi p_{1it} \times \text{gn} + \theta p_{2it} \times \text{gn} + \sigma p_{3it} \times \text{gn} + Z_{it}\gamma + \varepsilon_{it} \tag{6-2}$$

其中，i 表示农户；t 表示时间，t 是取值为 0 和 1 的虚拟变量，t 为 1 时是 2013 年，为 0 时是 2008 年；因变量 income 表示一组收入变量，分别是人均大棚果蔬收入、人均果蔬总收入、人均总收入；p_1 表示有合作社村的非成员；p_2 表示有

合作社村的普通成员；p_3 表示有合作社村的核心成员。式（6-1）不考虑合作社的功能强弱。式（6-2）中，gn 表示合作社的服务功能，是赋值为 0、1 的虚拟变量，为了便于对比分析，本章将功能弱的合作社设置为 1，将功能强的合作社设置为 0。Z 表示一组控制变量。由于本章使用的是固定效应估计方法，控制变量中户主性别和受教育年限是不随时间变化的变量，因此参数不估计，而年龄是随时间等距离变化的变量，参数也不估计。

在不区分合作社的服务功能的情况下，以外村农户作为基准，就合作社对不同角色农户总体影响进行估计，结果见表 6-3。普遍来看，合作社对核心成员收入的促进作用明显，对普通成员收入没有显著的促进作用。在 1%的置信水平上，核心成员的人均大棚果蔬总收入、人均果蔬总收入和人均总收入分别比外村农户要高 22 033 元、20 888 元和 25 506 元。而从普通成员的受益情况来看，普通成员与非成员和外村农户之间并没有差异。这个估计结果说明，在中国合作社普遍发展欠佳的情况下，总体上来说合作社对普通成员的收入并没有促进作用。从合作社对非成员的作用来看，非成员与外村农户之间没有差异，也就是对于非成员并无溢出效应。可见，普遍来看，合作社对于核心成员有明显的作用，但对于普通成员的作用不明显。

表 6-3　合作社对不同角色农户人均收入影响（不区分服务功能）

项目	人均大棚果蔬总收入	人均果蔬总收入（大棚＋露地）	人均总收入
关键解释变量（以外村农户为基准组）			
有合作社村非成员（1＝是；0＝否）	−2 206 （3 919）	−2 427 （3 836）	581 （5 409）
普通成员（1＝是，0＝否）	1 786 （3 732）	621 （3 653）	1 498 （5 150）
核心成员（1＝是；0＝否）	22 033*** （5 512）	20 888*** （5 395）	25 506*** （7 606）
控制变量			
户主性别（1＝男；0＝女）	不随时间变化变量，参数不估计		

续表

项目	人均大棚果蔬总收入	人均果蔬总收入（大棚＋露地）	人均总收入
户主年龄（岁）	随时间等距离变化变量，参数不估计		
户主受教育年限（年）	不随时间变化变量，参数不估计		
时间（1＝2013 年；0＝2008 年）	3 963 （3 650）	4 440 （3 572）	7 319 （5 037）
是否从事农业经营（1＝是；0＝否）	17 484*** （3 773）	19 145*** （3 693）	5 999 （5 208）
是否种植水果（1＝是；0＝否）	1 422 （5 603）	2 033 （5 484）	14 595* （7 732）
是否处于农业园区（1＝是；0＝否）	5 097 （6 308）	5 335 （6 174）	2 892 （8 706）
是否为温室大棚（1＝是；0＝否）	−531 （7 636）	−647 （7 474）	−3 296 （10 538）
村人均耕地（亩）	−693 （5 139）	−335 （5 030）	−2 030 （7 093）
村人均收入（元）	0.391 （0.534）	0.532 （0.523）	0.206 （0.737）
村总人口（人）	0.866 （1.028）	0.692 （1.006）	0.178 （1.418）
村离最近高速距离（千米）	676 （1 154）	661 （1 129）	1 043 （1 592）
常数项	−30 642 （24 565）	−31 874 （24 044）	−11 448 （33 902）
R^2	0.338	0.360	0.261
样本量	510	510	510

注：括号里是估计系数的标准误

*、***分别表示在 10%、1%的置信水平上具有统计显著性

区分合作社服务功能强弱之后，以外村农户作为基准，合作社对不同角色农户影响的估计结果见表 6-4。从估计结果来看，在加入服务功能和农户角色的交互项之后，服务功能强的核心成员和普通成员都能显著受益。从交互项的系数来看，在 10%的置信水平上，功能强的合作社的核心成员比功能弱的合作社的核心成员要高 16 210 元，而在 5%的置信水平上，功能强的合作社的普通

成员比功能弱的合作社的普通成员要高 9876 元。同时，从农户角色的系数来看，在 1%的显著水平下，服务功能强的合作社的核心成员的人均大棚果蔬总收入、人均果蔬总收入及人均总收入分别比外村农户高 28 995 元、27 373 元和 32 909 元；而功能强的合作社的普通成员的人均大棚果蔬总收入在 10%的显著性水平下比外村农户高 8903 元。可见，功能强的合作社对内部成员具有收入效应。此外，即使是功能强的合作社，非成员的收入与功能弱的合作社所在村的非成员相比并没有什么差异，这说明普通成员与非成员之间的边界还是比较清晰的，可见功能强的合作社对于非成员也并无溢出效应。

表 6-4　合作社对不同角色农户人均收入影响（区分服务功能）

项目	人均大棚果蔬总收入	人均果蔬总收入（大棚 + 露地）	人均总收入
关键解释变量（以外村农户为基准组）			
有合作社村非成员（1 = 是；0 = 否）	−1 827（5 689）	−1 690（5 588）	−3 701（7 883）
普通成员（1 = 是；0 = 否）	8 903*（5 039）	5 984（4 949）	9 037（6 982）
核心成员（1 = 是；0 = 否）	28 955***（6 654）	27 373***（6 535）	32 909***（9 220）
有合作社村非成员×功能（1 = 功能弱；0 = 功能强）	−478（5 303）	−875（5 209）	5 499（7 348）
普通成员×功能（1 = 功能弱；0 = 功能强）	−9 876**（4 793）	−7 426（4 708）	−10 292（6 641）
核心成员×功能（1 = 功能弱；0 = 功能强）	−16 210*（9 541）	−15 446（9 371）	−17 542（13 220）
控制变量			
户主性别（1 = 男；0 = 女）	不随时间变化变量，参数不估计		
户主年龄（岁）	随时间等距离变化变量，参数不估计		
户主受教育年限（年）	不随时间变化变量，参数不估计		
时间（1 = 2013 年；0 = 2008 年）	2 986（3 650）	3 603（3 585）	6 483（5 058）
是否从事农业经营（1 = 是；0 = 否）	16 391***（3 782）	18 262***（3 715）	5 092（5 241）

续表

项目	人均大棚果蔬总收入	人均果蔬总收入（大棚＋露地）	人均总收入
是否种植水果（1＝是；0＝否）	−5 050 （6 136）	−3 288 （6 027）	7 693 （8 502）
是否处于农业园区（1＝是；0＝否）	7 789 （6 374）	7 462 （6 261）	5 518 （8 832）
是否为温室大棚（1＝是；0＝否）	46 （7 590）	−147 （7 455）	−2 866 （10 517）
村人均耕地（亩）	−3 729 （5 378）	−2 508 （5 282）	−5 701 （7 451）
村人均收入（元）	0.675 （0.543）	0.769 （0.533）	0.479 （0.752）
村总人口（人）	0.734 （1.034）	0.607 （1.016）	−0.134 （1.433）
村离最近高速距离（千米）	282 （1 162）	308 （1 141）	722 （1 610）
常数项	−17 848 （24 942）	−21 394 （24 498）	1 409 （34 560）
R^2	0.355	0.372	0.274
样本量	510	510	510

注：括号里是估计系数的标准误

*、**、***分别表示在 10%、5%、1%的置信水平上具有统计显著性

由于以上的实证结果都是以外村农户为基准，反映的是核心成员和普通成员与外村农户之间的差异，并未直接反映核心成员和普通成员之间的差异，为了直接比较功能强的合作社对核心成员和普通成员影响的差异，验证本章的假说 3，本章将功能弱的合作社设置为虚拟变量 1，功能强的合作社设置为虚拟变量 0，对表 6-4 中核心成员的系数 δ 和普通成员的系数 χ 之间的差异进行 F 检验。F 检验的结果见表 6-5。核心成员和普通成员在人均大棚果蔬总收入、人均果蔬总收入和人均总收入的差异的 F 检验值分别为 9.10、10.73 和 6.72，均拒绝了核心成员与普通成员收入无差异的假设，接受了核心成员与普通成员有差异的备择假设。F 检验的结果表明，从合作社的利益分配情况来看，即使是功能强的合作社，其普通成员的人均收入也是显著低于核心成员的。

表 6-5　功能强的合作社对普通成员与核心成员收入影响差异的 F 检验

项目	人均大棚果蔬总收入	人均果蔬总收入（大棚＋露地）	人均总收入
功能强合作社普通成员与外村农户收入的差异（χ）/元	8 903	5 984	9 037
功能强合作社核心成员与外村农户收入的差异（δ）/元	28 955	27 373	32 909
功能强合作社核心成员和外村农户收入差异与功能强合作社普通成员和外村农户收入差异的差（$\delta-\chi$）/元	20 052	21 389	23 872
F 检验值	9.10	10.73	6.72

6.4.2　收入效应的进一步验证

为了进一步评估合作社的收入效应，验证假说 1，本章建立了以下两个面板数据模型来进一步分析合作社对不同角色农户的作用。这里将农户分为两类：有合作社村成员和无合作社村（外村）农户。以外村农户为基准，如果两类农户收入有明显差异，表明合作社有收入效应。

$$\text{income}_{it}=\alpha+\beta p_{1it}+Z_{it}\gamma+\varepsilon_{it} \quad (6\text{-}3)$$

$$\text{income}_{it}=\alpha+\beta p_{1it}+\phi p_{1it}\times \text{gn}+Z_{it}\gamma+\varepsilon_{it} \quad (6\text{-}4)$$

其中，i 表示农户；t 表示时间，t 是取值为 0 和 1 的虚拟变量，t 为 1 时是 2013 年，为 0 时是 2008 年；因变量 income 表示一组收入变量，分别是人均大棚果蔬总收入、人均果蔬总收入、人均总收入；p_1 是表示农户类型的虚拟变量，取值 1 表示有合作社村的农户，取值 0 表示外村农户；gn 是表示功能的虚拟变量，式（6-3）不考虑合作社的功能强弱，式（6-4）中，功能是赋值为 0、1 的虚拟变量，为了便于对比分析，本章将功能弱的合作社设置为 1，将功能强的合作社设置为 0；Z 表示一组控制变量。由于本章使用的是固定效应估计方法，控制变量中户主性别和受教育年限是不随时间变化的变量，因此参数不估计，而年龄是随时间等距离变化的变量，参数也不估计。

在不区分合作社服务功能的情况下，从总体来看，有合作社村的农户和外村农户之间的差异见表 6-6。从该表中的估计结果来看，研究假说 1 得到了进一步验证。总体上看，有合作社村成员的收入并没有显著高于外村农户。无论从人均大棚果蔬总收入还是从人均果蔬总收入及人均总收入来看，关键解释变量系数都不显著，也就是说，合作社普遍功能较弱，对其合作社所在村的农户的平均影响并不明显。合作社不能为成员提供服务或者提供的服务有限，合作社所在村的农户就不能从中获得收益。

表 6-6　合作社对外村农户和有合作社村成员人均收入的影响（不区分服务功能）

项目	人均大棚果蔬总收入	人均果蔬总收入（大棚 + 露地）	人均总收入
关键解释变量（以外村农户为基准组）			
有合作社村的农户（1 = 是；0 = 否）	2 564（3 621）	1 756（3 541）	3 855（4 915）
控制变量			
户主性别（1 = 男；0 = 女）	不随时间变化变量，参数不估计		
户主年龄（岁）	随时间等距离变化变量，参数不估计		
户主受教育年限（年）	不随时间变化变量，参数不估计		
时间（1 = 2013 年；0 = 2008 年）	3 284（3 784）	3 862（3 700）	6 924（5 135）
是否从事农业经营（1 = 是；0 = 否）	16 442***（3 903）	18 237***（3 817）	5 308（5 297）
是否种植水果（1 = 是；0 = 否）	8 024（5 632）	8 312（5 508）	21 099***（7 644）
是否处于农业园区（1 = 是；0 = 否）	3 723（6 412）	3 630（6 271）	–63.30（8 702）
是否为温室大棚（1 = 是；0 = 否）	2 850（7 905）	2 699（7 730）	557（10 728）
村人均耕地（亩）	–636（5 298）	–479（5 181）	–2 770（7 191）
村人均收入（元）	0.613（0.551）	0.731（0.539）	0.377（0.747）

续表

项目	人均大棚果蔬总收入	人均果蔬总收入（大棚 + 露地）	人均总收入
村总人口（人）	0.210 （1.053）	0.026 （1.030）	−0.639 （1.429）
村离最近高速距离（千米）	429 （1 191）	460 （1 165）	936 （1 617）
常数项	−24 482 （25 497）	−26 236 （24 934）	−6 273 （34 603）
R^2	0.277	0.303	0.219
样本量	510	510	510

注：括号里是估计系数的标准误

***表示在 1%的置信水平上具有统计显著性

区分合作社服务功能之后，合作社对本村和外村农户收入的影响差异见表 6-7。回归结果进一步验证了本章的假说 1，即功能强的合作社所在村农户的收入要显著高于外村农户，功能强的合作社具有收入效应。加入合作社功能与角色交互项后的结果表明，功能强的合作社所在村的农户人均大棚果蔬总收入在 1%的显著性水平下比功能弱的合作社所在村农户高 9600 元；功能强的合作社所在村农户人均果蔬总收入在 5%的显著性水平下比功能弱的合作社所在村的农户高 8398 元，但人均总收入平均并没有明显的差异。同时，功能强的合作社所在村的农户人均大棚果蔬总收入在 5%的显著性水平下，比外村农户要高 9274 元；功能强的合作社所在村的农户人均果蔬总收入在 10%的显著性水平下，比外村农户要高 7626 元。

表 6-7　合作社对外村农户和有合作社村成员人均收入的影响（区分服务功能）

项目	人均大棚果蔬总收入	人均果蔬总收入（大棚 + 露地）	人均总收入
关键解释变量（以外村农户为基准组）			
有合作社村成员 （1 = 是；0 = 否）	9 274** （4 339）	7 626* （4 256）	9 152 （5 948）

续表

项目	人均大棚果蔬总收入	人均果蔬总收入（大棚＋露地）	人均总收入
有合作社村成员×功能（1＝功能弱；0＝功能强）	−9 600***（3 520）	−8 398**（3 452）	−7 580（4 825）
控制变量			
户主性别（1＝男；0＝女）	不随时间变化变量，参数不估计		
户主年龄（岁）	随时间等距离变化变量，参数不估计		
户主受教育年限（年）	不随时间变化变量，参数不估计		
时间（1＝2013 年；0＝2008 年）	2 299（3 752）	3 000（3 681）	6 146（5 144）
是否从事农业经营（1＝是；0＝否）	15 245***（3 877）	17 190***（3 803）	4 363（5 315）
是否种植水果（1＝是；0＝否）	1 869（6 000）	2 928（5 886）	16 239**（8 225）
是否处于农业园区（1＝是；0＝否）	6 537（6 413）	6 092（6 291）	2 159（8 791）
是否为温室大棚（1＝是；0＝否）	3 201（7 804）	3 006（7 655）	833（10 698）
村人均耕地（亩）	−2 982（5 300）	−2 532（5 199）	−4 623（7 266）
村人均收入（元）	0.859（0.551）	0.946*（0.540）	0.571（0.755）
村总人口（人）	0.418（1.042）	0.208（1.022）	−0.475（1.429）
村离最近高速距离（千米）	28.3（1 185）	109.6（1 163）	619.5（1 625）
常数项	−13 438（25 492）	−16 575（25 005）	2 446（34 944）
R^2	0.299	0.320	0.227
样本量	510	510	510

注：括号里是估计系数的标准误

*、**、***分别表示在 10%、5%、1%的置信水平上具有统计显著性

6.4.3 溢出效应的进一步验证

为了比较有合作社村成员与有合作社村非成员在受益上的差异，进一步验

证合作社的溢出效应，本章建立了以下两个面板数据模型来进一步验证合作社对有合作社村非成员是否有溢出效应，并进一步检验假说 2。这里把农户分成三类：外村农户、有合作社村非成员和有合作社村成员。以外村农户作为基准，如果成员与其有明显差别，而非成员与其没有差别，则无溢出效应；如果非成员与其也有明显差别，则有溢出效应。

$$\text{income}_{it} = \alpha + \beta p_{1it} + \chi p_{2it} + Z_{it}\gamma + \varepsilon_{it} \tag{6-5}$$

$$\text{income}_{it} = \alpha + \beta p_{1it} + \chi p_{2it} + \phi p_{1it} \times \text{gn} + \theta p_{2it} \times \text{gn} + Z_{it}\gamma + \varepsilon_{it} \tag{6-6}$$

其中，i 表示农户；t 表示时间，t 是取值为 0 和 1 的虚拟变量，t 为 1 时是 2013 年，为 0 时是 2008 年；因变量 income 表示一组收入变量，分别是人均大棚果蔬总收入、人均果蔬总收入、人均总收入；p_1 和 p_2 是取值为 0 和 1 的虚拟变量，p_1 取值 1 表示有合作社村非成员，p_2 取值 1 代表有合作社村成员；gn 表示反映合作社服务功能的虚拟变量，为了便于对比分析，本章将功能弱的合作社设置为 1，将功能强的合作社设置为 0；Z 表示一组控制变量。由于本章使用的是固定效应估计方法，控制变量中户主性别和受教育年限是不随时间变化的变量，因此参数不估计；年龄是随时间等距离变化的变量，参数也不估计。

在不区分合作社服务功能的情况下，总体来看，有合作社村的非成员与成员之间的差异见表 6-8。从该表中的估计结果来看，研究假说 2 得到了进一步验证。普遍来看，有合作社村非成员的收入与成员的收入并没有差异。无论从人均大棚果蔬总收入还是从人均果蔬总收入及人均总收入来看，关键解释变量系数都不显著，也就是说，合作社普遍功能较弱，对其合作社成员的影响都并不明显，对于同村的非成员的溢出效应就无从谈起了。

表 6-8　合作社对非成员和成员人均收入的影响（不区分服务功能）

项目	人均大棚果蔬总收入	人均果蔬总收入（大棚＋露地）	人均总收入
关键解释变量（以外村农户为基准组）			
有合作社村非成员（1＝是；0＝否）	−1 610 （4 041）	−1 830 （3 962）	1 288 （5 530）

续表

项目	人均大棚果蔬总收入	人均果蔬总收入（大棚＋露地）	人均总收入
有合作社村成员（1＝是；0＝否）	5 077 （3 761）	3 915 （3 687）	5 400 （5 146）
控制变量			
户主性别（1＝男；0＝女）	不随时间变化变量，参数不估计		
户主年龄（岁）	随时间等距离变化变量，参数不估计		
户主受教育年限（年）	不随时间变化变量，参数不估计		
时间（1＝2013 年；0＝2008 年）	4 001 （3 766）	4 478 （3 692）	7 365 （5 153）
是否从事农业经营（1＝是；0＝否）	17 396*** （3 894）	19 057*** （3 817）	5 894 （5 328）
是否种植水果（1＝是；0＝否）	5 702 （5 680）	6 318 （5 568）	19 671** （7 773）
是否处于农业园区（1＝是；0＝否）	1 400 （6 443）	1 634 （6 315）	−1 492 （8 816）
是否为温室大棚（1＝是；0＝否）	2 575 （7 841）	2 463 （7 686）	388 （10 729）
村人均耕地（亩）	−2 051 （5 292）	−1 695 （5 188）	−3 641 （7 242）
村人均收入（元）	0.450 （0.551）	0.591 （0.540）	0.277 （0.754）
村总人口（人）	0.142 （1.045）	−0.032 （1.024）	−0.681 （1.429）
村离最近高速距离（千米）	755 （1 190）	740 （1 167）	1 136 （1 629）
常数项	−28 214 （25 342）	−29 443 （24 841）	−8 569 （34 676）
R^2	0.292	0.314	0.223
样本量	510	510	510

注：括号里是估计系数的标准误

、*分别表示在 5%、1%的置信水平上具有统计显著性

区分合作社服务功能之后，功能强的合作社对同村非成员和成员的影响差异见表 6-9。回归结果进一步验证了本章的假说 2，即功能强的合作社的成员收入要显著高于同村的非成员，但功能强的合作社对于同村非成员并无溢出效

应。在 1%的显著性水平下，有合作社村成员人均大棚果蔬总收入、人均果蔬总收入要比外村农户分别高 14 900 元和 12 357 元，人均总收入则在 5%的显著性水平下比外村农户高 16 183 元。此外，加入合作社功能与角色交互项后的结果表明，在 1%的显著性水平下，功能强的合作社所在村的成员人均大棚果蔬总收入、人均果蔬总收入分别比功能弱的合作社成员高 14 581 元和 12 539 元，人均总收入则在 5%的显著性水平下比功能弱的合作社成员高 15 872 元。

表 6-9　合作社对非成员和成员人均收入的影响（区分服务功能）

项目	人均大棚果蔬总收入	人均果蔬总收入（大棚＋露地）	人均总收入
关键解释变量（以外村农户为基准组）			
有合作社村非成员（1＝是；0＝否）	−1 879（5 803）	−1 776（5 717）	−3 754（7 991）
有合作社村成员（1＝是；0＝否）	14 900***（4 760）	12 357***（4 690）	16 183**（6 555）
有合作社村非成员×功能（1＝功能弱；0＝功能强）	25（5 411）	−343（5 331）	6 098（7 451）
有合作社村成员×功能（1＝功能弱；0＝功能强）	−14 581***（4 457）	−12 539***（4 391）	−15 872**（6 137）
控制变量			
户主性别（1＝男；0＝女）	不随时间变化变量，参数不估计		
户主年龄（岁）	随时间等距离变化变量，参数不估计		
户主受教育年限（年）	不随时间变化变量，参数不估计		
时间（1＝2013 年；0＝2008 年）	2 822（3 723）	3 452（3 668）	6 281（5 127）
是否从事农业经营（1＝是；0＝否）	15 944***（3 859）	17 794***（3 802）	4 558（5 314）
是否种植水果（1＝是；0＝否）	−3 365（6 231）	−1 473（6 139）	9 695（8 580）
是否处于农业园区（1＝是；0＝否）	5 816（6 476）	5 442（6 380）	3 150（8 917）
是否为温室大棚（1＝是；0＝否）	2 661（7 707）	2 549（7 593）	269（10 613）
村人均耕地（亩）	−6 523（5 392）	−5 510（5 312）	−9 023（7 425）
村人均收入（元）	0.794（0.552）	0.888（0.544）	0.622（0.760）

续表

项目	人均大棚果蔬总收入	人均果蔬总收入（大棚＋露地）	人均总收入
村总人口（人）	0.068 （1.038）	−0.086 （1.022）	−0.931 （1.429）
村离最近高速距离（千米）	310 （1 181）	351 （1 164）	751 （1 627）
常数项	−12 180 （25 390）	−15 615 （25 015）	8 218 （34 963）
R^2	0.322	0.336	0.246
样本量	510	510	510

注：括号里是估计系数的标准误

、*分别表示在 5%、1%的置信水平上具有统计显著性

6.5 总结与讨论

本章从理论上分析了不同角色农户在合作社中受益程度和机制的差异，并基于 255 户大棚果蔬种植户、18 家大棚果蔬合作社的两期数据，对合作社的收入效应和利益分配进行了实证研究。研究结果表明，少数功能强的合作社对农户的收入效应明显，其所在村的农户收入明显高于外村，并且成员边界相对清晰，对非成员并没有溢出作用；但普遍来看，只有核心成员显著受益，其他三种类型的农户之间的收入平均并没有太大差异。总体来说，合作社收益分配偏向于核心成员，即使合作社功能较强，核心成员的受益程度也明显高于普通成员。这验证了本章提出的假说。

既有文献认为，合作社是社会弱势群体之间的联合，在一定程度和范围内促进了公平，所以应该对合作社的建立和发展给予政策支持（国鲁来，2006）。这也是为什么近年来中央一号文件将合作社的发展作为农村改革的重点工作之一。但这都是以合作社的“益贫性”功能为既定前提的。然而，由于农户间异质性太强，现实中的合作社并没有“兑现”其“益贫性”功能，政策支持的初衷也远未实现。造成这种结果的根本原因是，在成员异质性的条件下，民主决策基本流于形式，从而无法按照合作社原则来组建真正的合作社。尽管许多

合作社在章程中明确规定了成员（代表）大会是最高权力机构、一人一票等民主管理的条款，但多数情况下，普通成员在很大程度上会受到核心成员的影响，无法实现民主决策，利益分配自然也就不可能偏向于普通成员。

因此，如果政策的目标是促进真正的合作社的产生和发展，那么，政策的重大调整就是必需的——应由物质支持转向制度建构（许建明和李文溥，2015）。不能盲目地对合作社进行财政支持，否则，中国合作社的“泛合作化”将“公司＋农户”、“农民经纪人＋农户”及农民合伙企业等多种组织归到合作社名下，财政支持无法被真正的合作社所享受（苑鹏和刘凤芹，2007）。政府盲目对合作社进行物质支持不仅可能导致打着合作社旗号套取财政资金的组织越来越多，并且利益分配会因此偏向即使不成立合作社也会得到较高收益的核心成员，从而违背了合作社的“益贫性”。实际上，国际社会的普遍经验是不要给予合作社过多的物质支持，合作社真正需要的是制度建构，如外部代理人支持等（Fulton，2005）。

参 考 文 献

蔡荣. 2011. “合作社＋农户”模式：交易费用节约与农户增收效应——基于山东省苹果种植农户问卷调查的实证分析. 中国农村经济，(1)：58-65.

陈富桥，丁士军，姜爱芹. 2013. 产销对接方式对农户农产品销售收入的影响——基于茶叶种植户的实证研究. 农业技术经济，(7)：72-77.

崔宝玉，陈强. 2011. 资本控制必然导致农民专业合作社功能弱化吗？. 农业经济问题，(2)：8-15，110.

崔宝玉，李晓明. 2008. 资本控制下的合作社功能与运行的实证分析. 农业经济问题，(1)：40-47，111.

邓衡山，王文烂. 2014. 合作社的本质规定与现实检视——中国到底有没有真正的农民合作社？. 中国农村经济，(7)：15-26，38.

邓衡山，徐志刚，黄季焜，等. 2011. 组织化潜在利润对农民专业合作组织形成发展的影响. 经济学（季刊），(4)：1515-1532.

邓宏图，崔宝敏. 2008. 制度变迁中土地产权的性质与合约选择：一个有关合作经济的案例分析. 管理世界，(6)：61-67，94.

费方域，蒋士成. 2011. 奥利弗·哈特等论文集：不完全合同、产权和企业理论. 费方域，蒋士成，译. 上海：格致出版社.
国鲁来. 2006. 农民合作组织发展的促进政策分析. 中国农村经济，(6)：4-11，37.
黄季焜，邓衡山，徐志刚. 2010. 中国农民专业合作经济组织的服务功能及其影响因素. 管理世界，(5)：75-81.
黄胜忠，徐旭初. 2008. 成员异质性与农民专业合作社的组织结构分析. 南京农业大学学报(社会科学版)，(3)：1-7，43.
黄祖辉，梁巧. 2007. 小农户参与大市场的集体行动——以浙江省箬横西瓜合作社为例的分析. 农业经济问题，(9)：66-71.
黄祖辉，邵科. 2009. 合作社的本质规定性及其漂移. 浙江大学学报(人文社会科学版)，(4)：11-16.
李桃. 2014. 经济理性、生存智慧与行为逻辑——农民专业合作社内部中小社员“搭便车”行为探究. 宏观经济研究，(2)：10-17.
李玉勤. 2008. “农民专业合作组织发展与制度建设研讨会”综述. 农业经济问题，(2)：98-101.
林坚，马彦丽. 2006. 农业合作社和投资者所有企业的边界——基于交易费用和组织成本角度的分析. 农业经济问题，(3)：16-20，79.
潘劲. 2011. 中国农民专业合作社：数据背后的解读. 中国农村观察，(6)：2-11，94.
谭智心，孔祥智. 2012. 不完全契约、内部监督与合作社中小社员激励——合作社内部“搭便车”行为分析及其政策含义. 中国农村经济，(7)：17-28.
唐宗焜. 2012. 合作社真谛. 北京：知识产权出版社.
徐健，汪旭晖. 2009. 订单农业及其组织模式对农户收入影响的实证分析. 中国农村经济，(4)：39-47.
许建明，李文溥. 2015. 合作社与政府——制度性建构优于物资性支持. 制度经济学研究，(1)：21-40.
伊藤顺一，包宗顺，苏群. 2011. 农民专业合作社的经济效果分析——以南京市西瓜合作社为例. 中国农村观察，(5)：2-13，95.
应瑞瑶. 2004. 论农业合作社的演进趋势与现代合作社的制度内核. 南京社会科学，(1)：13-18.
苑鹏. 2004. 关于理顺农民合作组织产权关系的思考. 中国合作经济，(1)：33.
苑鹏，刘凤芹. 2007. 美国政府在发展农民合作社中的作用及其启示. 农业经济问题，(9)：101-106.

张晋华，冯开文，黄英伟. 2012. 农民专业合作社对农户增收绩效的实证研究. 中国农村经济，（9）：4-12.

张维迎. 1999. 企业理论与中国企业改革. 北京：北京大学出版社.

张晓山. 2009. 农民专业合作社的发展趋势探析. 管理世界，（5）：89-96.

Deng H S，Huang J K，Xu Z G，et al. 2010. Policy support and emerging farmer professional cooperatives in rural China. China Economic Review，21（4）：495-507.

Fulton M. 2005. Producer associations：international experience//Sonntag B H，Huang J K，Rozelle S，et al. China's Agricultural and Rural Development in the Early 21st Century. Australian Government，Australian Centre for International Agricultural Research：174-196.

Galdeano E，Céspedes J，Rodríguez M. 2005. Productivity and quality：environmental changes in marketing cooperatives：an analysis on the horticultural sector. Copenhagen：'The Future of Rural Europe in the Global Agri-Food System'，the XIth Congress of the EAAE（European Association of Agricultural Economists）.

附表　计量经济模型中各变量的描述性统计

变量	观测	均值	标准差	最小	最大
2013 年					
大棚果蔬生产规模（亩）	255	10.04	24.69	0	300.00
果蔬生产规模（亩）	255	11.61	24.93	0	300.00
大棚果蔬亩均净收益（元）	255	7 049.24	5 765.01	0	35 087.72
果蔬亩均净收益（元）	255	6 835.61	5 411.21	0	35 087.72
人均大棚果蔬总收入（元）	255	14 296.65	22 157.96	0	164 473.70
人均果蔬总收入（元）	255	15 626.40	22 164.95	0	164 473.70
人均总收入（元）	255	28 101.72	28 649.44	1 852.17	233 114.00
户主年龄（岁）	255	51.08	9.88	25.00	78.00
户主性别（1＝男；0＝女）	255	0.94	0.24	0	1.00
户主受教育年限（年）	255	8.00	2.80	0	16.00
是否从事农业经营（1＝是；0＝否）	255	0.98	0.15	0	1.00
是否种植水果（1＝是；0＝否）	255	0.10	0.30	0	1.00
是否处于农业园区（1＝是；0＝否）	255	0.07	0.26	0	1.00
是否为温室大棚（1＝是；0＝否）	255	0.05	0.21	0	1.00

续表

变量	观测	均值	标准差	最小	最大
村人均耕地（亩）	255	1.54	0.79	0.33	4.52
村人均收入（元）	255	11 540.81	3 009.00	3 478.26	18 859.65
村总人口（人）	255	4 533.59	2 072.28	1 970.00	8 240.00
村离最近高速距离（千米）	255	22.66	22.03	1.50	120.00
2008 年					
大棚果蔬生产规模（亩）	255	4.17	13.35	0	170.00
果蔬生产规模（亩）	255	5.71	14.24	0	170.00
大棚果蔬亩均净收益（元）	255	3 181.37	4 288.78	−3 333.00	30 000.00
果蔬亩均净收益（元）	255	3 316.15	4 057.17	−2 000.00	30 000.00
人均大棚果蔬总收入（元）	255	4 327.21	10 605.09	−13 333.33	100 000.00
人均果蔬总收入（元）	255	5 470.58	10 958.58	−13 333.33	100 000.00
人均总收入（元）	255	15 583.07	18 378.92	−19 100.00	143 333.30
户主年龄（岁）	255	46.08	9.88	20.00	73.00
户主性别（1＝男；0＝女）	255	0.94	0.24	0	1.00
户主受教育年限（年）	255	8.00	2.80	0	16.00
是否从事农业经营（1＝是；0＝否）	255	0.89	0.32	0	1.00
是否种植水果（1＝是；0＝否）	255	0.04	0.19	0	1.00
是否处于农业园区（1＝是；0＝否）	255	0	0	0	0
是否为温室大棚（1＝是；0＝否）	255	0.003	0.06	0	1.00
村人均耕地（亩）	255	1.68	0.73	0.35	4.56
村人均收入（元）	255	8 363.54	3 980.25	2 500.00	17 190.00
村总人口（人）	255	3 338.26	1 132.71	1 920.00	5 800.00
村离最近高速距离（千米）	255	22.98	21.98	1.50	120.00

第7章　中国农民合作社的农户参与：“自选择”还是“被参与”

自2007年中国《合作社法》实施以来，合作社在全国范围内如雨后春笋般大量涌现，农户参与率也随之大幅度提高（Deng et al.，2010）。据官方统计，中国参加合作社的农户比例从2004的3.5%上升到了2015年的42%[①]。然而，依据官方统计数据计算的农户参与率可能大大高估了农户主动加入合作社的参与程度。因为现实中农户成为合作社成员，有些是主动“自选择”的结果，有些则是被动的，属于“被参与”。对于合作社的健康、持续发展而言，保持和激励农户参与合作社的积极性至关重要。

经过过去几年的快速发展，合作社已成中国农村重要的农业生产经营主体之一，合作社的发展为提升中国小农户的生产经营组织化水平发挥了重要作用。但是，很显然的是，农户“被参与”合作社问题和其他种种合作社发展过程中出现的乱象（谭银清等，2015；邓衡山和王文烂，2014；潘劲，2011），不仅会影响合作社的整体发展质量和社会对合作社发展的态度，也会严重影响农户参与合作社的积极性和合作社的可持续发展。那么，农户“被参与”问题到底有多严重？现实中，农户“被参与”合作社是局部个案还是普遍存在的现象？影响合作社农户参与率的主要动因和机理是怎样的，特别是导致成员虚假参与的机制是什么？这些问题的回答对我们合理判断中国合作社发展成绩和存在的问题，以及完善相关合作社发展支持政策具有重要意义。

关于中国合作社农户虚假参与问题，虽然不少学者在研究中都有所提及，

---

① 《全国农民合作社发展部际联席会议第四次全体会议》：http://www.xinhuanet.com/politics/2016-03/21/c_128819262.htm，2016年3月21日。

但迄今为止尚未出现专门将其作为分析对象进行系统研究的文献，已有讨论只是散落在研究合作社其他问题的文献中。一些从事合作社研究的专家学者因为合作社存在的问题，对中国合作社的发展前景表达出了不同程度的忧虑。有学者明确指出需理性判断合作社数量和农户参与率等发展数据，以免放大合作社对农民的实际带动能力（潘劲，2011）。现实中不仅存在不开展具体活动的“空壳合作社”和虚假参与农户（吴琦，2015），还有以合作社外壳来包装下乡资本的“异化合作社”（罗攀柱，2015；吴金红和马丁丑，2015；冯小，2014），以及股份化倾向（徐旭初，2005）、能人和大户主导（杨灿君，2016）、小农排斥（张晓山，2009）等实际问题。然而，虽然大家认识到了农户虚假参与和被参与等问题，但现有针对农户合作社参与行为的研究却没有就农户参与合作社行为的性质进行区别，未区分农户的参与行为属于主动参与还是被动参与（张广胜等，2007）。少数将农户参与行为进行细分的研究只是在农户主动参与行为的范畴内将合作社参与细分为业务参与、资本参与和管理参与（邵科和徐旭初，2013）。

本章基于农户参与行为背后的动机，将其参与行为区分为“自选择”行为和“被参与”行为，系统剖析两类参与方式背后的动因和行为逻辑。利用第三轮实地调查数据，采用广义线性模型（generalized linear models，GLM）的方法，在合作社层面分析合作社官方发起和功能对农户参与率的影响，探讨不同类型合作社参与率背后的主要来源，为深入揭示官方发起合作社参与率虚高和农户“被参与”问题提供理论依据。

7.1　一个关于合作社农户参与的分析框架

合作社作为一种自我服务组织，是农户为实现一定共同目标，结合在一起组成的相互协作的组织，成员认同和积极参与对于合作社的可持续发展至关重要。按农户参与合作社动机和行为的主动性程度差异，可将成员加入合作社分为"自选择"和"被参与"两种，前者是农户根据自己意愿自主选择的结果，后者指农户被迫参与，甚至都不知道自己参与了合作社的情况。另外，按照发起人背景不同，合作社的发起成立可分为官方发起和民间发起，前者指合作社由乡镇政府或村委会主导或者主要参与发起，而后者指合作社完全由民间农户或企业发起，没有官方背景。

7.1.1　农户"自选择"的动机和逻辑

小规模分散的农户是中国农业生产经营的主体，小农户分散与市场进行交易的市场模式也是中国农业市场的主要形态。合作社作为一种农户将全部或部分生产要素集中到一起合作生产经营的组织交易方式，是上述市场模式的替代选择之一。理论上，合作社通过横向一体化或纵向一体化可实现生产规模扩张，通过降低成本、提高市场谈判能力和获取创新利润等途径获取规模经济（邓衡山等，2016），因此农户加入合作社有可能分享到合作社预期带来的好处。合作社可通过向其成员提供农资供应、农产品销售、农产品包装或精加工等集体投资、技术和信息服务，以及资金融通等服务来帮助解决小农户在现代市场经济发展中遇到的种种问题（邓衡山等，2011）。当然农户想通过加入合作社获取预期利益也需要付出一定成本。农户是否加入合作社取决于其对加入合作社收益和成本的评估和权衡。

一般而言，农户加入合作社的潜在收益主要来自四个方面。一是规模经济产生的收益。和农户直接与市场交易相比，合作社无论是统购还是统销都有可能因规模经济产生额外收益。二是降低市场风险。农业生产经营面临很多不确定性，农户所承担的风险随着经营规模的扩大不断增加。合作社可能掌握的供销渠道可以削弱农户面临的市场风险，起到稳定农户收入的作用。三是更加便捷地了解农业生产的相关信息。村落作为一个相对封闭的单元，农户获取外部信息的渠道相对较少。合作社作为连接农户和市场的桥梁，可帮助农户降低其面临的信息不对称问题，及时掌握市场动态，优化生产决策。四是缓解流动性约束。一些合作社可向成员提供资金借贷服务，这在一定程度上可以缓解农户在生产经营投入阶段的资金短缺问题。然而，上述这些激励农户加入合作社的因素都与合作社提供的服务功能直接挂钩：规模经济的额外收益、市场风险的有效控制与合作社统购和统销的服务功能紧密联系；生产技术与市场信息的及时获取则得益于合作社提供的技术与信息服务功能；而有效缓解流动性约束本就是合作社提供资金借贷服务的初衷。由此看来，农户面临的潜在收益与合作社的这些具体功能息息相关，对于农户而言，选择加入功能越全面、越完善的合作社，其所获得的潜在收益也就越大。因此，如果农户加入合作社完全是自愿性的，则那些功能齐全、完善并契合农户需要的合作社能吸引到更多的农户加入。

农户加入合作社的成本可分为物质成本和时间成本两类：物质成本包含需要缴纳的会费、年费及认购股份的出资；时间成本则包括参与合作社各种公共决策及与合作社负责人打交道的时间等。总体上，中国当前合作社设立的进入门槛并不太高（张荣和王礼力，2014）。在作为本章研究对象的 241 家合作社中，只有不到 20%的合作社在农户加入合作社的时候要求其入股，不到 5%的合作社要求农户缴纳会费或年费，物质成本并不算高。而从时间成本来说，由于农村合作社绝大多数在本村或本乡镇内，与合作社来往比较方便，时间成本也并不高。因此，农户是否加入合作社主要取决于合作社的功能和潜在收益（黄季焜等，2010）。

7.1.2 农户“被参与”的机制与动因

虽然农户是合作社的基本组成元素和主体，但由于合作社是中国政府大力推动的新型农业经营主体，政府、企业和大户等利益主体在合作社发展过程中都发挥了重要作用。中国合作社发展的外部环境和合作社注册登记的方式决定了合作社农户参与率的提升未必一定是农户主动参与和自主选择的结果。乡镇政府、村委会和合作社主要发起人都存在动机去人为提高合作社的农户参与率，特别是对于发起成立有官方背景的合作社。

首先，政府的政策支持和项目扶持激励企业、大户等经济主体甚至乡镇政府纷纷成立合作社，借助合作社平台谋求政策利益。为鼓励合作社发展，中国政府出台了一些资金补助式的合作社支持政策，但这种专项资金并不是普惠的，只有部分合作社能够获得。在这种环境下，一方面，民间发起的合作社有激励通过积极做大合作社的规模和动用各种社会资本以获取政策资源；另一方面，一些乡镇基层政府由于地方财政有限，为获取项目支持，通过下属站所来设立合作社以争取项目支持和财政资源。这些动机都会导致合作社出现虚假参与的情况。

其次，政绩考核迫使基层政府和村庄成立名义合作社去完成上级政府安排的任务。有些地区将合作社成立数量和带动农户数直接作为当年的工作指标一层一层摊派而下，使得成立合作社变成基层政府工作人员和村干部的负担。在一些没有基础成立合作社的地区，基层干部出于自身利益的考虑不得不成立"空壳"合作社、虚报合作社带动农户数以应付上级考核。有些该类官方发起成立的合作社，农户甚至连参与了合作社都并不知情。

可见，在这种政策激励和政绩考核环境下，不仅民间发起的合作社有动机虚增成员人数、做大合作社规模，而且乡镇政府和村两委也都有很强的设立合作社的动力，但这样的合作社往往难以像一般的合作社那样正常运转，很多都只有一个空壳和一批虚假参与的农户。相比之下，由于乡镇政府和村两委拥有的社会资本、对合作社支持政策等信息的掌握程度，以及动员资源的能力都比较强，甚至直接掌握农户的身份证号等个人信息，因此，在设立空壳合作社和做大合作社成员规模上享有很大的便利条件。这样发起成立的合作社，其规模与合作社功能没有必然的关系，而只与发起方动机强弱和资源动员能力相关。相反，对于民间发起成立的合作社发起人，无论是企业还是大户，其虚增成员规模的成本和难度要大得多。如果需要发动农户自动加入以扩大合作社规模，显然需要以做强合作社作为前提；如果需要虚增合作社成员名单，则往往需要与农户协商以获取农户个人信息。

如果上述分析成立，我们在现实中将会观察到：在同等条件下，乡镇政府和村级组织发起或支持成立的、有官方背景的合作社更容易存在“被参与”问题，农户参与率会明显高于民间自发成立的合作社。民间发起成立合作社的参与率主要受到组织服务功能的影响，功能越强，农户参与率越高；而官方发起合作社的参与率主要受发起方动机和资源调动能力的影响，与组织的服务功能关系并不紧密。

7.2 研究方法

7.2.1 数据来源

本章所用数据来自第三轮调查，即 2014 年对江苏、吉林和四川 3 省 500 家合作社的实地调查数据。由于农民合作社样本中仅有 241 家产品类合作社在合作社参与方面的信息是完备的，因此，本章分析最终使用的合作社样本数为 241 家。

7.2.2 计量经济模型

由于实证模型的被解释变量“合作社参与率”是一个介于 0 到 1 之间的连续变量，因此我们选择使用 GLM。GLM 适合处理偏态分布数据，并可避免数据形式转换等问题。根据 Papke 和 Wooldridge 对比例因变量模型的比较，模型设定为 Logit 连接函数和二项式分布的模型。

GLM 一般被表示为

$$\mu_i = E\left(Y_i = g^{-1}\left(\sum_j X_{ij}\beta_j + \varepsilon_i\right)\right) \tag{7-1}$$

$$\mathrm{Var}(Y_i) = \frac{\varphi V(\mu_i)}{\omega_i} \tag{7-2}$$

式中，Y_i 为被解释变量，指合作社参与率；X_{ij} 为解释变量矩阵，代表的是一系列关键解释变量和控制变量的组合；$g(x)$为连接函数，本章选取的是 Logit 函数，我们设解释变量的线性组合 $X_{ij}\beta_j + \varepsilon_i = \eta_i$，则 $Y_i = g^{-1}(\eta_i) = 1/[1+\exp(-\eta_i)]$（这也就在数学上满足了我们被解释变量是一个介于 0 到 1 之间的连续变量的要求）。式（7-2）则是将被解释变量 Y_i 的方差的约束放宽：使其不一定为常数，而是可以随均值的变化而变化。φ 为方差函数的散布参数；$V(\mu_i)$ 为方差函数；ω_i 为信度或权重。

7.2.3　变量选择

本章的关键解释变量有"合作社是否官方背景"、"合作社功能"及这两者的交互项（表 7-1）。从理论上来看，由于具有官方背景的合作社相较于具有民间背景的合作社而言，其受到政策影响的可能性更大、虚假参与问题可能更为严重，"合作社是否官方背景"预期上应该会对合作社参与率有一个显著的正向影响；由于我们在模型中加入了合作社功能与合作社是否官方背景的交叉项，因此功能对合作社名义参与率的影响应该是由合作社功能及其与合作社是否官方背景的交互项共同决定的，符号方向不好直接判断。同时，考虑到合作社参与率从理论上而言还会受到合作社其他特征及外部环境的影响，为了能够准确识别本章关注的关键解释变量的影响，模型中还控制了"入社条件"、"竞争组织数量"、"村户数"、"村农业劳动力"、"村人均年收入"、"村社会信任"及地区虚拟变量。从合作社层面而言，合作社对农户加入的限制条件越多，越多的农户就会被排斥在组织之外，合作社参与率会随之降低；当地如果还存在经营项目相同或相似的其他合作社，则会对当地农户形成分流效应，其中每一家合作社的农户参与率同样也会降低。所以我们预期入社条件和竞争组织数量会对合作社参与率存在负向影响。从外部环境层面考虑，村庄的规模、就业结构、经济发展水平、社会风气及一些不可观测的环境因素都有可能影响一个组织发展的好坏。

表 7-1　变量定义与描述统计

变量	定义	均值	标准差	最小值	最大值
合作社参与率	0～1 的连续变量（%）	0.36	0.39	0	1
合作社是否官方背景	1＝是；0＝否	0.46	0.50	0	1
合作社功能	1＝合作社功能强；0＝合作社功能弱	0.63	0.48	0	1
功能背景交互项	由前两个变量相乘得到	0.32	0.47	0	1
入社条件	对加入农户要求的项数（个）	1.40	0.97	0	4
竞争组织数量	本村有几家同类型合作社（家）	0.58	1.05	0	4
村户数	本村有多少户村民（户）	713	438	220	3 800
村农业劳动力	本村从事农业劳动的人数（人）	1 304	810	56	5 600
村人均年收入	本村人均年收入（元）	9 824	4 845	1 000	25 000
村社会信任*	由村干部 1～5 打分，分数越高则信任状况越好	3.83	1.02	1	5

*设计的问题为：10 年前，村里绝大多数人都是可信任的，与他们打交道不用费太多心思。答案选项为：1＝非常不同意；2＝不同意；3＝一般；4＝同意；5＝非常同意

7.3　结果与分析

7.3.1　描述性统计分析

合作社调查数据显示，中国不同地域之间合作社发展状况及农户参与状况具有很大的差异但也存在共性（表 7-2）。从合作社总数来看，东北平原地区作为中国重要的粮食产地，农业在当地经济发展中占据了重要的位置，相应的合

作社具有更为广阔的发展空间，样本中有一半以上（54%）的合作社集中在代表东北地区的吉林省。四川省作为中国劳务输出大省，由于农业人口的外流，以及地形地貌多以山地丘陵为主，农业相对欠发达，合作社数量相对较少（仅占总样本的 10%）。长江中下游平原代表的江苏省的合作社数量则居于前两者之间（占总样本的 36%）。结合发起人背景来看，江苏和四川地区均是官方背景的合作社较多，只有在农业基础最好、合作社数量最多的吉林省，民间自发成立的合作社数量才多于官方背景的合作社。

表 7-2　合作社成员参与情况

变量	江苏		四川		吉林		合计
	官方	民间	官方	民间	官方	民间	
合作社样本数/家	55	31	15	9	42	89	241
占总样本比例	23%	13%	6%	4%	17%	37%	100%
成员数量/户	197	162	110	16	21	13	—
参与分红成员数量/户	35	17	8	2	4	3	—
其中：参与管理成员数量/户	5	3	4	1	3	2	—
参与分红成员比例	18%	10%	7%	13%	19%	23%	—
名誉成员数量*/户	12	3	66	11	2	4	—
合作社参与率*	51%	48%	67%	53%	32%	17%	—

*名誉成员指无分红且不享受合作社服务但被合作社视为其成员的那部分成员；合作社参与率＝当地加入该合作社的农户数/当地农户数，其中，当地农户是指合作社成立所在行政村的、经营品种和合作社相同的所有农户；当地加入该合作社的农户是指当地农户中加入了该合作社的那部分农户

7.3.2　合作社参与现状分析

在农户参与方面，虽然三省平均的合作社成员户数由于主导产业的不同存在较大的差异，但官方发起的合作社成员数量都要超过民间自发组织形成的合作社。名誉成员实际上就是虚假参与合作社类型的农户，但由于此数据相对敏感，直接询问合作社负责人得到的数据未见得可靠，故列在此处仅作为参考。由上文理论逻辑可知，官方背景的合作社更有动机虚报成员数量，这与我们从数据中所看到

的官方发起的合作社参与率相对更高相吻合，因此我们有理由怀疑这些官方背景的合作社的真实参与率是否有我们表面上看到的这么高。

分析结果表明，中国合作社已经在多方面发挥了应有的功能，但不同合作社提供的服务差异很大。我们将产品类合作社提供的服务归为技术服务、农资购买服务、产品销售服务和资金借贷服务 4 种，并根据一定标准将服务功能进一步区分为强弱两类（表 7-3）。合作社提供技术服务的最普遍，占 59.3%，但 46.9%的组织只提供 1～2 项技术服务，另外 12.4%的组织能提供 3～5 项技术服务，服务功能相对较强。合作社提供农资购买和产品销售服务也较普遍，分别占到 58.1%和 42.7%。在农资购买服务方面，34.9%的合作社只统一提供 1～2 种农资，另外 23.2%的合作社能提供 3～6 种农资；在产品销售服务方面，22.8%的合作社仅限于提供牵线销售服务，另外 19.9%的合作社收购成员产品后再统一销售。能提供资金借贷服务的合作社非常少，仅占 5.4%，且 3.7%的合作社年均贷款总额小于 3 万元，仅有 1.7%的合作社年均贷款总额达到了 3 万元以上。

表 7-3　产品类合作社的服务功能状况

服务功能项目	不提供服务组织的比例	提供服务组织的比例				
		小计	功能弱		功能强	
			标准	比例	标准	比例
技术服务	40.7%	59.3%	1～2 项服务	46.9%	3～5 项服务	12.4%
农资购买服务	41.9%	58.1%	1～2 种农资	34.9%	3～6 种农资	23.2%
产品销售服务	57.3%	42.7%	牵线销售	22.8%	收购再销售	19.9%
资金借贷服务	94.6%	5.4%	年均贷款总额小于 3 万元	3.7%	年均贷款总额大于 3 万元	1.7%

资料来源：根据 2014 年调查资料统计整理所得

合作社为其成员提供的服务强弱是难以直接观测的，为了将组织服务功能的强弱具象化，本章借鉴黄季焜等（2010）对合作社功能具象化的方法，根据合作社提供服务的数量和强弱编制了一个服务功能指数来区分不同合作社的功能强度。就合作社参与率而言，由民间自发形成的合作社随着功能的越发完善，合作社参与率也随之逐步提高（从 18.6%到 32.2%再到 36.6%）；在那些官方发起的合作社中却是没有功能的空壳合作社参与率最高，达 53.5%，功能强的合作社次之（49.5%），最后才是功能弱的合作社，为 41.9%（表 7-4）。横向比较民间发起和官方发起的合作社，无论是在哪个功能层级里，官方发起的合作社的参与率都要高于由民间自发成立的合作社，但是只有在无功能的分组内官方发起合作社的参与率远远超出民间发起合作社，达到近乎 3 倍。以上的种种证据表明，那些官方发起的合作社可能存在较为严重的虚假参与问题，中国农民组织化程度也许尚未达到官方统计数据所呈现出的水平。

表 7-4　不同功能合作社参与情况

强度*	民间背景合作社		官方背景合作社	
	比例	参与率	比例	参与率
无功能	41.9%	18.6%	30.4%	53.5%
功能弱	51.1%	32.2%	62.5%	41.9%
功能强	7.0%	36.6%	7.1%	49.5%
合计	100.0%	26.8%	100.0%	46.0%

*将技术服务、农资购买服务、产品销售服务和资金借贷服务 4 类服务分为无、弱和强三等，并分别给予 0、1 和 2 的赋值。然后，将 4 类服务的得分按照等权重进行加权求和并分组，得到组织的功能强度

此外，功能较强的合作社比例在民间发起和官方发起两类合作社中比例相当（7.0% vs 7.1%），而在剩下的无功能和功能弱两类合作社中，官方发起合作社中功能弱的比例较高，民间发起合作社中无功能的比例较高。这可能与两类合作社发起人动机的差异和动员资源能力的不同密切相关。对于民间发起背景的合作社，如果合作社发起的主要动机是为了获取政策支持和资源，合作社发起时并没有实质性功能或者功能比较弱，合作社成立之后由于资源动员能力不足往往无法按预期得到政策利益（事实上，民间发起合作社获得政策支持

的情况比较少），合作社很有可能就连基本功能都无法维系，成为“空壳合作社”；而发起人有官方背景的合作社，发起人多为基层干部或事业单位人员，社会资本较强，成立合作社的动机除了借助合作社平台谋求政策利益以外，还有完成上级任务，即使没有条件把合作社运营得很好，但在动员资源和获取政策资源方面要远胜于民间背景的发起人，因此，在力所能及的范围内，至少可以让合作社发挥一些基本的技术和信息服务功能，从而合作社更多容易表现出“功能较弱”的特点。

7.3.3　合作社参与率影响因素分析

使用 GLM 观察影响合作社参与率的因素，同时以多元线性回归模型作为参照。模型在卡方检验（*F* 检验）1%的水平上显著（表 7-5），说明模型拟合程度很好。此外，在加入功能背景交互项后，无论是 OLS 模型还是 GLM 在关键解释变量方面显著性水平都得到了明显改善，而且就边际贡献而言 OLS 模型和 GLM 的结果基本一致，所以下文仅就模型 4（加入交互项后的 GLM）的结果展开讨论。

表 7-5　模型回归结果

变量类型	变量	合作社参与率（0～1 的连续变量）							
		OLS（系数）				GLM（边际效应）			
		模型 1	*t* 值	模型 2	*t* 值	模型 3	*z* 值	模型 4	*z* 值
解释变量	合作社功能（1＝强，0＝弱）	0.014	0.31	0.121^{**}	2.12	0.025	0.55	0.158^{***}	2.61
	合作社是否官方背景（1＝官方，0＝民间）	0.074	1.43	0.254^{***}	3.16	0.073	1.63	0.265^{***}	3.77
	功能背景交互项			-0.263^{***}	−2.67			-0.278^{***}	−3.23
控制变量	入社条件	0.001	0.03	0.000	0.02	0.001	0.03	−0.000	−0.02
	竞争组织数量	−0.041	−1.60	−0.031	−1.20	-0.059^{*}	−1.88	-0.056^{*}	−1.79

续表

变量类型	变量	合作社参与率（0～1 的连续变量）							
		OLS（系数）				GLM（边际效应）			
		模型 1	t 值	模型 2	t 值	模型 3	z 值	模型 4	z 值
控制变量	村户数	0.000	0.12	–0.000	–0.10	0.000	0.13	–0.000	–0.13
	村农业劳动力	–0.000	–0.24	–0.000	–0.39	–0.000	–0.24	–0.000	–0.44
	村人均年收入	0.000	0.87	0.000	0.67	0.000	0.91	0.000	0.67
	村社会信任	0.005	0.23	0.004	0.18	0.006	0.33	0.003	0.22
	乡镇虚拟变量	略	略	略	略	略	略	略	略
截距项		0.390**	2.07	0.372**	2.00	—	—	—	—
F 检验/卡方检验		170.2***		61.2***		1123.1***		935.4***	
样本数		241		241		241		241	

注：OLS 模型使用 F 检验，GLM 使用卡方检验

*、**、***分别表示统计检验在 10%、5%、1%水平上显著

乡镇政府和村级组织支持成立的具有官方背景的合作社的参与率明显高于民间自发形成的合作社。在功能较强的那些合作社中，两者的差异并不明显（26.5%～27.8%）；但在功能薄弱的合作社中，官方背景合作社的参与率比民间背景合作社高出 26.5%，且回归系数的统计检验在 1%的水平上显著（表 7-5）。总体来看，官方背景的合作社拥有更高的名义参与率，验证了前文所提出的猜想。我们有理由相信不同背景的两类合作社名义参与率之间的差异在很大程度上就来源于虚假参与，即便这样，还是有可能低估了虚假参与问题的程度，因为民间自发形成的合作社虽然使农户“被参与”的动机较弱，但也并不是绝对没有，而这一部分是我们无法测度的。

此外，合作社服务功能对两类不同背景合作社的影响存在很大差异：在民间发起的合作社中，服务功能对农户参与有正向作用；但对于官方发起的合作社，其名义上的农户参与率与服务功能无关，对应关系上更是表现出负向相关。在民间自发形成的合作社中，功能较强的合作社的参与率明显更高（相比于功能较弱的合作社高出约 15.8%，且回归系数的统计检验在 1%的水平上显著）；

但在那些乡镇政府和村级组织支持成立的具有官方背景的合作社中，功能的影响却出现了反转——功能较强的合作社反而参与率不及功能薄弱的合作社，根据模型估计的结果，这种差异约为 12 个百分点（15.8%～27.8%）。合作社功能与参与率展现出来的倒置关系是与农户“自选择”行为相背离的，唯一的解释就是农户在不知情的情况下被动加入合作社。

总体而言，实证分析的结果基本验证了前文阐述的合作社背景与功能协同影响合作社参与率、不同类型合作社参与率背后主导因素不同的假说。结果表明，在功能较弱的合作社中具有官方背景的合作社参与率明显高于民间背景合作社，而在功能较强的合作社中参与率没有明显差异；在具有民间背景的合作社中，功能强的合作社参与率与组织自身功能完善程度呈现显著正向关系，但官方背景合作社的参与率不受功能的影响。

7.4　结　　论

研究表明，合作社的虚假参与问题实质是市场被政策扭曲之后所形成的经济非效率的其中一种表现形式。无论是从背景不同的两类合作社参与率之间巨大的差异角度，还是从官方背景合作社中参与率与合作社自身功能倒挂的角度来看，当前中国的合作社在农户参与方面的作假行为绝不是个案，而是已经成为一种普遍现象。在目前的政策导向下，中国的合作社面临着严重的虚假参与问题，并且主要集中在具有官方背景且功能较差的那类“空壳合作社”之中。

中国政府每年在合作社推进方面的投入巨大且呈上升趋势，在此背景下这种“政策寄生虫”式的空壳合作社的存在及其虚报参与率的行为将对中国财政资金的有效合理利用产生巨大的挑战，如何将纳税人的每一分钱花在刀刃上成为中国政府亟须解决的问题，也应该引起社会及政府有关部门的重视。合作社作为促进农民组织化的重要载体，相关政府部门应该循序渐进地引导其健康发展，避免出现因激励不当而导致的政策资源浪费现象。下一阶段的工作重心应该从促进合作社数量增长转向提升合作社质量。

从实际操作的视角来看，有关部门可以尝试从以下的几个角度考虑对合作社扶持政策进行改进与完善：一是适时提高合作社成立的准入门槛，提高弄虚作假者的作假成本；二是将合作社成立数量从基层工作人员考核指标中除去，避免那些为完成政绩考核而成立的合作社的存在；三是在将财政资金奖补给优质合作社的过程中加强对财政资金使用的监管与审核，确保财政资金的有效利用；四是在合作社扶持的方式上以旨在降低组织成本的制度建构逐步取代直接的物质奖励与支持。

参考文献

邓衡山，王文烂. 2014. 合作社的本质规定与现实检视——中国到底有没有真正的农民合作社？. 中国农村经济，（7）：15-26，38.

邓衡山，徐志刚，黄季焜，等. 2011. 组织化潜在利润对农民专业合作组织形成发展的影响. 经济学（季刊），（4）：1515-1532.

邓衡山，徐志刚，应瑞瑶，等. 2016. 真正的农民专业合作社为何在中国难寻？——一个框架性解释与经验事实. 中国农村观察，（4）：72-83，96-97.

冯小. 2014. 农民专业合作社制度异化的乡土逻辑——以"合作社包装下乡资本"为例. 中国农村观察，（2）：2-8，17，92.

黄季焜，邓衡山，徐志刚. 2010. 中国农民专业合作经济组织的服务功能及其影响因素. 管理世界，（5）：75-81.

罗攀柱. 2015. 林业专业合作社异化：类型、形成要因及其机制——以H省为例. 农业经济问题，（2）：40-46，111.

潘劲. 2011. 中国农民专业合作社：数据背后的解读. 中国农村观察，（6）：2-11，94.

邵科，徐旭初. 2013. 合作社社员参与：概念、角色与行为特征. 经济学家，（1）：85-92.

孙亚范，余海鹏. 2012. 农民专业合作社成员合作意愿及影响因素分析. 中国农村经济，（6）：48-58，71.

谭银清，王钊，陈益芳. 2015. 西方农业合作社演化对我国农民专业合作社异化的启示. 现代经济探讨，（5）：74-78.

吴金红，马丁丑. 2015. 欠发达地区农民专业合作社异化测度及实证分析——基于甘肃省示范性合作社的调研. 农业现代化研究，36（1）：57-61.
吴琦. 2015. 政策诱变与调适：农民专业合作社“空壳化”的成因与治理. 大理学院学报，14（1）：36-40.
徐旭初. 2005. 农民专业合作组织立法的制度导向辨析——以《浙江省农民专业合作社条例》为例. 中国农村经济，（6）：19-24.
杨灿君. 2016. “能人治社”中的关系治理研究——基于35家能人领办型合作社的实证研究. 南京农业大学学报（社会科学版），（2）：44-53，153.
张广胜，周娟，周密. 2007. 农民对专业合作社需求的影响因素分析——基于沈阳市200个村的调查. 农业经济问题，（11）：68-73，111.
张荣，王礼力. 2014. 农民专业合作社社员搭便车行为影响因素分析——以陕西省为例. 农村经济，（11）：125-129.
张晓山. 2009. 农民专业合作社的发展趋势探析. 管理世界，（5）：89-96.
朱红根，陈昭玖，翁贞林，等. 2008. 稻作经营大户对专业合作社需求的影响因素分析——基于江西省385个农户调查数据. 农业经济问题，（12）：71-78，112.
Deng H S，Huang J K，Xu Z G，et al. 2010. Policy support and emerging farmer professional cooperatives in rural China. China Economic Review，21（4）：495-507.

中　　篇

发展困境与缘由

第 8 章　农民合作社在中国发展的必要条件

8.1　合作社的本质规定

无论合作社的本质是什么，它首先是一种组织。人们之所以成立组织，并通过组织与市场打交道，是为了将与市场打交道时的外部成本内部化（Coase，1937），或者说是为了实现规模化经营。但是，用以实现规模化经营的组织形式有很多种，既可以是合作社，也可以是投资者所有的公司，抑或是其他组织。人们之所以选择合作社，源于合作社独特的组织方式，以及由此方式才能实现的独特功能。实际上，组织的本质和功能就是一枚硬币的正反面。因此，讨论合作社的本质规定，可以从人们希望合作社实现什么功能或者解决什么问题谈起。

小农户由于经营规模小，与外部市场打交道时交易成本高昂而难以融入大市场的问题，通常被称为“小农户-大市场”问题。解决这一问题可以从农业经营的各个环节来分析。农业经营的环节包括生产、加工和流通，相应地，规模化经营即是这些环节经营的规模化。

实现规模化经营最简单的方式是成立公司。公司通过雇工经营，既能在生产环节实现规模化，也能在加工和流通环节实现规模化。但是，农业生产的特性使得公司存在着对雇工劳动进行监督的难题。此外，采用公司形式也难以实现范围经济，并且这不太适合中国高人口压力的特殊国情（黄宗智，2010）。因此，在农业生产环节上普遍实现规模化经营既非常困难，也不太必要。

尽管在农业生产上不需要或短期内难以普遍扩大经营规模，但仍然需要以“纵向一体化”来整合农产品生产、加工和销售，如“公司＋农户”模式，这种模式要求公司与农户签订合同，对农户所生产农产品的价格、数量及质量等做出约定。这种模式既保证了农业生产的独立性与自主性，又适应了市场网络和农产品加工销售的规模性，给双方都带来了利益。

但是，在“公司 + 农户”模式中，农户在与公司打交道时仍是分散的，交易成本仍旧很高。此外，公司和农户在利益上存在对立之处，使得这种模式具有内在的不稳定性。一是公司的投资方向不受农户约束；二是存在二者间契约彼此约束的脆弱性和协调困难的内在缺陷（周立群和曹利群，2001），当产品品质难以鉴别或鉴别成本很高时，契约就更难以履行了。在“公司 + 农户”模式中双方履约积极性低的根本原因在于，公司扮演的是投资者的角色，而农户扮演的是惠顾者的角色①，双方不完全共享产权，因而存在着利益对立之处，再加上双方力量不对等，一旦违约，也难以事后制裁，因而彼此都不能对对方构成有效约束。

为了避免公司、“公司 + 农户”等组织形式的缺陷，人们需要新的组织。在这种新组织中，农户在生产环节相互独立，在流通环节则组织起来，每个成员都既是公司的所有者，又是农户，他们共享公司的全部产权，即“投资者与惠顾者同一”（patron-owners）。由于公司是投资者所有的企业，投资者也即所有者，因此，它也可称为“所有者与惠顾者同一”。在这种模式中，农户既是组织的所有者和服务的提供者，又是服务的惠顾者。生产环节独立经营是为了避免公司雇工经营时的劳动监督难题和实现范围经济；每个成员都既是公司的所有者又是农户，是为了解决“公司 + 农户”中各主体激励不相容的问题。由于成员既是公司的所有者又是农户，公司向农户压价、变相违约或者农户违约不再把产品卖给公司，甚至是针对公司收购价格的讨价还价，都变得没那么必要了。另外，由于大家完全共享产权，每个成员的收益与其他成员的经营及履约情况息息相关，因而他们有了互相监督的动力，再加上成员之间关系紧密，彼此更为熟悉，互相接触的机会多，成员互相监督的成本也相对低廉，

① 本书将公司与农户间的交易看成服务与惠顾，公司因此赚取的利润则是服务费。

实施对违约者的惩罚也更容易。这正是合作社的组织模式，也即是说，相比其他组织方式，合作社在特定条件下实现了成员总体利益更大化，即更有效率。这种效率优势是合作社存在的必要前提。如若不然，合作社就会转向其他组织形式。首先，合作社要比农户单干更有效率，否则，农户可以选择单干而不是加入合作社。其次，合作社要比公司和“公司 + 农户”更有效率，否则，合作社就不如按公司制进行治理，而且可以找到一种分配方案，实现对合作社的帕累托改进，即没有效率的合作社没有实现帕累托最优，而没有实现帕累托最优的组织是不可能长久存在的①。

“所有者与惠顾者同一”既是合作社最基本的特征，也划定了合作社的边界，因而可以称为合作社的本质规定。一方面，“所有者与惠顾者同一”将合作社与其他形式的组织区别开来。比如，公司通过为他人服务赚取利润，其所有者不必是公司服务的惠顾者；“公司 + 农户”中的公司和农户则不完全共享所有权。另一方面，合作社也必须坚守这一规定。这是因为，一旦合作社所有权不完全由其惠顾者所共享，即它不是为了自我服务，将会产生两种结果：第一，如果合作社出于营利的目的而开展非成员业务，以致成员业务所占比重越来越小，成员的惠顾者身份越来越不明显，而其投资者的角色越来越强烈，则合作社就转变为以营利为目的的公司；第二，如果合作社的非成员业务不以营利为目的，其服务对成员与非成员一视同仁，则合作社的服务就不再是俱乐部产品，而成为公共物品，合作社也就转变为公益组织了（国鲁来，2001）。因此，“所有者与惠顾者同一”即是合作社区别于其他组织的本质规定。

国内很多学者（潘劲，2011；黄祖辉和邵科，2009；徐旭初，2005；应瑞

① 本书隐含地假定，相对于公司，合作社是一种收入分配更为公平的组织（这也是学术界的共识），如若合作社的效率更为低下，那么，只要公司中的获利较大者进行适当的让利，便可实现对合作社的帕累托改进；但若合作社更有效率，则它并不必然取代公司，这是因为在公司制的情况下，尽管其效率更低，但公司的股东们却能获得相对更高的收益，若它转变成合作社，尽管它和与之交易的农户的总收益会增加，但由于分给农户们的收益大大增多，股东们的收益反而会下降，因此，这谈不上是帕累托改进，一如垄断的情形。在案例部分，本书将提供一个实例。

瑶，2002）通过总结合作社原则的演进趋势来归纳和论证合作社的本质规定，认为合作社必须坚持资本报酬有限、按惠顾额分配盈余和成员民主控制等原则。上述原则与“所有者与惠顾者同一”有内在的一致性，因为一旦合作社不能坚持上述原则，“所有者与惠顾者同一”就会被破坏。比如，若资本报酬不限，即资本不是获得固定利息而是获得红利，那么，怎么向成员收取服务费就成了难题：作为惠顾者的成员希望收取的服务费越低越好，而作为投资者的成员希望收取的服务费越高越好，一旦成员的惠顾比例和股金比例不相等，就会产生不可调和的矛盾。若不按惠顾额分配盈余，而是按股金分配盈余，合作社就变成了投资者所有的公司，成员与合作社的关系也就变成了公司与农户的关系。如果合作社不坚持民主控制原则，那么，惠顾者的利益就无法得到保障，因为如果合作社的服务内容及服务价格由少数人决定，则这些决策者必然使得制度安排有利于自己而不是每一个惠顾者，那么，惠顾者也就谈不上是真正的所有者了，合作社同样会演变成“公司 + 农户”。

但是，上述学者未能说明为什么合作社必须坚持上述原则，他们仅仅基于合作社演化过程中上述原则未被突破这一事实来判定上述原则即是合作社的本质规定，而未能从学理上说明为何上述原则是突破不了的，即一旦突破，合作社就会演化成别的组织。鉴于“所有者与惠顾者同一”这一术语更加简洁，并且能推演出资本报酬有限、按惠顾额分配盈余和成员民主控制等原则，因而本书采用“所有者与惠顾者同一”这一术语作为合作社的本质规定。

8.2 合作社的产生与发展：基于交易成本理论的逻辑框架

以科斯为代表的一批学者从市场交易成本的角度出发，对企业的产生、一体化过程与规模经济做出了深刻的解释（Alchian and Demsetz，1972；Coase，1937），并形成了交易成本理论。新古典经济学假设市场交易活动并不稀缺，无论是市场交易还是企业内交易，交易成本都为零；而交易成本理论则认为，交易活动是稀缺的、可计量的和可比较的，市场每组织完成一笔交易都会产生交易成本，包括获得市场信息的成本、谈判和签约的成本、合同风险的成本等。这种交易成本的存在是企业产生的基本动因，因为从事同类生产经营活动的经济个体将生产要素集中到一起进行合作生产，可减少交易成本，而且这种合作生产还往往与规模经济连在一起，使得合作生产的总产品大于分散生产所得产品之和或降低单位产品的生产成本，导致每个参与合作生产的经济个体所得报酬比分散生产时更高。因此，在交易成本理论看来，企业就是市场价格机制的替代物，企业的存在就是为了节约市场交易成本，用成本较低的企业内交易替代成本较高的市场交易。企业规模的扩张将在企业组织交易所导致的组织成本等于其所节约的市场交易成本时停止。类似地，企业的一体化过程也是为了节约交易成本。当两家或更多企业组织的交易由一家企业来组织时，便出现了一体化。企业一体化是否成功取决于节约的交易成本是否高于增加的组织成本。综上可见，经济个体是选择市场交易还是企业内交易，企业是采取契约方式与其他企业合作还是实行纵向一体化，最终都取决于两种形式的交易成本何者更低，或者说后者导致的交易成本节约是否大于组织成本增加。

交易成本理论为本章构建分析框架来分析和理解合作社产生和发展的适宜条件提供了理论基础。为了深入分析合作社，本章在市场交易和企业内交易两种交易方式的基础上，将企业进一步细分为公司和合作社[①]。因此，农业生产经营的主要模式可分为市场模式、公司和合作社三类。农户既可以选择单独与市场进行交易，即市场模式，也可以选择联合起来组建合作社，或者成立公司进行组织化交易。需要强调的是，为了与市场模式和合作社可比，本章定义公司是自身从事农业生产的组织。若公司只从事农产品加工和销售，而农产品原料从农户那里购买，那么，农户与公司并没有形成共有产权，仍属于市场模式。无论是相对于市场模式，还是相对于公司，合作社既有优势，也有缺陷，

① 联合的方式还有集体农场等，由于集体农场的方式已被历史证明是极其低效的，因此，这里略去不谈。

适宜于发挥合作社优势而又能避免或减轻其劣势的条件，即是合作社产生和发展的适宜条件，见图 8-1。

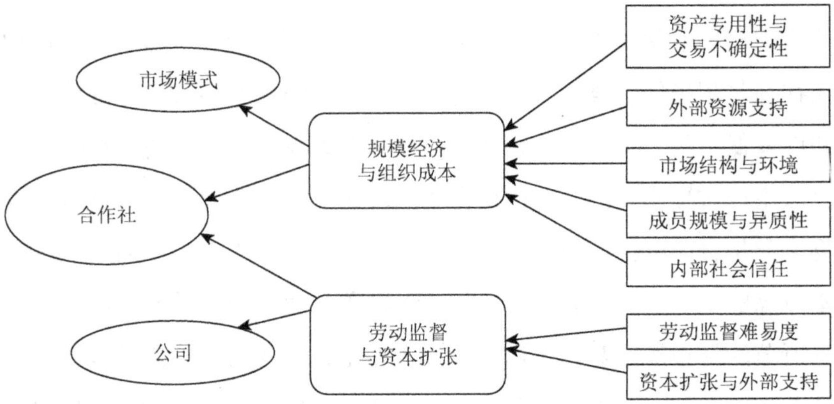

图 8-1　合作社发展的适宜条件：分析框架

8.2.1　规模经济与组织成本：合作社与市场模式的比较

相比于市场模式，合作社的优势体现为能够降低交易成本、获取规模经济，劣势在于会产生组织成本。合作社作为一种农户将全部或部分生产要素集中到一起进行合作生产经营的组织交易方式，与企业一样是市场价格机制的替代物，因此，交易成本理论对企业产生、一体化和相关规模经济问题的分析逻辑同样也适用于合作社。农户合作生产可实现生产规模扩张，从降低成本和增加产出两个层面获取规模经济。

合作社节约交易成本和获取规模经济主要依赖于合作社对资源的充分有效利用，以及组织和经营效率的提高，理论上其途径不外乎以下三种。①横向一体化，即从事同类农产品生产的农户实现全部或部分生产经营环节的合作。这不仅可节约农户分散市场交易的成本，而且有助于实现生产经营的专业化、标准化和统一化，还可以提升合作社的市场占有率和价格谈判能力，降低成本，获取订购原材料和销售产品等方面存在的规模经济。②纵向一体化，即通过产业链上生产、产前农资供应和技术服务、产后加工和销售等环节的整合，节约交易成本。③借助创新和垄断（或打破垄断）谋取超额利润[①]。合作社规模扩大后，一是可通过集中投资来对生产性资产进行补充和调整，开发新技术和新产品，从而获取创新利润；二是可通过规模扩大形成局部性垄断，从而获取垄断收益。

但同时，也必须充分认识到，农户联合起来组建合作社进行合作生产经营也会带来一系列组织成本。因此，合作社的产生和发展取决于节约交易成本、获取规模经济的程度，即农户合作所节约的交易成本是否能够超过所增加的组织成本。

首先，合作社通过横向一体化与纵向一体化来降低交易成本有其制约因素，合作社节约交易成本的空间取决于产业和生产环节中资产专用性和交易不确定性程度的高低。一般而言，市场交易成本的高低取决于资产专用性、相关交易的不确定性与交易的频率（Williamson，1975），资产专用性越强、交易的不确定性程度越高、交易频率越高，交易成本就越高。资产专用性越强，越容易导致对方的"敲竹杠"行为和逆向选择行为，交易成本可能高到令交易取消的地步。交易的不确定性程度过高，则每一次交易都需要重新谈判，当价格易于波动，尤其是当面临信息不对称问题（如产品质量难以识别）时，产品的价值将难以确定，讨价还价的成本将变得极其高昂。交易频率高，意味着讨价还价的次数多，在资产专用性强或交易的不确定性强的情况下，交易成本自然会大幅上升。市场交易成本高企之时，正是合作社存在必要性和优势凸显之时。通过横向一体化，合作社可将原来的多次外部交易变成一次外部交易和多次内

① 早在 20 世纪 20 年代，萨皮诺就曾公开主张农业应当按照商品类别来组建合作社，使之在各自的产品市场占据较大的份额，以实现更好的市场秩序、纠正生产者面临的不公平的贸易条件（马彦丽，2006）。与萨皮诺所说的按行业组织合作社以实现对市场的控制类似，Nourse（1992）提出合作社的"竞争标尺"理论，认为市场失灵是合作社存在的前提，合作社存在的目的是通过其运作获得足够的市场份额，从而迫使公司更富有竞争力。

部交易。由于成员之间彼此更加熟悉，内部交易的成本低于外部交易的成本，总的交易成本也因此而降低。通过纵向一体化，合作社将原来的一次或多次外部交易变成内部交易。虽然农户利用市场通过签订契约来合作也可以降低交易成本，但合作社的特殊治理结构使得签订和履行契约的成本有望降低。由于合作社“所有者与惠顾者同一”的治理结构，合作社是成员自己的组织，因此，成员更乐意与合作社签订契约，违约的动机也更弱。一是成员违约在一定程度上就是和自己违约；二是合作社成员一般同处于相对较小的地域范围内，相互之间较熟悉，声誉的重要性使违约成本变高，从而增强了履约的可能性。由于资产专用性强、交易的不确定性强是市场交易成本高的主要原因，资产专用性程度高、交易的不确定性程度高的产业和生产环节也正是合作社优势最大的地方。

其次，合作社获取技术创新利润和垄断收益的空间面临外部资源支持、市场结构和环境等条件的约束。第一，就创新利润而言，农户合作生产和规模经营理论上有助于合作社集中资源进行生产投资、引进新技术与新产品，从而获取创新利润。但是，这一过程受到两方面因素的影响：一是合作社资源动员能力和外部资源支持。合作社动员内部资源的能力取决于内部成员的资源禀赋和组织成本。当合作社动员内部资源能力不足时，政府和社会组织等外部资源的支持就显得尤为重要，但这对合作社执行政府支持项目的能力和社会资本的要求更高。二是技术创新价值实现的市场环境。即便合作社完成了投资和技术与产品创新，其新技术和新产品能否在市场上实现价值，很大程度上取决于市场制度的完善程度和市场竞争的充分程度，即取决于市场是否有有效地识别和体现其价值的机制和功能。第二，就垄断收益而言，其大小和实现空间取决于既有的市场结构和合作社形成的规模优势。在市场模式下，单个农户由于市场份额太小，只能成为价格的接受者。在局部市场被对方垄断的情形下，他们只能接受低于竞争性市场价的价格。农户联合起来形成规模优势后，有望在局部范围内形成垄断力量，获取垄断收益。假定交易成本不变，则垄断收益的大小等于合作社获得的产品价格与原来单个农户获得的市场价格的差距。这个差距的大小取决于合作社成立前的市场结构与合作社成立后合作社的市场份额。原来的市场越具垄断性，合作社获得垄断收益的空间越大（Hart and Moore，1996）。同理，合作社成立后其市场份额越大，则定价能力越强，合作社获得的垄断收益也就越大。

最后，产权共有和民主控制决定了合作社高组织成本的特性，成员数量与异质性是决定合作社组织成本的重要因素。合作社“所有者与惠顾者同一”的本质要求合作社实行民主控制与盈余按惠顾额返还，当成员间惠顾额有较大差异时，剩余索取权和决策控制就会发生冲突。在此基础上会产生五大类问题，包括“搭便车”问题、视野问题、投资组合问题、控制问题和影响成本问题。这些问题的存在决定了合作社是一个高成本的组织（Cook，1995）。影响组织成本大小的主要因素有生产规模和由投资能力决定的成员数量及异质性。如果合作社成员都只有较小的生产规模和投资能力，那么，组成一个同样规模的合作社就需要协调更多的成员，自然也就增大了组织成本（林坚和马彦丽，2006）。而成员异质性——来源很多，如成员间生产规模、资金实力、企业家才能等方面的差异——使得成员对合作社服务的需求出现差异，也使得成员在关乎提升合作社服务能力的事务上的参与意愿出现差异，从而增大了协调难度。

8.2.2　劳动监督与资本扩张：合作社与公司的比较

合作社和公司在生产决策与治理结构上的差别导致两者在劳动监督和资本扩张方面互有优劣势。公司与合作社的最大不同在于两个方面：一是公司的农产品原料由公司统一组织生产，而合作社由成员各自独立完成。二是公司的治理结构与合作社不同。公司的所有权属于股东，盈余按股分配，通常由少数人决策；而合作社的所有权属于惠顾者，盈余按惠顾额返还，实行民主控制。

合作社和公司在劳动监督问题上面临的不同处境导致合作社在劳动质量

和生产效率上拥有明显的优势。由于公司农业生产需要雇佣农业劳动，而农业生产周期长、劳动效果难以评估等特性导致农业生产面临严重的劳动监督问题，劳动激励失效必然会影响生产效率和公司效益。然而在合作社中，由于农户各自独立生产，避免了劳动监督成本问题①。不过，合作社和公司在治理结构上的差异也导致合作社在规模扩张上面临严重的资本限制问题。公司的一个重要特征就是通过资本合作实现生产扩张和市场份额提升；相反，合作社由于资本回报受限，对资本的吸引力不足，同时合作社成员（农户）往往面临资本短缺问题，所以，合作社通过资本扩张提升加工和销售能力将受到限制。也就是说，合作社在产业链上游实行横向一体化有优势，而公司在产业链下游实行纵向一体化有优势（Royer and Smith，2007）②。合作社试图通过资本合作实现纵向一体化面临天然的制度缺陷，因此，合作社提升加工和销售能力更依赖于政府和社会组织等外部资源的支持。此外，由于合作社实行民主控制，相对于公司，其组织成本更易于受到成员规模和异质性的影响③。因此，劳动监督的难易、成员规模和异质性决定了合作社相对于公司的优劣势的大小。劳动监督越难、成员生产经营规模越大、成员异质性越弱，则合作社的优势就越大（Hart and Moore，1996）。

---

① 在比较合作社与公司效率的诸多文献中，很少有文献提及公司的劳动监督问题。这可能是由于这些文献所定义的公司并不需要自己生产农产品原料。

② 公司的这一优势究竟有多大，取决于加工和销售对资本的依赖程度。但是，加工和销售对资本的依赖程度对合作社产生和发展的影响却是不明确的。依赖程度强时，合作社难以向下游延伸，而合作社是否有必要向下游延伸，不仅取决于对资本的依赖程度，还取决于市场交易成本的高低。因此，当加工和销售对资本的依赖程度高时，合作社是否更难产生，是不明确的。

③ 此外，还有很多文献讨论了公司与合作社在投资决策行为上的差异。Albæk 和 Schultz（1997）建立的形式化投资模型表明，合作社“一人一票”的民主决策机制与效率并不矛盾，也没有误导合作社的投资决策。Hendrikse（1998）则认为，合作社与公司在决策方式上各有优劣，公司容易犯的错误是接受过多的“差项目”，而合作社往往过多地拒绝了“好项目”。Hendrikse 和 Veerman（2001）认为，在差异化的产品市场上，加工环节的资产专用性程度较高，此时，合作社的治理结构可能不是最有效的。当加工环节的资产专用性程度相对于农场的资产专用性程度变得更高时，不会发生从公司到合作社的转型；此时，不管是采取合作社还是公司的形式，治理结构都要求农民拥有更少的决策权。Herbst 和 Prüfer（2007）认为，如果合作社集体决策的成本足够低，并且市场竞争不太激烈，则合作社是一种有效的组织形式；反之，合作社将变得低效。不过，这里并未指明什么时候合作社集体决策的成本会足够低。

8.2.3　关于合作社产生和发展适宜条件的小结

合作社和公司作为市场价格机制的替代者，成为农户自行市场交易的替代模式。按照交易成本理论，合作社替代农户市场交易的条件是由此节约的交易成本要超过由此增加的组织成本。而且，由于公司与合作社都能替代市场模式，农户究竟选择合作社还是企业，最终取决于两种模式的净优势何者更大。因此，讨论合作社发展的适宜条件，必须着重关注那些有利于发挥合作社优势或避免和减轻其劣势的因素。根据前文分析，以下五个因素是影响合作社适宜性的关键因素，它们是：①农业劳动监督的难易程度；②资产专用性程度和交易不确定性大小；③外部资源支持；④市场结构；⑤成员规模与异质性。现实中这些条件越有助于合作社扬长避短，合作社产生和发展的条件就越适宜[①]。

农业劳动监督和激励是影响农业生产效率的生产管理难题。真正的合作社因为遵循农户独立生产的原则避免了劳动监督问题，在这个问题上，合作社虽然与市场模式相比并无优势，但相对公司却具有明显优势。合作社可以通过横向一体化和纵向一体化节约交易成本是其优于农户市场交易的主要优势。资产专用性程度的高低和交易不确定性的大小决定着市场交易成本的高低和合作社优势的强弱。当资产专用性程度越高、相关交易的不确定性越大时，市场的交易成本越高，合作社相对市场模式的优势越明显。不过，这种情况下公司也能节约交易成本，因此，此时合作社和公司何者更适宜，取决于农业劳动监督的难易程度和组织成本增加程度。需要重点关注的是，合作社的产权安排和治理结构注定了合作社是组织成本高昂的交易模式，这是合作社相比市场模式和

① 其他学者如苑鹏（2006）、马彦丽（2006）也分析了合作社产生和发展的适宜条件。苑鹏从合作社的本质规定出发，基于中国合作社的发展实践，借鉴国际合作运动的基本经验，总结、提炼出中国合作社发展的基本条件。马彦丽则通过合作社与公司优劣势的对比得出合作社产生和发展的适宜条件。本章基于交易成本理论进行论证，和上述文献相比突破在于：逻辑更为严密，所得结论也不尽相同。

公司的一大劣势。合作社成员规模越小、数量越多，异质性越强，内部社会信任程度越低，合作社的组织成本就越高，就越不适宜发展合作社（Hart and Moore，1996）。当然，如果合作社能够通过技术创新获取创新利润，或通过规模扩张和市场份额提升谋取垄断利益，将能缓解其组织成本高昂的劣势。但是，技术和产品创新都需要大量资本投入，而合作社内部资本短缺和外部资本吸引力不足的特性致使其投资主要依赖外部资源支持。这种资本扩张上的缺陷使得合作社与公司相比处于明显劣势。另外，虽说谋求垄断收益是企业的正常动机，但垄断或打破垄断的前提是市场结构并不完善。如果市场成熟、竞争充分且制度完善，垄断将只能停留在理论上。在这一点上，合作社和公司无一例外。不过，完善的市场制度和严格的市场监管却有利于企业技术和产品创新价值在市场上的实现，当然合作社要获取这样的收益，前提是其供应市场的产品要有技术含量和高附加值。

8.3 合作社的功能形成：基于成本收益分析的理论模型

8.3.1 合作社服务功能：概述及简要分析

市场化改革的不断深入加快了要素流动速度、扩大了流通半径，导致经营规模较小、资源禀赋较弱的小农户与现代大市场对接遇到困难。单个小农户进入市场进行农资购买、获取技术服务、产品销售等一系列活动，每个环节都将产生较高的交易成本。每个小农户都重复上述过程，产生几乎雷同的交易成本。在小农户整个群体与市场对接的过程中，交易成本总和较大，从而挤压了农业生产经营的获益空间。

合作社作为小农户的联合，能在很大程度上缓解上述难题，但这种联合并不总是存在。合作社为其成员提供技术服务、农资购买服务、产品销售服务和生产性集体投资等服务，以组织名义参与市场竞争，将小农户的交易行为转化为组织内部行为，小农户在获得产量增加、生产过程中的投入减少、农资购买价格降低、产品销售收入提高等合作收益的同时，全体成员进行市场交易的总成本减少。但合作社在联合农户的同时，也将产生相应的合作成本，如渠道构建成本、监督成本、协调成本等一系列组织成本。因此，合作实现与否、合作社能否提供服务功能，取决于合作过程中的净收益：净收益大于 0，合作社将提供服务功能；否则，农户继续保持原先自行经营的状态。

具体的逻辑框架如图 8-2 所示。

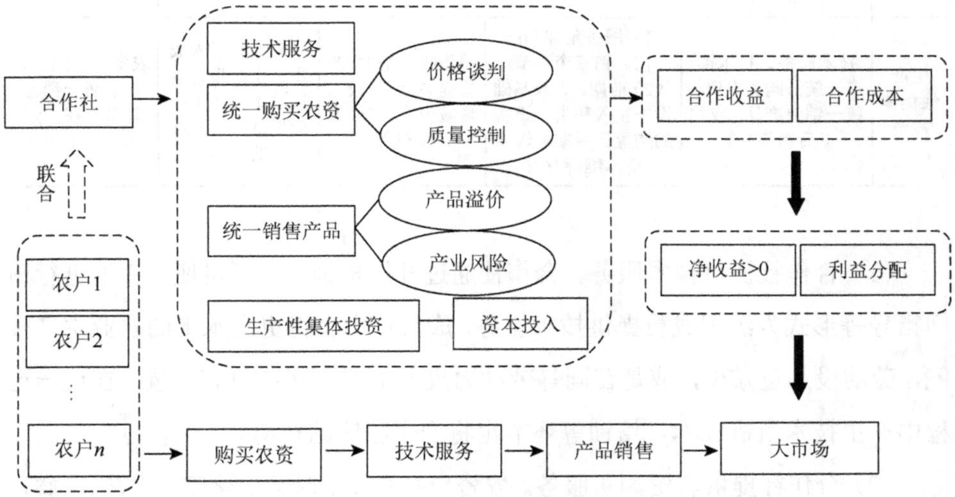

图 8-2　成本收益与合作社服务功能形成：分析框架

具体而言，合作社提供的各项服务功能分别作用于不同的环节，产生的作用、发生作用的影响途径也不一致，因此农户从不同服务功能中获得收益，以及由此产生的合作成本也不尽相同。不同服务功能产生的合作收益和对应的合作成本，详见表 8-1[①]。

① 现实中，合作社提供的服务功能往往不止一项。为分析具体服务功能形成机制，本书将各项功能单独剥离出来进行阐述分析，但这并不意味着合作社只能提供一项功能。

表 8-1 合作社不同服务功能概述

服务功能	服务内容	简要分析	生产过程直接收益	参与成本	合作社返还收益
技术服务	开展培训、推广农业生产新技术	通常享有政府扶持	产量提高，或劳动投入量减少，或农资使用量减少	技术引进成本	
农资购买服务	统一购买或牵线购买农资（如化肥、农药、饲料、兽药等）	购买形式： （1）牵线购买 （2）统一购买	农资单价降低，质量保证	寻找购买渠道、协调成员产生的成本	根据购买量有一定比例的返还
产品销售服务	销售农产品服务（包括统一生产标准，提供有机产品、绿色产品等的认证，提供注册商标等）	（1）销售人员完成销售，考核监督成本高 （2）销售形式：牵线销售、买断销售	产品销售收入增加	销售人员工资、考核监督的成本	根据销售量有一定比例的返还
生产性集体投资	技术服务、技术推广、统一购买农资、统一销售产品（或加工后销售）等	（1）服务延伸到产、供、销三个环节 （2）前期，大额基础设施投入和生产设备的购置；后期，较多资本维持发展	销售收入增加、产量提高、劳动投入量减少、生产成本降低等	基础设施投入成本、生产设备购置成本、加工厂后期维护和发展的成本	农资统一购买、产品统一销售环节存在一定比例的返还额

（1）合作社提供技术服务。合作社通过开展培训、召开讲座、实地进行田间指导等形式为组织成员提供技术服务，成员从中获得更高水平的农业生产技能，劳动投入量减少，或是在同等劳动力投入情况下获得更高产量。在这一过程中产生技术引进成本，培训等环节也将产生相应的费用。

（2）合作社提供农资购买服务。农资包括种子、种苗、化肥、农药、饲料、兽药、水果套袋等。农资购买服务在种植业中较少存在，在畜禽、水产养殖领域更为常见。具体包括两种形式：其一，牵线购买，即合作社寻找供货商，牵线搭桥，协调购买价格，但具体购买活动在成员与农资销售商之间发生。其二，统一购买，合作社购进生产资料，按低于市场价销售或同等价格销售但年底根据交易量（额）返点的形式与成员交易。合作社提供农资购买服务，农户可以以更低的价格购买农资，并且与原先的购买形式相比更便利，农资质量也更有保证。但与此同时，也将产生协调农资购买者、寻找购买渠道、与销售商进行价格谈判等一系列的合作成本。

（3）合作社提供产品销售服务。产品销售服务也包括两种具体形式：其一，牵线销售，即合作社寻找买方，为成员销售产品牵线搭桥，但具体销售数量与销售价格由成员与产品收购方谈判商定。其二，买断销售，即合作社以等于或略高于市场价的价格收购成员产品后以组织名义统一对外销售，在销售活动结束后或年底根据成员与组织交易量（额）进行一定比例的盈余返还。合作社提供产品销售服务，农户可以享有相对稳定的产品销售渠道，销售风险降低；同时，产品销售价格有所提高或是享有二次返还的盈余分配，销售收入增加。但两种形式下的销售活动均由专职销售人员完成，销售人员负责寻找产品收购方、开辟销售渠道、商谈价格、协调农户等多项事宜，过程中会产生销售人员工资，开拓销售渠道成本，协调农户、对销售人员考核跟进的监督成本等多项成本，与统一购买农资服务相比，合作产生的成本更高、更复杂。

（4）合作社开展生产性集体投资。合作社成员集体出资，投资产品加工环节，对成员生产出的初级农产品进行包装或加工，将传统农业生产向后端环节延伸，进一步追求产品价值的提升。但这一服务功能需要更为高昂的前期投入成本，如基础设施投入成本、生产设备购置成本及后期维护成本等。后期还需要重复与销售服务雷同的过程，产生类似的组织成本。相比于前几种服务功能，合作社开展生产性集体投资过程中产生的成本种类更多、数额更高，更为复杂。因此，只有在存在财政资金且占比较高的情况下，合作社开展生产性集体投资出现的可能性才会较高。

8.3.2　理论分析

基于上述分析，下文将从成本-收益角度出发，分析具体服务功能形成的影响因素，并对其进行归纳总结，为下文实证分析做铺垫。在针对具体服务功能展开分析前，本书提出如下四个假定条件。

（1）价格是外生的。合作社提供技术服务来提高农作物产量并不会对外部市场价格产生影响。

（2）农户决策是独立的。虽然在成员异质性背景下，大户在合作社决策权方面享有优势，但小户成员对自己生产的产品仍然拥有自主处分权。农户可以自主决定是参与合作社内部交易还是自行与外部其他经济主体交易。

（3）成员构成是异质性的。不同参与主体的资源禀赋、参与目的，以及角色的差异导致了成员结构的异质性。下文讨论中综合实力较强的成员称为大户，实力较弱的称为小户。为方便讨论，下文假定组织中存在一个大户和多个小户。

（4）在短期内，同类产品的市场价格、劳动力市场价格不变（不考虑非农就业情况）、农户经营规模均不发生改变。

建立如下目标函数：

$$\pi_i = P \cdot Q_i - w \cdot L_i - p_a \cdot A_i + R_{1i} + R_{2i} - C_{ti} + G_i \tag{8-1}$$

即农户农业生产利润是农业生产收入、生产成本（包括劳动力投入和生产资料投入两部分）、从合作社获得盈余分配收益、组织成本和政府补贴几部分的代数和。其中，$P \cdot Q_i$ 表示农业生产收入，P 表示单位产品销售价格，Q_i 表示产量或出栏量。$w \cdot L_i + p_a \cdot A_i$ 表示生产成本，w、p_a 分别表示劳动力价格和生产资料价格，L_i、A_i 分别表示农户在生产过程中的劳动力投入量①和生产资料投入量，假定短期内劳动力的市场价格和生产资料投入量不变。R_{1i}、R_{2i} 分别表示加入合作社后在农资统一购买和产品统一销售环节获得的盈余分配收益，其中，农资统一购买环节盈余分配是关于农资投入、盈余提取公积金后的剩余比重（λ_0）、农资交易量占全体成员农资交易量比重（λ_{1i}）的函数，即 $R_{1i} = g(\Delta p_a, A_i, \lambda_0, \lambda_{1i})$；产品统一销售环节盈余分配是关于产品销售收入、盈余提取公积金后的剩余比重（λ_0）、产品交易量占全体成员产品交易量比重（λ_{2i}）的函数，即 $R_{2i} = g(\Delta P, Q_i, \lambda_0, \lambda_{2i})$。$C_{ti}$ 表示农户 i 享受合作社服务所分摊到的成本，具体包括固定资产投入、基础设施维护、获取生产和销售渠道等产生的费

① 此处的劳动力投入指当产品类型不变时，正常生产情况下所需的劳动力投入，因产品类型改变（如改种有机产品、绿色产品等）引起的劳动力投入变化不算入其中。

用，以及协调成员产生的协调成本。该成本因服务功能差别而各异。G_i 表示农户 i 享受到的政府补贴。

对应组织服务内容，普通成员享受服务获得的收益、支付的成本如表 8-2 所示。

表 8-2　不同服务功能下农户成本收益分析

不同服务功能	P	Q	L	p_a	R_1	R_2	C_t	G
无合作社	P_0	Q_0	L_0	p_a	—	—	—	—
技术服务	P_0	↑	↓	p_a	0	0	↑	√
统一购买农资	P_0	Q_0	L_0	↓	↑	0	↑	—
统一销售产品	↑	↑	L_0	p_a	0	↑	↑	√
生产性集体投资	↑	↑	↓	↓	↑	↑	↑	√

注："↑""↓"分别表示价格、产量、销量或成本的上升和下降；"√"表示对应的服务功能下存在政府补贴

没有合作社时，农户分散生产经营获益情况是基准情形。此时，农户按照传统方式进行生产经营，在短期内难以将生鲜农产品全部售出。为方便讨论，本书假定产品出售比例为 a，$0<a\leqslant 1$。此时，农户农业生产的利润具体可表示为如下形式：

$$\pi_{0i} = P \cdot aQ_{0i} - w \cdot L_{0i} - p_a \cdot A_i \tag{8-2}$$

当且仅当与农户分散经营时的情况相比，合作带来的净收益大于 0 时，组织服务功能才可能被提供、合作才可能形成；否则，农户将维持原先分散经营的状态。合作净收益因服务功能而各异，因此专业合作内容与合作方式的确定，应当视特定服务功能分别讨论。下文将根据不同服务功能分别阐述各服务功能形成的影响因素。

1. 合作社提供技术服务

合作社提供技术服务[①]时，公式（8-1）可以进一步表示为公式（8-3）：

① 合作社提供技术服务产生的影响包括：产量提高、劳动投入减少、农资使用量降低等其中的一项或是几项收益。为方便讨论，本书以劳动投入减少代表技术服务产生的影响来展开讨论。

$$\begin{aligned}\pi_{1i} &= P \cdot aQ_{0i} - w \cdot (L_{0i} - \Delta L) - p_a \cdot A_i - C_{t1i} + G_i \\ &= \pi_{0i} + w \cdot \Delta L - C_{t1i} + G_i\end{aligned} \quad (8\text{-}3)$$

移项可得合作社提供技术服务的净效益，即公式（8-4）：

$$\pi_{1i} - \pi_{0i} = w \cdot \Delta L - C_{t1i} + G_i \quad (8\text{-}4)$$

提供技术服务的成本包括支付给技术指导者的费用（主要的农业技术培训费）和组织成本[①]，但一般情况下技术培训费用由财政资金支持。即使没有财政支持，大户也愿意承担组织成本。大户作为服务的组织者，在组建合作社、组织技术指导服务的过程中，还可以获取社会资本，这在一定程度上弥补了其承担的组织成本；小户只是“搭便车”者，并不承担任何成本。

为方便讨论，假定大户在提供技术服务过程中获得社会资本带来的收益刚好足以弥补组织成本（即 $G_i - C_{t1i} = 0$ ），那么合作社成员在投入资金、生产经营规模等方面的差异并不差别影响其接受的技术服务，即在合作社提供技术服务的情形下，大户和小户对应的目标利润函数相同。此时，加入合作社获得的净效益可进一步简化为公式（8-5）：

$$\pi_{1i} - \pi_{0i} = w \cdot \Delta L > 0 \quad (8\text{-}5)$$

可以看出，农户接受合作社技术服务，单位产量所需劳动投入减少，净效益恒大于 0，即农户只要加入合作社，就能获得生产水平提高带来的收益，满足参与约束条件。显然，合作社最容易做的是技术服务，只要是一个运行中的合作社，都会进行技术服务。该项服务功能相对简单，下文其他三项服务功能中也会有所涉及，所以本书不对此展开详细讨论。

2. 合作社统一购买农资

合作社统一购买生产资料时，公式（8-1）可进一步表示为公式（8-6）：

$$\begin{aligned}\pi_{2i} &= P \cdot aQ_{0i} - w \cdot L_{0i} - (p_a - \Delta p_a) \cdot A_i + \lambda_0 \lambda_{1i} \Delta p_a \cdot \sum_{i=1}^{n} A_i - C_{t2i} \\ &= \pi_{0i} + \Delta p_a \cdot A_i + \lambda_0 \lambda_{1i} \Delta p_a \cdot \sum_{i=1}^{n} A_i - C_{t2i}\end{aligned} \quad (8\text{-}6)$$

① 农户接受技术指导、培训的时间支出成本，本书忽略不计。

移项可得统一购买农资服务下成员获得的净效益，即公式（8-7）：

$$\pi_{2i}-\pi_{0i}=\Delta p_a\cdot A_i+\lambda_0\lambda_{1i}\Delta p_a\cdot\sum_{i=1}^{n}A_i-C_{t2i} \tag{8-7}$$

其中，C_{t2i} 可细分为两个部分：购买农资的组织成本，即协调农户、寻找购买渠道产生的交易成本；核算并分配盈余产生的成本。

购买规模增加，农资购买单价降低，但是在每个农户种养规模都普遍偏小的情况下，增加购买规模需要协调更多的农户加入，这就在客观上增加了协调成本。同时，统一购买还能在客观上起到保证农资质量、提升产品品质的积极作用。此外，农资种类及其在农业生产中的使用特性、具体的农资购买渠道等也将影响净利润的大小。因此，对于合作社而言，统一购买环节净利润取决于农资市场批零价差、合作社购买规模，以及过程中产生的组织成本。具体可表示为式（8-8）：

$$\pi_{2i}-\pi_{0i}=f(\Delta p_a,A_i,C_{t2i}) \tag{8-8}$$

合作社统一购买农资详细的作用机制、研究假说与实证检验，详见第 11 章。

3. 合作社统一销售产品

合作社统一销售产品时，公式（8-1）可进一步表示为公式（8-9）：

$$\begin{aligned}\pi_{3i}&=(P+\Delta p)\cdot Q_{0i}-w\cdot L_{0i}-p_a\cdot A_i+\lambda_0\lambda_{2i}\Delta p\cdot\sum_{i=1}^{n}Q_i-C_{t3i}+G_i\\&=\pi_{0i}+P\cdot(1-a)Q_{0i}+R_{2i}-C_{t3i}+G_i\end{aligned} \tag{8-9}$$

其中，$R_{2i}=\Delta p\cdot Q_{0i}+\lambda_0\lambda_{2i}\Delta p\cdot\sum_{i=1}^{n}Q_i$，表示成员从销售服务中获得的收益。

现实中，政府对合作社该项服务功能提供的补贴相对较少，不一定能弥补统一销售产生的成本。为分析方便，假定不存在补贴，即令 $G_i=0$。统一销售服务获得的净效益可表示为公式（8-10）：

$$\pi_{3i}-\pi_{0i}=P\cdot(1-a)Q_{0i}+R_{2i}-C_{t3i} \tag{8-10}$$

其中，C_{t3i} 表示合作社统一销售服务产生的组织成本，大致包括两部分：一是组建成本，即组建合作社并开展统一销售产品服务过程中产生的沉没成本；二是维持合作社日常运转所需的成本，这部分成本具体包括显性成本和隐性成本两部分。显性成本，即可以让所有成员按比例分摊的成本，如开辟销售渠道、投资加工设备、支付给合作社管理人员的工资等所导致的成本；隐性成本，指组建或参与合作社事务所产生的、但无法由全体成员分摊的成本，如参与合作社投票的时间成本。和统一购买农资相比，统一销售产品产生的组织成本更高，即 $C_{t3i} > C_{t2i}$。

合作社统一销售产品，销售规模扩大后议价能力增强，但这也意味着耐储藏能力较弱的生鲜产品短期内需要完全出清，产业风险较高、销售难度较大。同时，销售规模扩大后，协调成本也会相应增加。因此，统一销售产品环节的净利润取决于合作后产生的溢价空间、产品规模，以及在此过程中产生的组织成本。具体可表示为式（8-11）：

$$\pi_{3i} - \pi_{0i} = f(\Delta p, Q_i, C_{t3i}) \tag{8-11}$$

合作社统一销售产品详细的作用机制、研究假说与实证检验，详见第 12 章。

4. 合作社开展生产性集体投资

合作社开展生产性集体投资时，公式（8-1）可进一步表示为公式（8-12）：

$$\begin{aligned}\pi_{4i} &= (P+\Delta p)\cdot Q_{0i} - w\cdot(L_{0i}-\Delta L) - (p_a - \Delta p_a)\cdot A_i \\ &\quad + \lambda_0\lambda_{1i}\Delta p_a \cdot \sum_{i=1}^{n} A_i + \lambda_0\lambda_{2i}\Delta p\cdot\sum_{i=1}^{n} Q_i - C_{t4i} + G_i \\ &= \pi_{0i} + P\cdot(1-a)Q_{0i} + w\cdot\Delta L + R_{1i} + R_{2i} - C_{t4i} + G_i\end{aligned} \tag{8-12}$$

其中，$R_{1i} = \Delta p_a \cdot A_i + \lambda_0\lambda_{1i}\cdot\Delta p_a\sum_{i=1}^{n} A_i$，表示农资统一购买环节获得的收益；$R_{2i} = \Delta p \cdot Q_{0i} + \lambda_0\lambda_{2i}\cdot\Delta p\sum_{i=1}^{n} Q_i$，表示产品统一销售环节获得的收益。

移项可得合作社开展生产性集体投资时成员获得的净效益，即公式（8-13）：

$$\pi_{4i} - \pi_{0i} = P\cdot(1-a)Q_{0i} + w\cdot\Delta L + R_{1i} + R_{2i} - C_{t4i} + G_i \tag{8-13}$$

生产性集体投资需要大量资金投入，尤其是在投资初期，后续的运营和维护也将产生较高的组织成本，远超过统一购买农资和统一销售产品等几项服务功能对应的组织成本，即 $C_{t4i} > C_{t3i} + C_{t2i} + C_{t1i}$。因此，在农户分化严重、组织成员以小户居多的现实条件下，合作社生产性集体投资的开展依赖组织内部的小户并不可行。

也就是说，合作社生产性集体投资的开展在很大程度上将依赖外部支持或是组织内部实力较强成员的出资。不同出资方式有其特定的适用前提，对应的利益安排机制也将有所差别。由于该情形在现实中存在的较少，本书将结合具体实例展开分析。详细的机制阐述及案例剖析见第 13 章。

参 考 文 献

国鲁来. 2001. 合作社制度及专业协会实践的制度经济学分析. 中国农村观察，（4）：36-48.

黄宗智. 2010. 中国的新时代小农场及其纵向一体化：龙头企业还是合作组织//黄宗智. 中国的隐性农业革命. 北京：法律出版社：138-162.

黄祖辉，邵科. 2009. 合作社的本质规定性及其漂移. 浙江大学学报（人文社会科学版），(4)：11-16.

林坚，马彦丽. 2006. 农业合作社和投资者所有企业的边界——基于交易费用和组织成本角度的分析. 农业经济问题，（3）：16-20，79.

马彦丽. 2006. 我国农民专业合作社的制度解析——以浙江省为例. 浙江大学博士学位论文.

潘劲. 2011. 中国农民专业合作社：数据背后的解读. 中国农村观察，（6）：2-11，94.

徐旭初. 2005. 农民专业合作经济组织的制度分析——以浙江省为例. 浙江大学博士学位论文.

应瑞瑶. 2002. 合作社的异化与异化的合作社——兼论中国农业合作社的定位. 江海学刊，（6）：69-75.

苑鹏. 2006. 试论合作社的本质属性及中国农民专业合作经济组织发展的基本条件. 农村经营管理，（8）：15-21.

周立群，曹利群. 2001. 农村经济组织形态的演变与创新——山东省莱阳市农业产业化调查报告. 经济研究，（1）：69-75，83-94.

Albæk S，Schultz C. 1997. One cow，one vote？. The Scandinavian Journal of Economics，99（4）：597-615.

Alchian A A，Demsetz H. 1972. Production，information costs，and economic organization. The American Economic Review，62（5）：777-795.

Coase R H. 1937. The nature of the firm. Economica，4（16）：386-405.

Cook M L.1995. The future of U.S. agricultural cooperatives：a neo-institutional approach. American Journal of Agricultural Economics，77（5）：1153-1159.

Hart O，Moore J. 1996. The governance of exchanges：members' cooperatives versus outside ownership. Oxford Review of Economic Policy，12（4）：53-69.

Hendrikse G W J. 1998. Screening，competition and the choice of the cooperative as an organisational form. Journal of Agricultural Economics，49（2）：202-217.

Hendrikse G W J，Veerman C P. 2001. Marketing co-operatives：an incomplete contracting perspective. Journal of Agricultural Economics，52（1）：53-64.

Herbst P，Prüfer J. 2007. Firms，nonprofits，and cooperatives：a theory of organizational choice. Discussion Paper 2007-003，Tilburg University，Tilburg Law and Economic Center.

Nourse E G. 1992.The place of the cooperative in our national economy：American cooperation 1942-1945. Journal of Agricultural Cooperation，7：105-110.

Royer J S，Smith D B. 2007. Patronage refunds，producer expectations，and optimal pricing by agricultural cooperatives. Journal of Cooperatives，20（1）：1-16.

Williamson O E. 1975. Markets and Hierarchies：Analysis and Antitrust Implications. New York：The Free Press.

第9章　组织化潜在利润对中国农民专业合作经济组织①形成发展的影响

9.1　引　　言

随着中国市场化改革的不断深化，小农户与现代大市场对接矛盾日益凸显，农民专业合作经济组织越来越被社会各界关注，并被认为是连接小农户与现代大市场，促进农业发展的必然选择（牛若峰，1998；黄祖辉，2000）。从国际经验看，早在19世纪末，农民专业合作经济组织已普遍出现在北欧和北美等地区，在农业发展过程中发挥了重要作用（Fulton，2005）。在日本和韩国的农业和农村发展过程中，农民专业合作经济组织也发挥了关键的引导作用（Sonntag et al.，2005）。就国内而言，自计划经济时期合作化运动结束以来，农村以分权为特点的经济制度改革和市场化改革大大促进了农业经济增长，而农民专业合作经济组织的发展则相对滞缓。但自20世纪90年代末期以来，随着小规模农户经济与现代市场矛盾的逐渐显现，农户组织化逐渐被提上议事日程。2006年《合作社法》的颁布则将中国农民组织化进程推入了一个全新的发展阶段。调查显示，从1998年到2008年，中国有农民专业合作经济组织的村庄比例已由1.6%增长到了20.8%（Deng et al.，2010）。

---

① 本章所指农民专业合作经济组织与前文合作社有区别，是指农民自愿参加的，以农户经营为基础，以某一产业或产品为纽带，以增加成员收入为目的，实行资金、技术、生产、购销、加工等互助合作经济组织，要求成员在四户以上，主要从事农业生产经营活动，有特定名称，有专门的负责人或协调人的组织。不仅包括目前那些已经在工商部门注册登记的合作社，在民政局、农业局等部门注册登记的专业或技术协会，也包括由企业参与的股份合作社，还包括与上述三类组织相似，但因各种原因尚未登记注册的组织和协会。不过，考虑到在调研中许多标会、钱庄等地下金融性组织调查到的难度比较大，而村庄层次的用水协会、农村土地股份合作社等管理村庄水、地等公共资源的组织多数为自上而下的产物，本章所称农民专业合作经济组织不包括这两类组织。

国内外大量文献对农民专业合作经济组织形成发展的决定因素和机制进行了理论或实证研究。就决定农民专业合作经济组织形成发展上外部支持与内在动力孰轻孰重及两者关系这个问题，虽然学者们意见已日渐表现出一致的趋势：内在动力是农民专业合作经济组织形成发展的前提，外部支持只有当适应农民需求的时候，才能更好地促进农民专业合作经济组织的发展（世界银行，2006）。然而，学者之间的争议仍然普遍存在，部分学者强调外部支持，部分学者强调内在动力。

强调外部支持对农民专业合作经济组织发展有重要性的学者认为，不仅许多国际经验已表明外部支持对农民专业合作经济组织发展至关重要（世界银行，2006），而且在理论上，组织发展过程中存在潜在成员“搭便车”、能人缺乏、成员异质性过大和成员之间缺乏信任和承诺等问题，因此，农民专业合作经济组织很难完全自发形成，外部支持是必需的（Fulton，2005；Ostrom，1990；Harris et al.，1996；Stefanson，2002）。国鲁来（2006）则认为农民专业合作经济组织是社会弱势群体之间的联合，有助于提高弱势群体的经济社会地位，并使他们得到更好的发展机会，有利于社会稳定和实现社会健康发展。对农民专业合作经济组织的建立和发展给予政策支持，是减少和缓解社会矛盾的费用较低且效果较为显著的办法。此外，农民专业合作经济组织在一定程度和范围内促进了公平，并因此支付了一定的成本，致使其在市场竞争中处于不利地位，因此，政府也有必要将农民专业合作经济组织与营利企业区别对待，对农民专业合作经济组织的发展给予特殊支持。还有学者甚至认为中国农民“善分不善合”（曹锦清，2000），农民要走向合作，离不开国家力量的强有力介入，只有国家从各个层面发挥作用，才能使农民合作从理想走向现实（赵晓峰，2007）。

还有许多学者更为强调内在动力对农民专业合作经济组织形成发展的重要性。苑鹏（2001）认为，在目前农民专业合作经济组织企业家供给短缺的情况下，官办和官民合办农民专业合作经济组织的出现有其合理性。不过，官办和官民合办农民专业合作经济组织如果长期在决策上高度依赖政府，将直接影响组织发展的独立性乃至农民专业合作经济组织的性质，结果可能导致农民专业合作经济组织最终蜕变为私人营利企业或产生新的政企不分。在 20 世纪 60 和 70 年代，非洲和印度就采用自上而下的方式组建了大量农民专业合作经济组织，政府为此投入了数百万美元，但由于政府意愿与生产者需要常常不能一致，导致最终成功的组织很少（Fulton，2005）。世界银行（2006）也认为，农民专业合作经济组织成功的关键是如何赋权于农民，使他们能够实现自助并按这一目标建立农民专业合作经济组织。徐勇（2007）则指出中国农民并不是天生的“善分不善合”，他们是否进行合作主要取决于时间、地点和条件构成的农民利益。在利益的驱动下，农民善分也善合。

总的来说，对于农民专业合作经济组织形成发展过程中是外部支持还是内在动力更为重要，学者之间的争论一直就没有停止过。此外，我们还可以看到，就组织形成发展的内在动力而言，既有相关研究文献多强调农户需求的重要性，以及外部支持不能与农户需求相一致时可能导致的问题，对农民专业合作经济组织化这一过程本身所需的必要条件研究得不够深入。特别地，如果从制度创新变迁的角度来审视农民组织化的话，追求组织化潜在利润①无疑是农民进行制度创新的动力源泉，对其进行深入研究具有重要的学术意义。但从文献来看，国内外至今尚没有文献系统研究组织化潜在利润对组织形成发展的作用和影响。另外，近年来，虽然在国家政策的支持和推动下，中国农民专业合作经济组织数量迅速增长，但政策对组织的内在动力，特别是组织化潜在利润同样普遍关注不够。因此，深入研究组织发展的内在动力，特别是组织化潜在利润在组织形成发展中的作用，对于中国农民专业合作经济组织的良性持续发展也具有重要的现实价值。

---

① 本章中组织化潜在利润是指在一定的经营水平下组织化的获利空间，即同单个农户与市场打交道相比，通过组织与市场打交道所能增加的利润的潜力或空间，不同于组织化利润的是，组织化潜在利润的最终实现还要取决于组织的实际经营水平。

本章的主要目的是深入分析组织化潜在利润对中国农民专业合作经济组织形成发展的影响，提出并验证组织化潜在利润显著影响组织形成发展的研究假说。后文安排如下：9.2 节应用制度变迁理论来审视中国农民专业合作经济组织的形成发展，提出并阐述本章研究假说，介绍从种植类农民专业合作经济组织产业分布的视角对研究假说进行检验。9.3 节讨论中国农民专业合作经济组织的产业分布及村庄产业结构与种植类组织形成发展的相关关系。9.4 节介绍计量经济模型对研究假说的检验结果。9.5 节是本章结论。

9.2　理论分析与研究假说

诺斯的制度变迁理论很好地解释了组织制度变迁和创新的过程（North，1981，1990）。伴随着经济发展和社会结构变迁，制度将动态地表现出供求不平衡状态，这种不平衡经常表现出制度供给滞后的特征。在既定制度安排下，如果存在无法实现的外部利润，如规模经济、风险降低和转移、外部经济内部化、交易费用的降低和转移等带来的利润，行为决策主体将被诱致进行制度创新。潜在利润可以理解为制度不均衡时的获利机会，是诱使行为和决策主体自发进行成本收益比较并实施制度创新的根本动力。制度变迁的诱致性因素就在于主体追逐更大的潜在利润。制度供求不平衡诱致人们去学习和认识新的潜在利润，并且在边干边学中实施后续的制度创新。在追逐制度创新潜在利润的动机驱使下，制度创新行为主体和决策主体将在制度变迁边际收益等于边际成本的情况下完成制度创新。由于制度的创新需要时间学习、需要谈判以达成一致意见，因此，制度变迁将总是表现为一个持续的、渐进的制度不均衡和创新的过程。

制度变迁理论同样有助于我们理解农民专业合作经济组织的形成发展过程。随着中国家庭联产承包责任制改革效应的释放殆尽和中国市场化改革与经济全球化的日益深化，中国现有农地制度决定的小规模、分散土地经营模式在新技术采用和实施、标准化生产、食品安全和与现代市场对接方面的冲突不断显现。现有农村土地分配制度和经营制度已经表现出越来越不平衡的状态，农民的组织化蕴含了巨大的潜在利润。农民的组织化不仅可以通过减少农产品流通环节节省交易成本（Staatz，1987；林坚和马彦丽，2006），通过与市场建立稳定的销售渠道或不断开拓新的销售渠道来降低市场风险（Kimball，1988；Albaum，1966），并提高农户在市场谈判中的地位，争取更具竞争性的投入品和产出品价格（Torgerson et al.，1998），而且可以通过组织集体投资促成单个农户难以进行的投资（世界银行，2006），还因为减少农户与外部市场之间的信息不对称程度（Bijman and Hendrikse，2003；Fulton，2005）①，可以大大降低外部主体获取农户信息或监督产品质量的成本，促进农户与外部市场的交易。中国农民自发性的组织化和国家对农民专业合作经济组织自上而下的支持政策实施，都可以理解为农民和国家意识到组织化潜在利润的一种理性行为。

基于上述分析，本章提出如下研究假说：组织化潜在利润越大（或组织化的获利空间越大）、可实现性程度越高，农户组建并经营农民专业合作经济组织的动力越大，农民专业合作经济组织越容易产生和形成。中国农村经济发展到目前阶段，农民专业合作经济组织确实能够给农户带来一定的收益，但组织组建和管理也需要一定的物质成本和时间成本，只有收益大于成本时，组织才有产生和存在的必要。在组织成本一定的情况下，组织化收益越大，则组织化利润也越大，而组织化潜在利润则决定了组织化利润的空间大小，因而从根本上决定了农户组织化的必要程度。

组织化潜在利润主要通过组织提供服务降低成本和提高收益来实现，农民专业合作经济组织的组织化潜在利润受组织所提供的服务类型和经营产品特性的影响。首先，从组织化降低成本的角度来看，农民组织化后，可以通过统一购买和供应投入品（农资或技术、农机、信贷等服务）来提高他们在市场中

① 比如农产品买家可能不太了解农产品的品质，尤其是那些质量鉴别和监督成本较高的农产品，金融机构则可能不了解农户信誉而不愿借贷，而农民组织对成员的情况则比较了解。

的谈判能力，节省交易成本，从而降低投入品的价格和成本。假定各类投入品的市场利润率相等，组织化所能节省的成本就取决于投入总规模。对于不同类别的农产品来说，如果要素投入总量越大，则统一供应投入品的获利空间就越大，农民越有动力通过组织化去获取这样的潜在利润。其次，从组织化提高收益的角度来看，组织化潜在收益因组织所提供服务的不同而呈现不同的特点。①松散联合销售产品。农民组织化后即便进行松散化的联合销售也可以降低交易成本[①]，同时提高谈判地位和能力，提高产品售价。联合销售的获利空间主要取决于在市场交易中谈判和定价能力的提高幅度和交易成本的降低幅度。组织化越能提升谈判能力、越能节省交易成本，则联合销售的获利空间越大。②合约式销售。组织通过与买家签订合约，事先约定产品数量、价格或品质并组织成员销售，或者先收购成员产品再统一销售。相对于外部主体与农户，组织面临的信息不对称程度要小得多，交易成本和监督成本都小得多。通过组织签订合约不仅有利于农户规避市场风险，而且有利于买方降低寻找市场过程中产生的交易成本，从而愿意支付更高的价格。此外，通过组织签约组织生产和销售还有助于保证产品品质，避免由信息不对称、质量鉴别成本太高而导致双方难以交易。签订合约的获利空间主要取决于市场风险和信息不对称的程度。签订合约越能降低风险，越能减少信息不对称，则签订合约的获利空间越大。③通过组织集体投资。通过引进技术或改善生产标准提升产品质量（如有机大米）、对产品进行包装或精深加工一般都需要较大规模的投资，这超过了单个农户的承受范围。组织化有利于集中分散的资源使这样的获利成为可能，而各行业的投资回报率则决定了组织化的获利空间。

此外，组织化的利润还取决于潜在利润的可实现性，而组织化对资金及组织能力要求的高低对组织化潜在利润的可实现性有重要影响。组织化提供服务所需资金规模越大，对组织能力要求越高，则组织化潜在利润的可实现性就越

① 例如，组织仅仅出面帮助联系买家，并谈好价格和质量，成员自行销售并进行最终的结算。

低。比如，技术和信息服务主要来自农业技术推广部门和组织成员之间的相互交流，对组织的管理能力要求较低，因此，多数组织都能提供此类服务。统一供应农资和松散化地联合销售产品由于对资金和组织能力的要求也不是太高，因此可实现性也较高。签订合约由于对组织监督和管理能力的要求比较高，其可实现性相对较低。若签订合约对专用性资产有较高要求，其可实现性会进一步降低。集体投资由于对资金和组织能力的要求均较高，在目前中国农村普遍缺乏资金和企业家人才的情况下，其可实现性也比较低。

由于组织化潜在利润具有不可观测的特性，本章在实证检验组织化潜在利润对组织形成发展的影响时，技术上的一个难点是如何较好地测度组织化潜在利润。从上文对组织化潜在利润影响来源的分析来看，实际上组织化潜在利润与组织所经营农产品的类别和性质密切相关，不同产品组织化生产经营后潜在增值空间大小存在很大差异。这为我们间接测度组织化潜在利润提供了一个选择。如果我们把农作物产品按照其组织化生产经营后的潜在获利空间大小分为高组织化潜在利润产业和低组织化潜在利润产业两大类的话，我们就可以用合作社主要经营产品所属类别来间接测度该合作社的组织化潜在利润。[①]

结合前述对组织潜在利润影响来源的分析和不同类别农产品的特征、市场价格、投入结构和成本效率状况，我们把主要农作物分成以下三类：①粮食作物，包括水稻、小麦、玉米、薯类、大麦等。这些产品的共同特点是属于典型的耕地密集型产品，种植规模大，产品同质性强，市场需求弹性小。②一般

① 根据组织是否围绕某种或某几种农产品来提供服务，我们把农民专业合作经济组织分成服务类和产品类两大类。不同于本章其他部分的分析和描述，在模型中，因变量只包括种植类农民专业合作经济组织，不包括养殖类农民专业合作经济组织，也不包括资金互助合作社及农机合作组织等服务类组织。模型中因变量之所以没有包括畜禽类组织及服务类组织，主要是为了研究的便利性：本章所选取的组织化潜在利润的代理变量种植业结构实际上只能代理种植类组织的潜在利润，而不能代理畜禽类组织或服务类组织的潜在利润，如要检验组织化潜在利润对所有农民专业合作经济组织形成发展的影响，最好的办法是找到一个能够衡量村庄成立各种形式的组织的潜在利润的综合指标，但本章未能做到这一点，因而缩小了因变量的范围。

经济作物，包括棉花、大豆、花生、油菜籽、向日葵、甜菜、烤烟等。这些产品尽管都是经济作物，通常分类上有别于粮食作物，但总体上也是比较典型的耕地密集型产品，种植规模较大，产品差异不大，市场需求弹性不大。③果蔬及特色农作物，包括水果、蔬菜、茶、中药材、食用菌、花卉苗木等。这些产品都属于典型的劳动密集型产品，产品品质和功能差异很大，市场需求弹性和发展空间大。

我们将上述三类产品分为高组织化潜在利润产业和低组织化潜在利润产业两类，果蔬及特色农作物为高组织化潜在利润产业，粮食作物和一般经济作物为低组织化潜在利润产业。这样划分的主要依据是：首先，我们假定不同产业类组织在将农户组织起来并维持日常运转等组织成本上并无明显差异。其次，我们主要在农产品以初级产品或粗加工后销售这个层面讨论组织化潜在利润。这样假定主要是考虑到目前中国农村普遍缺乏资金和企业家人才，农民集体投资、对农产品进行精加工的可行性非常低。最后，从以下四方面看，果蔬及特色农作物组织化潜在收益明显高于其他两类产品。一是这些农产品化肥、农药、农膜等投入要远高于粮食作物和一般经济作物，因而统一供应投入品获利空间大得多；二是这些产品多数具有鲜活和易腐特点，市场风险更大，组织化在节省交易成本和降低市场风险方面效果比较显著；三是市场上这些产品品质鉴别难度更大，组织化对于减少信息不对称的作用也比较大；四是从组织化潜在利润可实现性来看，虽然严格来讲，粮食作物、一般经济作物与果蔬及特色农作物同样可以通过组织化生产提升产品品质增加获利机会，但总体上，粮食作物品质提升（如有机大米）由于生产规模大和技术、投入门槛往往较高，实现难度比较大。

采用上述产业分类指标来测度组织化潜在利润后，本章研究假说就转为：如果农户生产经营、拟组织化生产的农产品属于高组织化潜在利润产业，组织化潜在利润越高，组织越容易形成发展。不过，由于现实世界我们只能观察到已形成的组织，无法观察到因组织化潜在利润不高等不能形成的组织，因此无法在组织层面研究组织是否形成的原因。所幸在村庄层面，我们能够观察到有的村庄有组织，有的村庄没有产生组织，这为实证研究提供了条件。本章将通过计量经济分析在村庄层面上组织化潜在利润对村庄农民专业合作经济组织形成发展的影响，并检验以下研究假说：村组织化潜在利润高的产业种植规模越大，村庄产生农民专业合作经济组织的条件就越好，村庄产生和形成组织的概率就越大。

由于不同时期、不同产业对应的组织化成本和潜在利润各不相同，因此本章以种植类农民专业合作经济组织为例，深入探讨其内在作用机制。本章所用数据来自第一轮、第二轮调查，数据年份为 1997 年、2003 年、2008 年，不同年份数据匹配后得到 380 个村 112 家农民专业合作经济组织的数据，包括村庄拥有农民专业合作经济组织的情况、农民专业合作经济组织的发展情况、治理结构和特征，以及影响各类农民专业合作经济组织形成发展的村庄社会经济特征等主要因素。

9.3　村庄农业生产结构变化及与种植类农民专业合作经济组织发展的关系

9.3.1　农民专业合作经济组织经营产品的产业分布

农民专业合作经济组织经营产品以蔬菜、水果及特色农作物产品和养殖产品为主。截至 2008 年底，中国 20.8%的村庄拥有农民专业合作经济组织。2008 年，中国农民专业合作经济组织绝大部分是产品类农民专业合作经济组织，约占 89.3%，服务类农民专业合作经济组织只占 10.7%。产品类农民专业合作经济组织中，种植类占 56%，养殖类占 44%。种植类农民专业合作经济组织产业分布相对集中，其中从事水果、蔬菜、茶叶及特色农作物等高组织化利润产业的农民专业合作经济组织占 80.4%，远高于粮食作物的 10.7%和棉花等一般经济作物的 8.9%（表 9-1）。

表 9-1　2003 年和 2008 年中国农村地区农民专业合作经济组织的产业分布

产业分布	2003 年		2008 年	
	组织个数/个	占比	组织个数/个	占比
合计	18	100.0%	112	100.0%
种植类	9	50.0%	56	50.0%
高组织化利润产品	7	38.9%	45	40.2%
蔬菜	1	5.6%	13	11.6%
水果	4	22.2%	20	17.9%
茶叶	0	0	8	7.1%
中药材	1	5.6%	2	1.8%
花卉	1	5.6%	2	1.8%
低组织化利润产品	2	11.1%	11	9.8%
粮食作物	2	11.1%	6	5.4%
棉花	0	0	3	2.7%
其他	0	0	2	1.8%
养殖类	7	38.9%	44	39.3%
服务类	2	11.1%	12	10.7%

资料来源：根据调查资料统计整理所得

9.3.2　村庄农业生产结构及变化

与农民专业合作经济组织的产业分布不同，中国广大农村目前的农业生产结构仍然是以种植业为主，并且种植业还是以粮食生产为主。对样本乡镇村庄数据的统计显示，2008 年，农村粮食作物和一般经济作物播种面积比例分别为 70.2%和 14.1%，两者合起来为 84.3%，果蔬及特色农作物播种面积比例仅为 15.7%。动态来看，1997～2008 年，农业生产结构发生了明显变化，粮食作物播种面积比例总体下降，由 1997 年的 77.6%下降到了 2008 年的 70.2%；相反，果蔬及特色农作物播种面积比例总体上升，由 1997 年的 8.8%上升到了 2008 年的 15.7%，一般经济作物播种面积比例则无明显变化（表 9-2）。

表 9-2　村庄农业生产结构及变化趋势

村庄农业生产结构	1997 年	2003 年	2008 年
粮食作物播种面积比例	77.6%	74.3%	70.2%
一般经济作物播种面积比例	13.6%	13.9%	14.1%
果蔬及特色农作物播种面积比例	8.8%	11.8%	15.7%

资料来源：根据调查资料统计整理所得

9.3.3 村庄农业生产结构与种植类农民专业合作经济组织发展的相关关系

为了研究村庄农业生产结构与种植类合作组织形成发展之间的关系，我们按照村各类产业播种面积占总播种面积比例进行分组，并比较不同村庄组有组织的村庄的比例，以此考察生产结构与组织发展之间的关系。从表 9-3 可以看到，果蔬及特色农作物播种面积比例越高的村庄，有种植类农民专业合作经济组织的比例也越高。果蔬及特色农作物播种面积比例低于 5%的村庄组，村庄拥有组织的比例仅为 7.0%，而播种面积比例高于 20%的村庄组，村庄拥有组织的比例高达 21.8%。相反，粮食作物播种面积比例越高的村庄有组织的比例越低。粮食作物播种面积比例低于 60%的村庄组，村庄拥有组织的比例为 22.8%，播种面积比例高于 80%的村庄组，村庄拥有组织的比例仅为 5.2%。而一般经济作物的播种面积比例与村庄拥有组织情况关系不明显。

表 9-3　2008 年村庄农业生产结构与种植类农民专业合作经济组织的产生

村庄农业生产结构	样本村庄数/个	有组织村庄比例
粮食作物播种面积比例		
平均：70.2%	380	11.6%
＜60%	123	22.8%
60%～80%	104	7.7%
＞80%	153	5.2%
一般经济作物播种面积比例		
平均：14.1%	380	11.6%

续表

村庄农业生产结构	样本村庄数/个	有组织村庄比例
＜5%	166	11.4%
5%～20%	98	11.2%
＞20%	116	12.1%
果蔬及特色农作物播种面积比例		
平均：15.71%	380	11.6%
＜5%	215	7.0%
5%～20%	64	10.9%
＞20%	101	21.8%

资料来源：根据调查资料统计整理所得

9.4 计量经济模型与估计结果

9.4.1 计量经济模型设定

为检验本章前面提出的研究假说，我们建立了以下综列数据模型：

$$\text{FPC}_{it} = \alpha + \beta \text{HR}_{i(t-5)} + \gamma P_{i(t-n)} + \delta \text{D2008} + X_{i(t-5)}\eta + V_i + \varepsilon_{it} \qquad (9\text{-}1)$$

其中，被解释变量 FPC_{it} 表示村庄 i 在 t 年（t 分别为 2002 年和 2008 年）是否拥有种植类农民专业合作经济组织，是一个二元选择变量，1 表示有组织，0 表示没有组织；$\text{HR}_{i(t-5)}$ 表示模型的关键解释变量，衡量组织化潜在利润，用 i 村庄 5 年前（对 2002 年和 2008 年，分别为 1997 年和 2003 年）高组织化潜在利润类产品生产规模来测度，具体用村庄果蔬及特色农作物播种面积比例测量；β 是我们最为关注的参数，计量经济分析需要检验的是该参数是否在统计上显著异于零。

为了准确获取关键解释变量对被解释变量的净效应，模型（9-1）中还引入了一系列控制因素。既有研究表明，政策环境对组织的形成发展有着非常重要的影响（Deng et al.，2010；国鲁来，2006），本章用支持政策来加以衡量村庄所面临的政策环境；农民的文化程度低下及对组织的低认知程度则可能是制约中国农民专业合作经济组织发展的重要因素（国鲁来，2008；孙亚范，2003），本章用村庄里高中及以上学历劳动力比例来代表农民的文化程度及对组织的认知程度（通常文化程度越高，对新事物接受也越快，对组织的认知程度可能也越高）；农户规模也可能对组织的形成发展有重要影响（张晓山，2004），我们用村户均耕地面积来衡量农户的规模；合作组织的发展还可能受到经济发展水平的影响（郭红东和蒋文华，2004；黄祖辉等，2002），本章用农民人均纯收入来衡量村庄的经济发展水平；而村庄规模越大，有组织化需求的农户相应也越多，形成组织的概率也越大，另外，为了控制不随村庄变化但随时间变化的因素，本章添加了时间虚拟变量（主要用来控制《合作社法》出台的影响）。具体而言，模型（9-1）中控制变量 $P_{i(t-n)}$（$n \geqslant 0$）表示该村第一个组织成立前当地是否有某种支持政策；D2008 是时间虚拟变量，是 2008 年则取值为 1，否则取值为 0；$X_{i(t-5)}$是一组影响农民专业合作经济组织产生的其他控制变量，包括村户均耕地面积、高中及以上学历劳动力比例、农民人均纯收入、非农收入比例和村总户数；V_i 表示那些影响组织形成发展但不可观测的随村庄变化但不随时间变化的因素；ε_{it} 是随机扰动项；α、γ、δ、η 为模型待估系数或参数矩阵。

9.4.2　估计方法

模型（9-1）的参数估计存在三个需要特别注意的问题。首先是内生性问题。尽管模型（9-1）是综列数据模型，可以控制一部分遗漏变量（不随时间变化的因素）导致的内生性问题，但模型仍然可能存在内生性问题。就本章研究的这个问题而言，村庄高组织化潜在利润农作物生产规模对村庄农作物农民专业合作经济组织有影响，但反过来，村庄农作物农民专业合作经济组织的发展也会影响村庄农业生产结构的调整，促进组织集中生产经营产品的生产扩张，模型（9-1）潜在的这种因果反馈关系将导致内生性问题。为了避免内生性问题导致模型参数估计偏误，可以选择的处理方法包括工具变量估计和解释变量选择前定变量。两种方法互有优劣。高效的工具变量估计能获得参数的一致估计，但高效的工具变量获取难度大，且工具变量有有效性，特别是外生性无法检验，而低效的工具变量估计与 OLS 估计相比情况更糟糕（Wooldridge，2010）。在弱外生性假定下，解释变量采用前定变量也是一个很好的解决内生性问题的办法（Wooldridge，2010），但由于回忆式调查获得数据的质量受到越来越多的质疑，前定变量尤其是多年前的数据获取成为一个技术难题。我们的跟踪调查为采用前定变量控制内生性问题提供了条件。为此，模型（9-1）中的解释变量我们都尽可能采用了前定变量来衡量。

其次，模型（9-1）的参数估计面临被解释变量因为取值违背线性模型经典假设的问题。村庄是否有种植类组织这个被解释变量是取值为 0 和 1 的二元离散变量，如果用 OLS 方法估计，异方差将导致参数检验失效。合理的估计方法是将模型（9-1）设定为 Logit 模型（Wooldridge，2010）。

最后，模型使用的数据是两期跟踪调查形成的面板数据，因此，模型估计存在选择固定效应（fixed effects，FE）估计还是随机效应（random effects，RE）估计的问题。一般而言，如果不可观测因素 V_i 与模型中已控制的解释变量相关，则采用固定效应估计，否则采用随机效应估计（Wooldridge，2010）。由于数据的问题，在 Logit 模型假设情况下，固定效应估计损失样本太大，因此我们没有比较 Logit 模型假设下固定效应估计和随机效应估计的差异，而是在线性模型假设下比较两套估计的差异，并通过 Hausman 检验进行比较来确定模型参数估计最终用固定效应估计还是随机效应估计。这样，模型（9-1）的参数估计共三套，分别是线性模型假设下的固定效应估计量 OLS-FE 和随机效应估计量 GLS-RE，以及 Logit 模型假设下的随机效应估计量 Logit-RE。

9.4.3 模型估计结果与分析

对模型在线性假设情况下固定效应估计量和随机效应估计量差异的 Hausman 检验结果表明，模型的随机效应估计 GLS-RE 优于固定效应估计 OLS-FE，因此，我们选择了随机效应估计。表 9-4 不仅列出了 Logit 模型假设下的随机效应估计量 Logit-RE，还列出了线性模型假设下的随机效应估计量 GLS-RE 和固定效应估计量 OLS-FE 的比较。以下我们对研究假说的检验和组织形成发展影响因素的解释都基于 Logit-RE，即 Logit 综列数据模型随机效应估计结果。

表 9-4　种植类农民专业合作经济组织形成发展影响因素的估计结果（分两类产业）

变量	OLS-FE	GLS-RE	Logit-RE
果蔬及特色农作物播种面积比例 $_{t-5}$（%）	0.004** （2.49）	0.003*** （4.78）	0.001*** （3.46）
村户均耕地面积 $_{t-5}$（公顷）	0.02 （0.45）	0.04* （1.93）	0.02** （2.01）
组织成立前是否有支持政策 $_{t-n}$（1＝是；0＝否）	0.06* （1.68）	0.04** （2.10）	0.03* （1.92）
高中及以上学历劳动力比例 $_{t-5}$（%）	0.002 （1.19）	0.002** （2.20）	0.001* （1.75）
农民人均纯收入 $_{t-5}$（万元）	0.2 （1.12）	0.1 （1.45）	0.0 （0.76）
非农收入比例 $_{t-5}$（%）	0.00 （0.46）	0.00 （0.23）	0.00 （0.48）
村总户数 $_{t-5}$（户）	−0.000 08 （0.36）	0.000 05 （1.42）	0.000 03* （1.73）
2008 年虚拟变量（1＝是；0＝否）	0.04 （1.21）	0.06*** （2.62）	0.05*** （2.94）
常数项	−0.06 （0.64）	−0.10*** （3.33）	
样本数	760	760	760
R^2	0.10		
R^2F 检验	（5.33）***		
Wald 卡方检验		（77.18）***	（49.35）***

*、**和***分别表示 10%、5%和 1%的显著性水平

从 Logit-RE 模型参数估计的总体拟合优度看，衡量模型总体拟合优度的似然比检验卡方统计量高达 49.35，在 1%的显著性水平下，模型参数联合显著异于零。同时，模型多数参数的假设检验也表明参数显著异于零，并且不同模

型下结果比较稳定。因此，总体上模型能较好地用来检验本章的研究假说和解释村庄种植类农民专业合作经济组织的形成发展。

就控制变量而言，支持政策、《合作社法》出台、村庄人力资本、农户经营规模对村庄种植类农民专业合作经济组织的形成发展都有显著的影响，模型参数的假设检验都达到了比较显著的水平。平均而言，村庄如果获得政府政策支持，其产生种植类农民专业合作经济组织的概率能够提高 3 个百分点；国家《合作社法》的颁布及其他国家层面的支持导致村庄产生组织的概率提高了 5 个百分点；高中及以上学历劳动力比例每高出 10%，村庄产生组织的概率就高出 1 个百分点；村户均耕地面积每提高 1 公顷，村产生组织的概率能提高 2 个百分点。政策支持和《合作社法》的颁布为农民专业合作经济组织发展创造了良好的政策环境，不仅有助于提高农户对组织的认识，还通过直接解决组织创办过程中的困难等途径促进农民专业合作经济组织的产生。人力资本有助于推动制度创新过程。人力资本较高的村庄，村民认识组织化潜在利润并学习创新制度的能力相对而言会比较强，有利于村庄组织产生。村庄农户经营规模影响农户组织化潜在收益的大小和积极性，以及组织协调管理成本。农户经营规模越大，在同等组织化潜在收益条件下，农户参与组织的总收益越大，参与组织的积极性越高，相应地，组织无论在发起成立还是今后的管理中，协调和组织成本也较小，这都有利于组织产生。此外，农民专业合作经济组织是通过向成员提供各类服务来实现组织化潜在收益的，而提供服务则需要一定的资金以支付公共开支，通常而言，经济发展水平较高的村庄筹集资金也更容易，农民专业合作经济组织也更容易产生。非农收入比例则影响农户对农民专业合作经济组织的需求，非农收入比例越高意味着农户对农业收入的依赖程度越低，对组织的需求也越弱，不利于农民专业合作经济组织的产生。村庄规模越大，则村庄需求和组织的规模经济也越大。不过，从参数估计结果来看，村收入水平和非农就业状况对组织的形成发展影响并不显著。

从关键解释变量高组织化潜在利润类产品生产规模的参数估计结果和显

著性检验来看，我们的研究假说得到了验证。村果蔬及特色农作物播种面积比例这一变量的参数为 0.001，也就是说，村庄果蔬及特色农作物播种面积比例提高 10%，村庄形成种植类农民专业合作经济组织的概率增加 1 个百分点。同时，参数在 1%的显著性水平下通过了假设检验，表明村庄高组织化潜在利润产业的发展确实有利于村庄农民专业合作经济组织的形成和发展，组织化潜在利润是影响组织形成发展的重要因素。

此外，为了进一步检验研究假说，我们从低组织化潜在利润产业中进一步区分了粮食作物和一般经济作物，在模型中同时放入了果蔬及特色农作物播种面积比例和一般经济作物播种面积比例这两个变量，也就是说，我们不像模型（9-1）那样将农产品分为高组织化潜在利润产业和低组织化潜在利润产业两类，并将低组织化潜在利润产业作为基准组，而是将农产品分为高组织化潜在利润产业、一般经济作物和粮食作物，并且将粮食作物作为基准组。从参数估计和检验结果来看（表 9-5），研究假说得到了进一步的验证。果蔬及特色农作物播种面积比例这一变量对种植类农民专业合作经济组织的产生有明显促进作用，而一般经济作物播种面积比例对村庄是否有种植类农民专业合作经济组织没有明显的影响。

表 9-5　种植类农民专业合作经济组织形成发展影响因素的估计结果（分三类产业）

变量	OLS-FE	GLS-RE	Logit-RE
一般经济作物播种面积比例 $_{t-5}$（%）	0.000 （0.16）	0.001 （1.22）	0.000 （1.39）
果蔬及特色农作物播种面积比例 $_{t-5}$（%）	0.003* （1.93）	0.003*** （4.90）	0.001*** （3.56）
村户均耕地面积 $_{t-5}$（公顷）	0.01 （0.29）	0.04* （1.81）	0.02* （1.74）
组织成立前是否有支持政策 $_{t-n}$（1＝是；0＝否）	0.11*** （2.83）	0.04** （2.05）	0.02* （1.90）
高中及以上学历劳动力比例 $_{t-5}$（%）	0.002 （1.40）	0.002** （2.12）	0.001 （1.64）
农民人均纯收入 $_{t-5}$（万元）	0.2 （1.25）	0.1 （1.53）	0.0 （1.00）

续表

变量	OLS-FE	GLS-RE	Logit-RE
非农收入比例 $_{t-5}$（%）	0.000 （0.34）	0.000 （0.05）	0.000 （0.11）
村总户数 $_{t-5}$（户）	−0.000 10 （0.50）	0.000 04 （0.91）	0.000 02 （1.15）
2008 年虚拟变量 （1 = 是；0 = 否）	0.02 （0.76）	0.05*** （2.60）	0.04*** （2.72）
常数项	−0.06 （0.50）	−0.10*** （3.12）	
样本数	760	760	760
R^2	0.10		
R^2F 检验	（4.72）***		
Wald 卡方检验		（78.89）***	（50.67）***

*、**和***分别表示 10%、5%和 1%的显著性水平

9.5　结　　论

随着“小农户、大市场”矛盾的日益凸显，农民组织化问题受到了社会各界越来越多的关注。大家普遍认为，农民组织化是现代市场快速发展背景下农户分享经济发展成果的必然要求，政府应加大对农民组织化发展的政策支持力度。就中国近几年的发展经验来看，《合作社法》的颁布为中国合作社等农民专业合作经济组织的形成发展创造了良好的政策环境，而政府的政策支持则进一步促进了组织发展，导致中国近年来各类经济组织数量迅速增长。但同时，我们看到地方政府推动过快也导致了一些问题，不少地方政府制定了数量目标并进行考核，甚至亲自发起成立，导致了一些空壳组织的产生。有研究也发现，在被调查到的组织中，有 4.4%的组织尽管有名称甚至都在工商部门或民政部门注册了，但事实却是徒有虚名，没有为成员提供任何服务，这些空壳组织全部是由政府或村两委发起成立的；另外，还有 20%左右的组织仅仅提供技术或市场信息服务，极可能也没有为成员提供太多实质性的服务，没有发挥组织应有的功能（邓衡山等，2010）。空壳组织和功能特别薄弱的组织产生的原因，

一方面是政府推动过快，重数量、轻质量；另一方面则是这些组织所在村庄尚不具备农民专业合作经济组织健康发展所需的基本条件。

尽管农民专业合作经济组织的产生和发展需要良好的发展环境和必要的政府支持，但从根本上说，组织自身的必要发展条件对于组织的形成和持续发展更为重要。本章从理论和实证两方面论证了组织化潜在利润对农民专业合作经济组织发展的重要性。对农户而言，追求潜在的组织化利润是他们创新制度，组建并经营农民专业合作经济组织的根本目的和动力。如果组织化利润的空间不够大，或者虽然有较大的组织化获利空间但可实现性很低，组织化将难以成为现实。在这种情况下，即便在外部力量推动或支持下组织能够勉强形成，其后期的持续发展也将成为问题。在农户自主进行制度创新的情况下，村庄组织化潜在利润更高的产业生产规模越大，村庄形成发展组织的条件越好。村庄在这类产业上必要的发展基础是农户组织化的前提条件。现实中，中国种植类农民专业合作经济组织主要分布在蔬菜、水果等产业的情况从正面支持了这一点，而目前中国表现出的忽略组织发展自身必备条件，过分强调政策支持作用，甚至基层政府把发展农民专业合作经济组织作为政绩来做的倾向，导致组织发展推动过快甚至空壳组织的产生，不利于农民专业合作经济组织的持续发展。

从长远来看，中国农民专业合作经济组织还存在较大发展空间，但同时我们也应审慎看待这一问题。一方面，目前中国大部分村庄还没有组织，组织还存在较大发展空间；另一方面，研究也表明，组织发展的一些必要条件，如组织化潜在利润、村庄内部信任（徐志刚等，2011）对于组织发展必不可少。目前大部分村庄还没有成立组织，除了与农民对组织化的认知程度、外部支持条件、村庄村民之间的不信任等诸多因素有关，也与许多村庄生产结构决定的组织化潜在利润并不具备支撑组织产生发展的基本条件有关。我们需要审慎认识从事这些农产品生产的农户的组织化发展空间问题。根据本章研究，一方面，在中国农村目前的社会经济条件下，蔬菜、水果及诸多特色农作物生产的组织化潜在利润较高，组织化生产潜力较大，但这些产品的播种面积相对于粮、棉、油等主要农作物产品终究有限，也就决定了可以实现组织化并从中受益的农户数量的有限性。另一方面，目前中国农户主要生产粮食作物和棉、油等大田一般经济作物，而这些产品生产经营的组织化潜在利润很小，农户生产组织化难度较大。再以农民专业合作经济组织在提升食品安全中的作用为例，从国际经验来看，农民专业合作经济组织在提升食品质量尤其是食品安全方面有着十分重要的作用，但目前中国有机农业的进入门槛较高，加上食品监管体系不完备，使得目前通过组织化来提升食品安全的作用还十分有限。

因此，清楚认识外部条件和内在动力对组织发展的作用和关系，以及中国农民组织化生产经营的发展空间，有助于我们更为理性也更为有效地去推动中国农民专业合作经济组织的发展。就政府而言，其需要做的是创造良好的发展环境，在充分考虑农户需求和组织化发展必要条件的基础上，创造条件提升组织化的潜在利润和实现条件，帮助农户提升对组织化的认知，采取适度支持政策，因地制宜、循序渐进地提高中国农户的组织化水平。

最后，本章的研究还存在着以下不足。第一，本章实际上是假定各产业潜在的组织化成本并无差异，通过论述各产业的组织化潜在收益具有明显的差异，从而论证各产业组织化潜在利润具有明显差异的。至于组织化成本的构成及影响组织化成本的因素，本章则未做任何的讨论。事实上，正如组织化潜在收益是农民进行组织创新的动力，潜在的组织化成本则是农民进行组织创新的阻碍，因此，对组织化成本进行讨论有助于解释各村庄的组织化程度的差异。第二，本章未能详细地分析组织化潜在利润及组织化利润的影响因素。然而，有哪些因素影响到组织化收益及组织化成本，进而影响到组织化利润才是人们更为关注的问题。因此，对组织化成本和组织化收益进行更深入的研究也应成为进一步研究的主题。

参 考 文 献

曹锦清. 2000. 黄河边的中国：一个学者对乡村社会的观察与思考. 上海：上海文艺出版社.
邓衡山，徐志刚，柳海燕. 2010. 中国农民专业合作经济组织发展现状及制约因素分析——基于全国 7 省 760 个村的大样本调查. 现代经济探讨，(8)：55-59.

郭红东，蒋文华. 2004. 影响农户参与专业合作经济组织行为的因素分析. 经济研究参考，(63)：29-31.

国鲁来. 2001. 合作社制度及专业协会实践的制度经济学分析. 中国农村观察，(4)：36-48.

国鲁来. 2006. 农民合作组织发展的促进政策分析. 中国农村经济，(6)：4-11，37.

国鲁来. 2008. 促进农民专业合作社的规范发展. 中国经贸导刊，(5)：18-19.

黄祖辉. 2000. 农民合作：必然性、变革态势与启示. 中国农村经济，(8)：4-8.

黄祖辉，徐旭初，冯冠胜. 2002. 农民专业合作组织发展的影响因素分析——对浙江省农民专业合作组织发展现状的探讨. 中国农村经济，(3)：13-21.

林坚，马彦丽. 2006. 农业合作社和投资者所有企业的边界——基于交易费用和组织成本角度的分析. 农业经济问题，(3)：16-20，79.

牛若峰. 1998. 论市场经济与农民自由联合. 中国农村经济，(7)：73-75.

世界银行. 2006. 中国农民专业协会回顾与政策建议. 北京：中国农业出版社.

孙亚范. 2003. 现阶段我国农民合作需求与意愿的实证研究和启示——对江苏农户的实证调查与分析. 江苏社会科学，(1)：204-208.

徐勇. 2007. 如何认识当今的农民、农民合作与农民组织. 华中师范大学学报（人文社会科学版），(1)：1-3.

徐志刚，张森，邓衡山，等. 2011. 社会信任：组织产生、存续和发展的必要条件？——来自中国农民专业合作经济组织发展的经验. 中国软科学，(1)：47-58，192.

苑鹏. 2001. 中国农村市场化进程中的农民合作组织研究. 中国社会科学，(6)：63-73，205-206.

张晓山. 2004. 促进以农产品生产专业户为主体的合作社的发展——以浙江省农民专业合作社的发展为例. 中国农村经济，(11)：4-10，23.

赵晓峰. 2007. 农民合作：客观必要性，主观选择性与国家介入. 调研世界，(2)：28-31.

Albaum M. 1966. Cooperative agricultural settlement in Egypt and Israel. Land Economics，42（2）：221-225.

Bijman J，Hendrikse G. 2003. Co-operatives in chains：institutional restructuring in the Dutch fruit and vegetable industry. Journal on Chain and Network Science，3（2）：95-107.

Deng H S，Huang J K，Xu Z G，et al. 2010. Policy support and emerging farmer professional cooperatives in rural China. China Economic Review，21（4）：495-507.

Fulton M. 2005. Producer associations：international experience//Sonntag B H，Huang J K，Rozelle S，et al. China's Agricultural and Rural Development in the Early 21st Century.

Australian Government，Australian Centre for International Agricultural Research：174-196.

Harris A，Stefanson B，Fulton E M. 1996. New generation cooperatives and cooperative theory. Journal of Cooperatives，（11）：15-28.

Kimball M. 1988. Farmers' cooperatives as behavior toward risk. The American Economic Review，（1）：224-232.

North D C. 1981. Structure and Change in Economic History. New York：W. W. Norton & Company Inc.

North D C. 1990. Institutions，Institutional Change and Economic Performance. New York：Cambridge University Press.

Ostrom E. 1990. Governing the Commons：The Evolution of Institutions for Collective Action. New York：Cambridge University Press.

Rozelle S. 1996. Stagnation without equity：patterns of growth and inequality in China's rural economy. The China Journal，35：63-92.

Sonntag B H，Huang J K，Rozelle S，et al. 2005. China's agricultural and rural development in the early 21st century. Australian Government，Australian Centre for International Agricultural Research.

Staatz J M. 1987. Recent developments in the theory of agricultural cooperation. Journal of Agricultural Cooperatives，（2）：74-95.

Stefanson B. 2002. Adult education in co-operative development：agents of change. Unpublished MSc Thesis，University of Saskatchewan.

Torgerson R E，Reynolds B J，Gray T W. 1998. Evolution of cooperative thought，theory and purpose. Journal of Cooperatives，（13）：11-20.

Wooldridge J M. 2010. Econometric Analysis of Cross Section and Panel Data. 2nd ed. Cambridge：MIT Press.

附表　计量经济模型各变量的描述统计量

变量	观测数	均值	标准差	最小值	最大值
2008 年					
是否有种植类专业合作组织 $_t$（1＝是；0＝否）	380	0.12	0.32	0	1
粮食作物播种面积比例 $_{t-5}$（%）	380	74.35	21.48	0	100.00
一般经济作物播种面积比例 $_{t-5}$（%）	380	13.88	14.97	0	83.53
果蔬及特色农作物播种面积比例 $_{t-5}$（%）	380	11.77	18.71	0	100.00

续表

变量	观测数	均值	标准差	最小值	最大值
村户均耕地面积 $_{t-5}$（公顷）	380	0.51	0.47	0.05	3.98
组织成立前是否有支持政策 $_{t-n}$（1＝是；0＝否）	380	0.68	0.47	0	1
高中及以上学历劳动力比例 $_{t-5}$（%）	380	10.50	10.40	0	53.85
农民人均纯收入 $_{t-5}$（万元）	380	0.25	0.15	0.02	0.81
非农收入比例 $_{t-5}$（%）	380	38.67	21.65	0	90.00
村总户数 $_{t-5}$（户）	380	375	280	18	1690
2002 年					
是否有种植类专业合作组织 $_t$（1＝是；0＝否）	380	0.02	0.13	0	1
粮食作物播种面积比例 $_{t-5}$（%）	380	77.54	18.66	0	100.00
一般经济作物播种面积比例 $_{t-5}$（%）	380	13.61	14.54	0	84.80
果蔬及特色农作物播种面积比例 $_{t-5}$（%）	380	8.85	14.02	0	100.00
村户均耕地面积 $_{t-5}$（公顷）	380	0.56	0.56	0.05	4.40
组织成立前是否有支持政策 $_{t-n}$（1＝是；0＝否）	380	0.27	0.45	0	1
高中及以上学历劳动力比例 $_{t-5}$（%）	380	7.74	6.75	0	29.14
农民人均纯收入 $_{t-5}$（万元）	380	0.15	0.08	0.01	0.43
非农收入比例 $_{t-5}$（%）	380	29.16	21.27	0	95.00
村总户数 $_{t-5}$（户）	380	371	285	16	1820

第10章　社会信任：组织产生、存续和发展的必要条件

10.1　引　言

随着中国农村社会经济结构的快速变迁，农民专业合作经济组织不断发展[①]，特别是自2007年《合作社法》实施以来，中国农民专业合作经济组织更是进入了高速发展阶段，已引起社会各界的广泛关注。无疑，在中国现有农村土地分散和小规模经营的这种土地制度短期内难有根本性突破的背景下，农民专业合作经济组织的发展对促进农民融入经济市场化和国际化轨道、拓展新的生产和发展方式具有重要意义。一方面，农民专业合作经济组织的发展有助于农民掌握和应用先进的农业技术，提高他们在日益全球化的大市场的适应和应变能力；另一方面，农民的组织化有助于农民有组织、系统地接受先进的发展理念和思路，有助于分散的农民实现与大市场的连接和与其他利益共同体的对话。

2007年之前，中国农民专业合作经济组织的发展主要处于萌芽阶段，无论是在组织功能还是在外部监管和内部管理方面，农民专业合作经济组织的发育都很不成熟，处于发展初期（孔祥智和郭艳芹，2006；世界银行，2006；

① 本章所指农民专业合作经济组织是指农民自愿参加的，以农户经营为基础，以某一产业或产品为纽带，以增加成员收入为目的，实行资金、技术、生产、购销、加工等互助合作经济组织，要求成员在4户以上，主要从事农业生产经营活动，有特定名称，有专门的负责人或协调人的组织。不仅包括目前那些已经在工商部门注册登记的合作社，在民政局、农业局等部门注册登记的专业或技术协会，也包括由企业参与的股份合作社，还包括与上述三类组织相似，但因各种原因尚未登记注册的组织和协会。不过，考虑到许多标会、钱庄等地下金融性组织被调查到的难度比较大，而村庄层次的用水协会、农村土地股份合作社等管理村庄水、地等公共资源的组织多数为自上而下的产物，本章所称农民专业合作经济组织不包括这两类组织。

Shen et al.，2005；黄祖辉等，2002）。自 2007 年以来，中国农民专业合作经济组织进入了一个蓬勃发展时期。合作经济组织的活动涵盖了农村社会经济的方方面面，它们通过为成员提供生产资料购买、产品销售、技术或市场信息，甚至统一投资和生产等服务，在提升农业生产经营组织化上已开始发挥积极作用（黄季焜等，2009；Deng et al.，2010），对农民生活方式和乡村治理都产生了积极影响。

不过，面对近年来合作社数量飞跃式的增长，从促进中国农民专业合作经济组织更为健康和成熟的发展方面而言，规范和完善组织发展，在政策方面为农民组织的发展创造更为良好的环境和条件十分关键。这就亟须我们对当前农民专业合作经济组织产生和发展的影响因素和面临的障碍进行深入系统的理论和实证研究。

就农民专业合作经济组织的产生、存续运行和发展而言，无论从我们实地调研中许多合作社管理部门领导、基层乡村干部和组织牵头人的反映来看，还是基于相关的社会学理论来看，社会资本，特别是村民之间社会信任的重要作用和意义已经越来越为大家所认识。同样面对组织化需求，一个村庄最终能否产生组织、组织产生后能否很好地存续发展下去，村民之间的社会关系和信任程度状况如何极为重要。这一点对那些跨村、跨乡，甚至跨越更大地域组织的形成和发展来说尤为重要。但是，从目前文献来看，通过实证研究来系统考察村民社会信任程度这种社会资本对农民专业合作经济组织发起和发展的影响机制和程度的文献还不多见。

本章将主要基于社会学相关理论和既有研究文献，提出围绕社会信任对组织发展影响的研究假说，并基于第一轮、第二轮调查数据对研究假说进行检验。后文安排如下：10.2 节综述相关文献并提出本章研究假说；10.3 节介绍假说检验所使用的模型、相关变量和数据；10.4 节是实证分析结果；10.5 节是结论与讨论。

10.2　文献综述与研究假说

从内在需求和外部条件两个重要角度切入研究农民组织产生和发展的原因是目前国内外研究的主要方向。国外很多学者通过经验研究发现，农民规避风险的需求是建立农民专业合作经济组织的重要起因（Kimball，1988），因为小农面对巨大的生产和市场风险，需要组织化来规避风险。比如，20 世纪 60 年代以来埃及合作经济组织的发展主要是因为土地在农民中的平均分配形成了对组织化的需求，以色列合作经济组织的发展则是因为大量移民的农业生产规模较小，需要组织起来应对生产和销售中的风险（Albaum，1966）。国内一些调查研究认为，中国农民专业合作经济组织的发育与区域经济发展水平、市场发育程度、生产专业化水平和商品化程度、政府支持，乃至户主的文化水平等影响因素紧密联系（Shen et al.，2005；郭红东和蒋文华，2004）。特别地，政府在其中扮演的角色不容忽视（Deng et al.，2010）。甚至有的研究认为，农民要走向合作，离不开国家力量的强有力介入，只有国家从各个层面发挥作用，才能使农民合作从理想走向现实（赵晓峰，2007）；当然，也有研究认为，政府控制和农民合作往往是一种此消彼长的关系：政府控制越是严密，农民的合作也越是困难（党国英，2007）。其他被认为对农民专业合作经济组织形成有重要影响的因素还包括组织原则、法律地位、产权安排和组织管理等，其中产权结构不合理被认为是合作社发展面临的一个共同问题（童建华，2006）。还有一些研究认为，新兴组织发育应尽可能利用原有的组织资源，形成互补和对接的关系，而建立有效的激励机制是新型组织顺利成长的关键，部门垄断则是提高农民组织化程度、发育新组织资源的桎梏（苑鹏，2001；张晓山等，2001）。世界银行则认为农民专业合作经济组织成功的关键是赋权于农民，使农民专业合作经济组织能够自立自助（世界银行，2006）。

也有一些学者主要从农民合作这个视角来认识和解释农民组织的形成过

程。他们认为农民合作能力是影响组织形成的重要因素。一般而言，农业生产中最基本的特点——生产的生物性、地域的分散性及规模的不均匀性存在，决定了农民合作有其必要性（黄祖辉，2000），但客观上，由于各种因素限制，农民主观上常常选择不合作，出现农民合作的“主客观选择悖论”现象（赵晓峰，2007）。尽管现实中确实存在农民“善分不善合”的现象（曹锦清，2000），但实际上，中国农民并不是天生的“善分不善合”。在利益的驱动下，农民善分也善合，而是否合作主要取决于时间、地点和条件构成的农民利益（徐勇，2007）。也就是说，农民专业合作经济组织的产生实际上受到农民合作意愿和合作能力的共同影响。

从社会学的角度来看，在影响农民合作意愿和合作能力的众多因素中，社会资本是一个特别重要的因素。从宏观的社会结构角度来看，存在于社会当中的社会资本的形成受到文化、历史、风俗传统等诸多因素的影响。社会资本，即社会组织的特征，如信任、规范及网络，都会对个人行为，包括人们之间的合作产生重要影响。在一个给定的社会中，如果存在足够的社会资本，人们之间的合作就能产生出来。社会资本还能够通过促进合作来提高社会的效率（Putnam et al.，1993）。信任作为社会资本的一种形式，能促进自愿合作，社会资本的其他形式促成的集体行动（collective action），几乎也总是通过加强行动者之间的信任才做到的（Ostrom and Ahn，2002）。

社会信任，即公民之间的相互信任程度，是度量社会资本的重要组成部分（Putnam et al.，1993）。社会资本的本质属性就是信任，组织内在的道德体系是通过相互的信任机制来执行的，并在重复交易中转化为共同知识、协调行动和集体决策，最终降低交易成本，成为大量互利交易得以进行的主要保证（章仁俊和刘耀祥，2007）。作为社会资本的核心，社会成员之间的信任也是文化对经济的影响途径和表现形式（Fukuyama，1995）。在市场经济中，最重要的道德基础就是信誉或信任（张维迎和柯荣住，2002），一种文化或社会可以分成高信任度或者低信任度。在高信任度的社会或文化中，自发性的社会交往发达，中间层的社团丰富而又多样化，能够无须借助于政府力量就可以由民间自动发展出强大而向心力高的大规模组织；而在低信任度的社会中，人们的自发性社交能力很弱，如果离开强有力的高度中央集权政府，民间往往不能发展出有效率的大规模组织。信任作为社会资本的关键要素之一，作为一种交往态度，是长期的交往经验内化的心理体现，是促进合作的重要因素（白春阳和安文军，2008）。乡村社会资本，包括村庄内部村民之间的信任程度，是农民长期相互交往形成的关系网络、组织，村民社会信任对于促进农民合作的重要作用不容忽视（吴光芸和杨龙，2006）。

综上所述，国内外许多文献都讨论了社会资本，包括社会信任在促进合作和组织发展方面的作用，多数研究也大致认同了这种关系的存在。但到目前为止，可以看到的文献中，就社会资本或社会信任对组织发展影响进行系统实证检验的研究凤毛麟角（马九杰等，2008）。为此，本章基于文献综述和讨论，提出并检验以下研究假说：村庄内部村民相互间的信任是影响村民之间有效合作的重要因素，社会信任是合作社产生、存续和发展的必要条件。村庄内部村民相互间的社会信任程度越高，村民社会资本就越高，村民之间合作的交易成本比较低，合作效率比较高，资源动员和人力资源整合的能力也会比较强。只有在这样的村庄，村民才有条件自发地组织起来，形成合作经济组织，也只有在这样的村庄，产生的组织才能够很好地存续和发展下去。在现实中，不少村庄发起和成立农民专业合作经济组织的条件并不是非常成熟，如没有一定的产业基础，但是，由于外部力量的介入，如政府推动或非政府组织支持，不少这样的村庄也形成了组织。不过，如果这样的村庄村民之间缺乏足够的信任，特别是组织缺乏内部信任，这样的组织将难以很好地存续，更难持续地发展。当然，村民之间社会信任程度高并不意味着村民之间就能组织起来并形成专业合作经济组织，因为组织的产生需要有产业基础、需要有组织化的潜在利益、需要有能力精英牵头等诸多外部条件，但是，社会信任是农民组织化的重要前提，如果村民之间没有基本的相互信任，组织的产生、存续和发展都将无从谈起。此外，动态来看，合作经济组织的产生、存续和发展紧密相关但也存在一定差异。一个组织的产生可能具有一定的偶然性，但它如果能长久地存续并发展下去，那一定有其必然性。基于上述考虑，本章实证分析部分还分别用不同指标测度了农民专业合作经济组织的产生、存续和发展，并检验了社会信任对它们的影响。

10.3　模型、变量与数据

为了检验 10.2 节提出的关于社会信任对合作社产生、存续和发展影响作用的研究假说，我们设定了如下计量经济模型进行实证检验：

$$\mathrm{FPC}_i = \alpha + \beta \cdot \mathrm{SC}_{it-10} + X_{it-5} \cdot \gamma + \varepsilon_{it} \tag{10-1}$$

其中，被解释变量 FPC_i 是一个取值为 0 和 1 的虚拟变量，衡量村庄 i 合作社的产生、存续和发展状况。如果 FPC_i 等于 1，表示村庄 i 产生过或有组织；如果 FPC_i 等于 0，则相反。对应于 FPC_i 用组织产生、存续和发展 3 个指标来衡量，模型（10-1）派生出三个模型。实证研究中，我们具体用以下 3 个问题来分别测度村庄组织的产生、存续和发展。

（1）产生：村庄近 10 年是否产生过农民专业合作经济组织？

（2）存续：村庄现在是否有农民专业合作经济组织？

（3）发展：村庄现在是否有功能性农民专业合作经济组织？①

模型中的关键解释变量 SC_{it-10} 是 10 年前村庄内部的社会信任状况。我们具体通过询问村干部 3 个问题来构建一个反映村民之间信任程度的指标。这 3 个问题如下。

Q1：10 年前，如果村里要搞一项公益事业（大家都比较关心和需要办的），要组织大家开会讨论，有多大比例的农户会参加（%）？

① 我们定义能正常运转并且为成员提供生产资料购买、产品销售、机械等生产服务，以及信贷服务等实质性服务的组织为功能性组织，不包括仅有一个名称的空壳组织，也不包括不提供服务或只提供信息和技术服务的组织，也不包括由乡干部担任负责人的组织。

Q2：10 年前，如果村里要搞一项公益事业，但是部分村民并不直接受益，这些不直接受益的村民多数人是否愿意出资或出工（1 = 是；0 = 否）？

Q3：10 年前，如果村里一个小组的农户要办红白喜事，除亲戚朋友和邻居外的一般村民是否会不请就上门帮忙（1 = 是；0 = 否）？

在模型估计中，对社会信任指标，我们采用以下 3 种设定方式来检验社会信任对组织发展影响关系的稳健性。首先，我们分别用上述 3 个问题来测度社会信任，并将其放入模型（10-1）中进行参数估计和假设检验，以检验结果的一致性。其次，我们通过对前面 3 个关于社会信任的指标进行主成分分析，提取一个最主要成分作为度量村庄社会信任的指数并进行模型估计。最后，我们直接用上述 3 个问题建立一个可加性指数来度量村庄社会信任程度，该指数的构建方法是将每一个问题先标准化到 0 和 1 之间，视为该问题的得分，然后再用相同的权重将 3 个得分加总。

模型中 X_{it-5} 是一组村庄控制变量，包括 5 年前村庄规模（村农户数）、村人口素质（村教育程度高中以上人数比例）、村土地资源状况（村户均耕地面积）、村地理位置和市场条件（村庄离最近农贸市场距离、村里从事农产品贩运人数比例）、村工业发展水平（村百户企业数）、村农业生产专业化水平（村劳动密集型作物播种面积比例、村户均畜禽养殖规模）、村经济发展水平（村人均纯收入、村非农收入比例），以及村最早组织成立前是否有支持政策等变量，用来控制村庄影响组织产生或发展的自然社会经济等因素。为了控制不同区域之间的不可观测因素，模型中还引入了县级虚拟变量。模型（10-1）中 ε_{it} 是扰动项，α、β、γ 是待估计参数。

由于模型（10-1）的被解释变量是一个取值为 0 和 1 的二元选择变量，模型估计时我们将模型（10-1）具体设定为 Probit 模型，并用极大似然法对模型进行参数估计。模型（10-1）因关键解释变量社会信任可能存在内生性问题，因为村庄组织的发展和农民组织化可能也会改善村庄的社会信任状况，为此，调查中我们访问了村庄 10 年前的社会信任状况，换句话说是将滞后变量作为解释变量，以控制内生性问题可能导致的参数估计偏误问题。此外，模型中的一般控制变量我们也选取了滞后变量，以尽可能控制内生性问题。

本章所用数据来自第一轮、第二轮调查。研究最终使用的数据包括 758 个村庄的 164 个农民专业合作经济组织的数据[①]。

模型（10-1）中各变量描述性统计结果详见表 10-1。

表 10-1　主要变量描述性统计结果

变量	观察值	均值	标准差	最小值	最大值
被解释变量	758				
是否产生过组织（1＝是；0＝否）	758	0.17	0.38	0	1
现在是否有组织（1＝是；0＝否）	758	0.16	0.37	0	1
现在是否有功能性组织（1＝是；0＝否）	758	0.13	0.34	0	1
关键变量	758				
参加公益事业筹资会议村民比例（%）	758	64.82	24.31	0	100.00
是否愿意为公益事业出资或出工（1＝是；0＝否）	758	0.66	0.47	0	1
红白喜事村民是否主动上门帮忙（1＝是；0＝否）	758	0.81	0.39	0	1
社会信任指标主成分	758	0	1.14	–3.50	1.54
社会信任指数（0 到 1 之间的一个数值）	758	0.71	0.25	0	1
控制变量	758				
村农户数（户）	758	338	262	18	1800
村教育程度高中以上人数比例（%）	758	5.48	6.42	0	42.41
村户均耕地面积（公顷/户）	758	0.49	0.38	0	3.98
村庄离最近农贸市场距离（千米）	758	5.17	5.47	0	40.00
村里从事农产品贩运人数比例（%）	758	0.38	0.91	0	11.83
村百户企业数（个/百户）	758	0.18	0.89	0	20.43
村劳动密集型作物播种面积比例（%）	758	6.63	13.80	0	100
村户均畜禽养殖规模（万元/户）	758	0.36	0.78	0	13.90
村人均纯收入（万元）	758	0.24	0.14	0.02	0.82
村非农收入比例（%）	758	38.21	21.50	0	100
村最早组织成立前是否有支持政策（1＝是；0＝否）	758	0.62	0.49	0	1

资料来源：根据调查资料统计整理所得

① 研究最后使用 758 个村庄的数据是因为有 2 个村庄社会信任变量数据缺失。

10.4　实证分析结果

调查数据表明，2003 年底，全国只有 4.2%的村庄有农民专业合作经济组织，但到 2008 年底，这一比例已经达到了 22.1%（表 10-2）[①]，其中 2/3 的组织是 2007 年和 2008 年两年新成立的（图 10-1）。此外，还有 0.6%的村庄曾经产生过农民专业合作经济组织但后来解散了，换句话说，有 22.7%的村庄曾经产生过农民专业合作经济组织。16.0%的村庄有功能性组织，这些组织能为成员提供生产资料购买、产品销售、生产技术服务、统一的机械作业和信贷等实质性服务。

表 10-2　合作社发展状况及区域差异

经济发展水平	农民人均纯收入/元	有组织村庄	农户参与率 I	农户参与率 II
所有乡镇	4546	22.1%	4.3%	10.5%
低收入	1579	7.3%	2.5%	3.2%
中等收入	3391	18.3%	4.4%	7.2%
高收入	7887	37.2%	8.0%	28.5%

注：农户参与率 I 指特定区域范围内合作社的正式成员占所有农户的比例；农户参与率 II 指特定区域范围内受益于合作社，包括正式成员和非正式成员在内的成员占区域内所有农户的比例

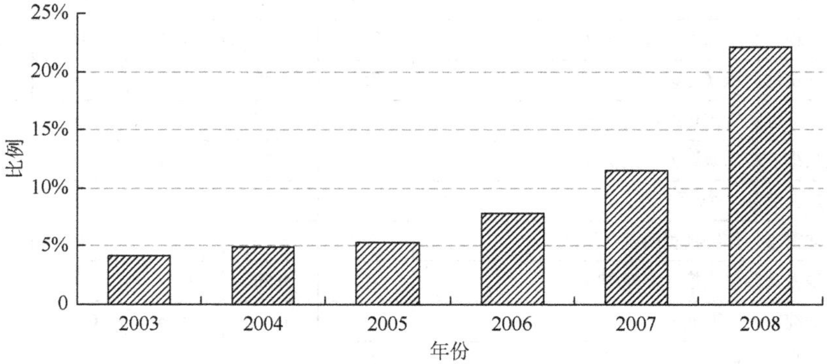

图 10-1　2003～2008 年有合作社村庄的比例

① 本章所用数据对应的调查尽管抽样是随机的，但却是非等概率抽样。为此，本章基于样本数据对全国的推断和计量经济分析都根据样本村庄的入样概率进行了权重调整。表 10-2 的统计分析除外。

但我们也看到，合作社的发展还面临不少问题和障碍。比如，覆盖面还相对较低，且区域发展不平衡。截至 2008 年底，还有约 78%的村庄还没有组织，特别是经济相对欠发达的地区的农民专业合作经济组织发展比较缓慢。还有，农民参与率偏低，农民专业合作经济组织平均规模偏小。截至 2008 年底，只有 4.3%的农户是农民专业合作经济组织的正式成员，算上非正式成员，也只有 10.5%农户参加组织（表 10-2）。截至 2008 年，农民专业合作经济组织中，近 2/3 组织的正式成员数量少于 50 户，只有不到 10%的组织正式成员多于 200 户。村民之间的社会信任程度不仅可能是影响组织形成和发展的重要原因，也可能是影响村民参与组织的重要因素之一（Putnam et al.，1993）。

分别按照村庄曾经是否产生过组织、现在是否有组织和现在是否有功能性组织，我们将样本村庄分成两组，并计算和比较不同组村庄之间社会信任程度的差异（表 10-3）。如果假设 10 年前，村里要搞一项公益事业，是大家都比较关心的和需要办的，要组织大家开会讨论，那么，曾经产生过农民专业合作经济组织村庄组平均有 67.7%的村民会参加这样的会议，而没有产生过农民专业合作经济组织村庄组有 64.2%的村民愿意参加会议，差异不是很明显。假设 10 年前，村里要搞一项公益事业，但是部分村民并不直接受益，那么对于这些不直接受益的村民，多数人愿意出资或出工的村庄，曾经产生过农民专业合作经济组织村庄组有 76.0%的村的村民愿意为公益事业出资或出工，而没有产生过农民专业合作经济组织村庄组对应的比例只有 64.4%，前一组显著高于后一组。假设 10 年前，村里一个小组的农户要办红白喜事，除亲戚朋友和邻居外的一般村民会不请就上门帮忙的，曾经产生过农民专业合作经济组织的村庄组，这样的村占比 82.9%，而没有产生过农民专业合作经济组织的村庄组，这样的村占比 80.6%，差异也不大。

表 10-3　村庄按规模和组织发展程度分组后社会信任程度差异

村庄规模	社会信任	是否产生过组织		现在是否有组织		现在是否有功能性组织	
		否	是	否	是	否	是
所有村庄（758 村）	样本村庄比例	83.0%	17.0%	83.8%	16.2%	87.1%	12.9%
	参加公益事业筹资会议村民比例	64.2%	67.7%	64.3%	67.3%	64.3%	68.4%
		（1.54）		（1.29）		（1.67）*	
	愿意为公益事业出资或出工村比例	64.4%	76.0%	64.4%	76.4%	65.0%	75.5%
		（2.74）***		（2.80）***		（2.21）**	
	红白喜事村民会主动上门帮忙村比例	80.6%	82.9%	80.8%	82.1%	79.8%	88.8%
		（0.64）		（0.35）		（2.50）**	
小规模村庄（253 村）	样本村庄比例	92.5%	7.5%	93.3%	6.7%	94.5%	5.5%
	参加公益事业筹资会议村民比例	65.7%	79.9%	66.0%	78.4%	66.2%	77.0%
		（3.13）***		（2.55）**		（1.94）*	
	愿意为公益事业出资或出工村比例	73.9%	84.2%	74.2%	82.4%	74.5%	78.6%
		（1.13）		（0.82）		（0.35）	
	红白喜事村民会主动上门帮忙村比例	88.9%	100.0%	89.0%	100.0%	89.1%	100.0%
		（5.40）***		（5.40）***		（5.40）**	
中等规模村庄（252 村）	样本村庄比例	88.5%	11.5%	89.7%	10.3%	91.3%	8.7%
	参加公益事业筹资会议村民比例	65.7%	69.7%	65.7%	70.7%	65.9%	69.4%
		（1.00）		（1.40）		（0.95）	
	愿意为公益事业出资或出工村比例	62.3%	82.8%	61.9%	88.5%	62.6%	86.4%
		（2.60）**		（3.70）***		（2.92）***	
	红白喜事村民会主动上门帮忙村比例	79.4%	93.1%	79.6%	92.3%	79.6%	95.5%
		（2.49）**		（2.12）**		（3.02）***	
大规模村庄（253 村）	样本村庄比例	68.0%	32.0%	68.5%	31.5%	75.5%	24.5%
	参加公益事业筹资会议村民比例	60.1%	64.1%	60.3%	63.8%	59.9%	66.0%
		（1.18）		（1.03）		（1.69）*	
	愿意为公益事业出资或出工村比例	54.7%	71.6%	54.9%	71.3%	56.5%	71.0%
		（2.68）***		（2.57）**		（2.11）**	
	红白喜事村民会主动上门帮忙村比例	70.9%	75.3%	71.1%	75.0%	68.6%	83.9%
		（0.74）		（0.65）		（2.64）***	

资料来源：根据调查资料统计整理所得

注：受 STATA 软件两总体均值差异 t 检验无法作权重调整的限制，本表所有数据的统计均没有进行权重调整，都是对样本的直接统计结果，因此数字与对全国总体的推断数据会有一定差异，但基本结果不受影响。括号中为两组平均值的 t 检验统计量绝对值

*、**和***分别表示统计检验在 10%、5%和 1%的水平上显著

进一步，如果按照村庄现在是否有组织来分组比较，现在有组织和现在没有组织的两组村庄在“愿意为公益事业出资或出工”这个问题上存在明显差异，而在“参加公益事业筹资会议”和“红白喜事村民会主动上门帮忙”两个问题上没有明显差异；如果按照村庄现在是否有功能性组织来分组比较，两组在三个问题上都有显著差异。现在有功能性组织村庄组村庄的社会信任程度明显高于现在没有功能性组织村庄组村庄的情况。

为了更好地认识组织发展程度不同的村庄社会信任程度的差异，我们进一步把样本村庄先按村庄规模（村农户数）由小到大等分分组后，再做与上面类似的分组比较分析（表 10-3）。统计分析和检验表明，控制村庄规模后，组织发展程度不同的村庄之间的社会信任水平差异显著程度要比不控制村庄规模的情况下提高不少。

对于小规模村庄组，产生过组织的村庄组与没有产生过组织的村庄组相比，两者在“参加公益事业筹资会议”和“红白喜事村民会主动上门帮忙”这两个问题上都有明显差异，产生过组织的村庄相应比例都显著高于没有产生过组织的村庄，表明产生过组织的村庄社会信任水平更高；现在有组织和现在没有组织两个村庄组，以及现在有功能性组织和现在没有功能性组织两个村庄组相比，情况类似，也是在“参加公益事业筹资会议”和“红白喜事村民会主动上门帮忙”两个问题上有明显差异。组织发展程度高的村庄的社会信任水平要显著高于组织发展程度低的村庄。

对于中等规模村庄组，无论是产生过组织的村庄组与没有产生过组织的村庄组相比，现在有组织的村庄组与现在没有组织的村庄组相比，还是现在有功能性组织的村庄组与现在没有功能性组织的村庄组相比，都是在“愿意为公益事业出资或出工”和“红白喜事村民会主动上门帮忙”两个问题上有明显差异，组织发展程度高的村庄的社会信任水平要显著高于组织发展程度低的村庄。对于大规模村庄组，产生过组织的村庄组与没有产生过组织的村庄组相比，现在有组织的村庄组与现在没有组织的村庄组相比，都是在“愿意为公益事业出资或出工”这个问题上有显著差异，而现在有功能性组织的村庄组与现在没有功能性组织的村庄组相比，在三个问题上都有显著差异。总体上，也是组织发展程度高的村庄的社会信任水平明显高于组织发展程度低的村庄。

以上描述性分析显示村民间的社会信任程度确实与村庄合作社的发育程度有一定的联系，但更为严格的关系需要借助计量经济分析来识别。模型（10-1）因被解释变量不同而对应有三个模型，即村庄是否产生过农民专业合作经济组织、村庄现在是否有农民专业合作经济组织和村庄现在是否有功能性农民专业合作经济组织的影响因素 Probit 模型。上述三个模型因关键解释变量测度方式的不同而分别对应一套计量经济分析结果，分别列于表 10-4、表 10-5 和表 10-6 中。从衡量模型总体拟合优度的似然比卡方检验看，三套计量经济模型所有回归极大似然估计的似然比检验都达到了 1%的显著性水平，表明模拟拟合程度都很高。另外，从计量经济估计结果的参数和显著性检验来看，模型参数估计也比较稳健。

表 10-4　村庄是否产生过组织影响因素计量经济分析结果

变量	是否产生过组织				
	（1）	（2）	（3）	（4）	（5）
关键变量					
参加公益事业筹资会议村民比例（%）	0.002** （2.46）				
是否愿意为公益事业出资或出工 （1＝是；0＝否）		0.090** （2.51）			
红白喜事村民是否主动上门帮忙 （1＝是；2＝否）			0.086** （1.97）		
社会信任指标主成分				0.062*** （3.44）	
社会信任指数 （0 到 1 之间的一个数值）					0.269*** （3.31）
控制变量					
村农户数（户）	2.5*** （2.59）	2.4** （2.47）	2.3** （2.47）	2.3** （2.41）	2.3** （2.38）
村教育程度高中以上人数比例（%）	0.006*** （2.61）	0.006** （2.43）	0.006** （2.46）	0.006** （2.47）	0.006** （2.42）

续表

变量	是否产生过组织				
	（1）	（2）	（3）	（4）	（5）
村户均耕地面积（公顷/户）	0.161*** （2.61）	0.167*** （2.77）	0.160*** （2.70）	0.159*** （2.66）	0.159*** （2.69）
村庄离最近农贸市场距离（千米）	−0.009** （2.31）	−0.009** （2.29）	−0.009** （2.38）	−0.010*** （2.61）	−0.010*** （2.59）
村里从事农产品贩运人数比例（%）	0.011 （0.56）	0.013 （0.71）	0.012 （0.70）	0.013 （0.71）	0.013 （0.75）
村百户企业数（个/百户）	0.017 （1.01）	0.017 （1.13）	0.011 （0.65）	0.017 （1.01）	0.016 （0.99）
村劳动密集型作物播种面积比例（%）	0.004*** （3.28）	0.004*** （3.37）	0.004*** （3.37）	0.004*** （3.14）	0.004*** （3.18）
村户均畜禽养殖规模（万元/户）	0.04** （2.39）	0.04** （2.29）	0.04** （2.27）	0.04** （2.33）	0.04** （2.28）
村人均纯收入（万元）	−0.10 （0.46）	−0.07 （0.32）	−0.09 （0.39）	−0.08 （0.35）	−0.07 （0.32）
村非农收入比例（%）	−0.000 （0.49）	−0.000 （0.43）	−0.000 （0.42）	−0.000 （0.44）	−0.000 （0.43）
村最早组织成立前是否有支持政策（1＝是；0＝否）	0.107*** （2.93）	0.096*** （2.60）	0.104*** （2.79）	0.097*** （2.65）	0.096*** （2.60）
县虚拟变量（省略）					
观察值	758	758	758	758	758
似然比检验卡方值	（164.5）***	（157.9）***	（160.3）***	（166.9）***	（163.6）***

注：表格中报告的参数是解释变量的边际效应；括号里是参数检验 Z 统计量的绝对值

和*分别表示统计检验在 5%和 1%水平上显著

表 10-5　村庄现在是否有组织影响因素计量经济分析结果

变量	现在是否有组织				
	（1）	（2）	（3）	（4）	（5）
关键变量					
参加公益事业筹资会议村民比例（%）	0.002** （2.07）				
是否愿意为公益事业出资或出工（1＝是；0＝否）		0.080** （2.27）			
红白喜事村民是否主动上门帮忙（1＝是；2＝否）			0.077* （1.84）		
社会信任指标主成分				0.053*** （3.08）	
社会信任指数（0 到 1 之间的一个数值）					0.234*** （2.98）

续表

变量	现在是否有组织				
	（1）	（2）	（3）	（4）	（5）
控制变量					
村农户数（户）	0.000 24*** （2.61）	0.000 23** （2.51）	0.000 23** （2.50）	0.000 22** （2.45）	0.000 22** （2.43）
村教育程度高中以上人数比例（%）	0.006*** （2.71）	0.006** （2.56）	0.006** （2.57）	0.006*** （2.59）	0.006** （2.55）
村户均耕地面积（公顷/户）	0.171*** （2.58）	0.175*** （2.71）	0.171*** （2.66）	0.167*** （2.61）	0.168*** （2.65）
村庄离最近农贸市场距离（千米）	−0.009** （2.28）	−0.009** （2.27）	−0.009** （2.37）	−0.009** （2.55）	−0.009** （2.54）
村里从事农产品贩运人数比例（%）	0.003 （0.17）	0.006 （0.31）	0.005 （0.29）	0.005 （0.28）	0.006 （0.31）
村百户企业数（个/百户）	0.006 （0.21）	0.006 （0.21）	−0.002 （0.07）	0.006 （0.17）	0.004 （0.13）
村劳动密集型作物播种面积比例（%）	0.004*** （3.38）	0.004*** （3.48）	0.004*** （3.47）	0.004*** （3.27）	0.004*** （3.31）
村户均畜禽养殖规模（万元/户）	0.04** （2.50）	0.04** （2.44）	0.04** （2.40）	0.04** （2.47）	0.04** （2.43）
村人均纯收入（万元）	−0.04 （0.17）	−0.01 （0.07）	−0.03 （0.12）	−0.01 （0.07）	−0.01 （0.05）
村非农收入比例（%）	−0.001 （1.03）	−0.001 （0.97）	−0.001 （0.98）	−0.001 （0.98）	−0.001 （0.97）
村最早组织成立前是否有支持政策（1＝是；0＝否）	0.094*** （2.62）	0.084** （2.33）	0.092** （2.50）	0.086** （2.38）	0.085** （2.33）
县虚拟变量（省略）					
观察值	758	758	758	758	758
似然比检验卡方值	（163.0）***	（157.8）***	（157.9）***	（165.8）***	（162.7）***

注：表格中报告的参数是解释变量的边际效应；括号里是参数检验 Z 统计量的绝对值

*、**和***分别表示统计检验在 10%、5%和 1%水平上显著

表 10-6　村庄现在是否有功能性组织影响因素计量经济分析结果

变量	现在是否有功能性组织				
	（1）	（2）	（3）	（4）	（5）
关键变量					
参加公益事业筹资会议村民比例（%）	0.001** （2.33）				
是否愿意为公益事业出资或出工（1＝是；0＝否）		0.038 （1.34）			

续表

变量	现在是否有功能性组织				
	(1)	(2)	(3)	(4)	(5)
红白喜事村民是否主动上门帮忙（1＝是；2＝否）			0.101*** (3.36)		
社会信任指标主成分				0.047*** (3.06)	
社会信任指数（0 到 1 之间的一个数值）					0.209*** (3.02)
控制变量					
村农户数（户）	0.000 19** (2.52)	0.000 18** (2.41)	0.000 17** (2.39)	0.000 17** (2.35)	0.000 16** (2.32)
村教育程度高中以上人数比例（%）	0.005*** (2.61)	0.005** (2.48)	0.005** (2.53)	0.005** (2.53)	0.005** (2.48)
村户均耕地面积（公顷/户）	0.108** (2.35)	0.111** (2.43)	0.097** (2.37)	0.102** (2.38)	0.102** (2.40)
村庄离最近农贸市场距离（千米）	–0.006* (1.78)	–0.006* (1.70)	–0.006** (2.02)	–0.006** (2.10)	–0.006** (2.08)
村里从事农产品贩运人数比例（%）	0.008 (0.55)	0.010 (0.67)	0.010 (0.76)	0.010 (0.69)	0.010 (0.72)
村百户企业数（个/百户）	0.018* (1.91)	0.014 (1.56)	0.011 (1.18)	0.018* (1.93)	0.017* (1.81)
村劳动密集型作物播种面积比例（%）	0.003*** (2.97)	0.003*** (3.13)	0.003*** (3.12)	0.003*** (2.90)	0.003*** (2.96)
村户均畜禽养殖规模（万元/户）	0.04** (2.53)	0.04*** (2.60)	0. 04** (2.55)	0.04*** (2.74)	0.04*** (2.73)
村人均纯收入（万元）	0.05 (0.28)	0.06 (0.38)	0.08 (0.46)	0.07 (0.45)	0.08 (0.49)
村非农收入比例（%）	–0.001 (1.29)	–0.001 (1.27)	–0.001 (1.38)	–0.001 (1.27)	–0.001 (1.29)
村最早组织成立前是否有支持政策（1＝是；0＝否）	0.058* (1.92)	0.053* (1.74)	0.055* (1.87)	0.050* (1.68)	0.049* (1.65)
县虚拟变量（省略）					
观察值	758	758	758	758	758
似然比检验卡方值	(128.8) ***	(126.7) ***	(142.2) ***	(138.6) ***	(137.8) ***

注：表格中报告的参数是解释变量的边际效应；括号里是参数检验 Z 统计量的绝对值

*、**和***分别表示统计检验在 10%、5%和 1%水平上显著

从计量经济估计结果来看，影响合作社产生、存续和发展的影响因素比较稳定。从控制变量来看，5 年前村庄规模（村农户数）、村人口素质（村教育程度高中以上人数比例）、村土地资源状况（村户均耕地面积）、村地理位置和市场条件（村庄离最近农贸市场距离）、村农业生产专业化水平（村劳动密集型作物播种面积比例、村户均畜禽养殖规模）和村最早组织成立前是否有支持政策等变量对村庄农民专业合作经济组织的产生、存续和发展有显著并且稳定的影响。上述变量在表 10-4、表 10-5 和表 10-6 所列的三套计量经济分析结果中，对应参数的统计检验都达到了显著水平。总体上，在控制其他因素不变时，村庄规模越大，或者村庄人口素质越高，或者村庄耕地资源越丰富，或者村庄市场条件越好，或者村劳动密集型经济作物和养殖业发展得越好，村庄合作社发育程度越高，村庄产生合作经济组织的可能性越大，村庄合作经济组织生存和发展得越好。

计量经济分析验证了本章的研究假说，即村庄内部村民之间关系越好，社会信任程度越高，农民专业合作经济产生、存续和发展下去的可能性越大。从计量经济分析结果来看，本章三种社会信任指标的衡量方式都显示，社会信任对村庄合作社的产生和发展有明显的正向影响。具体来说，从村庄是否产生过农民专业合作经济组织影响因素 Probit 模型来看（表 10-4），无论是分别用“参加公益事业筹资会议村民比例”、“是否愿意为公益事业出资或出工”或“红白喜事村民是否主动上门帮忙”三个问题单独来衡量社会信任程度回归，还是用上述三个问题通过主成分分析获得主要成分来衡量社会信任程度回归，或者是用三个问题做成的社会信任指数来回归，结果都显示：社会信任程度越高，村庄产生组织的可能性越高。并且参数检验都拒绝了零假设，显著性水平都达到了 5%以上。村庄现在是否有组织和村庄现在是否有功能性组织影响因素 Probit 模型的计量经济分析结果类似（表 10-5 和表 10-6）。本章的研究假说都得到了检验，村庄社会信任对村民合作与合作社的产生、发展和存续有显著的正向影响，社会信任是村庄产生组织和组织良好发展的必要条件。

10.5 结论与讨论

2007 年《合作社法》的实施为合作经济组织发展提供了法律保障，创造了良好氛围。各地县及以上各级政府高度重视，乡镇政府和村两委积极参与，农民对经济组织的需求和参与积极性日益增强，促成了近几年全国农民专业合作经济组织快速发展。合作社基本形成了以产品类组织为主体、服务类组织积极补充的格局。本章基于大样本调查数据，通过系统的计量经济分析验证了社会信任对农民合作和组织发展影响的研究假说，即社会信任显著影响合作和组织发展，村民之间的社会信任是农民专业合作经济组织形成、存续和发展的必要条件。

需要注意的是，尽管合作社蓬勃发展，但也存在隐忧。我们的调查发现，现存组织只有 18%是农民自发成立的，在 69%组织的发起成立过程中，乡镇政府（30%）或村干部（39%）发挥了积极的推动作用。但是我们又发现，基层存在不少政策推动过快，重数量、轻质量的现象。在我们的样本村庄中，发起人为乡镇政府或村干部的组织（占 69%）为成员提供的服务比农户自己发起的组织要少。

毫无疑问，政策支持对于合作社发展具有重要的推动作用，这一点在中国农民专业合作经济组织的发展过程中已经得到了检验（Deng et al.，2010）。但是，农民专业合作经济组织的形成和发展是一个综合性的经济、社会、文化现象。政府自上而下的推动和支持固然重要，但农民的组织化需求、产业发展基础、村庄的市场交通条件、经济发展水平等都是影响组织发展的重要因素，甚至在一定程度上，村民之间的社会信任及在很大程度上受其影响的村民合作意愿和能力对于合作社的产生、存续和发展更为必要。我们在支持和推动村庄从无到有形成农民专业合作经济组织的同时，必须充分考察这些条件的成熟度，避免因不尊重需求和条件而事倍功半。在合作社的形成和发展过程中，政策支持的力度和组织发展的进度和速度都应当保持适度。

就目前中国农村的社会信任状况而言，有学者认为当今中国乡村的人际信任，仍以亲缘信任为主（赵立新，2005a）。这种从农民自我角度出发，沿着血缘亲疏、地缘远近，信任度递减的“差序格局”式信任模式，不仅束缚了农民自身的视野及交际空间，而且也限制了村民自治对农村社会资本和组织资源的汲取，并导致农村社会转型时期人与人之间的信任逻辑出现断裂（佀传振，2007）。怎么解决这个问题？一些学者认为，面对严重的社会信任问题，要从以熟人信任为特点的传统“人格信任”，转变到在并不依赖于人们之间的熟悉程度或者交往时间的长短，建立在正式的、合法的社会规章制度基础上，依靠整个法制系统、制度系统而形成的一种新型信任模式——系统信任（马俊峰和白春阳，2005）。甚至也有建议认为应把个体信任升华为包含个体信任和制度信任在内的普遍社会信任（倪霞，2005）。当然，充分发挥教育职能，实现农村再教育，引导农民信任从传统走向现代，构建新型社会信任机制，促进农村社会信任增长也是值得重视和研究的问题（佀传振，2007）。此外，集体意识作为一种包含社会信任的社会资本，它在维系社会稳定与和谐中发挥着重要作用。特别是组织成立后，组织内部的集体意识和密切信任有助于社会上人与人之间普遍信任的提高。也就是说，组织的产生和发展与社会信任有着密切的关系，高的社会信任水平可能有助于组织的产生，而组织内部更密切的信任又反过来会提高整个社会的信任水平（赵立新，2005b）。

参 考 文 献

白春阳，安文军. 2008. 论社会信任的本质. 甘肃社会科学，（2）：50-53.
曹锦清. 2000. 黄河边的中国：一个学者对乡村社会的观察与思考. 上海：上海文艺出版社.
党国英. 2007. 打破“永不合作”的社会均衡. 华中师范大学学报（人文社会科学版），（1）：8-11.
郭红东，蒋文华. 2004. 影响农户参与专业合作经济组织行为的因素分析. 经济研究参考，（5）：29-31.
黄季焜，徐志刚，邓衡山. 2009. 农民专业合作经济组织发展现况与政策建议. 中国科学院农业政策研究中心.
黄祖辉. 2000. 农民合作：必然性、变革态势与启示. 中国农村经济，（8）：4-8.

黄祖辉，徐旭初，冯冠胜. 2002. 农民专业合作组织发展的影响因素分析——对浙江省农民专业合作组织发展现状的探讨. 中国农村经济，(3)：13-21.
孔祥智，郭艳芹. 2006. 现阶段农民合作经济组织的基本状况、组织管理及政府作用——23 省农民合作经济组织调查报告. 农业经济问题，(1)：54-59.
侣传振. 2007. 农村社会信任危机下的生长点思考——基于对 Y 县 13 个村庄问卷调查的分析. 理论与改革，(2)：157-160.
马九杰，等. 2008. 社会资本与农户经济：信贷融资、风险处置、产业选择、合作行动. 北京：中国农业科学技术出版社.
马俊峰，白春阳. 2005. 社会信任模式的历史变迁. 社会科学辑刊，(2)：39-44.
倪霞. 2005. 现代社会与社会信任. 理论与改革，(1)：76-78.
世界银行. 2006. 中国农民专业协会回顾与政策建议. 北京：中国农业出版社.
童建华. 2006. 农民专业合作组织发展存在的问题与对策. 湖南社会科学，(3)：97-98.
吴光芸，杨龙. 2006. 超越集体行动的困境：社会资本与制度分析. 东南学术，(3)：11-16.
徐勇. 2007. 如何认识当今的农民、农民合作与农民组织. 华中师范大学学报（人文社会科学版），(1)：1-3.
苑鹏. 2001. 中国农村市场化进程中的农民合作组织研究. 中国社会科学，(6)：63-73，205-206.
张维迎，柯荣住. 2002. 信任及其解释：来自中国的跨省调查分析. 经济研究，(10)：59-70，96.
张晓山，罗远信，国鲁来. 2001. 两种组织资源的碰撞与对接——四川射洪棉花协会的案例研究. 中国农村经济，(4)：17-23.
章仁俊，刘耀祥. 2007. 社会资本促进经济增长的机理分析. 商场现代化，(35)：170-171.
赵立新. 2005a. 从社会资本视角看当今农村社会信任. 重庆社会科学，(2)：106-109.
赵立新. 2005b. 社会资本与当今农村社会信任——基于一项调查的社会学研究. 内蒙古社会科学（汉文版），(2)：118-122.
赵晓峰. 2007. 农民合作：客观必要性，主观选择性与国家介入. 调研世界，(2)：28-31.
Albaum M. 1966. Cooperative agricultural settlement in Egypt and Israel. Land Economics，42（2）：221-225.
Deng H S，Huang J K，Xu Z G，et al. 2010. Policy support and emerging farmer professional cooperatives in rural China. China Economic Review，21（4）：495-507.
Fukuyama F. 1995. Trust：The Social Virtues and The Creation of Prosperity. New York：The Free Press.
Kimball M S. 1988. Farmers' cooperatives as behavior toward risk. The American Economic

Review，(1)：224-232.

Ostrom E，Ahn T K. 2002. A social science perspective on social capital：social capital and collective action. www.researchgate.net/publication/242569787[2021-03-04].

Putnam R D ，Leonardi R，Nonetti R Y. 1993. Making Democracy Work: Civic Traditions in Modern Italy. Princeton：Princeton University Press.

Shen M G，Rozelle S，Zhang L X，et al. 2005. Farmer's professional associations in rural China：state dominated or new state-society partnerships. FED Working Papers Series.

第 11 章　中国农民合作社统一购买农资：价格谈判与质量控制视角的分析

11.1　引　　言

自 2007 年《合作社法》实施以来，合作社数量如雨后春笋般增长。截至 2015 年 12 月底，全国登记注册的合作社达 153.1 万家，比上年底增长 18.8%[①]。虽然合作社数量突飞猛进，但现实中合作社功能仍十分薄弱（黄季焜等，2010），很多合作社并没有运转，仅仅是一个空壳（邓衡山和王文烂，2014；潘劲，2011）。对合作社而言，其能否给成员提供足够的服务功能是合作社能否吸引成员加入、凝聚组织关系和保障组织持续存续和发展的核心内容，因为只有当合作社能够为成员提供必要的服务时，成员才能从合作中受益，才有加入合作社并参与组织经营活动的动力。虽然对中国合作社的总体服务功能现状还缺乏准确的了解，但相对于欧美、日本等国家和地区，中国合作社总体服务功能偏弱是不争的事实（张满林，2009）。因此，揭示制约合作社功能发挥的关键因素，对完善合作社发展政策、促进合作社科学发展具有重要意义。

一般的产品类合作社主要为成员提供技术服务、农业生产资料统一购买和产品统一销售等服务。其中，农业生产资料统一购买被认为是合作社最基本和最普遍的功能之一。因此，本章将围绕农资统一购买这一服务功能展开分析。一些研究认为农资统一购买存在不少优点：合作社联合分散农户，能提高市场谈判能力，缓解“小农户难以融入大市场”的矛盾（何洲，2011；何慧丽，

---

① 《全国农民合作社发展部际联席会议第四次全体会议》：http://www.xinhuanet.com/politics/2016-03/21/c_128819262.htm，2016 年 3 月 21 日。

2007)；合作社统购还有利于农资的质量控制，因为合作社出于避免下游企业对成员的群体性惩罚和维护组织声誉的需要，会选择符合国家、地方和行业标准的农资进行采购（巩顺龙等，2012；王瑜和应瑞瑶，2008）。但另外，现实中能提供农资统一购买服务的合作社数量却很少，且功能单一。由于资金缺乏、市场谈判能力不足等原因，即便那些声称提供该项服务的合作社，其提供的服务往往也只是虚有其名（宁攸凉等，2011）。这种现实与预期存在较大反差的原因在哪里？制约合作社提供农资统一购买服务的因素是什么？

本章试图通过理论分析和实证研究相结合的方法回答上述两个问题，揭示制约合作社农资统一购买服务功能发挥的影响因素。与已有研究的区别在于：首先，本章突破已有文献的定性分析，运用第三轮调查数据进行计量分析。需要特别说明的是，本章进入回归样本的仅为涉及农资购买环节的合作社。其次，本章系统阐述了价格谈判和质量控制两个动机对合作社提供统一购买农资的影响机制。本章将揭示合作社提供农资统一购买服务面临的制约因素，这不仅有助于我们深入理解合作社在提供农资统一购买服务上显现出的现实与期望反差背后的原因，也有助于我们理性地看待合作社在农业发展中的作用，对促进中国合作社健康持续发展具有重要的现实意义。

本章安排如下：11.2 节基于交易成本理论建立合作社统一购买农资服务的分析框架并提出研究假说；11.3 节介绍模型和相关变量，并做描述性统计分析；11.4 节是描述性分析；11.5 节是估计结果与讨论；11.6 节通过案例分析进一步解释实证结果；11.7 节是结论及启示。

11.2 理论分析与研究假说

普通农户从零售商处购买农资，一般需要经历寻找农资店、与店家商谈农资价格、检验质量和达成交易等过程，先后产生搜寻和信息成本、讨价还价和决策成本、监督和执行成本等交易成本[①]。从农户整体看，该环节交易成本较高，但单个农户购买规模较小、市场谈判能力较弱，难以跳过农资零售商直接到批发商或生产厂家处购买农资。

如果 n 个农户组成合作社，农资由合作社统一购买后再分发给各农户，将是另一番情形。合作社通过联合或合作购买提高了分散农户在农资市场的价格谈判能力，实现交易成本内部化，降低了农资的实际购买价格[②]。

11.2.1　合作社统一购买农资服务形成机制分析

根据第 8 章的讨论，统一购买农资产生的净收益可表示为式（11-1）：

$$\pi_{2i}-\pi_{0i}=R_{1i}-C_{t2i} \tag{11-1}$$

其中，R_{1i} 表示统一购买农资带来的收益，具体包括两个部分：一是合作社统一购买后规模扩大，购买价格降低的部分，记为 ΔC_1；二是合作社进一步向上游整合，将零售商的利润纳入组织内部的部分，记为 ΔC_R。用公式可表示为

$$R_{1i}=\Delta C_1+\Delta C_R \tag{11-2}$$

C_{t2i} 表示合作过程中产生的组织成本，在不考虑内部利益分配的前提下，统一购买农资产生的组织成本包括协调组织内部成员产生的协调成本（ΔC_{o1}）和合作社寻找买家过程中产生的成本（ΔC_{o2}），具体表示为式（11-3）：

$$C_{t2i}=\Delta C_{o1}+\Delta C_{o2} \tag{11-3}$$

---

① 交易成本的分类参照弗鲁博顿和芮切特（2006）在《新制度经济学：一个交易费用分析范式》一书中的讨论，具体可分为以下几方面。（a）搜寻和信息成本：获取交易对象信息所需的成本。（b）讨价还价和决策成本：针对价格、质量、契约等进行讨价还价并达成交易所需的成本。（c）监督和执行成本：确认交货时间、产品质量和数量所需的成本。

② 当市场垄断势力足够强大时，也会出现统一购买从而抵抗价格歧视的情形。但自 2000 年《中华人民共和国种子法》颁布、2006 年《国务院办公厅关于推进种子管理体制改革加强市场监管的意见》实施及化肥市场开放后，我国农资市场的垄断已宣告结束（杨克诚等，2014），当前正处在“品牌竞争”时期（钱建设，2009）。本书合作者在江苏、四川和吉林 3 省 331 个村的调查中发现，2013 年平均每个村约有 3.15 个农资店。可以判断，我国农资市场竞争较为充分，并不存在垄断，因此对抗垄断带来的价格歧视的动机基本不存在。

理论上，合作社统一购买农资的方式有两种：一种是联合小农户后仍然按照原先购买渠道购买农资，称为横向一体化；另一种是联合小农户后向上游整合、寻找新的农资购买商，称为横向一体化基础上的纵向一体化。下文将分别阐述这两种情形。

1. 情形一：横向一体化

在横向联合下，合作社联合 n 个农户与零售商进行交易，将农户和市场间的 n 次谈判减少为 1 次。与农户分散交易相比，合作社统一购买的农资总量扩大，与零售商进行价格谈判的能力增强，往往能获得价格更低的同类农资。但降低购买成本的同时，组织内部的协调统一也会增加组织成本。此时，合作社统一购买农资产生的净收益可表示为

$$\pi_{2i} - \pi_{0i} = \Delta C_1 - \Delta C_{o1} \tag{11-4}$$

由式（11-4）可见，相对于农户分散交易，横向一体化下组织化净收益是否大于 0，取决于农资合作购买后成本下降是否足以弥补组织内部协调成本。若净收益大于 0，农户更期望合作社提供农资统一购买服务；若净收益小于 0，则服务难以提供。而农资合作购买后成本的下降程度与合作社成员联合起来与市场价格谈判地位和能力的提升直接相关。

2. 情形二：横向一体化基础上的纵向一体化

横向一体化基础上的纵向一体化与简单的横向一体化不同，合作社不再从农资零售店购买农资，而是直接从代理商或生产厂家处购买。合作社与代理商进行交易谈判，不但将原来农户的外部交易内部化，还实现了原来 m 个零售商与代理商或生产厂家交易的内部化，农资价差空间增大，因此，农资购买成本进一步下降 ΔC_R，即合作社将农户分散购买农资时零售商的正常利润也整合到了合作社内部。但与此同时，合作社现在需要直接与代理商或生产厂家交易，会增加协调成本 ΔC_{o2}，因此，横向一体化基础上的纵向一体化情形下的农资购买服务获得的净收益可表示为

$$\pi_{2i} - \pi_{0i} = \Delta C_1 + \Delta C_R - (\Delta C_{o1} + \Delta C_{o2}) \tag{11-5}$$

由式（11-5）可见，相对农户分散交易，横向一体化基础上的纵向一体化情形下组织交易净效益是否大于 0，取决于价格谈判地位和能力提升后农资购买成本的下降 $\Delta C_1 + \Delta C_R$（即原先由代理商和零售商占据的利润之和），是否大于增加的合作社与代理商间、合作社与内部成员间协调产生的成本之和 $\Delta C_{o1} + \Delta C_{o2}$。如果前者大于后者，则农户合作统一购买农资；反之，农户合作统一购买农资则难以实现。

11.2.2　研究假说

综上分析可知，合作社成员联合起来购买农资后，市场价格谈判地位和能力的改善程度会影响式（11-5）右边农资购买成本的减少幅度，并影响合作社是否提供统一购买农资服务。因而，合作社是否合作购买农资取决于成员联合起来购买农资的动机，以及联合后合作社市场谈判地位和能力的改善程度。在现实中，市场批零价差会影响合作社与市场进行价格谈判的获利空间和动机，而农资购买的规模则会影响合作社市场价格谈判的议价能力。

首先，合作社统一购买农资减少了中间环节，理论上可以获得原本被中间商拿走的利润。但这一目标得以实现的前提在于市场批零价差较大，即被中间商占据的利润足够大。如果市场批零价差较小，统一购买降低的价格并不足以弥补合作社提供该项服务的协调成本，那么即使集体统一购买暂时形成，也不会长久存在。基于上述讨论，本章提出研究假说 1：对于市场批零价差越大的农资，合作社越有动机联合起来通过价格谈判以降低成本，合作社提供农资统一购买服务的概率越大。

其次，在不存在垄断势力的市场环境下，简单的横向联合降低农资购买成本的空间有限，此时合作社即便提供农资购买服务，也多半采用牵线购买的方式。因为相对于农户直接从厂家购买，从农资店购买也是一种能够降低市场交易成本的制度安排，农资店的利润就是他们降低购买成本的报酬。从整个社会来看，当且仅当合作社协调分散农户的成本低于农资店和分散农户打交道的成本时，才能真正降低购买成本，合作社服务功能才能长久存在。通过纵向一体化，合作社不再从农资店购买农资，而是向代理商或生产厂家直接购买，节省农资购买成本的空间也更大。但纵向一体化对合作社的购买规模也提出了更高的要求，合作社的农资购买规模如果达不到代理商或生产厂家的要求，纵向一体化就无法实现。为此，本章提出研究假说 2：对于生产投入规模越大的农资，合作社联合起来后在市场上的价格谈判地位和能力的改善空间越大，合作社提供农资统一购买服务的概率就越大。

最后，合作社直接从代理商或生产厂家进货还有一个额外的好处是农资质量安全能够有更好的保证。一般而言，质量安全要求较高的农产品更需要特殊的农资，如有机、绿色及无公害农产品对农药、化肥等的施用都会有特殊要求，因此，当农产品下游收购商对农产品有质量安全要求时，往往需要农户投入比零售商处农资更有品质保证的农资。但当前中国农资产业仍处于初级阶段，市场秩序混乱，假劣农资等事件频繁发生，据统计，仅 2014 年全国各地农业部门共立案查处假农资案件达 6510 件[①]。在当前背景下，保证农资质量的较好选择是直接向一级代理商或生产厂家购买农资。在这种情况下，农户如果仍旧各自分散购买，购买成本会很高，因而通过合作社统一购买农资可降低的购买成本相对较大，合作社提供统一购买农资服务的可能性就会加大。为此，本章提出研究假说 3：当农产品买方有质量安全要求时，合作社统一购买农资的概率加大。

11.3　模型设定、变量选择与描述性统计

为检验假说 1 至假说 3，本节设定了 Probit 模型，并通过分析参数估计系

① 《农业部公布 13 起假劣农资典型案件》：http://www.gov.cn/xinwen/2015-03/16/content_2835080.htm，2015 年 3 月 16 日。

数考察农资市场批零价差率、购买规模和质量控制对合作社统一购买农资的影响。具体模型如下：

$$\mathrm{FPC}_{kl}=\beta_{0kl}+\beta_{1kl}\cdot\mathrm{Spread}_{kl}+\beta_{2kl}\cdot\mathrm{Scale}_{kl}+\beta_{3kl}\cdot\mathrm{Quality}_{kl}+\gamma_k\cdot X_k+\varepsilon_{kl} \tag{11-6}$$

其中，FPC_{kl}表示合作社 k 是否统一购买第 l 种农资，取值为 0 和 1，l 取值为 1～4，分别对应化肥、农药、饲料和兽药四种常见的农资①；Spread_{kl} 表示价格谈判动机，用合作社 k 成立当年第 l 种农资的市场批零价差率来衡量；Scale_{kl} 表示价格谈判潜力，用合作社 k 全体成员购买的第 l 种农资的总规模②来衡量；$\mathrm{Quality}_{kl}$ 表示质量控制，用农产品买方是否对产品有质量安全要求来衡量（简称质量控制）；X_k 表示一组控制变量，包括地理位置（村庄距离最近农贸市场距离）、市场发育情况（村里农资店数量）、村干部人数占比（合作社发起人中村干部比例）、村庄经济水平（2013 年村庄人均纯收入）；ε_{kl} 表示随机扰动项；β_{0kl}、β_{1kl}、β_{2kl}、β_{3kl}、γ_k 表示待估计参数。

由于农资购买功能通常出现在产品类合作社中，本章分析样本为第三轮所有调查合作社中涉及农资购买环节的 242 家产品类合作社。

模型（11-6）中所列变量的描述性统计结果详见表 11-1。根据表 11-1，种植业中化肥购买额明显超过农药，养殖业中饲料购买额明显超过兽药。从市场批零价差率来看，农药市场批零价率差明显高于化肥，兽药明显高于饲料。本章在调查问卷中设置了“买方是否直接视察或监督生产活动”、“买方是否用仪器检测产品的农药残留等化学成分含量”和“若没有采用上述两类措施，买方通过什么途径鉴定产品质量”三个问题来识别质量控制。总体来看，现实中质量控制比例仍然偏低。

---

① 在现实中，对于不同农资而言，市场批零价差和农户合作后的购买规模差异较大。例如，化肥、饲料等农资使用量相对较大，但市场批零价差相对较小；农药、兽药等农资的市场批零价差较大，但使用量却相对较小。为分析影响不同种类农资统一购买机制的差异，本章列举了四种常见的农资。

② 参与集体购买的人数越多，合作社统一购买的成本越大，但现实中农户间的交通、交流都较为便利，所以增加成员数量所增加的成本是边际递减的；相反，总购买量更能增加议价能力。因此本章在衡量购买规模时选用合作社购买总规模，而不是人均购买规模。

表 11-1 合作社农资购买服务影响因素模型变量定义与描述性统计

变量	描述	单位	均值	标准差	最小值	最大值
购买规模						
化肥	发起当年成员购买总额	万元	33.3	93.2	0	746.7
农药	发起当年成员购买总额	万元	3.6	7.9	0	52.0
饲料	发起当年成员购买总额	万元	149.4	208.2	0	950.0
兽药	发起当年成员购买总额	万元	16.0	35.2	0	190.0
市场批零价差率						
化肥	零售价高于出厂价的百分比		14.1%	6.7%	2.0%	40.0%
农药	零售价高于出厂价的百分比		21.4%	12.1%	2.0%	62.5%
饲料	零售价高于出厂价的百分比		13.0%	6.4%	0.4%	30.0%
兽药	零售价高于出厂价的百分比		27.5%	15.6%	2.0%	70.0%
质量控制	产品买方是否有质量安全要求（有＝1；无＝0）		0.1	0.3	0	1.0
地理位置	村庄距离最近农贸市场距离	千米	6.8	7.6	0	40.0
市场发育情况	村里农资店数量	家	3.1	5.1	0	25.0
村干部人数占比	合作社发起人中村干部比例		0.1%	0.2%	0	1.0%
村庄经济水平	2013 年村庄人均纯收入	万元	1.0	0.5	0.1	2.5

资料来源：根据调查资料统计整理所得

11.4 购买规模、市场批零价差率、质量控制与合作社农资统购的相关关系分析

表 11-2 和表 11-3 为两类样本合作社是否提供购买农资服务与购买规模、市场批零价差率、质量控制的相关分析。

表 11-2 不同服务功能下购买规模、市场批零价差率、质量控制对比（不含雇佣关系的合作社）

项目		统一购买农资		提供购买服务	
		是	否	是	否
社均出厂价低于零售价的百分比	化肥	15.0%	14.3%	14.0%	15.0%
	农药	22.9%	24.5%	21.7%	25.8%

续表

项目		统一购买农资		提供购买服务	
		是	否	是	否
社均出厂价低于零售价的百分比	饲料	13.4%	13.5%	13.3%	14.3%
	兽药	32.5%	29.7%	32.5%	28.2%
社均购买金额/万元	化肥	12.7	11.3	10.6	12.8
	农药	1.5	1.7	1.5	1.8
	饲料	166.3	92.3	157.6	103.0
	兽药	20.3	11.2	20.3	14.5
有农产品质量安全要求的合作社比重	化肥	3.2%	2.8%	3.2%	0.4%
	农药	2.8%	2.8%	2.8%	0.8%
	饲料	2.8%	1.6%	2.8%	0.8%
	兽药	1.2%	1.6%	1.2%	2.0%

资料来源：根据调查资料统计整理所得

表 11-3　不同服务功能下购买规模、市场批零价差率、质量控制对比（所有合作社）

项目		统一购买农资		提供购买服务	
		是	否	是	否
社均出厂价低于零售价的百分比	化肥	15.1%	13.8%	14.2%	13.9%
	农药	19.6%	21.9%	21.1%	21.7%
	饲料	13.1%	12.9%	12.9%	13.2%
	兽药	30.4%	28.1%	31.7%	25.5%
社均购买金额/万元	化肥	47.7	27.7	27.3	41.7
	农药	4.8	3.2	3.7	3.5
	饲料	211.6	107.8	175.2	104.2
	兽药	9.4	12.2	14.6	16.4
有农产品质量安全要求的合作社比重	化肥	3.6%	3.2%	6.0%	0.4%
	农药	2.8%	3.2%	5.2%	0.8%
	饲料	3.6%	3.6%	5.6%	1.6%
	兽药	2.4%	3.6%	4.0%	2.8%

资料来源：根据调查资料统计整理所得

从市场批零价差率来看，四种农资中，只有兽药的市场批零价差率与合作社的购买行为之间表现出较强的正向关系，这种正向关系在不含雇佣关系的合作社和所有合作社两类样本中都较为显著，即市场批零价差空间越大，合作社提供购买服务的比例越高。而农药的市场批零价差率与合作社提供购买农资服务之间存在负向关系，其他两种农资市场批零价差率与合作社的购买行为之间则没有体现出明显的相关关系。

从购买规模来看，无论从不含雇佣关系的合作社，还是从所有合作社来看，饲料购买规模与合作社购买行为之间均呈正相关关系，即饲料购买规模越大，合作社提供购买农资服务或统一购买的比例越高。对于农药来说，购买规模与合作社购买行为之间呈正向相关关系的结论仅在所有合作社样本中能得到满足。化肥和兽药的购买规模与合作社的购买行为则无明显的相关关系。

总体上，下游产品收购方对农产品质量安全有要求时，提供购买农资服务的合作社比例更高。对所有合作社来说，这一关系尤其明显，所有四种农资均显示下游产品收购方质量控制与合作社提供购买服务行为呈正向相关关系。对不含雇佣关系的合作社来说，下游产品收购方质量控制行为与合作社的购买行为之间的关系变得不那么明确，对不同种类农资而言，除兽药外，其他三种农资均显示下游产品收购方对农产品质量安全有要求时，提供农资服务的合作社比例更高。

由于相关分析未能控制其他条件不变，因此，为了更好地揭示市场批零价差率、购买规模、质量控制对合作社农资购买行为的影响，下文将采用计量经济模型做进一步的分析。

11.5 估计结果与讨论

从模型（11-6）的 Probit 估计结果（表 11-4～表 11-7）来看，研究假说 1“农资市场批零价差越大，合作社提供统一购买服务的概率越大”和研究假说 2“生产投入的农资规模越大，合作社提供统一购买服务的概率越大”部分得到验证，研究假说 3“当农产品买方有质量安全要求时，合作社统一购买农资的概率加大”总体上得到较好的验证。具体验证情况如下。

表 11-4　合作社是否提供农资购买服务影响因素的计量估计结果（一）

变量	合作社是否提供农资购买服务（所有合作社）			
	化肥	农药	饲料	兽药
关键解释变量				
市场批零价差率（%）	0.0014 （0.085）	0.0032 （0.343）	0.0152 （0.589）	0.0195* （1.682）
购买规模（万元）	−0.0001 （−0.097）	0.0055 （0.349）	0.0015* （1.825）	0.0005 （0.093）
下游是否有质量控制要求（1 = 是；0 = 否）	1.3130** （2.538）	0.9380** （2.156）	1.1700*** （2.984）	1.1830*** （2.875）
控制变量				
地理位置（千米）	−0.0363** （−1.987）	−0.0200 （−1.088）	0.0001 （0.005）	0.0018 （0.079）
市场发育情况（家）	−0.0076 （−0.159）	−0.0308 （−0.611）	−0.0814 （−1.497）	−0.0970 （−1.456）
村干部人数占比（%）	0.9320 （1.290）	0.2940 （0.419）	−2.750* （−1.955）	−3.0620* （−1.696）
村庄经济水平（万元）	2.95×10^{-5} （1.074）	1.88×10^{-5} （0.705）	-7.81×10^{-5}* （−1.851）	-1.02×10^{-5}** （−2.101）
省级虚拟变量	省略	省略	省略	省略
常数项	−0.3770 （−0.716）	−0.2440 （−0.488）	1.4570* （1.696）	0.7550 （0.834）
样本量	153	148	89	80
Wald 值	21.2000**	−11.4000	21.8000***	21.3000**

注：括号里是 Z 统计量

*、**、***分别表示在 10%、5%、1%的置信水平上具有统计量著性

表 11-5　合作社是否提供农资购买服务影响因素的计量估计结果（二）

变量	合作社是否提供农资购买服务（不含雇佣关系的合作社）			
	化肥	农药	饲料	兽药
关键解释变量				
市场批零价差率（%）	0.0110 （0.470）	0.0119 （1.015）	0.0331 （0.795）	0.0355* （1.860）

续表

变量	合作社是否提供农资购买服务（不含雇佣关系的合作社）			
	化肥	农药	饲料	兽药
购买规模（万元）	−0.0002 （−0.022）	−0.0232 （−0.369）	0.0020 （1.494）	−0.0044 （−0.585）
下游是否有质量控制要求（1＝是；0＝否）	1.0440* （1.742）	0.7790 （1.557）	1.6780** （2.396）	0.9290 （1.404）
控制变量				
地理位置（千米）	−0.0561* （−1.830）	−0.0164 （−0.564）	0.0125 （0.336）	0.0043 （0.111）
市场发育情况（家）	0.0314 （0.487）	0.0281 （0.450）	−0.0432 （−0.537）	−0.1460 （−1.370）
村干部人数占比（%）	2.3660* （1.707）	0.5310 （0.588）	−3.6430* （−1.814）	−4.7160** （−2.000）
村庄经济水平（万元）	-3.41×10^{-5} （−0.708）	-3.25×10^{-5} （−0.692）	-6.03×10^{-5} （−0.998）	-8.61×10^{-5} （−1.332）
省级虚拟变量	省略	省略	省略	省略
常数项	0.2580 （0.289）	0.3270 （0.364）	1.5580 （1.350）	1.3160 （0.970）
样本量	91	88	50	45
Wald 值	15.8300*	7.1200	13.8500	12.4900

注：括号里是 Z 统计量

*、**分别表示在 10%、5%的置信水平上具有统计显著性

表 11-6　合作社是否统一购买农资影响因素的计量估计结果（一）

变量	合作社是否统一购买农资（所有合作社）			
	化肥	农药	饲料	兽药
关键解释变量				
市场批零价差率（%）	−0.0139 （−0.859）	0.0013 （0.138）	0.0111 （0.440）	−0.0113 （−0.974）
购买规模（万元）	0.0010 （0.854）	−0.0029 （−0.199）	0.0016* （1.921）	0.0008 （0.162）
下游是否有质量控制要求（1＝是；0＝否）	1.7560*** （3.880）	1.5040*** （3.569）	0.9380*** （2.591）	0.8690** （2.241）
控制变量				
地理位置（千米）	−0.0283 （−1.464）	−0.0129 （−0.662）	−0.0150 （−0.581）	−0.0144 （−0.570）

续表

变量	合作社是否统一购买农资（所有合作社）			
	化肥	农药	饲料	兽药
市场发育情况（家）	0.0703 （1.458）	0.0681 （1.308）	−0.0800 （−1.468）	−0.0832 （−1.250）
村干部人数占比（%）	−0.0903 （−0.134）	−0.1450 （−0.194）	-2.3640^{*} （−1.717）	−3.0180 （−1.633）
村庄经济水平（万元）	$5.70\times10^{-5*}$ （1.954）	4.18×10^{-5} （1.458）	-3.91×10^{-5} （−0.967）	-6.76×10^{-5} （−1.483）
省级虚拟变量	省略	省略	省略	省略
常数项	-1.3910^{**} （−2.478）	-0.9480^{*} （−1.747）	0.8790 （1.031）	0.5850 （0.669）
样本数	153	148	89	80
Wald 值	29.3600^{***}	21.9600^{***}	20.9900^{**}	11.7100

注：括号里是 Z 统计量

*、**、***分别表示在 10%、5%、1%的置信水平上具有统计显著性

表 11-7　合作社是否统一购买农资影响因素的计量估计结果（二）

变量	合作社是否统一购买农资（不含雇佣关系的合作社）			
	化肥	农药	饲料	兽药
关键解释变量				
市场批零价差率（%）	−0.0015 （−0.059）	0.0149 （1.003）	0.0259 （0.631）	0.0355^{*} （1.860）
购买规模（万元）	−0.0001 （−0.007）	−0.1210 （−1.262）	0.0022^{*} （1.656）	−0.0044 （−0.585）
下游是否有质量控制要求（1＝是；0＝否）	2.1130^{***} （3.371）	2.0900^{***} （3.586）	1.6830^{**} （2.481）	0.9290 （1.404）
控制变量				
地理位置（千米）	-0.0999^{**} （−2.268）	−0.0551 （−1.299）	0.0060 （0.164）	0.0043 （0.111）
市场发育情况（家）	0.1660^{**} （2.230）	0.2210^{**} （2.528）	−0.0767 （−0.940）	−0.1460 （−1.370）
村干部人数占比（%）	0.0239 （0.024）	−1.5720 （−1.032）	−2.8260 （−1.487）	-4.7160^{**} （−2.000）
村庄经济水平（万元）	0.74×10^{-5} （0.131）	0.62×10^{-5} （0.096）	-5.02×10^{-5} （−0.847）	-8.61×10^{-5} （−1.332）

续表

变量	合作社是否统一购买农资（不含雇佣关系的合作社）			
	化肥	农药	饲料	兽药
省级虚拟变量	省略	省略	省略	省略
常数项	−1.5440 （−1.501）	−1.7760 （−1.210）	1.1880 （1.053）	1.3160 （0.970）
样本数	91	88	50	45
Wald 值	30.2500***	28.1400***	14.3000	12.4900

注：括号里是 Z 统计量

*、**、***分别表示在 10%、5%、1%的置信水平上具有统计显著性

研究假说 1“农资市场批零价差越大，合作社提供统一购买服务的概率越大”只在兽药的购买模型中得到部分证实，在其他农资的购买模型中则未得到证实。当以合作社是否提供农资购买服务为因变量时，无论是在所有合作社样本中，还是在不含雇佣关系的合作社的样本中，假说 1 在兽药的购买模型中都得到了证实：市场批零价差系数显著为正，且在 10%的置信水平上显著异于零（表 11-4 和表 11-5）。当以合作社是否统一购买农资为因变量时，在不含雇佣关系的合作社样本中，批零价差系数显著为正，且在 10%的置信水平上显著异于零（表 11-7）。而当以合作社是否统一购买农资为因变量时，在所有合作社样本中，假说 1 未得到证实。总体看来，假说 1 得到了部分证实。农资市场批零价差率只对合作社的兽药采购行为产生显著影响，原因可能在于兽药的批零价差在四种农资中是最大的（表 11-1）：兽药的市场批零价差率为 27.5%，远高于农药（21.4%）、化肥（14.1%）和饲料（13.0%）三种农资的市场批零价差率。兽药的市场批零价差率大，合作社购买可以节约的成本更大，因而对合作社购买行为的影响也更显著。

假说 2“生产投入的农资规模越大，合作社提供统一购买服务的概率越大”在饲料购买模型中得到了较好的验证。当以合作社是否统一购买农资为因变量时，购买规模系数为正，且在所有合作社样本和不含雇佣关系的合作社样本中均在 10%的置信水平上显著异于零（表 11-6 和表 11-7）；当以合作社是否提供

农资购买服务为因变量时，在所有合作社样本中，购买规模回归系数在 10%的置信水平上显著异于零（表 11-4）。而当以合作社是否提供农资购买服务为因变量时，在不含雇佣关系的合作社样本中，假说 2 未得到证实。总体看来，假说 2 得到了部分证实。购买规模只对合作社饲料采购行为产生显著影响，原因在于相对于化肥、农药和兽药，饲料用量通常要大得多。因此，合作社提供购买服务的议价能力更强，购买价格更低，成员的受益程度也相对更大。此外，相对于化肥、农药和兽药，饲料种类相对较少，因此合作社统一采购也相对容易实现。

假说 3“当农产品买方有质量安全要求时，合作社统一购买农资的概率加大”得到了较好的验证。当因变量为合作社是否提供农资购买服务时，在所有合作社样本中，“下游是否有质量控制要求”的系数在四个模型中均为正，且均在 5%的置信水平上显著异于零（表 11-4）；在不含雇佣关系的合作社样本中，“下游是否有质量控制要求”的系数在四个模型中均为正，且在化肥、饲料模型中分别在 10%、5%的置信水平上显著异于零，农药、兽药也接近以 10%的置信水平上显著异于零（表 11-5）。当因变量为合作社是否统一购买农资时，在所有合作社样本中，“下游是否有质量控制要求”的系数在四个模型中均为正，且均在 5%的置信水平上显著异于零（表 11-6）；在不含雇佣关系的合作社样本中，“下游是否有质量控制要求”的系数在四个模型中均为正，且在化肥和农药两个模型中在 1%的置信水平上显著异于零，在饲料模型中在 5%的置信水平上显著异于零，在兽药模型中以接近 10%的置信水平显著异于零（表 11-7）。总体看来，假说 3 得到了很好的验证。相比于购买规模和市场批零价差率，农产品质量控制对合作社农资采购行为的影响更显著，其原因主要是为了满足下游收购方的质量安全要求，农户需要购买和使用比普通农资更安全的农资。相比于普通农资，该农资在市场上更难搜寻到，购买该农资所需成本相对较高，因而通过合作社购买所能节省的成本也就更多。

11.6 真实世界的证据：农资统购难以形成的补充分析

从上文的回归结果看，合作社能否提供统一购买农资服务将受到农资批零价差、农资购买规模及下游农产品买方对农产品质量安全是否有要求的制约。然而，合作社作为市场经济条件下处于弱者地位的小农户维护自身利益联合而成的经济组织（张伟，2009），其发展还必然将受到市场环境和组织自身因素等方面的影响。下文将以案例形式列举合作社实现统一购买农资的限制性因素，对上文的实证分析进行补充。

首先，合作社统一购买农资能否实现，关键取决于利润空间。虽然声誉激励有时也会促使组织负责人寻找、开辟新的服务，但“理性经济人”的本质特征决定了组织一般不会主动提供经济收益较低的服务，完全公益性的服务则更是很少存在。即使在外界力量的支持下暂时提供相应服务，但如果缺乏了经济利益的诱使，也难以长期维持，详见案例 11-1。

典型案例 11-1：溧阳市某茶果合作社

2006 年由 2 个人发起、带动当地农户 103 人成立组织，最先以专业协会的形式存在，主要从事与茶叶、水果相关的生产活动。2011 年正式注册成立合作社，带动农户增加到 283 人，经营范围也扩大到养殖业，开始兼营鸡的养殖。发起当年，该合作社全体成员购买化肥的总花费约为 50 万元，理事长估算出的化肥出厂价与市场零售价的价差超过 10%，但该合作社到 2014 年仍没有统一供应任何农资。理事长表示，相比于购买农资，销售环节利润空间更大，所以合作社的主要经营活动都集中在产成品的买断销售方面。当地农资店较多、交通便利，农户自行购买农资较方便。再加上合作社的日常经营活动基本由 2 个人负责，稳定现有销售渠道、寻找新的销售渠道就需要耗费大量的时间和精力，所以无暇顾及利润空间较小的农资统一购买环节。

其次，外界提供的平台也是影响合作社能否提供服务功能的重要因素。

作为弱势群体的联合，合作社的发展在很大程度上将依赖外界提供的平台或渠道。以农资统一购买为例，如果当前的市场环境无法识别出合作社统一购买农资的优势，那么农资统一供应的服务将很难形成。正如案例 11-2 所描述的，当地相关质量监管和检测部门的监督无法鉴别合作社统一购买的无公害农资，并且识别机制的缺失也不会对后续的产品销售造成影响，即食用不同饲料的鱼在销售时因无法被区分而不能差别定价，因此统一购买农资的优势无法体现，自然也就没有存在的必要。相反，如果合作社寻找的农资获取途径与普通农户自发寻找到的途径相比有明显优点，统一购买农资便容易实现，详见案例 11-3。

典型案例 11-2：某水产合作社

2008 年由 4 个人发起成立，从事罗氏沼虾、罗非鱼等的生产经营。发起当年，合作社全体成员购买饲料、兽药、虾苗所花费用分别约为 500 万元、20 万元、400 万元，理事长预估三种农资出厂价与市场零售价间的价差分别约为 10%、30%、1.5%。出于对产品质量的考虑，合作社提供的饲料为无公害饲料，价格低于市面零售的无公害饲料价格，但鱼吃了以后体重增加速度较为缓慢。当地检测部门配套设施设备跟不上，产品销售时没有相应的检测，所以，普通农户更愿意购买生长速度较快的非无公害饲料。因此，合作社统一购买无公害饲料无法实施。而普通饲料没有太大的获利空间，合作社也没有动机协调农户统一购买。

典型案例 11-3：吉林省九台区某合作社

2008 年由 6 个人发起成立，截至 2013 年带动当地农户增加到 151 人。成立初期合作社聚焦于农机服务，但该村人均耕地面积仅为 4.5 亩且每家每户土地不连片，机械作业成本高、作业效率低。随着“互联网 + 农业”模式的推行，吉林省相关农业部门开始推出农资销售电子商务平台，农户可以从网上选择自己需要的农资（包括品牌、数量），网上下单后可直接送货上门，收货检验确认无误后，再从网上付款。并且，从该平台购买农资的价格低于从普通农资店购买农资的价格。于是，合作社理事长考虑将合作社转向产品类合作社，主要从事与玉米生产相关的经营活动，统一购买农资服务功能开始出现。

最后，合作社功能的发挥还将依托一定的产业基础。否则，即使在短期内形成合作，从长期来看也难以形成规模效应。在政策推动下为争取政府补贴“被发起”的合作社，很大一部分都脱离了当地的产业发展实际情况，注定难以形成实质性的合作，服务功能则更是空谈，详见案例 11-4。

典型案例 11-4：某养鸡合作社

2011 年由 3 个人发起成立。成立之初希望争取政策补贴、支持产蛋禽类的生产经营活动，但实际运作过程没有享受到补贴。当地的养殖业多为水产养殖（如罗氏沼虾、罗非鱼、螃蟹等），畜禽养殖的产业基础较为薄弱。自成立以来，合作社几乎没有进行过实质性的活动，服务功能基本停留在为养殖户提供技术指导或是就市场行情信息进行交流等层面，再无深入服务或生产经营活动。

11.7 结论及启示

本章从价格谈判和质量控制两个视角切入，深入研究了合作社提供农资统一购买服务的内在机制。研究表明，合作社统一购买农资服务功能受到农资市场批零价差率、农资购买规模，以及下游农产品买方质量控制的制约。具体而言，价格谈判动机越强、谈判能力改善潜力越大、存在质量控制要求时，合作社统一购买农资概率越大。但不同类别农资需求特点各不相同，因此各因素与合作社是否统一购买农资的影响关系及对合作社是否统一购买农资的影响程度各异。再加上中国质量安全监管体系不完善等外部客观条件的限制，因此，合作社统一购买农资在中国难以实现。

总体来看，现实中合作社提供农资购买服务的比例仍然偏低。本书作者实地调查数据显示，2013 年合作社提供农资购买服务的比例约为 26.37%，严格意义上统一购买农资的比例更低，仅为 11.90%（详见表 3-7）。多方面原因限制了合作社集中购买农资降低的成本空间，从而影响合作社该项服务功能在中国实现的可能性。首先，中国农产品质量安全监管体系不完善，导致缺少有严格质量控制和优质优价要求的下游产品收购方；其次，中国农户的种养殖规模普遍较小，除饲料外，多数农户全年农资使用量都较为有限，导致合作购买的农资总量也不是特别大；最后，经过多年市场化改革，中国农村农资市场都已比较发达，农资流通各环节都只有正常利润，农资批零价差较小，而兽药这类市场批零价差相对较大的农资，其使用量却很少。因此，与分散购买相比，合作社统一购买农资增加的谈判能力极为有限。此外，合作社虽然在一定程度上能降低农资购买成本，但其内部治理机制的建立与服务的提供都会带来组织成本，而中国农户经营规模普遍很小导致合作社组织成本高昂。因此，在中国现阶段的基本国情下，合作社统一购买农资可带来的生产成本降低空间较小，而提供统一购买服务增加的组织成本却较高，从而限制了合作社统一购买农资的利润空间，降低了合作社提供农资统一购买服务功能的可能性。

需要特别指出的是，下游农产品买家对农产品有质量安全要求的比例很低只是问题的表象，问题的实质是农产品质量安全监管的不完善。当农产品质量安全监管不完善时，下游农产品买家即便以高价从农户或合作社收购到高品质的农产品，也会因为无力向消费者证明产品品质而导致逆向选择行为——不再对农产品有质量安全要求。

参 考 文 献

邓衡山，王文烂. 2014. 合作社的本质规定与现实检视——中国到底有没有真正的农民合作社？. 中国农村经济，(7)：15-26，38.

弗鲁博顿 E，芮切特 R. 2006. 新制度经济学：一个交易费用分析范式. 姜建强，罗长远，译. 上海：上海人民出版社.

巩顺龙，白丽，杨印生. 2012. 农民专业合作组织的食品安全标准扩散功能研究. 经济纵横，(1)：88-91.

何慧丽. 2007. 农民合作的结构性力量之形成——以胡村合作社为例. 学习与探索，(3)：85-87.
何秀荣. 2009. 公司农场：中国农业微观组织的未来选择？. 中国农村经济，(11)：4-16.
何洲. 2011. 甘肃省农民专业合作社发展研究. 甘肃农业大学硕士学位论文.
黄季焜，邓衡山，徐志刚. 2010. 中国农民专业合作经济组织的服务功能及其影响因素. 管理世界，(5)：75-81.
刘亚平. 2011. 走向监管国家：以食品安全为例. 北京：中央编译出版社.
宁攸凉，乔娟，宁泽逵. 2011. 农户生产资料购买行为特征分析——以北京市养猪户为例. 中国畜牧杂志，(18)：10-14.
潘劲. 2011. 中国农民专业合作社：数据背后的解读. 中国农村观察，(6)：2-11，94.
钱建设. 2009. 农资市场进入"品牌"竞争期. 中国农资，(7)：46.
王瑜，应瑞瑶. 2008. 垂直协作与农产品质量控制：一个交易成本的分析框架. 经济问题探索，(4)：128-131.
杨克诚，段雁涛，张俊华，等. 2014. 农资市场存在的问题及对策探讨. 现代农村科技，(18)：7-8.
张满林. 2009. 我国农民专业合作社治理问题研究. 北京林业大学博士学位论文.
张伟. 2009. 粮食和饲料合作社的产品服务问题研究——以宁阳县乡饮乡为例. 山东农业大学硕士学位论文.

第12章　中国农民合作社统一销售产品：产品溢价与产业风险

12.1　引　　言

市场化改革深化后，分散的小农户与现代市场间的矛盾日益凸显，农户农产品销售难现象频现，组建提供统一销售服务的合作社被认为是解决农产品销售问题、突破农产品流通瓶颈的重要选择方式之一（何慧丽，2007；程漱兰，2005），但现实中合作社销售服务情况却不尽如人意。仅有少部分合作社提供产品统一销售服务，大部分没能开展有效的产品销售，甚至没有涉及销售服务（王薇，2013）。国际经验中，日本合作社（农协）具备提升农户议价能力的功能，通过帮助农产品小量供应者向大宗产品供应者转变提高农户收益，但中国合作社却鲜有发挥相似功能的原因何在？揭示合作社销售服务功能背后的形成机理，以及合作社在中国的适宜性具有较强的学术价值和现实意义。

一些研究认为，合作社统一销售服务存在不少优点：机制上，合作社作为小农户的联合与产品收购方进行价格谈判，能够拿回被过度市场力量占据的农村地区购销市场的利润（何慧丽，2007），并节省多个交易主体分别购销产生的交易费用（林坚和马彦丽，2006），从而实现“联合购销、风险最小”（温铁军，2006）。经验研究上，一些学者基于大样本调查数据的分析认为，合作社统一销售服务促进了农户收入的提高，上涨空间甚至超过批发市场、龙头企业等销售主体对农户收入的改善（陈富桥等，2013）。但上述研究颇值得商榷。在机制上，首先，虽然合作社统一销售情况下产品销售规模扩大，市场谈判能力增加，能争取到更大的溢价空间，但在高度竞争的市场条件下，这种溢价空间会变得很小；其次，统一销售规模扩大后也意味着储藏保管费用增加，承担的市场风险增加，如果不能及时出清生鲜农产品将面临较大的损失，因此相比于分散销售，统一销售对销售主体抵御产业风险能力的要求也更高；最后，统一销售需由销售经理完成，所以合作社需要支付销售经理报酬并对其销售行为进行监督，即合作社统一销售服务需要承担组织成本，只有节省的交易成本大于增加的组织成本，合作社才有组建的必要。在经验研究上，首先，对于合作社提供农产品销售服务的现状，尚缺乏基于全国层面的大样本随机抽样调查的研究；其次，缺乏系统性剖析合作社统一销售服务功能作用机制的计量经济分析，多数研究更多关注销售方式选择的影响因素，如市场环境、农户资源禀赋（李丽莎，2013）、交易成本（宋金田和祁春节，2011）等。

本章的主要目的是在合作博弈框架下，深入分析产品溢价和产业风险对合作社统一销售服务的影响，提出相应的研究假说，并运用第三轮调查数据进行实证检验。需要特别说明的是，本章进入回归样本的仅为涉及产品销售环节的合作社。本章的研究将有助于我们深入理解现实中合作社统一销售产品服务难以形成的原因，对于我们科学认识合作社发展条件和空间具有重要的学术价值，也有助于促进合作社健康发展。后文结构安排如下：12.2 节分析合作社提供统一销售服务的优势；12.3 节为理论分析与研究假说；12.4 节为模型设定、变量选取与描述性统计；12.5 节对产品溢价、产业风险与合作社统一销售进行相关分析；12.6 节为计量经济模型估计结果；12.7 节是结论与启示。

12.2 合作社统一销售服务优势

12.2.1 提升产品溢价：预期与现实情况

合作社统一销售，即组织作为整体寻求并建立稳定的销售渠道，替代单个小农户直接将农产品卖给经纪人、批发商等市场主体。与分散经营相比，合作社统一销售的最大优势在于扩大了销售规模，在价格谈判方面处于主动地位，从而市场谈判能力增强，形成规模效应，有效弥补了单个农户分散议价、只能被动接受价格的弊端，争取到更高销售价格的概率增加，获利空间增加。并且，规模效应还能扩大产品在当地的影响力，形成品牌效应，进一步提高产品溢价。

现实中，合作社与产品收购方就产品收购价格的具体细节达成一致，根据约定内容的差别可将其进一步区分为市场价销售、固定价格销售、根据产品质量等级定价销售和保底价销售四种约定，具体情况如表 12-1 所示。

表 12-1　价格约定内容

产品类别	不含雇佣关系的合作社		所有合作社	
	合作社数量/家	比例	合作社数量/家	比例
产销合作社	29	100.00%	53	100.00%
市场价	17	58.62%	36	67.92%
固定价格	1	3.45%	2	3.77%
根据产品质量等级定价	4	13.79%	7	13.21%
保底价	7	24.14%	8	15.09%
粮食作物	4	100.00%	5	100.00%
市场价	2	50.00%	2	40.00%
固定价格	0	—	1	20.00%
根据产品质量等级定价	1	25.00%	1	20.00%
保底价	1	25.00%	1	20.00%
一般经济作物	8	100.00%	13	100.00%
市场价	5	62.50%	10	76.92%
固定价格	0	—	0	—
根据产品质量等级定价	2	25.00%	2	15.38%
保底价	1	12.50%	1	7.69%
高附加值农产品	17	100.00%	35	100.00%
市场价	10	58.82%	24	68.57%
固定价格	1	5.88%	1	2.86%
根据产品质量等级定价	1	5.88%	4	11.43%
保底价	5	29.41%	6	17.14%

资料来源：根据调查资料统计整理所得

注：由于占比数据进行了四舍五入，因此合计可能不等于 100.00%

总体来看，按市场价收购产品是最主要的约定内容，远超过其他几种价格约定方式。在“不含雇佣关系的合作社”样本中，17 家合作社与产品收购方约定按市场价收购产品，占比约为 58.62%，远超过保底价销售（24.14%）、根据产品质量等级定价（13.79%）和固定价格销售（3.45%）几种价格约定方式。在“所有合作社”样本中，36 家合作社与产品收购方约定按市场价销售产品，占对应样本的 67.92%，与保底价销售、根据产品质量等级定价销售和固定价格销售几种价格约定方式相比，具有明显优势（67.92%＞15.09%＞13.21%＞3.77%）。

细化到不同产业，约定方式略有差别，但按市场价收购仍是最主要的价格约定方式。就粮食作物合作社而言，在“不含雇佣关系的合作社”样本中，2 家合作社与产品收购方约定按市场价销售，占比约为 50.00%，超过保底价销售（25%）和根据产品质量等级定价销售（25%）；在“所有合作社”样本中，同样有 2 家合作社约定按市场价销售，其采纳比例（40.00%）高于保底价销售（20.00%）、根据产品质量等级定价销售（20.00%）和固定价格销售（20.00%）的采纳比例。就一般经济作物而言，在“不含雇佣关系的合作社”样本中，约定按市场价销售产品的比例（62.50%）超过根据产品质量等级定价销售（25.00%）和保底价销售（12.50%）的采纳比例；在“所有合作社”样本中，情况类似，76.92%的合作社约定按市场价收购产品，超过根据产品质量等级定价销售和保底价销售的比例（76.92%＞15.38%＞7.69%）；没有一家一般经济作物合作社以固定价格和产品收购方约定销售价格。就高附加值农产品合作社而言，在“不含雇佣关系的合作社”样本中，58.82%的合作社按市场价约定销售价格，超过保底价销售（29.41%）、根据产品质量等级定价销售（5.88%）和固定价格销售（5.88%）三种价格约定方式；在“所有合作社”样本中，68.57%的合作社按市场价约定销售价格，与保底价销售、根据产品质量等级定价销售和固定价格销售相比，采纳比例更高（68.57%＞17.14%＞11.43%＞2.86%）。

12.2.2　降低产业风险：预期与现实情况

合作社统一销售的另外一个优势在于，能在很大程度上降低小农户的产业风险。分散销售经营模式下，如果小农户不能及时寻找到将其产品全部收购的买方，生鲜农产品将发生腐败变质，农户受损。虽然通过加工等途径可以延缓产品保鲜时间，但是加工设备需要较多资金，单个农户大多不具备这样的投资能力。但是，以合作社作为整体对外进行销售，可以通过开辟新的销售渠道、集体投资加工等措施延缓产品保鲜期限，从而达到降低产业风险的目的。

根据约定内容的不同分为大致约定收购数量、准确约定收购数量和全部收购三种。产品收购方与合作社进行收购数量约定的具体情况如表 12-2 所示。

表 12-2　收购数量约定情况

产品类别	不含雇佣关系的合作社		所有合作社	
	合作社数量/家	比例	合作社数量/家	比例
产销合作社	23	100.00%	40	100.00%
大致约定收购数量	12	52.17%	25	62.50%
准确约定收购数量	7	30.43%	10	25.00%
全部收购	4	17.39%	5	12.50%
粮食作物	3	100.00%	3	100.00%
大致约定收购数量	1	33.33%	1	33.33%
准确约定收购数量	1	33.33%	1	33.33%
全部收购	1	33.33%	1	33.33%
一般经济作物	6	100.00%	11	100.00%
大致约定收购数量	3	50.00%	6	54.55%
准确约定收购数量	2	33.33%	4	36.36%

续表

产品类别	不含雇佣关系的合作社		所有合作社	
	合作社数量/家	比例	合作社数量/家	比例
全部收购	1	16.67%	1	9.09%
高附加值农产品	14	100.00%	26	100.00%
大致约定收购数量	8	57.14%	18	69.23%
准确约定收购数量	4	28.57%	5	19.23%
全部收购	2	14.29%	3	11.54%

资料来源：根据调查资料统计整理所得

注：由于占比数据进行了四舍五入，因此合计可能不等于 100.00%

总体来看，大致约定收购数量是最主要的数量约定方式。在“不含雇佣关系的合作社”样本中，有 12 家合作社与产品收购方大致约定收购数量，在对应样本中所占比例约为 52.17%，超过准确约定收购数量的合作社（30.43%）和全部收购的合作社（17.39%）。在“所有合作社”样本中，大致约定收购数量的合作社共有 25 家，在与产品收购方有约定的合作社中所占比例约为 62.50%，明显超过准确约定收购数量的合作社（25.00%）和全部收购的合作社（12.50%）。

细化到具体产业，收购数量约定情况有一定差异。粮食作物合作社对应的收购数量约定方式相对平均，大致约定收购数量、准确约定收购数量和全部收购的合作社各有 1 家，该情况在两类样本中均满足。在一般经济作物合作社和高附加值农产品合作社中，大致约定收购数量仍是最主要的收购数量约定方式。对一般经济作物合作社而言，在“不含雇佣关系的合作社”样本中，有 3 家合作社与产品收购方大致约定收购数量，在对应样本中所占比例约为 50.00%，超过准确约定收购数量和全部收购的合作社数量（50.00%＞33.33%＞16.67%）；在“所有合作社”样本中，大致约定收购数量也仍是最主要的数量约定方式（54.55%＞36.36%＞9.09%）。对高附加值农产品合作社而言，在“不含雇佣关系的合作社”样本中，8 家合作社与产品收购方大致约定收购数量，占比约为 57.14%，采纳比例明显高于准确约定收购数量和全部收购的比例（57.14%>28.57%>14.29%）；在“所有合作社”样本中，18 家合作社与产品收购方大致约定收购数量，在对应样本中所占比例约为 69.23%，明显多于准确约定收购数量和全部收购两种约定方式（69.23%>19.23%>11.54%）。

从现实情况来看，合作社统一销售服务过程中，产品销售价格和销售数量并不足以体现统一销售的优势。原因何在？不难发现，合作社统一销售产品在提高销售单价、降低产业风险的同时，也将产生高额的组织成本，尤其是在中国农户规模普遍偏小的现实背景下。现实不及预期，是否是因为合作收益无法弥补合作过程中产生的组织成本？下文将通过对统一销售服务形成机理的剖析，进一步回答上述问题。

12.3　理论分析与研究假说

12.3.1　合作社统一销售服务形成机制分析

合作收益与组织成本的比较将决定合作社是否有必要组建并提供统一销售服务。由于当前中国农村农户分化严重，因此，不同农户承担合作过程中产生的组织成本的意愿有很大的差异，为了分析是否有必要组建合作社并进行统一销售，本章拟构建大户和小户的合作博弈模型。在具体分析之前，本章做出如下假定。

（1）组织中存在一个大户和 N 个小户，大户的规模是小户的 K 倍，大户和小户的时间机会成本相同。

（2）合作社的显性成本由全体成员按比例分摊，而组建合作社的隐性成本由组建者独自承担。

（3）大户和小户均有承担与不承担组建成本两种选择。

1. 合作社组建条件

对照合作社运行准则，合作社提供统一销售服务，成员利润从理论上看是产品销售收入、二次分配收入、生产成本和组织成本几部分的代数和。

根据第 8 章的讨论，组织成本包括组建成本和日常维护成本两种，具体可表示为

$$C_{t3i} = O_F + O_i \tag{12-1}$$

其中，O_F 表示合作社的组建成本；O_i 表示维持合作社日常运转所需的成本，农户以其与合作社交易量为上限承担该项成本。

为简化比较，此处不考虑农户加入合作社前后生产成本的变化，统一记为 C_i，其包括劳动力投入和农资投入两部分，具体为

$$C_i = w \cdot L_{0i} + p_a \cdot A_i \tag{12-2}$$

当提供统一销售服务时，非组建者的利润函数可表示为

$$\pi_i = P \cdot Q_{0i} - C_i + R_{2i} - \lambda_{2i} O_i \tag{12-3}$$

组建者的利润可表示为

$$\pi_i = P \cdot Q_{0i} - C_i + R_{2i} - \lambda_{2i} O_i - O_F \tag{12-4}$$

如果没有外部力量帮助组建合作社，那么，只有当下述条件满足时，农户才会出资组建合作社，即

$$P \cdot Q_{0i} - C_i + R_{2i} - \lambda_{2i} O_i - O_F > P \cdot aQ_{0i} - C_i \tag{12-5}$$

进一步化简可得

$$P \cdot (1-a) Q_{0i} + R_{2i} - \lambda_{2i} O_i - O_F > 0 \tag{12-6}$$

即统一销售增加的溢价收入 R_{2i} 加上销售规模扩大后产品出清减少的损失 $P \cdot (1-a) Q_{0i}$ 要大于合作社组建成本 O_F 和参与合作社事务的成本 O_i，只有这样农户才有动力自己组建合作社。

2. 合作社组建成本分摊

成员异质性突出的现实背景下，大户和小户从统一销售服务中获得的收益不尽相同，因此对合作成本的分摊意愿也各异，具体博弈过程详见表 12-3。

表 12-3　大户与小户合作博弈矩阵

项目		小户	
		不承担	承担
大户	不承担	$P\cdot aQ_{0i}-C_i$， $P\cdot aQ_{0i}-C_i$	$P\cdot Q_{0i}-C_i+R_{2i}-\lambda_{2i}O_i$， $P\cdot Q_{0i}-C_i+R_{2i}-\lambda_{2i}O_i-O_F$
	承担	$P\cdot Q_{0i}-C_i+R_{2i}-\lambda_{2i}O_i-O_F$， $P\cdot Q_{0i}-C_i+R_{2i}-\lambda_{2i}O_i$	$P\cdot Q_{0i}-C_i+R_{2i}-\lambda_{2i}O_i-O_F$， $P\cdot Q_{0i}-C_i+R_{2i}-\lambda_{2i}O_i-O_F$

当大户承担组建成本时，小户相较承担组建成本，不承担组建成本时收益更高，从数学表达式看，即

$$P\cdot Q_{0i}-C_i+R_{2i}-\lambda_{2i}O_i > P\cdot Q_{0i}-C_i+R_{2i}-\lambda_{2i}O_i-O_F \tag{12-7}$$

当大户不承担组建成本时，小户即使承担组建成本，也因其自身种养规模普遍偏小、获益有限而难以弥补投入成本，所以小户依然会选择不承担组建成本，即

$$P\cdot aQ_{0i}-C_i > P\cdot Q_{0i}-C_i+R_{2i}-\lambda_{2i}O_i-O_F \tag{12-8}$$

所以，对于小户而言，不承担组建成本是理性选择，因为统一销售增加的溢价收入和产品出清减少的损失相对有限，难以弥补高昂的合作社组建成本。因此，缺乏资本积累且生产经营规模有限的小户组建合作社的可能性较低。这也是现实中合作社多由大户组建的原因。对于小户而言，统一销售模式意味着有固定的产品收购方，所以小户可以确保自己生产的农产品能及时卖出，不会因产品腐烂或经纪人收购不及时等原因无法完全卖出产品而造成损失。相比于承担组建合作社的成本，小户更愿意在大户组建合作社的前提下“搭便车”。

对于大户，其生产经营规模较大，通畅、多元的销售渠道带来的溢价总收入较为可观；换言之，如果缺乏销售渠道的保证，大户因为其经营规模较大，损失的机会成本也较大。另外，出于稳定原先生产经营过程中确定的销售渠道的考虑，大户需要储备更多相近产品，而带动周边小户无疑是最便利的方式之

一[①]。在保证销售收入、稳定销售渠道的同时，还能在当地收获好名声，满足声誉激励。因此，大户会主动承担组建合作社的成本。也就是说，假定 O_F 和 O_i 保持不变，当 $(1-a)P_1Q_i + R_{2i}$ 变大时，组建合作社并进行统一销售的可能性也随之变大。其中，统一销售增加的溢价收入 R_{2i} 的大小取决于合作社是否拥有专有销售渠道和投资加工能力这些能提升产品溢价的措施。而 $P\cdot(1-a)Q_{0i}$ 的大小则取决于产业风险的大小。

12.3.2 研究假说

综上分析可知，合作社联合农户统一销售产品后市场的谈判能力改善程度，以及多元销售渠道是否能将所有产品出清将会影响式（12-6）左边合作带来的收入的增加幅度，并影响统一销售服务的提供。因而，合作社是否统一销售产品取决于联合起来争取到的产品溢价空间，以及联合后销售对产业风险的缓冲。现实中，建立专有销售渠道、对产品进行深加工等会影响合作社在价格谈判过程中争取到的溢价空间，而多元且通畅的销售渠道也能降低产业风险对农业生产的影响，继而促进统一销售的产生。基于此，本章提出如下两个研究假说。

假说 1：拥有专有销售渠道和投资加工能力这些能提升产品溢价措施的合作社，统一销售概率越大。

合作社统一销售，能够提升农产品销售价格，基于两方面原因：一是对抗垄断；二是降低交易成本。对抗垄断确实是合作社统一销售的常见动机。但中国的农产品市场鲜有出现很强的垄断势力（黄兵，2011），本书合作者 2014 年在江苏、吉林和四川 3 省 331 个村的调查数据表明，2013 年平均每个村约有 11.81 个农产品经纪人。因此，对抗垄断并不是当前中国合作社统一销售农产

① 江苏某大户发起的螃蟹养殖合作社主要经营水产品养殖、销售等业务，只要水质达到一定标准、经营规模达到一定数量，且有联合经营意向的养殖户均可加入合作社。该合作社为成员提供养殖技术指导、统一供应蟹苗、统一生产标准、不低于市场价的买断销售服务、统一品牌、资金借贷等多项服务。行情低迷时合作社以不低于市场价的价格收购成员成品，销售完成后根据交易量进行二次分配，保证合作社销售渠道稳定。

品的关键原因，即合作社的溢价空间主要来自交易成本的降低。合作社节约交易成本的空间取决于产业和生产环节中资产专用性和交易不确定性程度的高低。一般而言，市场交易成本的高低取决于资产的专用性、相关交易的不确定性与交易的频率（Williamson，1975），资产专用性越强、交易的不确定性程度越高、交易频率越高，交易成本就越高。市场交易成本高企之时，正是合作社存在必要性和优势凸显之时（邓衡山等，2016）。合作社能够降低交易成本的原因在于：一方面，与成员建立特殊的契约关系，使成员不容易违约[①]；另一方面，开拓专有销售渠道、进行深加工使得合作社有能力将产品销售出去并提高产品附加值。反过来，正是专有销售渠道及加工设备这些专用性资产的存在，才使得合作社有强烈的稳定货源的需求，并进而与成员签订销售契约。

假说 2：产业风险越大，合作社统一销售的概率越低；但当风险可以通过加工、专有销售渠道等形式弱化时，统一销售的可能性将增加。

小户受自身购销经验、社会资本和关系网络等的限制，几乎无法及时销售出清当前所有产品，而农产品多为生鲜产品，储藏和贮藏能力相对较弱，因此小农户凭借自身寻找到的销售渠道销售产品将面临较大的产业风险。此时，小农户对合作社提供统一销售服务的需求较高，会更倾向于“搭便车”参与合作，而在合作过程中处于主导支配地位的大户也不是风险偏好者，因此大户组建的合作社并不会主动吸纳所有想规避产业风险的小户。只有当参与合作、提供销售服务产生的收益超过合作所需承担的组织化成本、足以弥补规模扩大后增加的产业风险时，大户才会选择参与合作。所以，在合作社成立前就已经具备加工或是专有销售渠道能力的大户，其将产业风险弱化的能力更强，与小户合作进行统一销售的可能性也会相应增加。但如果大户不具备上述风险规避或是弱化能力，不足以将产业风险限定在可控范围内，或是产业风险在原先的销售方

① 由于合作社“所有者与惠顾者同一”的治理结构，合作社是成员自己的组织，因此，成员更乐意与合作社签订契约，违约的动机也更弱。一是成员违约在一定程度上就是和自己违约；二是合作社成员一般同处于相对较小的地域范围内，相互之间较熟悉，声誉的重要性使违约成本变高，从而增强了履约的可能性。

式中就已克服、提供销售服务并不足以明显降低风险，那么统一销售的优势就不会凸显，反而会增加组织化运作的成本。此时，统一销售服务就不再有存在的必要，即使暂时形成，也不会长久存在。

12.4 模型设定、变量选取与描述性统计

12.4.1 合作社统一销售影响因素的 Probit 模型

为检验本章提出的假说 1 和假说 2，本章建立计量经济模型，并通过分析参数估计系数，考察产品溢价和产业风险对合作社统一销售产品的影响。模型构建具体如下：

$$\text{Sale} = f(P, R, X, \mu) \tag{12-9}$$

其中，被解释变量 Sale 表示合作社统一销售成员产品的状况，即 2013 年合作社是否统一销售成员产品；P、R 表示关键解释变量，分别为产品溢价、产业风险的衡量指标；X 表示一组控制变量，具体包括合作社和村庄基本经济特征；μ 表示随机扰动项。

由于被解释变量“合作社是否统一销售成员产品”为 0、1 变量，因此将模型（12-9）设定为 Probit 模型，并用极大似然法对参数进行估计。2013 年合作社是否统一销售产品与 2013 年产品溢价、产业风险间可能存在较强的内生性问题，因为统一销售行为可能会影响销售价格，进而增加产品市场风险。为此，本书课题组调查访问了发起当年合作社是否有溢价措施、过去五年组织最主要经营产品对应的产业风险情况，即用滞后变量做解释变量以控制内生性问题可能导致的参数估计偏误。

12.4.2 变量选取

1. 关键变量测度

1）产品溢价

本章采用两个指标来衡量农产品溢价空间：一是合作社成立时是否在产品

加工环节有投资，具体通过“产品出售时是否进行精加工或精包装”来识别①。二是产品销售时是否具备专有销售渠道，具体为“产品收购方在合作社成立前就来收购产品，且该买方是合作社主动寻找的”即认定为存在专有销售渠道；反之，则不存在专有销售渠道。

2）产业风险

产业风险指政策变动、环境变化、市场波动等原因限制某一产业发展，从而致使部分经济主体遭受经济损失的可能性（张立和王学人，2002），其具有客观性、隐蔽性、传递性和可控性四个基本特征（乔颖等，2005）。产业风险的测度相对复杂，因此本章选用客观产业风险、主观产业风险和综合产业风险三套指标来测度产业风险，全面客观评价产业风险的同时，检验回归结果是否稳健。其中，客观产业风险通过设计具体的客观指标来测度近五年产业现状，包括自然灾害、病虫害或疫病发生、产量波动、产品销售价格波动几个方面；主观产业风险则是基于从业人员（即合作社理事长）对客观风险发生情况的主观判断，所选取的指标与客观风险逐个对应；综合产业风险是客观产业风险和主观产业风险等权重相加。产业风险测度指标的具体表述见表 12-4。

表 12-4　产业风险测度指标

风险指标	风险测度	取值
客观产业风险	过去五年，是否出现因自然灾害导致生产减产 1/3 的情况？	1＝是，0＝否
	过去五年，是否出现因病虫害或疫病导致生产减产 1/3 的情况？	1＝是，0＝否
	过去五年，是否出现半数农户产品愁卖的情况？	1＝是，0＝否
	过去五年，同期产品销售价格是否出现上涨或下跌超过 20%的情况？	1＝是，0＝否
主观产业风险	该产品的生长是否对气候敏感，易受不良气候影响？	1＝是，0＝否
	正常年景，产品生产周期内病虫害或疫病是否很多？	1＝是，0＝否
	该产品是否产量波动较大？	1＝是，0＝否
	该产品是否市场容量很大、不愁卖？	1＝是，0＝否
	该产品价格不同年份间的差别是否很大、不好把握？	1＝是，0＝否
综合产业风险	客观产业风险、主观产业风险等权重相加	0~9

① 需要说明的是，通过购买简单仪器或包装袋进行加工或包装的不包括在内。

2. 控制变量选择与说明

在参考相关研究的基础上，本章选取合作社和村庄的基本特征作为影响合作社是否提供统一销售服务的控制变量，具体如下。

首先，选取发起时，合作社全体成员经营总规模。合作社产品经营规模大小，直接影响规模经济的程度和合作增加的产业风险，从而决定了合作社是否提供统一销售服务。但考虑到不同产业对应的产品经营规模数量和统计量的不可比性，本章选用产品类别和合作社经营规模做交互项的方式加以处理。

其次，考虑村庄基本情况，具体包括：村庄距离最近批发市场距离、村庄经济生产总值、村庄二三产业产值占比、产品类型和省级地区虚拟变量。村庄距离最近批发市场距离反映产品市场发育情况；村庄经济生产总值代表当地经济发展水平；村庄二三产业产值占比反映当地产业结构；产品类型则用来控制产品特性。

由于农资购买功能通常出现在产品类合作社中，本章分析样本为第三轮调查中涉及产品销售环节的 240 家产品类合作社。

3. 变量描述性统计

模型（12-9）中所列变量的描述性统计结果详见表 12-5。

表 12-5　合作社产品销售服务影响因素模型变量定义与描述性统计

变量名	均值	标准差	最小值	最大值
合作社是否统一销售成员产品（1＝是，0＝否）	0.3	0.4	0	1
产品销售时是否进行精加工或精包装（1＝是，0＝否）	0.1	0.3	0	1
专有渠道（1＝有，0＝无）	0.2	0.4	0	1
产业风险				
客观产业风险	1.5	1.1	0	4
主观产业风险	2.2	1.4	0	5
综合产业风险	3.7	2.1	0	9

续表

变量名	均值	标准差	最小值	最大值
村庄距离最近批发市场距离（千米）	13.9	13.1	1	70
村庄经济生产总值（万元）	3 400	4 300	100	30 000
村庄二三产业产值占比（%）	33.8	26.1	0.	96.0
产品类型（基准：一般经济作物）				
粮食作物	0.3	0.5	0	1
高附加值农产品	0.5	0.5	0	1

资料来源：根据调查资料统计整理所得

从表 12-5 中数据可以看出，在产品销售时进行精加工或精包装和开辟有专有销售渠道的合作社数量较少，说明当前仅有少数合作社在生产经营过程中能实现产品溢价。从产业风险来看，不同测度方式下对应的风险有所差别，客观产业风险取值相对较低且波动较小，综合产业风险取值较高且波动较大，主观产业风险居中。

12.5　产品溢价、产业风险与合作社统一销售的相关关系分析

表 12-6 和表 12-7 分别展示了“不含雇佣关系的合作社”和“所有合作社”两类样本对应的合作社是否统一销售成员产品与产品溢价、产业风险的相关关系。

表 12-6　不同销售方式下产品溢价、产业风险对比分析表（不含雇佣关系的合作社）

项目	合作社是否统一销售成员产品	
	是	否
产品溢价		
在加工环节投资的合作社比重	0.42%	0
有专有销售渠道合作社比重	3.33%	8.75%
产业风险		

续表

项目	合作社是否统一销售成员产品	
	是	否
平均客观产业风险	1.35	1.58
平均主观产业风险	1.46	2.30
平均综合产业风险	2.81	3.87

资料来源：根据调查资料统计整理所得

表 12-7　不同销售方式下产品溢价、产业风险对比分析表（所有合作社）

项目	合作社是否统一销售成员产品	
	是	否
产品溢价		
在加工环节投资的合作社比重	13.87%	1.46%
有专有销售渠道合作社比重	17.52%	19.71%
产业风险		
平均客观产业风险	1.48	1.47
平均主观产业风险	2.21	2.22
平均综合产业风险	3.69	3.70

资料来源：根据调查资料统计整理所得

从销售时是否进行精加工或精包装来看，统一销售的合作社进行精加工或精包装的比例更高，该情况在“不含雇佣关系的合作社”和“所有合作社”两类样本中均成立。两类样本对比，在“所有合作社”样本中，进行精加工或精包装的合作社比例相对更高；特别地，在“不含雇佣关系的合作社”样本中，凡是进行精加工或精包装的合作社，均实行统一销售。从专有销售渠道来看，享有专有渠道反而更容易自行销售，与进行精加工或精包装的情况刚好相反。

从产业风险来看，在“所有合作社”样本中，统一销售的合作社与自行销售的合作社在产业风险上没有显著差别。在“不含雇佣关系的合作社”样本中，统一销售的合作社的产业风险低于自行销售的合作社的产业风险。说明合作社作为理性经济主体，并不是风险偏好者，所提供的统一销售服务也是有条件的，当且仅当合作社具备转移或是规避等弱化产业风险的能力时，合作社才可能提供统一销售服务。

由于相关分析未能控制其他条件不变，因此为了更好地检验产品溢价、产业风险对合作社统一销售产品行为的影响，需要进行计量经济分析。

12.6　计量经济模型估计结果

表 12-8、表 12-9 分别报告了两类样本对应的合作社是否提供统一销售影响因素的 Probit 模型的计量经济分析结果。模型总体 Wald 值统计量较大，在 1%的置信水平上显著异于零，说明模型总体估计效果较好。模型在两类样本中分别用三套风险指标来测度产业风险，得到的计量估计结果一致，表明计量模型估计结果稳健。表 12-8、表 12-9 中的（1）、（2）、（3）分别代表产业风险选用客观产业风险、主观产业风险和综合产业风险三套指标的回归结果。

表 12-8　合作社是否提供统一销售影响因素的计量估计结果（不含雇佣关系的合作社）

变量	（1）	（2）	（3）
关键解释变量			
投资加工环节 （1＝是，0＝否）	Omitted	Omitted	Omitted
专有渠道 （1＝有，0＝无）	1.079*** （0.351）	1.107*** （0.337）	1.066*** （0.361）
产业风险	–0.414** （0.199）	–0.598*** （0.193）	–0.369*** （0.104）
风险×加工	0.955*** （0.280）	0.587*** （0.189）	0.425*** （0.114）
控制变量			
村庄距离最近批发市场距离（千米）	–0.0403* （0.0227）	–0.0341 （0.0227）	–0.0346 （0.0223）
村庄经济生产总值（万元）	0.0203 （0.0543）	0.0062 （0.0565）	0.0114 （0.0597）
村庄二三产业产值占比（%）	0.0046 （0.0080）	0.0000 （0.0097）	0.0000 （0.0092）

续表

变量	(1)	(2)	(3)
粮食作物 (1 = 是，0 = 否)	0.746 (0.924)	0.127 (0.706)	0.318 (0.776)
高附加值农产品 (1 = 是，0 = 否)	1.554^{*} (0.891)	0.910 (0.631)	1.301^{*} (0.696)
规模×是否粮食作物	$-6.47\times10^{-6**}$ (2.80×10^{-6})	-3.45×10^{-6} (3.81×10^{-6})	-5.62×10^{-6} (3.43×10^{-6})
规模×是否高附加值农产品	1.42×10^{-5} (2.24×10^{-5})	2.38×10^{-5} (1.94×10^{-5})	1.53×10^{-5} (2.07×10^{-5})
地区虚拟变量（基准：江苏省）			
四川省	0.211 (0.765)	0.194 (0.847)	−0.012 (0.817)
吉林省	-0.906^{*} (0.531)	-1.358^{**} (0.581)	-1.227^{**} (0.592)
常数项	-1.945^{*} (1.089)	−0.401 (0.918)	−0.688 (0.961)
样本量	137	137	137
Wald 值	58.52^{***}	53.54^{***}	60.07^{***}

注：括号里为标准误；Omitted 表示完全预测

*、**、***分别表示在 10%、5%、1%的置信水平上具有统计显著性

表 12-9　合作社是否提供统一销售影响因素的计量估计结果（所有合作社）

变量	(1)	(2)	(3)
关键解释变量			
投资加工环节 (1 = 是，0 = 否)	1.391^{***} (0.469)	1.079^{**} (0.507)	1.155^{**} (0.491)
专有渠道 (1 = 有，0 = 无)	1.192^{***} (0.267)	1.187^{***} (0.269)	1.177^{***} (0.270)
产业风险	-0.191^{*} (0.103)	-0.267^{**} (0.106)	-0.151^{**} (0.061)
风险×加工	0.426^{***} (0.155)	0.402^{***} (0.133)	0.231^{***} (0.075)
控制变量			
村庄距离最近批发市场距离（千米）	−0.0106 (0.0108)	−0.0094 (0.0105)	−0.0010 (0.0106)
村庄经济生产总值（万元）	−0.0095 (0.0259)	−0.0021 (0.0271)	−0.0054 (0.0265)

续表

变量	(1)	(2)	(3)
村庄二三产业产值占比（%）	0.0091* (0.0053)	0.0086 (0.0055)	0.0086 (0.0055)
粮食作物 (1＝是，0＝否)	−0.855** (0.416)	−0.847* (0.433)	−0.874** (0.427)
高附加值农产品 (1＝是，0＝否)	−0.356 (0.336)	−0.387 (0.341)	−0.338 (0.343)
规模×是否粮食作物	-4.06×10^{-5} (3.23×10^{-5})	-2.63×10^{-5} (3.29×10^{-5})	-3.37×10^{-5} (3.23×10^{-5})
规模×是否高附加值农产品	3.96×10^{-6} (7.17×10^{-6})	4.73×10^{-6} (6.97×10^{-6})	3.45×10^{-6} (6.61×10^{-6})
地区虚拟变量（基准：江苏省）			
四川省	1.208*** (0.427)	1.261*** (0.450)	1.231*** (0.441)
吉林省	−0.728** (0.312)	−0.813*** (0.313)	−0.779** (0.314)
常数项	−0.531 (0.511)	−0.260 (0.542)	−0.292 (0.540)
样本量	240	240	240
Wald 值	107.22***	107.15***	108.92***

注：括号里为标准误

*、**、***分别表示在 10%、5%、1%的置信水平上具有统计显著性

估计结果表明，在控制了经营规模、村庄经济特征、产品类别和区域特征的情况下，产品溢价对合作社提供统一销售服务具有显著的正向影响，即产品溢价空间越大，合作社统一销售成员产成品的概率越大，假说 1 得到验证。在所有合作社样本中，投资加工环节回归系数在客观产业风险、主观产业风险、综合产业风险三套指标下分别在 1%、5%、5%的显著性水平上显著异于零。专有渠道对合作社统一销售产品有显著的正向影响，即当组织具备专门销售渠道时，合作社统一销售更容易实现。两类样本、三套风险指标下，均在 1%显著性水平上显著异于零。①

① 合作社投资加工环节对初级产品进行精加工后产品销售价格提高，统一销售更容易实现。在不含公司的合作社样本中，凡投资加工环节的合作社均提供了买断销售服务，因此在模型回归中完全预测（predict success perfectly），不报告回归系数。

另外，回归结果也验证了假说 2。在回归结果中，产业风险显著负向影响合作社统一销售，但产业风险与合作社是否对产品进行加工的交互项显著正向影响合作社统一销售服务的提供。

也就是说，产业风险本身不利于合作社统一销售服务功能的提供，因为作为理性决策主体，合作社自身也会尽量规避风险；但如果合作社具备风险抵抗能力，能通过其他形式（如加工、扩大销售渠道等）转移或降低产业风险，确保组织不会被增加的产业风险影响，那么产业风险反而能促进合作社统一销售服务的实现。虽然，当产业风险较高时，农户越不愿意选择自行承担全部风险的分散销售模式，对合作社统一销售服务的需求越高，但如果合作社没有能力降低产业风险，那么进行统一销售反而会更加显著地增加合作社运营成本，此时，合作社进行统一销售的可能性反而更低。因此，有风险转移或降低能力的合作社提供统一销售服务的概率更大，即产业风险和加工的交互项系数显著为正。在“不含雇佣关系的合作社”样本中，客观产业风险在 5%的显著性水平上显著异于零，主观产业风险和综合产业风险在 1%的显著性水平上显著异于零；风险和合作社是否进行加工的交互项在 1%显著性水平上显著异于零。在“所有合作社”样本中，客观产业风险在 10%的显著性水平上显著异于零，主观产业风险和综合产业风险在 5%的显著性水平上显著异于零；风险和合作社是否进行投资加工环节的交互项均在 1%的显著性水平上显著异于零。

12.7 结论与启示

本章基于多个经济主体间的利益博弈分析了合作社统一销售服务的作用机制，并基于江苏、吉林和四川 3 省 240 家涉及产成品销售活动的产品类合作社的调查数据对合作社统一销售服务功能的影响因素进行了实证研究。研究结果也证实了本章所提出的假说：投资加工环节、寻找专有渠道等产品溢价措施能促进合作社提供统一销售服务；当合作社有能力降低产业风险时，产业风险越高，农户对合作社统一销售服务的需求越高，合作社越有可能进行统一销售。

现实中提供统一销售服务的合作社比例偏低，原因首先在于，在政策的政绩考核及物质激励下，存在着大量的“空壳合作社”“伪合作社”（邓衡山等，2016）。其次，虽然产品溢价措施能显著提高合作社提供统一销售服务功能的概率，但是对加工环节进行投资、开辟专有销售渠道、经营高附加值农产品（如有机产品、绿色农产品、无公害农产品等）等溢价措施都需要较高的资金投入，且需要合作社领头人具有较高的人力资本，而中国的农户大多经营规模较小，实力有限，难以采取溢价措施。最后，由于食品质量监管不完善等原因，合作社即便进行资产专用性投资，对产品进行精包装，与农户签订合约以保证农产品质量，但却无力向消费者证明产品的品质而难以卖出高价，因此，统一销售的动机大大被削弱。

参考文献

陈富桥，丁士军，姜爱芹. 2013. 产销对接方式对农户农产品销售收入的影响——基于茶叶种植户的实证研究. 农业技术经济，(7)：72-77.

程漱兰. 2005. 如何搞活农产品流通 促进农民增收. 中国合作经济，(6)：7-11.

邓衡山，徐志刚，黄季焜，等. 2011. 组织化潜在利润对农民专业合作组织形成发展的影响. 经济学（季刊），10（4）：1515-1532.

邓衡山，徐志刚，应瑞瑶，等. 2016. 真正的农民专业合作社为何在中国难寻？——一个框架性解释与经验事实. 中国农村观察，(4)：72-83，96-97.

何慧丽. 2007. 农民合作销售与村庄经纪人角色的冲突与调适. 中国农业大学学报（社会科学版），(2)：110-115.

黄兵. 2011. 农产品市场垄断可能性研究. 现代商业，(29)：17-18.

李丽莎. 2013. 资源禀赋对农户销售方式的影响研究——基于云南鲜花主产区的实证研究. 生态经济（学术版），(2)：203-207.

林坚，马彦丽. 2006. 农业合作社和投资者所有企业的边界——基于交易费用和组织成本角度的分析. 农业经济问题，(3)：16-20，79.

乔颖，彭纪生，孙文祥. 2005. FDI 对我国产业风险的实证研究. 世界经济研究，(9)：26-32.

宋金田，祁春节. 2011. 交易成本对农户农产品销售方式选择的影响——基于对柑橘种植农户的调查. 中国农村观察，（5）：33-44，96.

王薇. 2013. 保定市农民专业合作社农产品销售现状及对策研究. 河北农业大学学位论文.

温铁军. 2006. 新农村建设理论探索. 北京：文津出版社.

张立，王学人. 2002. 我国产业对外开放中的风险与控制. 人文杂志，（5）：49-53.

Williamson O E. 1975. Markets and Hierarchies：Analysis and Antitrust Implications. New York：The Free Press.

第 13 章　农民合作社开展生产性集体投资：资本投入与利益机制安排

13.1　引　　言

合作社开展生产性集体投资实现了由单一要素合作向多种要素合作的转变，纵向扩展了农业产业链，这对提升组织经营绩效、保障农产品质量安全具有促进作用，符合市场经济发展的需要。理论上，生产性集体投资之所以具备上述优势，一方面，在于其将同种商品的多个交易环节纳入组织内部，降低产业链中多个交易主体间的交易成本，进而实现了交易费用内部化，增加利润空间（Grossman and Hart，1986；Royer，1999；刘颖娴，2015）；另一方面，在于合作社通过集体投资减少交易环节，同时以契约形式约束社员的生产行为，以最快速度和最小损耗运达消费终端，更有利于保证农产品品质和质量安全（张学会，2014）。实证上，不少文献通过大样本调查数据研究得出合作社纵向一体化能提高社员经济效益的结论（孙艳华等，2007；蒋燕和冯开文，2008；张晋华和冯开文，2009；邵科和黄祖辉，2014）。还有一些文献对一些运营良好的合作社进行案例研究，也得出相似的结论，如：辽宁锦州某奶牛合作社引进牛奶加工设备生产奶制品，提升了收益（岳文，2011）；陕西宜川某苹果合作社投资建设冷库和果汁加工流水线，将合作社经营产品拓展为初级产品和精加工产品两种，扩大了获利空间（岳文，2011）；美国西部中央合作社将经营范围拓展到创造额外产品价值的加工服务环节，对种子和谷物进行干燥、分类、仓储和包装等初级加工，对大豆等初级农产品进行精加工及营养改良，盈利逐年增加（吴彬和郭红东，2014）。

虽然合作社开展生产性集体投资有诸多好处，但当前合作社开展集体投资的却并不多见[①]，原因何在？既有研究从多个方面给出了可能的原因。首先，合作社通常缺乏开展集体投资所需的资金。合作社开展集体投资，初期需要投入耗资不菲的生产设备及配套设施，后期则需要大量资金以保证持续经营，但现实中合作社难以获得充足的资金支持：由于缺少抵押资产，合作社无法从信用社、银行等正规金融机构获得贷款（魏百刚，2012；孔祥智和黄博，2013）；而大多地方政府对合作社的资金支持则仅限于初期（张中，2012）。其次，合作社缺乏有能力的领头人。合作社作为农村基层组织，对外来人才吸引的能力有限（魏百刚，2012）。组织内部缺乏有能力的领头人，导致合作社专业化程度普遍偏低（张晋华和冯开文，2009），影响一体化进程。最后，农产品面临的自然风险和市场风险大（黄祖辉等，2002）、农业专业化程度和商品化程度较低、政策覆盖面和支持力度小（张晋华和冯开文，2009）等因素均在不同程度上增加了合作社投资的不确定性，从而限制集体投资的开展。

不难发现，合作社开展生产性集体投资是延伸产业链、增加组织生产经营利润的常见选择。但是这一投资行为在现实中却很少存在，甚至只存在于特定的“高进高出”政策试点组织中，原因何在？相关方面研究关注的重点在于合作社办加工厂成功后带来的收益和推动合作社办加工厂面临的困境，鲜有研究对合作社办加工厂的产生条件和内部运行机理进行探究。本章将从成本-收益角度对合作社开展生产性集体投资的情形进行细说，剖析不同成本分摊方式对合作机制的影响，同时用现实中不同成本分摊方式的合作社开展生产性集体投资的典型案例加以分析证明。通过本章的研究，加深对合作社开展生产性集体投资内在机理的理解，以期为未来合作社开展生产性集体投资提供参考。

下文的结构安排如下：13.2 节从理论上分析合作社开展生产性集体投资的

① 合作社加工办厂的模式在现实中极少存在，即使是作为工业强省的江苏，截至 2012 年 6 月，合作社进行加工投资的也仅占 11%（魏百刚，2012）。

前提条件；13.3 节选择不同资金支持方式下对应的合作社开展生产性集体投资的典型案例，进一步证明理论分析部分的论证；13.4 节总结本章内容，并就合作社办加工厂的未来发展进行讨论。

13.2　理论分析

根据第 8 章中的讨论，当合作产生净收益大于 0 时，生产性集体投资才能开展，即当生产性集体投资带来的产品完全出清减少的损失、农资购买降低的生产成本、销售环节带来的产品销售溢价等多项收益足以弥补生产性集体投资产生的成本时，合作产生。具体可表示如下：

$$\pi_{4i} - \pi_{0i} > 0 \tag{13-1}$$

进一步展开，可得到式（13-2）：

$$P \cdot (1-a)Q_{0i} + w \cdot \Delta L + R_{1i} + R_{2i} + G_i > C_{t4i} \tag{13-2}$$

与技术服务、统一购买农资和统一销售产品相比，生产性集体投资合作过程中产生的成本数额更高且更为复杂。大致包括三个部分：①初期高昂的投入成本，如生产加工设备的购置成本；②日常生产所需的成本，如设备正常运行产生的费用（如电费），设备维护、折旧产生的费用等；③合作过程中产生的协调成本，如协调购买农资、协调销售产品、协调投资合作等产生的成本。显然，该项服务功能包含了技术服务、统一购买农资和统一销售产品多个环节，产生的组织成本远超过上述各环节组织成本之和，即 $C_{t4i} > C_{t3i} + C_{t2i} + C_{t1i}$。

对照合作社运行准则，合作社开展生产性集体投资，其全体成员在分享合作收益的同时，理应以其在合作中所占的产品规模比例为限承担合作产生的成本，但这在当前组织内部成员构成异质性突出的前提下并不可行。一方面，当前，合作社内部成员构成以经营规模较小、流动性约束较强、风险厌恶的小户数量居多。小户生产经营规模较小，从合作中获得的收益有限，而开展生产性集体投资产生的组织成本又较为高昂，因此产生的合作收益很难弥补合作产生的组织成本，即 $P \cdot (1-a)Q_{0i} + w \cdot \Delta L + R_{1i} + R_{2i} + G_i \ll C_{t4i}$。另一方面，小户大多有着“小富即安”的思想，传统思想的限制也将导致小户不会主动承担合作成本，而是更倾向于选择“搭便车”获取服务。

不难推测，如果仅凭组织内部普通成员，将难以筹集全部投资所需的资本，进而导致生产性集体投资无法开展。因此，生产性集体投资的开展更大程度上将取决于外界的政策支持或是组织中实力较强的核心成员的选择。

根据成本产生次数的差别，可以将生产性集体投资的组织成本细分为生产设备购置成本（O_A）和日常生产成本（O_i）两部分，即

$$C_{t4i}=O_A+O_i \tag{13-3}$$

其中，生产设备购置成本发生在合作开始的初期，为一次性投入；日常生产成本则发生在后续的生产过程中，包括生产过程中产生的成本和协调农户参与合作产生的成本。成本发生时间和发生频率的差别，将在一定程度上影响不同形式、不同性质合作的产生。

下文将根据生产性集体投资过程中产生成本的差异，进一步阐述和分析合作社开展生产性集体投资的内在机理。

13.2.1 成本为生产设备购置成本

当生产性集体投资所需的成本主要表现为初期的设备购置成本，后续成本较小或是在可承受范围之内时，开展生产性集体投资最主要的问题在于解决初期投入成本。为方便讨论，本章考虑只存在生产设备购置成本的情形，即$C_{t4i}=O_A$。政府补贴在该情形下的情况较常见。

当政府出资承担设备购置成本时，即$G_i-C_{t4i}=0$时，此时合作产生的净收益恒为正，即

$$\pi_{4i}-\pi_{0i}=P\cdot(1-a)Q_{0i}+w\cdot\Delta L+R_{1i}+R_{2i}>0 \tag{13-4}$$

对于合作社成员来说，在不承担合作组织成本的情况下，就能获得生产性集体投资产生的收益，成员参与的积极性较高。但财政支持也是有限的，政府无力也无法承担所有合作社开展生产性集体投资所需的设备购置成本，所以政

府支持合作社开展生产性集体投资的情况在现实中不可能大量存在。至于合作社如何获取政策支持，满足什么条件的合作社更容易获得政策支持，这并不是本章所要讨论的重点。

13.2.2　成本为生产设备购置成本 + 日常生产成本

当生产性集体投资的成本不仅包括初期的设备购置成本，后续生产过程也将产生较高额的成本时，情况将相对复杂。例如，集体投资冷藏设施产生的成本不仅包括冷藏设施的购买和建造成本，还包括冷库日常使用产生的电费。该情形下，即使合作初期争取到政府的扶持资金，可一旦脱离了财政补贴，其后续维持和发展也将产生新的问题。所以，一次性的政策补贴在该情形下并不适用。

实践中，当合作产生的利润空间足够大时，会出现合作社中的核心成员承担生产性集体投资所需成本的情形。此时，往往不存在政府补贴或是政府补贴不足以弥补生产性集体投资所需的成本。为方便讨论，假定不存在政府补贴。这种情况下，投资所需的成本和小户无关，小户的利润函数与原先自行生产经营的状况类似，因此合作产生的收益也完全归大户所有。

大户和小户的利润函数分别可表示成如下形式：

$$\pi_{4i}^{1}=\pi_{0i}+P\cdot(1-a)Q_{0i}+w\cdot\Delta L+R_{1i}+R_{2i}-C_{t4i} \tag{13-5}$$

$$\pi_{4i}^{2}=\pi_{0i}+P\cdot(1-a)Q_{0i} \tag{13-6}$$

小户的参与，虽然能为扩大生产经营规模、形成规模经济做出贡献，但合作带来的好处仅局限于从合作中降低产品完全出清减少的经济损失。小户获益有限，随时退出合作的可能性较高。因此，现实中常见的做法是，大户通常会适当加价收购或是在其他生产环节惠及小户（如共享先进技术，降低投入成本；统一购买农资，降低农资单价等），在提高生产性集体投资设施有效利用、稳定小户的同时降低单位产品分摊的沉没成本，从而缩短投资回收期。此时，小户的利润函数可表示为式（13-7）：

$$\pi_{4i}^2 = \pi_{0i} + P \cdot (1-a)Q_{0i} + w \cdot \Delta L + S_i > \pi_{0i} \tag{13-7}$$

其中，$S_i = f(\Delta p_a, A_i, \Delta P, Q_{0i}, \lambda_{1i}, \lambda_{2i})$，表示小户从技术服务、统一购买农资或是统一销售产品等其他环节获得的收益。此时，大户和小户的境况都优于原先各自经营时的状况，实现了激励相容。

但大户也并不总愿意投资生产性集体投资环节。当且仅当合作产生收益超过生产性集体投资所需组织成本时，大户才会进行生产性集体投资所需的资本等投入。但现实中的情况是，具备承担高昂成本实力、有一定经营基础、能发起带动同类产品生产经营的小户且拥有或是能开辟专有销售渠道的大户在现实中较少存在。因此，合作社中大户带动农户开展生产性集体投资的情况在现实中也并不多见。

由于合作社开展生产性集体投资的情况在现实中极少存在，所以下文将以案例的形式进一步阐述分析该项服务功能产生的特殊性。

13.3 真实世界的证据：合作社开展生产性集体投资典型案例分析

为进一步验证合作社开展生产性集体投资的产生条件，本章选取了两个具备一定发展规模但出资方式不同的合作社进行对比分析，分别是戴庄有机农业专业合作社和高邮市阳光特种水产专业合作社。通过介绍两家合作社具体运行情况，归纳合作社生产性集体投资得以开展的特殊条件，从而对现实中合作社鲜有开展生产性集体投资的状况进行解释。

13.3.1 合作社简介

戴庄有机农业专业合作社和高邮市阳光特种水产专业合作社的基本情况如表 13-1 所示。

表 13-1　合作社基本情况及服务功能介绍

合作社特征	戴庄有机农业专业合作社	高邮市阳光特种水产专业合作社
组织基本情况		
成立时间	2006 年	2000 年
发起人	村委会牵头，村社合一	养殖大户（有经纪人经验，有饲料加工企业）
村庄情况	地处句容市最南部，属茅山丘陵地区，离中心城镇较偏远，交通不便，几乎没有工业基础。经济上看，是句容市经济最落后的一个村，2003 年半数以上农户人均纯收入低于 3000 元	当地养殖产业发达，交通较为便利。2000 年前后，当地虾苗市场出现供需矛盾，虾苗质量问题导致成活率低从而影响养殖利润的情况层出不穷
经营产品	有机水稻、有机水蜜桃、茶叶、牧草、畜禽、蔬菜、草莓、山芋等	罗氏沼虾
成员数量	812 户	197 户
入股方式	土地入股，一亩一股	自愿入股，资金入股
组织服务功能		
技术服务	合作社设有专门的技术顾问，由镇江农业科学研究所原所长赵亚夫担任	合作社理事长和核心成员提供技术指导
生产标准	严格按照有机农产品的生产标准	检测水质，无公害生产标准
农资购买	合作社统一购买符合有机农产品生产标准的肥料和农药，量较少。起初稻种由合作社免费提供。基肥采用红花草种植方式补充，红花草种子由合作社免费发放	合作社统一购买饲料、兽药等农资，其中饲料从理事长参与的饲料企业购买
产品销售	合作社参照 11 月中旬水稻价格、亩产 1200 斤的标准收购成员产品，先储藏，而后根据订单时间适时加工成稻米后销售	合作社以保底价包收成员产品，合作社根据市场行情当季销售一部分、冷藏加工一部分
产品品牌	野山小村	沼源、海天冰山
产品认证	有机农产品	无公害农产品
产品加工	稻谷加工、大米包装	产品冷藏加工，实现错季销售，增加利润空间

资料来源：根据调查资料统计整理所得

1. 戴庄有机农业专业合作社

戴庄有机农业专业合作社坐落于句容市天王镇最南端的戴庄村，属茅山丘陵地区，离中心城镇较偏远，交通不便，几乎没有工业基础。镇江农业科学研究所退休所长赵亚夫带种子过来，让农户免费试种，并且提供免费技术指导。

获得收益后，农民开始相信赵亚夫。后来，赵老师联合村委会，牵头当地农民，成立合作社，种植有机农产品。同时，赵老师还为合作社争取了较多的财政补贴，推动了合作社的发起。

2006 年 3 月，戴庄有机农业专业合作社正式成立。起初，入社农户仅有 100 户；2014 年，入社农户已达 812 户，占全村总户数的 93%。虽然合作社由村委会牵头主办，村社合一，但是村集体与合作社是两个组织，经济独立（有 2 个法人、2 个会计、2 本台账），管理人员部分交叉，在一定程度上加强了组织的服务职能。合作社设有理事长 1 人、副理事长 3 人、监事会成员 3 人（监事会成员均由村领导兼职担任）、1 名会计、2 名销售人员。合作社成员均以土地入股，一亩田地为一股。少数村民因为土地曾建造过污染企业，无法达到种植有机农产品的条件，因此尚未加入合作社。合作社已经开始向周边村辐射，但由于有机稻的种植对土壤有较高要求，所以一般需要有 2～3 年的转化期。

有机农产品是该合作社的经营特色，2011 年底，戴庄有机农业专业合作社 600 亩、105 吨有机大米，350 亩、100 吨有机桃通过了有机农产品认证，并形成了自己的"野山小村"品牌。经有机认证，有品牌的有机农产品的市价是普通农产品价格的 2～5 倍。2014 年，全村有机农业耕种面积达 4000 多亩，如果加上本村及周围林场生态林的面积，连片土地面积达 8000 多亩。围绕"野山小村"的品牌，戴庄有机农业专业合作社经营众多种类的农产品，包括有机水稻、有机水蜜桃、茶叶、牧草、畜禽、蔬菜、草莓、山芋等。

此外，戴庄有机农业专业合作社提供的服务涵盖如下几个方面（表 13-1）：技术服务方面，合作社聘请镇江农业科学研究所原所长赵亚夫担任技术顾问，提供长期技术指导；合作社还会通过不定期开办讲座或田间指导等形式普及有机农产品常识及种植技术。农资购买方面，合作社免费提供有机稻种或是种苗，种植过程中所需的米糠、菜饼和非化学合成农药等有机农业生产资料均由合作社统一购买，资金由合作社垫付，待产品销售完成后合作社与农户结算费用。

田间作业方面，播种和收割环节合作社统一提供机械化服务，从每户收取每亩 300～400 元的机械作业服务费；收割完成后，有机稻谷的翻晒、烘干、仓储及大米加工等流程也均由合作社统一完成。产品收购环节，有机水稻全部由合作社负责统一销售；鲜果合作社负责统一销售的约占一半，另一半由合作社成员自行销售。其中，有机水稻由合作社采取买断收购的方式进行，合作社参照 11 月中旬粮食价格确定收购单价，每亩产量按 1200 斤计算，支付给农户产品销售收入。从成员处收购的有机水稻，合作社根据订单数量进行批量生产，销售渠道包括产地直销（镇江、南京有专营店）和远程委托代理销售（主要是上海、北京）两种。合作社为鲜果等提供统一的品牌，由成员自行销售，且已在周边地区取得一定知名度。产品加工环节，合作社开办的加工厂，从日本购进全套机器设备，从稻谷到大米的包装加工，可以实现完全机械化操作。为了环保及保证产品质量，戴庄的越光有机大米一律采用纸质包装袋。此外，为了保证地力、维持有机农业生产，合作社要求农户在水稻收割之后统一种植绿肥增加地力。由此造成的无法耕种其他替代作物带来的经济损失，合作社发放 300 元/亩的补贴给其成员。

2. 高邮市阳光特种水产专业合作社

高邮市阳光特种水产专业合作社位于高邮市龙虬镇强民村，罗氏沼虾养殖是当地支柱产业之一。2000 年前后，当地虾苗市场出现供需矛盾，虾苗质量差影响存活率，从而养殖利润受损的现象层出不穷。此时，合作社理事长戴大喜已经辞去村办企业会计、经营管理站工作人员的工作，收购罗氏沼虾去价格高但货源少的徐州地区销售、倒卖虾苗达两年之久。并且，他经手的虾苗从来没有出现过质量问题。随着销售渠道和经营规模的扩大，需要成立组织来进一步维系运营。但考虑到成立公司至少需要 30 万元注册资金，戴大喜选择了注册资本相对较低的合作社。

合作社成立初期，仅有 4 个人，包括合作社理事长和 3 个养殖户；2002 年，开始吸纳周边养殖户的加入；2013 年，已经有成员 197 户，出资额 300 万元，其中理事长出资 110 万元。合作社注册资本也由 2000 年的 5 万元，增加到了 2013 年的 300 万元。根据是否出资，合作社成员可以进一步细分为紧密型成员和服务型成员两种类型。

2001 年，合作社理事长拜访了江苏省农业技术推广总站、扬州市农业技术推广站，获赠设备（显微镜）并获得技术支持。2004 年，申请了注册商标，目前已经有“沼源”和“海天冰山”两个注册商标，养殖的罗氏沼虾获得了无公害农产品认证。2005 年，理事长个人参与创办饲料企业（理事长个人行为，与合作社无关），之后合作社成员所需饲料也从该企业获取。2008 年，与扬州地区其他合作社成立销售专业合作联社，获得产销对接项目扶持。2009 年遇寒流，虾价格低，合作社开始探索虾的加工业务。2010 年，合作社理事长和紧密型成员共同出资 130 万元组建冷库，正式投资加工成品虾环节，冷库年储存量达 100 吨。后来，共同集资 400 万元（其中政府补贴 128 万元）扩建冷库，扩建后冷库库存扩大至 600 吨。

此外，高邮市阳光特种水产专业合作社的服务也包括如下几个方面（表 13-1）：技术服务方面，合作社理事长和核心成员为其成员提供技术指导和服务。农资购买方面，合作社统一购买农资并垫付 20%～30%价款的农资，其中饲料从理事长参与的饲料企业购进，虾苗和兽药则是合作社寻找合适渠道购买。产品销售方面，合作社实行买断销售，合作社按保底价（2013 年的收购价约为 13.5 元/斤）收购成员产品，根据市场行情决定当期销售和加工成虾后冷藏进行错季销售的数量，然后贴牌销售。合作社对外销售产品与收购成员产品间的价差归合作社所有，在收购成员产品之余，合作社也会有选择地收购非成员产品。高邮市阳光特种水产专业合作社与其他合作社服务的差别在于：第一，提供的虾苗质量好，成活率高，但不赚取虾苗价差；第二，合作社联系下游产品收购方到塘口收购成虾并进行现场点数，成活率不低于 95%。

13.3.2　合作社开展生产性集体投资：特殊条件下的产物

戴庄有机农业专业合作社和高邮市阳光特种水产专业合作社开展生产性集体投资的具体情况如表 13-2 所示。

表 13-2　合作社开展生产性集体投资出资方式对比

合作社名称	戴庄有机农业专业合作社	高邮市阳光特种水产专业合作社
合作社成立年份	2006 年	2000 年
投资年份	2006 年	2010 年
投资项目	稻米加工、包装机器	冷库
加工设备市值（按当年价值计）	500 万元	130 万元
投资出资方式	政府出资	理事长出资、紧密型成员集资、借款；二期冷库投资包括政府补贴、商业贷款和大户集资三种出资方式

资料来源：根据调查资料统计整理所得

戴庄有机农业专业合作社之所以能开展生产性集体投资，其特殊性表现在以下几个方面。

（1）当地生态环境条件的特殊性。戴庄有机农业专业合作社地处天王镇戴庄村，原先是距离县城最远且经济发展最为落后的村，工业基础薄弱。当地生态环境情况较好，具备发展有机农业的特殊条件。

（2）专人全程提供技术指导。镇江农业科学研究所原所长赵亚夫精通水稻生产种植技术，起初免费提供有机稻种让农户试种，看到收益后开始大面积推广，并在种植过程中全程提供技术指导。

（3）财政补贴的大力支持。戴庄有机农业专业合作社的加工-包装一体化的设备主要用于稻谷加工和包装，初期投入较大，但在后续使用过程中，产生的电费、折旧等成本较小且在小农户可承受范围之内。因此，政府一次性投入包括项目经费、贴息贷款等的财政支持即可开展生产性投资项目。并且，政府还为戴庄模式的构建提供了一系列公共服务的支持，如修路、修建灌溉设施等。

只有以上三个条件同时满足，才有可能形成戴庄模式。

高邮市阳光特种水产专业合作社开展生产性集体投资，也有其特殊性，包括以下几个方面。

（1）当地良好的产业基础。龙虬镇水面面积广阔，水产养殖业兴盛，主要养殖四大家鱼（青鱼、草鱼、鲢鱼、鳙鱼）、罗非鱼、鳜鱼、罗氏沼虾等。其中，罗氏沼虾从 1993 年便开始在当地进行养殖。

（2）核心成员的出资。核心成员养殖规模较大，根据市场行情合理分配当季销售和错季销售的数量，能获取更大利润空间。联合小户共同参与经营，能提高冷藏设施利用率，分摊沉没成本，缩短资本投资回收期。因此，大户有动机出资构建冷藏设施，并在其后续使用过程中承担电费等日常运营费用。

（3）多种利益联结机制的存在。合作社理事长办有饲料加工企业，合作社全体成员使用的饲料由合作社统一从该饲料厂处购买，小户获得低于市场零售价格的农资，同时根据购买量享有一定比例的返还。养殖过程中，还可以获得技术指导。产品销售环节，合作社以保底价收购成员产品，但后期合作社对外销售获得的利润与成员无关。在多种利益联结机制下，大户和小户的境况均有所改善。

只有以上三个条件同时满足，才有可能出现大户出资开展生产性集体投资的情况。

不难发现，无论是戴庄有机农业专业合作社的稻米加工设备的投资，还是高邮市阳光特种水产专业合作社的冷藏加工设备的投资，都是特定条件下的产物，其形成的前提条件均较为特殊，难以复制。因此，合作社开展生产性集体投资在现实中较为罕见。

13.4 结论与讨论

本章从成本分摊的视角切入，从理论上分析了合作社生产性集体投资服务的形成机制，并结合戴庄有机农业专业合作社和高邮市阳光特种水产专业合作社的具体情况加以分析。

经讨论发现，农户农业生产经营财政扶持有限和社会资本回报率低共同决定了合作社开展生产性集体投资的空间狭小。现实中，大量存在经营规模小、资源禀赋匮乏的普通农户，少数有投资能力的大户无法带动所有小农户共同生产经营。即便大户有投资实力，多数也因为资本回报低而中断或放弃开展生产性集体投资。虽然，借助财政资金的支持，合作社可以开展生产性集体投资，迅速提供某些服务功能、提升服务层次，但一旦离开财政资金的支持，后续维持又将产生如设备维护、经营管理等一系列问题。并且，政策资金也无法覆盖所有合作社、长期性生产性集体投资项目的开展。

未来如果能够提高社会资本回报率等加强制度构建措施的提供，将能促进合作社生产性集体投资的开展。当前纯粹的提供资金支持，仅能小范围带动生产性集体投资的开展。如果资金支持用于合作社制度的构建，将是另一番情形。只有当合作社有自我运行能力时，才有长期发展可言。

参 考 文 献

黄祖辉，徐旭初，冯冠胜. 2002. 农民专业合作组织发展的影响因素分析——对浙江省农民专业合作组织发展现状的探讨. 中国农村经济，(3)：13-21.

蒋燕，冯开文. 2008. 农业一体化中合作社不可或缺的原因——一个新制度经济学和博弈论角度的理论与案例分析.经济研究导刊，(18)：67-70.

孔祥智，黄博. 2013. 合作社自办加工企业可借鉴的国外经验. 科技致富向导，(7)：22.

刘颖娴. 2015. 农民专业合作社纵向一体化研究——影响因素、组织绩效与发展模式. 浙江大学博士学位论文.

邵科，黄祖辉. 2014. 农民专业合作社成员参与行为、效果及作用机理. 西北农林科技大学学报（社会科学版），14（6)：45-50.

孙艳华，周力，应瑞瑶. 2007. 农民专业合作社增收绩效研究——基于江苏省养鸡农户调查数据的分析. 南京农业大学学报（社会科学版），(2)：22-27.

魏百刚. 2012. 对合作社兴办农产品加工企业政府应“扶上马，送一程”. 中国农民合作社，(11)：1.

吴彬，郭红东. 2014. 美国农产品加工合作社的发展经验——基于谷物加工合作社 WCC 的分析. 中国农民合作社，（11）：28-30.

岳文. 2011. 解决好合作社办加工的资金用地问题. 中国农民合作社，（9）：28.

张晋华，冯开文. 2009. 合作社主导的农业一体化——来自浙江的调查报告. 学会，（7）：22-26.

张学会. 2014. 农民专业合作社纵向一体化研究——以陕西省种植业合作社为例. 西北农林科技大学博士学位论文.

张滢. 2011. 农民专业合作社风险识别与治理机制——两种基本合作社组织模式的比较. 中国农村经济，（12）：14-24.

张中. 2012. 合作社办加工企业：何时才能“不差钱”. 中国农民合作社，（11）：9-10.

Grossman S J，Hart O D. 1986. The costs and benefits of ownership：a theory of vertical and lateral integration. Journal of Political Economy，94（4）：691-719.

Royer J S. 1999. Cooperative organizational strategies：a neo-institutional digest. Journal of Cooperatives，14（2）：44-67.

第14章　中国农民合作社成员异质性、合作博弈与合作盈余分配机制安排

14.1　引　　言

作为农民的自我服务组织，合作社盈余要求按惠顾额返还，而不是按资本分配，这是合作社有别于公司等其他组织的本质特征之一。因为盈余按惠顾额返还这一分配方式更能保护农业生产者而不是资本的利益。中国自2007年《合作社法》正式实施以来，合作社数量飞跃式增长。截至2014年底，全国合作社已超过128万家[①]，平均每个行政村2家。那么，现实中，中国的合作社能否按照合作社的理念按惠顾额返还盈余，以实现其保护农业劳动者的预期功能呢？有多大比例？合作社是如何选择和决定盈余分配机制安排的？合作社中不同利益相关者是如何通过合作博弈达成均衡的？回答这些问题无疑有助于我们加强对中国合作社盈余分配机制安排背后成因的理解，也有助于我们为完善合作社治理结构提供参考依据。

很多文献就现实中中国合作社的盈余分配方式进行了研究。不少研究都只是停留在现象描述上。不少学者发现，中国合作社盈余分配比例较低（郑鹏和李崇光，2012；卢新国，2009），股金分红比例远高于按交易量返还的比例（张娜，2015；张菊和邓军蓉，2012；马丽岩，2008）。也有一些研究尝试性地从产权和治理结构等角度去解释盈余分配机制的设计和安排。总体上，已有研究在以下两方面存在明显不足。第一，既有研究大多从产权结构和治

① 《国家工商总局举行2014年度全国工商工作情况发布会》：http://www.scio.gov.cn/xwfbh/gbwxwfbh/fbh/Document/1393162/1393162.htm，2015年1月23日。

理机制上来解释盈余分配，但这样的研究会面临很强的内生性问题，因为产权结构、治理机制和盈余分配是同时被其他因素所决定的。合作社成员的异质性是成员重要的外生性属性，成员异质性程度决定了不同利益主体之间资源禀赋和利益诉求的差异程度，对合作社的产权结构、治理结构和利益分配机制等安排都可能有重要的影响，但现有文献鲜有就此进行深入研究的。第二，既有研究大多是对个案的定性分析，少数采用一定样本量进行计量经济分析的也只是局限在一个省份或地区，基于全国层面数据的实证研究较少，研究数据基础制约了这些研究结论的普适性。

本章拟从成员异质性角度来解释现实中合作社的盈余分配机制的安排和过程。这有两方面好处：第一，农户间的异质性是一种普遍现象，分析其影响具有重要的学术价值和现实意义；第二，农户间的异质性在合作社成立之前已存在，从而避免了计量经济模型中被解释变量和解释变量同时被其他因素决定所导致的内生性问题。本章结构安排如下：14.1 节是引言；14.2 节是理论分析与研究假说；14.3 节介绍合作社盈余分配概况及其与成员异质性的关系；14.4 节是计量经济模型与实证分析结果；14.5 节通过典型案例对合作社盈余分配情况进行补充分析；14.6 节是结论与启示。

14.2 合作社成员异质性条件下的合作博弈与利益分配

劳动与资本在合作发挥作用的同时往往也伴随着利益冲突。对于合作社，盈余按惠顾额返还、资本领取固定利息的原则虽然有利于保护惠顾者和劳动者的利益[①]，但资本报酬受限也限制了合作社的资本来源，容易导致合作社发展资本短缺甚至难以有效运转。合作社成员间的异质性会强化农户间资本与劳动的冲突。因为，如果农户是同质的，那么每个农户在资本和劳动上的投

① 农业中的劳动监督难题决定了惠顾者的惠顾额大多来自自己的劳动，合作社保护惠顾者的利益其实也就是保护劳动者的利益。

入就可以一样，这样对农户来说，盈余按资本返还还是按交易量返还是无区别的[①]，此时，盈余按惠顾额返还只是限制了外部资本的进入，对农户自身的资本还是给予了足够的激励。但一旦农户间存在异质性，盈余按惠顾额返还就限制了资本相对富足的农户将资本投入合作社的积极性。为了协调资本和劳动的利益关系，《合作社法》对合作社的盈余分配方案进行了调整，允许资本分得一部分盈余，但不得超过 40%，这样既照顾了资本的利益，又使得劳动者仍掌握着大部分的剩余索取权。但《合作社法》并不是具有普遍强制意义的法律条文（邓衡山和王文烂，2014），实际的盈余分配方案取决于双方力量的对比，是具有不同资源禀赋成员之间博弈的结果。

基于理性人假设，虽然合作社内劳动要素和资本要素存在利益分配的冲突[②]，但这并不代表两者无法合作。以劳动要素投入为代表的农户和以资本要素投入为代表的农户是否合作，取决于各自合作前后所获利益的变化。双方利益分配的冲突也是在合作框架下的冲突，只要合作能带来净收益，博弈双方出于利益考量就会谋求合作；反之，合作社就会解散。合作社盈余是博弈双方因合作产生的净收益，其可以来自销售环节、农资采购环节、对外生产服务等一个或多个环节。在合作社存在盈余的情况下，合作各方的异质性程度和力量对比将决定合作净收益的分配方式。

为讨论成员存在异质性情况下，合作社成员之间合作博弈的过程和均衡条件，本章建立了一个双方的合作博弈分析框架。为简化分析，假定合作社盈余仅来源于销售环节。合作社成员投入的资本要素总量为 K，生产的产品总数为 Q，该产品的市场零售价为 p_1，合作社向社员进行收购的价格为 p_0；单位产品的生产成本为 c_0，社员直接与市场交易单位产品的交易成本为 c_1；合作社的盈

① 盈余按股金分配对资方是有利的，相对应地，盈余按惠顾额分配对劳方是有利的。

② 合作社发起人通常是合作社的资方。原因在于：一方面，通常发起人的资金实力更雄厚；另一方面，合作社发起人不但投入了资金，还投入了人力资本和社会资本，但是人力资本和社会资本对合作社的贡献很难量化，因而在实践中，需要以盈余按股金分配为主的方式来弥补人力资本和社会资本的付出。

余为 R，按股分红的比例为 m，则按交易量返还的比例为 $1-m$。

再假设合作社成员分为两类：一类以劳动要素投入为主；另一类以资本要素投入为主。为简化讨论，假定以资本要素投入为主的群体（简称资方）资本投入量占比为 θ，劳动投入量占比为 β，且 $\theta>\beta$；那么以劳动要素投入为主的群体（简称劳方）资本投入量占比为 $1-\theta$，劳动投入量占比为 $1-\beta$。此外，合作社成员劳动要素投入的具体表现即生产合作社经营的产品，因此，劳动要素的投入量可用产品产量反映。

如果劳资双方选择合作，则资方合作后收益为

$$R_{k1}=\beta Qp_0+mR\theta+(1-m)R\beta-c_0\beta Q \tag{14-1}$$

劳方合作后收益为

$$R_{l1}=(1-\beta)Qp_0+mR(1-\theta)+(1-m)R(1-\beta)-c_0(1-\beta)Q \tag{14-2}$$

如果双方不合作，各自与市场进行交易，假定资本要素不投入合作社而转向银行等其他组织机构时的资本报酬率为 α。则资方的收益为

$$R_{k2}=\beta Q(p_1-c_1)+\alpha\theta K-c_0\beta Q \tag{14-3}$$

劳方的收益为

$$R_{l2}=(1-\beta)Q(p_1-c_1)+\alpha(1-\theta)K-c_0(1-\beta)Q \tag{14-4}$$

合作社内资方愿意与劳方合作的条件是 $R_{k1}\geqslant R_{k2}$，因此可以得到合作社资方能够获得合作收益份额的下界：

$$m\geqslant\frac{\beta[Q(p_1-c_1-p_0)-R]+\alpha\theta K}{(\theta-\beta)R} \tag{14-5}$$

同理，合作社内劳方愿意与资方合作的条件是 $R_{l1}\geqslant R_{l2}$，可以得到合作社资方能够获得合作收益份额的上界：

$$m\leqslant\frac{(1-\beta)[Q(p_1-c_1-p_0)-R]+\alpha(1-\theta)K}{-(\theta-\beta)R} \tag{14-6}$$

由式（14-5）和式（14-6）可得，资方和劳方双方进行合作的条件为

$$\frac{\beta[Q(p_1-c_1-p_0)-R]+\alpha\theta K}{(\theta-\beta)R}\leqslant m\leqslant\frac{(1-\beta)[Q(p_1-c_1-p_0)-R]+\alpha(1-\theta)K}{-(\theta-\beta)R} \tag{14-7}$$

我们可以得到资方和劳方双方进行合作的条件为

$$\frac{\beta[Q(p_1-c_1-p_0)-R]+\alpha\theta K}{(\theta-\beta)R}\leqslant\frac{(1-\beta)[Q(p_1-c_1-p_0)-R]+\alpha(1-\theta)K}{-(\theta-\beta)R} \tag{14-8}$$

化简得

$$Q(p_1-c_1-p_0)+\alpha K\leqslant R \tag{14-9}$$

现实中，农户间存在较强的异质性是中国农村的普遍情形。当前中国正处于快速城市化和工业化进程中，农户因此分化成专业大户和小户及兼业户。专业大户通常在资金实力、与农产品生产和销售有关的人力资本及社会资本等各方面都要明显强于小户及兼业户。农户这种异质性的存在使得他们对组建及加入合作社的收益预期大不相同，通常是公司、种养大户、村委会、经纪人、农资商等对组建合作社期望较高，他们更可能出面创建合作社（潘劲，2011），而小户则选择“搭便车”。在这种情形下，盈余分配方式将由合作社发起人来决定，而小户只有加入或不加入的选择权。因此，假设盈余分配的方式由资方决定，则合作博弈的均衡点在：

$$m=\frac{\beta[Q(p_1-c_1-p_0)-R]+\alpha\theta K}{(\theta-\beta)R} \tag{14-10}$$

为进一步探究合作社按股分红的比例 m 和资本与劳动比值 θ/β 之间的关系，将 m 变形为

$$m=\frac{[Q(p_1-c_1-p_0)-R]+\alpha(\theta/\beta)K}{(\theta/\beta-1)R} \tag{14-11}$$

对 m 求 θ/β 的偏导，可得

$$\frac{\partial m}{\partial(\theta/\beta)}=\frac{-[Q(p_1-c_1-p_0)+\alpha K-R]}{(\theta/\beta-1)^2R}\geqslant 0 \tag{14-12}$$

由合作博弈的条件，可得

$$\frac{\partial m}{\partial(\theta/\beta)}\geqslant 0 \tag{14-13}$$

即合作社中资本要素相对劳动要素的异质性越大，合作社盈余分配按股分红的比例越高，按交易量返还的比例越低。

通过以上分析，可以得到研究假说：如果合作社发起人所占股金比例高于其交易量所占比例，则合作社更倾向于按股分红，即按股分红的比例会大于按交易量返还的比例。且发起人的股金比例越大于其交易量比例，按股分红的比例也就越大。

14.3 农民合作社盈余分配基本情况

14.3.1 现实情况：少数合作社有盈余分配机制

本章所用数据来自第三轮调查。在本轮调查中，只有 66 家合作社有盈余分配机制，占调查样本的 13.2%，即进入回归分析的有效样本为 66 家，其中四川 7 家、吉林 21 家、江苏 38 家，分别占有效样本的 10.6%、31.8%和 57.6%。有盈余分配的合作社基本情况如表 14-1 所示。

表 14-1 有盈余分配合作社基本特征

统计量	合作社数量/家	比例
样本区域分布		
四川	7	10.6%
吉林	21	31.8%
江苏	38	57.6%
合作社类型		
产品类合作社	48	72.7%
农机服务类合作社	18	27.3%
注册时间		
2010 年之前	15	22.7%
2010 年及之后	51	77.3%
注册资本		
150 万元及以上	24	36.4%

续表

统计量	合作社数量/家	比例
低于 150 万元	42	63.6%
社员规模		
50 人及以上	20	30.3%
低于 50 人	46	69.7%

资料来源：根据调查资料统计整理所得

在有盈余分配机制的合作社中，盈余以按股分红为主。有 87.9%的合作社有按股分红机制，而有按交易量返还机制的合作社则只有 39.4%。平均而言，股份平均可分得盈余的 76.6%，而交易量则只分得盈余的 23.4%，即合作社按交易量返还盈余的比例非常低，明显低于《合作社法》中不低于 60%的规定（表 14-2）。

表 14-2　合作社盈余分配情况

盈余分配方式	分配方式占比	分配比例均值
按股分红	87.9%	76.6%
按交易量返还	39.4%	23.4%

资料来源：根据调查资料统计整理所得

14.3.2　成员异质性和盈余分配机制的相关性分析

为反映合作社成员异质性情况，本章构建了一个异质性指标 H_s：

$$H_s = \frac{H_k}{H_l} = \frac{\text{发起人人均股权投资/普通成员人均股权投资}}{\text{发起人人均经营规模/普通成员人均经营规模}} \quad (14\text{-}14)$$

其中，H_k 表示股权投资异质性，用合作社发起人的人均股权投资与其他普通成员的人均股权投资之比表示；H_l 代表经营规模异质性，用合作社发起人的人均经营规模与其他普通成员的人均经营规模之比表示。H_s 大于 1 表示股权投资异质性大于经营规模异质性；等于 1 表示股权投资异质性和经营规模异质性相同；小于 1 表示股权投资异质性小于经营规模异质性。

由于调查合作社所有社员的难度很大也不现实，而合作社发起人与其他普通成员在股权投资和经营规模上存在明显差异，因此本章对成员异质性的衡量用合作社发起人与其他普通成员之间的异质性替代。如果合作社成员中仅有发起人没有其他普通成员，成员异质性用合作社理事长与其他发起人的异质性表示。

由表 14-3 可知，样本合作社成员异质性较大，异质性指标均值为 30.9，即合作社内部股权投资异质性是经营规模异质性的 30.9 倍。此外，合作社成员异质性均值很大但中位数较小，说明异质性数据分布不对称，存在离群的大值。

表 14-3　成员异质性情况

合作社类型	成员异质性			
	最小值	最大值	均值（标准差）	中位数
产品类合作社	0.037	694	39.9（108）	1.8
农机服务类合作社	0.005	95	6.6（22）	1.0
合计	0.005	694	30.9（93）	1.1

资料来源：根据调查资料统计整理所得

将样本合作社按照异质性的大小从小到大排序，等分为组Ⅰ、组Ⅱ、组Ⅲ，分别计算三组平均按股分红的比例和按交易量返还的比例。可以看出，合作社的成员异质性与盈余分配方式存在着一定的相关性（表 14-4）。总体上呈现这样的趋势：股权投资相对经营规模的异质性越大，合作社按股分红的比例越大，按交易量返还的比例越小。

表 14-4　成员异质性和盈余分配的相关关系分析

分组	成员异质性指标均值	观测数	盈余分配方式	
			按股分红的比例	按交易量返还的比例
组Ⅰ	0.5	22	64.6%	35.4%

续表

分组	成员异质性指标均值	观测数	盈余分配方式	
			按股分红的比例	按交易量返还的比例
组Ⅱ	1.7	22	85.8%	14.2%
组Ⅲ	90.3	22	79.3%	20.7%

资料来源：根据调查资料统计整理所得

14.4　计量经济模型分析

14.4.1　模型设定与变量说明

为了检验前文的研究假说，我们设定如下计量经济模型：

$$Y = \alpha + H_s\beta_s + X\beta + \varepsilon \tag{14-15}$$

其中，被解释变量 Y 表示合作社盈余按股分红的比例，取值在 0 和 1 范围内。合作社盈余分配的主要方式是按股分红和按交易量返还，留存的公共积累最终也是以这两种方式进行分配，因此，本章选取按股分红的比例对合作社盈余分配进行分析，按交易量（额）返还的比例则为 $1-Y$。X 表示一组控制变量，包括民主决策程度、注册时间、注册资金及社员规模，这些因素也会影响合作社的盈余分配机制。为了控制不同产业、不同区域之间的不可观测因素，模型中还引入了产业类别虚拟变量和省级虚拟变量。ε 表示扰动项。α、β_s、β 表示待估计参数。本章所用变量的具体衡量方法见表 14-5。

表 14-5　主要变量及其含义说明

变量含义	选项或单位
按股分红的比例	%
成员异质性	倍数
民主决策程度	1 = 村委或村干部决定，2 = 组织负责人决定，3 = 发起人团队决定，4 = 理事会决定，5 = 全体股东或社员决定
注册时间	0 = 2010 年及之后，1 = 2010 年之前
注册资金	0 = 低于 150 万元，1 = 150 万元及以上
社员规模	0 = 低于 50 人，1 = 50 人及以上

由于被解释变量 Y 是一个比例数，基于 OLS 估计所得到的预测值会超出 1，并且存在异方差问题，本章用 OLS 和 GLM 两种方法对模型（14-15）进行估计。

14.4.2　回归结果与讨论

模型（14-15）参数的计量经济估计结果如表 14-6 所示。从模拟优度指标统计检验看，模型总体拟合较好。模型的 GLM 估计和 OLS 估计主要变量结果一致，表明计量经济分析结果比较稳健。但即便这样，本章的讨论仍然主要基于 GLM 估计结果。

表 14-6　成员异质性对合作社盈余分配方式的影响

变量	因变量：按股分红的比例（%）	
	OLS 估计	GLM 估计
关键解释变量		
成员异质性	0.0007^{**} （0.0003）	0.0010^{*} （0.0006）
控制变量		
社员规模	-0.4060^{***} （0.0829）	-0.5430^{***} （0.1840）
民主决策程度	0.0352 （0.0363）	0.0384 （0.0434）
注册时间	-0.2450^{**} （0.1010）	-0.2930^{*} （0.1640）
注册资金	−0.1290 （0.0980）	−0.1750 （0.1320）
产业类别虚拟变量（基准是粮食产品）		
蔬菜	0.0928 （0.1440）	0.0467 （0.2510）
果树	−0.3030 （0.2110）	−0.2880 （0.3920）
其他一般经济作物	−0.0142 （0.0959）	−0.0312 （0.1810）

续表

变量	因变量：按股分红的比例（%）	
	OLS 估计	GLM 估计
畜禽	−0.1600 （0.1260）	−0.1950 （0.2080）
水产	−0.0303 （0.1450）	−0.0629 （0.2520）
农机服务	−0.2760** （0.1320）	−0.3090* （0.1720）
省级虚拟变量（省略）		
常数项	0.9630*** （0.1790）	−0.0442 （0.2360）
观测值	66	66
R^2	0.424	
F 检验	5.85***	
似然比检验		32.61***

注：括号中是稳健估计的标准误

*、**和***分别表示 10%、5%和 1%的显著性水平

本章关于异质性条件下合作博弈的利益分配研究假说得到了实证的检验，成员异质性显著影响合作社盈余分配机制的安排，成员股权投资相对经营规模的异质性越强，盈余按股分红的比例越高。GLM 模型结果显示，异质性在 10%的置信水平上显著异于零，且估计系数为正，而 OLS 模型结果显示，异质性在 5%的置信水平上显著异于零，且估计系数为正，即成员股权相对规模的异质性对合作社盈余分配中按股分红的比例有显著的正面影响。

合作社的社员规模显著影响合作社中按股分红的比例。模型结果显示，社员规模对按股分红的比例有显著的负向影响，且在 1%的统计水平下显著。这说明，社员规模较小时合作社更倾向按股分红，而社员规模变大时合作社按交易量返还的比例会提高。这可以理解为小规模合作社内部涉及成员比较少，发起人和核心社员这样的资方相对于普通成员这样的劳方较多，因此按股分红的分配方式更加有效，而在规模较大的合作社内部，有大量的成员都只是提供产

品的劳方，资方相对力量薄弱，增加交易量返还比例有助于考虑劳方利益和稳定合作。

农机服务类合作社盈余分配按股分红的倾向相对较小。模型结果显示，相对粮食产品类合作社，农机服务类合作社按股分红比例明显较低，统计检验在 10%的统计水平下显著。农机服务类合作社按股分红的倾向相对低一些，而按交易量返还的比例相对较高，这是由农机服务类合作社经营活动的特殊性决定的。实地调查发现，许多农机服务类合作社的资本和劳动具有同一性，农业机械的拥有者同时又是农机手和农业机械的作业者，他们按机械折价入股，同时按机械作业量进行交易额返还，换句话说，股权对劳动的异质性比较弱。

成立相对比较早的合作社的盈余分配按股分红的比例相对低一些。模型结果显示，合作社成立时间与按股分红的比例呈显著的负向关系。这说明，成立时间较早的合作社按股分红的比例比成立时间短的合作社低，按交易量返还比例相对高一些。这应该与中国近年来合作社发展的一个现象紧密相关。近年来随着政策支持和激励增强，公司、种植大户和家庭农场等同时成立注册合作社的现象不断增加，但这些合作社本质上是股份企业或者私人企业，因此其资本相对劳动的异质性很强，盈余本质上也都是按股分红，按交易量返还的情况较少，即便有比例也比较低。另外，路径依赖又导致先前的合作社已经设立盈余按交易量返还的机制难以更改。

14.5 典型案例介绍：以江苏省溧阳市某板栗合作社为例

14.5.1 案例简介

江苏省溧阳市某板栗合作社成立于 2012 年，由理事长牵头联合 15 名种植大户发起成立，2014 年共有社员 120 名。该合作社主要种植板栗，经营规模达 1300 亩，其中理事长种植面积约 20 亩，发起人团队经营规模总计 300 亩，其他普通成员经营规模总计 1000 亩。合作社理事长负责日常经营管理，社员分户种植板栗。由于板栗种植技术简单，容易种植，合作社不需要为成员提供技术指导服务。2014 年，合作社暂时也没有提供农资购买服务，社员种植板栗所需的化肥、农药由自己购买。合作社为社员提供销售服务，统一收购社员种植的板栗。合作社以每斤高出市场价 0.02 元的价格收购社员的板栗。合作社收购的板栗主要销往批发市场和加工企业。部分品质高的板栗销往超市，并与超市签订书面协议，具有长期契约关系。截至 2014 年，合作社共有股金 81.2 万元，其中理事长一人出资 20 万元，占股 25%；其余 15 个发起人每人出资 2 万元，104 名后加入的普通社员每人出资 0.3 万元。合作社股金主要用于合作社收购社员产品时的垫资。2013 年合作社共召开 4 次社员大会，主要开展技术咨询和培训活动。合作社盈余主要来源于销售环节，2013 年合作社扣除管理费用及支付理事长的 3 万元工资后，共盈余 2 万元。由于盈余较少，合作社暂时没有分配，留存作为公共积累，合作社计划下一年盈余全部用于按股分红。合作社负责人指出目前合作社的发展正按计划一步步进行，后期将在农资采购等环节进行改进，预期下一年合作社会有较好的成绩，社员将获得合作社分配的盈余。

14.5.2　合作社盈余分配分析

该板栗合作社由 16 个板栗种植户发起成立，成立时间较短，合作社处于起步阶段。合作社发起人团队共有 16 人，但主要由理事长负责日常经营管理，合作社每年支付理事长 3 万元工资。合作社社员分户种植板栗，并承诺以每斤高出市场价 0.02 元的价格收购社员种植的板栗。这不仅减少了单个社员直接与市场交易的成本，而且合作社收购价比市场价高出 0.02 元。这是社员参与合作的主要原因。合作社共经营板栗 1300 亩，发起人团队经营规模约 300 亩，其他普通社员经营规模约 1000 亩。所有社员都参与合作社股权投资，但成员内部股权结构具有明显的异化特征。发起人团队（16 人）共出资 50 万元，占 62%，其他普通成员（104 人）共出资 31.2 万元，占 38%。根据本章关于异质性的定义计算可知，该合作社股权投资异质性为 10.41，经营规模异质性为 1.95，股权-规模异质性比率为 5.34，即合作社内部股权投资异质性大于经营规模异质性，是规模异质性的 5.34 倍。根据本章的分析框架与计量分析结果，该合作社盈余分配中按股分红的比例会大于按交易量返还的比例。2014 年该合作社盈余 2 万元，由于盈余较少暂时全部提取公共积累，不按股分红。2014 年盈余未分配提取公共积累，实际上是按成员股份提留在成员的个人账户上，即该合作社盈余分配实际上是 100%按股分红。理事长作为合作社的主要负责人，具有较大的话语权，在盈余分配方案制订上显然会偏向自身或发起人团队。特别是，该理事长股权投资占合作社股金的 25%，经营规模占合作社总规模的 2.0%，理事长为了获取合作社尽可能多的剩余索取权必然制订按股分红比例更高的盈余分配方案。

14.6　结论与启示

本章通过构建一个资方与劳方的合作博弈框架，从理论上分析了具有不同资源禀赋的成员参与合作利益分配的博弈行为，特别是剖析了成员异质性对合作社盈余分配机制安排的影响和均衡条件，并基于来自江苏、四川和吉林三省合作社的调查数据进行了实证研究。研究表明，中国的合作社中只有少数合作社有盈余分配活动，我们调查的 500 家合作社只有 13.2%有盈余分配机制或分配活动。在有盈余分配机制的合作社中，合作社发起人股份比例普遍高于交易额比例，盈余以按股分红为主。从分配机制看，有 87.9%的合作社有按股分红机制，而有交易量返还机制的合作社则只有 39.4%。从实际分配看，股份平均分得盈余的 76.6%，而交易量则只分得盈余的 23.4%，即合作社按交易量返还盈余的比例非常低，明显低于《合作社法》中不低于 60%的规定。理论分析和实证检验都表明，合作社成员异质性越强，股份比例越高于交易量比例，合作社盈余分配中按股分红的比例越大，按交易量返还的比例越小。

造成上述合作社盈余分配更偏向股份的重要原因在于成员间显著的异质性。异质性的存在使得合作双方对合作社的收益预期和利益诉求存在很大差异。合作社的发起人和核心成员不仅是生产者，而且是合作社的资方，他们是合作社资金投入的主要力量，更为重要的是，他们还是合作社的“企业家”，他们在合作社发起、组建和运行中投入了大量的人力资本和社会资本，因此，他们对合作社的利益所求不会仅仅停留在劳动的回报上。由于人力资本和社会资本贡献难以量化，他们往往会通过多入股并以盈余按股金分配为主的方式来弥补人力资本和社会资本的付出。相反，合作社小户和普通户因为规模小、投入少，往往扮演着“搭便车”的角色。在这种力量对比关系下，合作社盈余分配机制的确定往往主要由合作社发起人来决定，小户则只有选择加入或不加入的决策权。在这种情况下，合作社资方与劳方的异质性越强，盈余按照股权分配的倾向就越大。

现行的物质性支持政策也是合作社盈余分配偏向股份的重要原因。实地调查中，很多合作社负责人坦诚地告诉我们，他们成立合作社是为了享受政府提供的政策支持与优惠，如税收减免、贷款优惠、财政补贴等。特别是农机合作社，以合作社的名义购买大型农业机械能够享受最高达 60%的农机补贴。物质性政策激励影响合作社盈余分配的逻辑在于：按惠顾额分配更利于保护广大社员的利益，政策扶持的好处由全体社员共享，为了独享政策扶持的好处，就必须将制度设置成由少数人占多数股份下的按股分红。

本章的启示是：一方面，按股分红的分配方式有其合理性——按股分红实现了合作社企业家对合作社资本贡献的回报，而资本在广大农村不仅稀缺而且难以替代；另一方面，盈余按股分红使得现实中的合作社偏离了合作社的本质规定。而目前的政策恰恰对此起到了推波助澜的作用。如果政策的目标是促进真正的合作社的产生和发展，那么，政策的重大调整就是必需的——应由物质支持转向制度建构（许建明和李文溥，2015）。在欧美等发达国家，这种外部支持通常采取外部发展代理人的形式[①]（Stefanson，2002；Harris et al.，1995），而在日本，则是建立具有准政府机构性质的综合农协。

参 考 文 献

邓衡山，王文烂. 2014. 合作社的本质规定与现实检视——中国到底有没有真正的农民合作社？. 中国农村经济，（7）：15-26，38.

卢新国. 2009. 农民专业合作社盈余分配现状及对策研究. 调研世界，（11）：8，17-19.

马丽岩. 2008. 河北省农民专业合作社利益分配问题研究. 河北农业大学硕士学位论文：10-18.

潘劲. 2011. 中国农民专业合作社：数据背后的解读. 中国农村观察，（6）：2-11，94.

许建明，李文溥. 2015. 合作社与政府——制度性建构优于物资性支持. 制度经济学研究，（1）：21-40.

张菊，邓军蓉. 2012. 农民专业合作社盈余分配的实证分析——以湖北省 24 家专业合作社为例. 湖北农业科学，（10）：2148-2150.

张娜. 2015. 对农民专业合作社盈余分配现状的思考——基于湖北省荆州市 105 家合作社的调查. 经济研究导刊，（3）：28-29，45.

郑鹏，李崇光. 2012. "农超对接"中合作社的盈余分配及规制——基于中西部五省市参与"农超对接"合作社的调查数据. 农业经济问题，（9）：77-85，112.

Harris A，Fulton M，Stefanson B，et al. 1995. Working together：the role of external agents in the development of agriculture-based industries. Paper Provided by University of Saskatchewan，Centre for the Study of Co-operatives in Its Series Miscellaneous Publications，No.31773.

Stefanson B. 2002. Adult educators in co-operative development：agents of change. Saskatoon：Centre for the Study of Co-operatives in Its Series Occasional Papers，No.31777.

① 外部代理人通过了解社员（或潜在社员）间的共同特点，帮助社员认识到彼此间存在的互相依赖的关系，从而有助于社员就组建合作社、确定合作社可能采取的行动等问题取得一致意见。

第 15 章　中国农民合作社利益分配的机制安排与现实选择逻辑

合作社成立的初衷在于降低小农户独立生产经营过程中产生的组织成本，但在现实条件和合作社本身制度构建带来高昂组织成本的制约下，合作社降低的交易成本有限。因此，现实中合作社各项服务功能的供给较少。那么，对于已经提供服务功能的合作社，其在具体运行过程中为什么不按照法律规定实行按交易量返还的盈余分配方式呢？本章将在前文分析的基础上，针对不同服务功能对应的利益机制安排给出一个框架性的解释，并对其原因进行总结归纳。

15.1　合作社利益机制安排：高组织成本下的按交易量返还

关于合作社的利益机制安排，《合作社法》第四十四条有明确规定：可分配盈余主要按照成员与本社的交易量（额）比例返还。可分配盈余按成员与本社的交易量（额）比例返还的返还总额不得低于可分配盈余的百分之六十；返还后的剩余部分，以成员账户中记载的出资额和公积金份额，以及本社接受国家财政直接补助和他人捐赠形成的财产平均量化到成员的份额，按比例分配给本社成员。对应到具体服务功能，“按交易量返还”在如下三类情形下可能存在：一是提供统一购买农资服务的合作社，农资购买量与节省的生产成本正相关，可以根据农资购买量进行一定比例的返还；二是提供统一销售产品服务的合作社，产品销售数量与盈利正相关，可以根据产成品销售数量进行盈余返还；三是开展生产性集体投资的合作社，将产、供、销环节纳入组织内部，综合了上述两项服务功能，可以同时根据农资购买量和产品销售数量进行盈余返还。

但合作社按交易量分配在增加农户收入的同时，也将产生大量的组织成本。比如：根据农资购买量进行返还，将先后产生记载购买量、核算可分配盈余、考核监督等多项成本；根据产品销售数量进行返还，将产生记载销售量、核算可分配盈余、考核监督等多项成本；开展生产性集体投资的合作社如果要按交易量返还，产生的组织成本将是上述两项服务产生的组织成本之和。具体情况详见表 15-1。

表 15-1　合作社利益机制安排分析

服务功能	按交易量返还依据		组织成本
	农资购买量	产品销售数量	
统一购买农资	√		记载购买量、核算可分配盈余、考核监督
统一销售产品		√	记载销售量、核算可分配盈余、考核监督
生产性集体投资	√	√	记载购买量、记载销售量、核算可分配盈余、考核监督

注："√"表示服务功能采用该标准作为交易量返还的依据

不难发现，按交易量返还是一种高组织成本的利益分配机制，但这是否是导致实践中合作社很少采纳该盈余分配方式的重要原因呢？下文将结合具体服务功能分别阐述现实中合作社利益安排及其形成原因。

15.2　现实选择与选择逻辑：理论分析与案例介绍

15.2.1　技术服务情况下利益分配安排机制的现实选择与逻辑

如果合作社只提供技术服务，从本质上来说，就与原先的技术协会没有差别，但当前却有相当一部分合作社仅止步于此。合作社提供技术服务产生的技术指导费用和组织成本[①]一般情况下都有财政资金支持，即使没有财政支持，

① 农户接受技术指导、培训的时间支出成本，本章忽略不计。

大户也愿意承担组织成本。大户作为服务的组织者，在组建合作社、组织技术指导服务的过程中，还可以获取社会资本，这在一定程度上弥补了其承担的组织成本，而小户只是“搭便车”者，并不承担任何成本。也就是说，合作社提供技术服务产生的组织成本可以被弥补甚至忽略不计，即 $G_i - C_{t1i} = 0$ 。因此，技术服务的提供相对容易。

此时，所有成员对应的目标利润函数相同。对应第 8 章中的利润函数，合作社提供技术服务时，成员获得的净收益可以进一步简化为公式（15-1）：

$$\pi_{1i} - \pi_{0i} = w \cdot \Delta L > 0 \tag{15-1}$$

可以看出，农户接受合作社技术服务，单位产量劳动投入减少，净收益恒大于 0。合作社提供技术服务并不直接产生盈余来源，但无论是大户还是小户都可以在不支付成本的情况下获得合作收益，即就技术服务合作方式而言，“参与了就可以获益”满足参与约束条件。对于既有购销渠道相对成熟的农户而言，只需要合作社提供相应的技术服务即可，其对合作社的需求也就止步于此。除非有更大利益的驱使，否则合作社只要提供技术服务即可满足需求。

15.2.2　农资购买服务下利益分配安排机制的现实选择与逻辑

合作社统一购买农资的现实选择主要表现为：大户代表合作社从农资商或生产厂家处购买农资，以低于市场价的价格将农资销售给合作社成员，统一购买农资的获益在交付农资时体现，之后不再根据农资购买量进行二次返利。

从运行方式来看，现实安排中的合作社统一购买农资与经典制度安排中类似。大户从合作社外部购买农资并卖给合作社成员，组织成员以更低的价格购得农资。该过程中产生的寻找农资商、协调农户等组织成本一般由大户承担。一方面，大户对组织成员及村庄情况都较为熟悉。农户间交流、交通都较为便利，因此协调成本边际递减。再加上现实中农资市场发展程度较高[①]，社会网络相对丰富的大户寻求购货渠道也相对容易。并且，当统一购买规模扩大后议价能力也相应提高，农资质量更有保证，交易成本进一步降低。另一方面，大户从合作中获得的收益更可观。联合小户后，大户的农资购买规模进一步扩大，可以在价格谈判中争取到更大的价差空间，获益量与农资购买量正相关。在上述情形下，小户“搭便车”即可获得更低的购买价格。

但利益分配方式与经典制度安排相比有所差别。合作社统一购买农资的出发点在于降低生产成本，但理论制度安排规定的二次分配环节中根据农资购买量进行返点，增加了组织成本，导致可节省的成本空间缩小。出于进一步降低成本的考虑，当前合作社往往采用直接降低农资购买单价的方式，将该环节产生的利润在购买环节直接与合作社成员分享，免去了根据农资交易量进行盈余返还产生的核算和监督成本。

此时，成员从合作社购买农资产生的净收益可进一步表示为公式（15-2）：

$$\pi_{2i}^{\ 1} - \pi_{0i} = \Delta p_a(1+\alpha)\cdot A_i - (C_{t2i} - \Delta c) > \Delta p_a(1+\alpha)\cdot A_i - C_{t2i} \qquad (15\text{-}2)$$

其中，$\alpha = \left(\lambda_0\lambda_{1i}\cdot\sum_{i=1}^{n}A_i\right)\Big/A_i$，表示将盈余分配环节利润纳入购买单价中的数额，$\Delta c > 0$。当然，具体获益数额因农资品种而各异。

在保证获益不受损的情况下，便捷低成本的合作方式更受青睐。此时，无论是大户还是小户，都从合作经营中增加了收益，满足参与约束条件。换言之，较经典制度中的统一购买农资，当前统一购买农资的安排是实现激励相容后获益空间更大的现实选择。

现实中的情况大多如案例 15-1 所述。

典型案例 15-1：提供农资购买服务的水稻合作社

该合作社由 4 个水稻种植户于 2008 年联合发起成立，吸纳当地 5 户水稻

---

① 本书合作者在江苏、吉林、四川 3 省 331 个村的调查中发现，2013 年平均每个村约有 3.15 个农资店。可以判断，当前我国农资市场竞争较为充分。

种植户加入合作社。理事长是发起人之一，由全体成员投票产生。发起当年，合作社全体成员种植规模达 600 亩，其中理事长 14 亩；2013 年，种植规模扩大至 1000 亩，理事长种植面积也增加至 150 亩。

该合作社没有股份，统一购买化肥、农药两种农业生产资料，提供水稻种植过程中的一般性作物栽培和防虫治虫等的指导，尚未涉及产品销售。合作社从代理商处购买农资，资金由理事长统一垫付，成员获得农资的价格低于同类产品市场销售价格约 10 个百分点。按发起当年合作社全体成员购买农资的情况来看，全体成员购买化肥 12.5 万元、农药 12 万元，合作社统一降低农资购买成本约 2.45 万元。合作社直接以低于市场价的价格将农资销售给成员，之后没有根据农资交易量进行的二次返利。

案例 15-1 中，合作社统一购买农资的运行形式与经典制度安排基本类似，但农资交付完成后并没有根据农资交易量进行二次返还。与分散小农户独立经营相比，农资购买价格降低，农资质量更有保证。并且，获益程度与农资购买量正相关，即购买量越多，获益越多。合作社提供服务功能带来的收益在一次结算中已经体现，由此产生的组织管理成本更低。

15.2.3　产品销售服务下利益分配机制安排的现实选择与逻辑

现实中，合作社提供的统一销售服务一般这样安排：大户按略高于市场价的价格收购小户产品，根据市场行情可能会有一定比例的按产品销售数量计提的盈余返还，但具体分配比例和分配方式则由大户自行决定，随意性和不确定性较大。统一销售往往演变为“大户收购小户产品”的类似形式。

从运行方式来看，大户收购小户产品与经典制度安排存在较大差别。合作社进行统一销售原本是指大户与小户共享收益、共摊成本，但在合作社内部成员构成异质性突出的现实背景下（应瑞瑶等，2016；黄胜忠和徐旭初，2008），共同分摊合作成本很难实现。一方面，与技术服务和生产资料购买功能相比，统一销售环节产生的成本更复杂。另一方面，合作社内部大户和小户在经营规模、资源禀赋等方面的差异（黄胜忠和徐旭初，2008）决定了双方激励约束的差别。因此，在大户和小户的博弈下，合作社统一销售产品往往变化成“大户收购小户产品”的类似形式。具体博弈过程，详见第 12 章。

与经典制度安排中合作社统一销售产品对应的利益分配形式类似，大户收购小户产品也采纳按交易量返还的盈余分配方式。在合作社成立之前，大户就已经在开拓销售渠道和品牌推广方面有较大投入。大户吸收小户成立合作社的动机更多的是为了扩大规模稀释沉没成本。合作社成立后，大户指导小户开展标准化生产，同时收购合格的产品，以大户的名义（通常大户会成立一个经济实体），或以合作社名义，或以双重名义销售产品。大户为了稳住小户，通常按较高于相同质量农产品的市场价格收购或“二次返利”回馈小户，或两种做法兼用，但二次返利一般会根据市场行情而定。从表面看，按交易量将盈余分配给小户减少了大户的盈余，但进一步看，销售渠道得以稳定，并且随着小户的加入和交易量的上升，单位产品分摊的沉没成本下降，大户的长期获益与之前相比甚至可能更高，因此大户有动机与小户按交易量返还盈余。

但是，这并不意味着大户愿意将按交易量返还的比例增至法律规定的比例，即盈余中按交易量分配比例不低于 60%。理论上的统一销售产品服务的初衷是为了解决农产品销售、保证农户收入，但现实中该服务由大户主导并提供，因此根本出发点也将发生相应的变化。大户虽然主动与小户分享合作收益，在盈利中提取一定比例与小户按交易量分配，但其最终目的仍然是出于自身利益的考虑。因此，现实中按交易量分配比例并没有在章程中明确规定，而是由大户根据市场行情确定。按交易量返还比例的提高意味着按股分红比例的降低，因此，作为承担合作过程中产生组织成本的大户，不会主动将按交易量返还作为利益分配的主要方式。大户在盈利中提取一定比例与小户按交易量分配，是为了提高销售渠道利用率、稳定住小户，从而缩短大户投入的如销售渠道等专用性程度较高的资产的回收期，并非出于最大化小户收益的考虑。

极端情形下，即使大户收购小户产品后不根据交易量返还利益，小户也会乐意参与合作。假定大户获取的销售渠道覆盖足够广，在某一地区形成垄断，此时，大户有两种选择，即与小户分享销售渠道，或独自享用销售渠道；小户也有相应的两种选择，即去外地销售，或在大户提供销售渠道前提下参与合作，具体博弈情况如表 15-2 所示。

表 15-2　大户小户博弈矩阵

项目		小户	
		不合作	合作
大户	不合作	$P\cdot Q_{0i}-C_i$， $P\cdot dQ_{0i}-C_i$	
	合作	$P\cdot Q_{0i}-C_i+R_{2i}-O_i-O_F$， $P\cdot bQ_{0i}-C_i$	$P\cdot Q_{0i}-C_i+R_{2i}-O_i-O_F$， $P\cdot Q_{0i}-C_i$

由于大户在产品市场具有绝对优势，此时的收购将不再有盈余返还，即双方均选择“合作”时，小户的收入也仅仅是产品销售收入。如果小户选择去外地市场自行销售，即选择“不合作”时，受销售成本、社会资本、经营能力等的限制，小户难以销售其生产的全部产品（对应于表 15-2，即 $0<b<1$，$0<d<1$）。因此，即使大户收购小户产品后以高价卖出，且不根据交易量（额）进行盈余返还，小户也更倾向于与大户合作，因为平价卖出所有产品的状况优于凭借自身实力仅卖出部分产品，即 $P\cdot bQ_{0i}-C_i<P\cdot Q_{0i}-C_i$， $P\cdot dQ_{0i}-C_i<P\cdot Q_{0i}-C_i$。此时，大户的利润空间更大。

也就是说，在农产品市场处于供过于求的状态下，小农户更加注重切实到手的“帕累托改进”，而无所谓规范的产权安排和治理结构（徐旭初，2016）；大户更关注资本投入（如冷库的投资、品牌投入）产生的利润回报和社会资本（如销售经验、销售渠道）的长期积累与维护，这需要联合小农户才能共同实现。虽然品牌农产品更有可能建立按交易量返还的利益机制，但这并不意味着法定比例的按交易量返还一定能存在，更不意味着合作社统一销售是最好的选择。满足大户和小户激励约束，使大户和小户预期收益同时达到最大化的合作，才是合作双方激励相容后的最优选择。

现实中的情况如案例 15-2、案例 15-3 所述。

典型案例 15-2：提供产品销售服务的生猪养殖合作社

该合作社成立于 2006 年，由江苏灌南县 5 个养猪大户联合发起，理事长由组织负责人担任，所有成员均是理事会成员。发起当年，全体成员养猪存栏量达 2000 头，其中理事长 800 头。近几年，生猪价格波动较大，养殖规模有所缩减，2013 年所有成员养猪存栏量约为 1600 头，其中理事长 500 头。

理事长在合作社中持股约为 70%，剩余 30%由发起人团队其他成员持有。合作社统一饲养标准，提供生猪养殖技术和常见疫病防治等的指导，持有自行申请的无公害猪的商标品牌。合作社直接从生产厂家处统一购买饲料，资金统一由成员预付，单位饲料价格与市场零售价格相比约低 20%，降低养殖成本同时便于控制产品质量。销售环节，组织以高于同类产品市场价的价格收购成员出栏的猪，统一贴牌后再统一对外销售。2013 年，合作社全体成员出栏猪总销售额约为 300 万元。饲料购买和产品销售环节的资金交付均在交易时一次性交付完成，不涉及根据饲料购买量或出栏量的二次利润分配。

与案例 15-1 类似，案例 15-2 中的合作社在饲料统一购买、出栏猪销售方面的情况与经典制度中的规定基本类似，但生猪销售账款结算完成后并没有根据出栏数量再次分配合作盈余。与原先分散养殖的情况相比，合作社统一生产标准、统一收购成员产品，销售价格高于市场同类产品价格的服务已经使小农获益，并且获益形式比经典制度安排更便捷。

典型案例 15-3：本质为“大户收购小户”的某养鸭合作社

该合作社成立于 2007 年，由江苏邳州一个雏鸭孵化场场长发起，联合当地养鸭散户共同组建合作社。理事长由孵化场场长担任，负责合作社日常经营事务管理。截至 2013 年，合作社共有成员 47 户。发起当年，理事长不养鸭，全体散户养鸭数量达 20 万只；2013 年，合作社全体成员养鸭规模扩大至 40 万只，其中理事长的饲养规模为 18 万只，约占 45%。

合作社成员分户养殖，合作社没有统一的监督或检查。合作社提供养鸭技术及常见疫病防治指导。养殖过程中涉及的鸭苗、饲料由合作社统一购买。合作社直接从生产厂家购进饲料，成员事先预付部分资金，理事长垫付剩余农资款，成员获得饲料的价格低于市场零售价约 5%，没有根据饲料交易量进行的二次返利。销售环节，合作社与成员长期签订收购成鸭的书面协议，对产品数量和价格方面均有详细的规定和要求，成鸭价格根据养殖成本与市场行情的变化进行调整。为保持对外销售渠道的稳定，有时合作社也收购非成员成鸭，2013 年合作社与 100 名非成员有不稳定契约关系，在合作社销售成鸭数量中约占 30%。合作社也为非成员购买饲料，成交价格与农资店零售价格一致。合作社无股份，没有明确的盈余分配方案，利润大部分归场长所有，成员获益取决于大户收购价格。市场行情低迷时，大户以略高于市场价的价格收购散户成鸭，降低价格风险、保障散户收益；市场行情较好时，大户也会根据收益情况分配部分收益给散户，但分配比例并不固定。

案例 15-3 中，合作社在生产经营过程中为同类产品的生产者提供了包括技术服务、统一购买农资、统一销售产品等在内的多项服务功能，小农户现状优于原先分散销售经营时的状况。但合作社并没有在组织章程中明确规定要根据成员与合作社的交易数量进行盈余返还。虽然，市场行情较好时，大户与小户间存在按交易量返还的利益分配方式，但是否分配具有较大不确定性、分配比例则随意性更大。与经典的制度安排相比，有着根本性的差别。

15.2.4 生产性集体投资情形下利益分配机制安排的现实选择与逻辑

合作社生产性集体投资涉及的服务内容往往是在技术服务、农资统一购买、产品统一销售基础上的进一步延伸，因此产生的组织成本也远超过前文提及的三项服务功能的总和，即 $C_{t4i} > C_{t3i} + C_{t2i} + C_{t1i}$。由于组织化成本极其高昂，期待合作社全体成员共同出资基本不可能实行，因此，合作社生产性集体投资的开展，在很大程度上将依赖于政策支持和组织中核心成员的决策情况。不同出资方式下开展的生产性集体投资，其利益分配机制的安排也不尽相同。

当政府承担生产性集体投资所需成本时，合作社成员分享合作收益却不承担合作产生的成本。此时，政府的资金支持只是出于扶持弱势联合群体发展，而并非获取资本报酬的目的，组织中不同成员在合作中处于相对平等的地位，因此在利益分配环节也将按照绝大多数合作社成员的意愿、根据交易量的比例进行盈余返还。

典型案例 15-4：依赖政府出资加工设备的戴庄有机农业专业合作社

戴庄有机农业专业合作社在经营过程中涉及加工和包装稻米的整套机器设备，完全由政府出资建设。合作社成员仅需承担机器具体运作过程中产生的电费、加工费用等成本，无须分摊机器设备投入的沉没成本。因此，在利益分配环节，提取完章程规定的公积金、公益金（合计约 15%～20%）后，根据成员与合作社交易的稻谷数量进行盈余分配。政府全部承担了投资设备的成本，但并未参与盈余分配。此外，为了鼓励合作社成员保证必要的劳动投入时间，合作社也实行了特殊的奖惩制度：针对当年平均产量，合作社设定考核标准。对于产量高于考核标准的农户，给予表扬并奖励每亩地 100 斤菜饼；产量达不到考核标准的农户，则要按市场粮价补到及格。

当大户投资生产性集体投资时，其对促成合作的贡献率较大，因此享有合作收益分配的主动权，按股分红必然会是主要的利益分配方式。当然，出于自身生产经营、分摊单位产品沉没成本和降低专用资产收益回报期的考虑，大户也不会完全忽视小户的利益，即不会将合作过程中产生的全部收益都用于按股分红。大户在计提资本投入获得的收益后，往往会从小户角度出发，设计符合小户利益需求的盈余分配方式，即根据市场行情与小户进行按交易量返还，从而与小户保持长期稳定的合作关系。

典型案例 15-5：依赖大户建造冷藏设施的高邮市阳光特种水产专业合作社

高邮市阳光特种水产专业合作社的冷库设施主要由合作社理事长和紧密型成员集体筹资建成，其中也有部分政府补贴，但所占比例较低（24.15%）。理事长和紧密型成员对于投资的冷库，除了有错季销售价差的期待，还有资本投资回报率的期待。因此，在盈余分配环节，按照章程规定提取 30%公积金、10%公益金后，30%根据成员购买的虾苗数量进行返点，20%根据出资比例进行分配，10%利润留存合作社作垫付资金用。以 2013 年为例，该合作社共产生 62 万元净利润。提取 18 万元公积金、6 万元公益金后，合作社提取 20 万元根据成员购买的虾苗数量进行返点，提取 12 万元根据出资比例分配，剩余 6 万元作为合作社流通资金，用于下一年饲料购买的垫付资金。

案例 15-4 中，政府出资加工设备，农户参与合作，优于原先生产经营状况。案例 15-5 中，小户销售产品的同时，获得部分根据购买农资数量分配的利益，优于原先自行生产经营的情况；大户投资集体性生产经营所需的设施设备，计提股份分红之余，抽出部分利益与小户共同分享，缩短投资期限、分摊沉没成本的同时，保证了销售渠道的稳定，从而长期的合作关系得以维持。合作使大户和小户实现了共赢。具体情况见表 15-3。

表 15-3　合作社出资方式与利益分配情况

合作盈余分配	戴庄有机农业专业合作社	高邮市阳光特种水产专业合作社
公积金提取	15%～20%	30%
公益金提取		10%
农资购买环节分配	无	根据购买饲料量、虾苗购买量进行返点（约 30%）
产品销售环节分配	按交易量返还＋奖惩机制	利润归合作社（约 10%）
出资股份分配	无	约 20%
监督机制	合作社统一将基肥施用到临界状态，后期施用化肥将出现倒伏	化验水质，依靠社会信任把控质量，没有特殊监督机制

资料来源：根据调查资料统计整理所得

15.3　现实制度安排的原因：低组织成本下的激励相容

在上述分析的基础上，现将现实选择和制度安排的异同点梳理如下，详见表 15-4。不难发现，当前现实中合作社提供的服务大多是经典制度安排的类似形式，产生的合作收益不发生明显变化，组织成本较低。

表 15-4　合作社理论制度设计与现实制度安排对比分析

服务内容	理论制度设计	现实制度安排	合作收益变化	组织成本变化
技术服务	作为基础性服务与其他服务功能并存	政府提供，相当一部分合作社只提供这一项服务功能	无变化	无变化
统一购买农资	组织名义统一购买农资，以低于市场价的价格销售给成员，年底根据农资购买量进行返点	直接以低于市场价的价格销售给成员，不再根据农资购买量进行二次分配	购买和二次分配环节产生的利益合并到购买环节	节省根据农资购买量进行二次分配产生的核算、监督和分配成本
统一销售产品	合作社收购成员产品后统一对外销售，提取公积金和公益金后根据成员交易量份额占比分配盈余	大户按略高于市场价的价格收购小户产品，根据市场行情可能会有一定比例的返还，但分配比例由大户自行决定	收购产品和二次分配环节产生的利益归并为产品收购环节或不发生变化	在一定程度上能节省根据产品销售量进行二次分配产生的核算、监督和分配成本
生产性集体投资	合作社全体成员共同投资生产加工环节，收购成员产品后进行加工，然后再对外销售。提取公积金和公益金后根据成员交易量份额占比分配盈余	两种情形：①政府投资生产设备，按交易量返还；②大户出资生产设备，按股分红后进行交易量返还，分配比例由大户决定	合作产生的收益是技术服务、统一购买农资、统一销售产品几个环节产生的利益的综合	合作产生的成本是技术服务、统一购买农资、统一销售产品几个环节产生的组织成本的综合

在罗虚代尔原则下构建的以实行按交易量返还的二次分配为主要盈余分配方式的制度安排，固然有其制度优越性，但合作社根据交易量进行二次分配，需要专人记录和管理该流程，监督成本等组织成本较高。然而现实中，合作社统一经营难以产生足够的利润。无论是农资市场还是农产品市场，竞争都非常充分，因垄断势力带来的价格歧视几乎不存在，因此合作社统一经营产生的溢价空间有限。而且，绝大多数农产品都是生鲜产品，耐储藏和贮藏能力较差，

需要及时处理，况且农产品市场价格千变万化，更需要果断处置。即使合作社采纳经典模式运行，也很难完全杜绝销售环节存在的产业风险。并且，罗虚代尔原则提出时，社会整体经济处于低水平平衡状态，这是特殊社会历史意识形态下的特殊产物，而当前中国经济社会整体环境已经发生变化，农户异质性尤为突出，所以完全套用理论上经典的制度设计不一定是最佳选择。

15.4　结论与讨论

本章节在前文分析服务功能形成机理的基础之上，结合合作社实际运行情况，剖析中国合作社在利益分配方面不按照法律规定实行按交易量返还的深层次原因，并对其进行归纳总结。主要研究结论如下。

第一，现实中合作社的利益机制因服务功能的不同各异，不同形式均与制度安排存在一定差别。主要表现为以下四种形式：①大部分合作社仅仅提供技术服务，合作社本身不存在盈余；②提供农资购买服务的合作社，大部分都采纳更为便捷、交易成本更低的利益机制安排，即在农资交付时直接以降低单价的形式与成员交易；③提供产品销售服务的合作社，大多采用大户以优惠价收购小户的农产品，即使有一定数额的盈余返还，但返还比例并未达到“不低于60%按交易量”的法律规定；④开展生产性集体投资的合作社的利益分配形式是前三种服务功能的综合体现。

第二，现实选择下的合作社运行方式及由此产生的利益分配形式，是当前现实条件下合作双方实现激励相容后的理性选择。严格实行“依法的盈余分配”的合作社运行所需的条件较为苛刻，产生的组织成本较高，而潜在的高组织化成本将阻碍组织建立和向高层次转变（邓衡山等，2011）。相反，现实中实行的便捷的利益联结机制，节省了大量组织成本，是多重现实约束下合作社的必然选择（徐旭初，2012），也有学者将其归结为“制度化进程中的意外后果”（熊万胜，2009）。

第三，合作社在未来发展过程中，无须拘泥和完全套用法律安排，应当结合现实情况进行理性选择。在综合考虑组织成本的基础之上，着眼于服务提供的利益，而不仅仅是利益分配形式，可能更符合当前中国农业生产的需要。罗虚代尔原则提出时，社会整体经济处于低水平平衡状态，而当前，中国经济社会整体环境已经发生变化，农户异质性尤为突出。因此，将法律规定的合作社制度安排完全套用到现实中可能并不合适，承认现实中多种利益联结机制的存在可能是更加理性的选择。与高组织成本下产生的利益相比，监督成本较低的联结机制可能更具生命力。

参 考 文 献

邓衡山，徐志刚，黄季焜，等. 2011. 组织化潜在利润对农民专业合作组织形成发展的影响. 经济学（季刊），10（4）：1515-1532.

黄胜忠，徐旭初. 2008. 成员异质性与农民专业合作社的组织结构分析. 南京农业大学学报（社会科学版），（3）：1-7，43.

熊万胜. 2009. 合作社：作为制度化进程的意外后果. 社会学研究，（5）：83-109，244.

徐旭初. 2012. 农民专业合作社发展辨析：一个基于国内文献的讨论. 中国农村观察，（5）：2-12，94.

徐旭初. 2016. 合作社规范化建设缘何如此纠结. 中国农民合作社，（5）：33.

应瑞瑶，唐春燕，邓衡山，等. 2016. 成员异质性、合作博弈与利益分配——一个对农民专业合作社盈余分配机制安排的经济解释. 财贸研究，（3）：72-79.

下　　篇
发展前景与政策

第 16 章　农民合作社的本质规定与现实检视

16.1　引　　言

世界各国的经验表明，合作社对于促进就业、益贫增长与社会和谐具有不可替代的作用。这亦是中国大力推广合作社的原因。合作社的这些功能必须借由其不同于一般企业的治理机制来实现。现实中合作社能否实现预期功能，取决于它是否按照合作社的本质规定构建治理体系。

现实中合作社究竟有无发挥其应有作用？合作社适宜在何种条件下产生和发展？已有众多文献对此进行了研究。黄宗智（2010）引用官方数据分析了实现纵向一体化时合作社相对于龙头企业的优势；黄季焜等（2010）实证分析了影响合作社服务功能发挥的主要因素；Deng 等（2010）实证分析了政策支持对合作社产生和发展的影响；邓衡山等（2011）实证分析了组织化潜在利润对合作社产生和发展的影响。但是，这些文献都没有对一个更为基本的问题进行探讨和论证，即这些合作社符合合作社的本质规定吗？或者它们本质上是公司或者“公司 + 农户”等其他类型的组织吗？

事实上，对于现实中合作社的本质是否与理念相符，已有不少学者表示质疑。比如，杜吟棠和潘劲（2000）发现，在他们所分析的案例中“没有一个符合传统合作社规范”的。苑鹏（2001）也认为，农民合作经济组织出现了许多“异化现象”。应瑞瑶（2002）考察了江苏省与山东省莱阳市的农民专业协会和合作社，也得出了类似的结论：这些组织绝大多数并不是真正意义上的合作社，而是异化了的合作经济组织，因为它们背离了合作社的基本原则。潘劲（2011）通过调查研究发现，伴随着各地合作社的迅猛发展，各种“假合作社”“翻牌合作社”“精英俘获”“大农吃小农”等现象层出不穷，以至于她惊呼——“合作社原则，最后还能坚守什么？”

然而，上述研究存在两个方面的不足：第一，未对合作社的本质性质进行合理性论证。他们往往依据国际合作社联盟关于合作社的界定标准做出判断，虽然这是一个很好的评判方式，但这些国际上公认的标准可能被人们以“不符合中国国情”而拒绝。例如，吴志雄（2004）认为，一人一票、盈利返还、限制资本报酬等合作社原则虽有其合理性，但合作社作为经济组织，其原则归根结底应由其组织结构、经营机制及成员的经济利益而不是某种政治理念所决定。徐旭初（2006）也认为，现实中的合作社是否为合作社，不在于它们理论上是否符合某种原则，而在于实践上究竟如何。第二，未能探讨合作社名不副实的现象究竟有多普遍。部分合作社名不副实和绝大多数甚至全部合作社名不副实是两个性质的问题。若是前者，则可能只关乎合作社的“作假”问题；若是后者，则关乎合作社在中国的前途。

本章的主要目的有两个：一是从原理上论证合作社的本质规定；二是对合作社本质进行现实检视。本章结构安排如下：16.1 节是引言；16.2 节从原理上论证合作社的本质规定；16.3 节用多个案例分析现实中合作社的本质；16.4 节揭示现实中合作社不具有其本质规定的成因；16.5 节则将带有特殊性的案例结论上升至一般；16.6 节是结语。

16.2 合作社的本质规定与检视办法

16.2.1 合作社的本质规定

合作社的本质规定是“所有者与惠顾者同一”，这一点在学术界已形成共识（国鲁来，2001；徐旭初，2005；苑鹏，2006）。“所有者与惠顾者同一”既是合作社最基本的特征，也划定了合作社的边界，因而成为合作社的本质规定。一方面，“所有者与惠顾者同一”将合作社与其他形式的组织区别开来。比如，公司通过为他人服务赚取利润，其所有者不必是公司服务的惠顾者；“公司＋农户”中的公司和农户则不完全共享所有权。另一方面，合作社也必须坚守这一规定。这是因为，一旦合作社所有权不完全由其惠顾者共享，即它不是为了自我服务，将会有两种结果：第一，如果合作社出于营利目的而开展非社员业务，以致社员业务所占比重越来越小，社员的惠顾者身份越来越不明显，投资者的角色越来越强烈，则合作社就转变为以营利为目的的公司；第二，如果合作社的非社员业务不以营利为目的，其服务对社员与非社员一视同仁，则合作社的服务就不再是俱乐部产品，而成为公共物品，合作社就转变为公益组织。

16.2.2　合作社本质规定的检视办法

要判定一个组织是否具有合作社的本质规定，就需要判断其所有者与惠顾者是否同一。所有者即是拥有所有权的人。所有权一般包括资源的排他性使用权、通过使用资源获取租金的收益权及通过出售或其他办法将资源转让给他人的转让权（Cheung，1983）。其中，使用权和收益权是最基础的权利，因为界定清楚的转让权一定包含着界定清楚的使用权和收益权，但是反过来，使用权或收益权界定清楚的资源（或财产）并不一定可以自由转让（周其仁，2004）。在合作社中，决策权则是使用权和收益权的保障，因为合作社作为旨在为成员提供服务的组织，它能够为成员带来的服务和收益的多少依赖于成员的决策。因此，在考察某个社员是否拥有合作社的所有权时，主要从使用权、收益权和决策权来进行判断。惠顾者即是享受合作社服务的人。

“所有者与惠顾者同一”的含义既可以是严苛的，也可以是相对宽泛的。所有者与惠顾者完全同一时，全体所有者都必须是惠顾者，这排除了纯粹的投资者成为社员的可能；全体惠顾者也都必须是所有者，这就排除了合作社向非社员提供服务的可能。因此，这一规定仍是很严苛的。所有的所有者都是惠顾者，而所有的惠顾者都必须是所有者，这只是合作社的“理想类型”（徐旭初，2006），只有当二者出现错位，并且错位达到一定程度时，合作社才会演变成其他组织（国鲁来，2001）。不过，错位到何种程度，合作社才会演变成别的组织？或者说所有者与惠顾者同一到什么程度的组织才算合作社？在经验研究中，应用何种标准可能会有所争议，但本章认为，至少超过一半的社员应是所有者与惠顾者同一的，在案例分析部分，本章将采用这一相对宽泛的标准。

16.3　合作社的本质规定：现实检视

本章案例是本书合作者于 2012 年 8 月率 10 人调查队历经 15 天调查所得，案例来自 F 省 5 个县。由每个调查县的农业局等部门有关工作人员选取该县 4 个最有影响力的合作社，对于每一个合作社，本书合作者分别访谈了一个合作社负责人及数名社员，并主要通过询问合作社负责人及社员“合作社的股份构成”“理事会如何产生”“盈余分配机制由谁决定”“合作社的重大事务由谁决策”“合作社如何为社员服务”等问题来判断合作社的本质，此外还通过询问社员“合作社是属于谁的”来进行验证。现将部分典型案例介绍如下。

16.3.1　“公司”型合作社

在“公司”型合作社中，合作社雇工进行统一生产，并无稳定的惠顾者，即惠顾者与合作社并无契约关系甚至没有稳定的交易关系。“公司”型合作社的治理结构与公司无异，合作社社员要么是合作社的股东而非惠顾者，要么是不享有合作社产权且与合作社无契约关系的惠顾者。

典型案例 16-1：某中药材合作社

该合作社在县供销社的提议下，由乡供销社主任牵头成立，在乡供销社办公。合作社经营中药材，实行雇工经营，共筹集股金 260 万元，但股东无须是中药材种植者。此外，合作社也收购当地农户种植的中药材，并称这些农户亦是自己的社员。但是，这些农户无权参与组织决策，跟合作社无固定的交易关系。这些农户亦认为自己并不是合作社的社员。

在该合作社中，股东才是合作社的所有者，但股东不是惠顾者。此外，合作社与农户也不存在固定的交易关系，因而该合作社实际上是个资本公司，本章称之为“公司”型合作社。

典型案例 16-2：某林业合作社

该合作社于 2007 年在镇政府的提议下由某村的股份合作林场改名而来，实际操作并无改变。社员以林地入股，生产所需资金由社员按土地面积分摊，由合作社统一雇佣人手进行生产经营，种植品种由全体社员协商决定。产品统一销售后收益全部按股分红。合作社的管理人员由全体社员协商投票选出。合作社每年定期召开三次全体社员大会，主要商议生产事宜，会议留有记录，参会人员需签名。

对于这个合作社来说，所有的社员都享有使用权、收益权及决策权，因而都是所有者，但合作社实行统一生产，社员并不是惠顾者，因而该合作社不具备“所有者与惠顾者同一”的本质。虽然社员们都认为合作社是属于全体社员的且很民主，但公司亦为全体股东所有，在股东不多、股份份额差异不大时亦可实现民主管理，因此，民主并没有将该合作社与公司在本质上区别开来，本章仍将其归入“公司”型合作社。

16.3.2　“公司 + 农户”“经纪人 + 农户”“大户 + 农户”“村委会 + 农户”型合作社

在“公司 + 农户”“经纪人 + 农户”“大户 + 农户”“村委会 + 农户”等类型合作社中，合作社所有者是公司、经纪人、大户或者村委会，惠顾者是农户，二者不完全共享产权。

典型案例 16-3：某蔬果合作社

该合作社于 2006 年 10 月由某村的 8 个农产品经纪人发起成立，合作社拥有股金 126 万元，主要来自这 8 个大户，其所占股份比例总计达 59.5%，股东数不详[①]。理事会成员由 8 个发起人内部推举产生。社员共有 238 户。合作社经营蔬菜，蔬菜由社员独立生产，合作社最重要的服务是收购社员产品。具体办法是：合作社建立蔬菜交易市场，所有社员提前一天告诉合作社他们第二天将要出售的蔬菜品种及大致数量，合作社则把这些信息汇总并联系各位经纪人，经纪人之间实行自由竞价，出价高者先得，若出高价者购买完所需数量后有剩余，剩余的产品再卖给出价次高者[②]，合作社向农户和经纪人各收取每公斤蔬菜 2 分钱的手续费。合作社盈余按股分红，分红方案由理事会决定。

在该合作社中，不同的社员所享有的权益很不相同。对于非股东社员来说，他们享有合作社服务的使用权，但没有收益权，也没有决策权。对于小股东来说，他们既拥有使用权，也拥有收益权，但不拥有重大事务的决策权，重大事项如谁能参与竞标购买合作社产品、是否提供资金互助服务等均由理事会决定，而理事会成员则由大股东决定。因此，表面上看所有股东都拥有合作社的所有权，但实际上，合作社的所有权被牢牢控制在几个大股东的手里。由于合作社向农户和经纪人收取的费用很低，普通股东分到的红利很少，大股东主要通过经纪业务获利，因此，本章称之为“经纪人 + 农户”型合作社。

典型案例 16-4：某山药合作社

该合作社由某村村委会于 2007 年发起成立。合作社有股金 1.9 万元，股东 16 户，理事会成员共 5 人，均由股东内部推举产生，理事长由村支书担任。社员共 69 户，入社需交纳 50 元会费。合作社经营山药，社员独立生产，合作社为社员提供技术指导、农资并牵线销售。合作社建有交易市场（资金主要来

① 该合作社理事长称全体社员都入了股，但被调查的 18 个社员中有 17 个称自己没有入股，社员们都称只有少数人入了股，有的称只有几户，有的称有三四十户；还有社员称以前的股东更多，但现在有很多已退出，目前合作社被一个大老板收购了，其个人所占股份即超过 50%。

② 有社员反映，该合作社不允许外来商贩前来竞标，也就是说，本地的经纪人即合作社 8 个发起人才能参与竞标，在这种情况下，串标是一件很容易的事。当然，经纪人之间如何分配收购量、如何控制不让本村其他村民加入经纪人行列，则是他们串标时面临的难题。

自政府)，用于合作社产品交易。合作社有专门的营销人员，他们联系好买家后，合作社再按市场价收购社员产品并转卖给买家，合作社从中赚取差价，营销人员则获得每公斤 0.2 元的提成。合作社盈余按股分红。2008 年，该社被评为国家农民合作社示范社。

这是个合作社吗？由于绝大多数社员都是惠顾者，因此，关键是分析占社员总数多数的一般社员是否拥有所有权。对于一般社员来说，由于没有股份，他们仅仅是通过与合作社交易而享受合作社提供的服务，不享有合作社的收益权。事实上，由于合作社的收益来自牵线销售所产生的差价及政府补贴[①]，但无论是牵线销售所需的资金还是人力资本、申请政府补贴所需的人力资本和社会资源，都是由占社员总数少数的股东尤其是村干部提供的，因此，一般社员不享受合作社的盈余分配在很大程度上被股东们视为理所当然。也即是说，股东才是合作社真正的所有者。鉴于合作社为社员提供的服务在很大程度上依赖于政府资助，而政府资助在很大程度上又是通过村委会这一渠道获得的，因此，本章称之为“村委会 + 农户”型合作社。

典型案例 16-5：某稻种合作社

该合作社由某村村支书和大户于 2008 年 12 月发起成立，共有 36 个股东，总股金 250 万元，前五大股东占股共计 100 万元，股金最少的只有 0.5 万元。合作社有理事会成员 5 人，全部由大股东推举产生。合作社租借农户的土地统一种植稻种，原来采取雇工经营的方式，但效果不好，后将稻田反包给农户(多来自外地)，合作社与农户签订合同，合作社提供化肥、农药、种子、技术培训及农机服务，承包户则将稻种按预先商定的价格卖给合作社，承包户的销售收入扣除包干成本即为盈余。盈余的 70%归农户，30%归合作社。归合作

① 通过申请政府补贴，是否产生了直接可分配的盈余是未知的，但存在这种可能性。该合作社申请到的补贴按照规定只能用于建设交易市场，根据合作社提供的建设交易市场的预算，政府只提供了部分资金，其余部分则需由社员自筹，但所有受访社员，无论是一般社员（无股金）还是小股东社员都表示，合作社没有向他们筹集过资金。

社的盈余扣除管理费用后再按股分红。2012 年，该社被评为国家农民合作社示范社。

对于这个合作社来说，普通社员即承包户是惠顾者，但只有股东享有收益权，大部分承包户并不是股东，只有少数农户既是股东又是承包户。也即是说，大部分社员只是惠顾者而不是所有者，因此，该合作社不具有“所有者与惠顾者同一”的本质。绝大多数社员及所有的非股东社员亦认为，该合作社是属于少数几个股东而非社员共有。因此，本章称之为“公司 + 农户”型合作社。

典型案例 16-6：某豆制品合作社

该合作社由一个豆制品作坊主联合其他 5 个作坊主于 2006 年发起成立，共有股东 12 人，理事会成员由股东内部推举产生，有社员 200 多户。合作社经营豆制品，成员独立生产，由合作社统一提供技术服务、统一提供原料、统一销售，销售由理事会成员负责。到销售旺季时，合作社也会收购非社员的产品，全年销量中非社员产品占 1/3 左右。合作社盈余的 30%按股分配，70%按交易量返还，但非社员不能获得返利。

2012 年，该合作社申请了绿色食品认证，并建立了 6000 亩的绿色大豆生产基地。基地共划分为 11 个片区，由 11 位理事亲自负责，同时，11 位理事也拥有优先生产绿色豆制品并使用绿色食品标签的权利。理事长透露，1 公斤普通豆制品的生产成本为 14.6 元，收益为 25 元，利润为 10.4 元；1 公斤绿色豆制品的生产成本为 24.4 元，收益为 56.6 元，利润为 32.2 元，即绿色豆制品的利润要远高于普通豆制品。2012 年，该社被评为国家农民合作社示范社。

这是个合作社吗？所有的社员都是惠顾者，因此，关键是分析谁拥有所有权。所有的社员都拥有使用权，同时因为合作社盈余的 70%按交易量返还，因此，所有的社员都拥有收益权，但是，一般社员并不拥有决策权，决策权掌握在 12 个股东手里。这是因为，理事会及理事长是由 12 位股东内部推举产生的，一般社员并无参与，而合作社重大决策都由理事会做出，比如，以什么价格收购成员的普通大豆及绿色大豆，谁负责绿色大豆的生产及谁能优先生产绿色豆制品等。这些决策权全部掌握在理事会成员手中，而这些决策权能给其掌控者带来很多一般社员所不能享受的好处。因此，该合作社真正的所有者是 12 位股东。一般社员的角色是惠顾者。鉴于股东亦是大户，本章将此合作社称为“大户 + 农户”型合作社。

16.3.3 案例总结

在本书合作者调查的 21 个案例中，“公司”型、“大户”型合作社有 9 个，“公司 + 农户”“大户 + 农户”“村委会 + 农户”“经纪人 + 农户”型合作社有 12 个，具有“所有者与惠顾者同一”本质的合作社则一个也没有。同时，上述合作社还具有以下共同特性：合作社由少数人发起，发起人同时是大股东，发起时即由发起者推举出了理事长及理事会成员，合作社重大事务由理事会决策。然后，社员次第加入合作社，部分社员入股，部分社员不入股。普通社员如果对合作社的制度安排不满，可以选择退出，也可以向合作社管理者反映，但其意见是否得到采纳，则由合作社的管理者决定。也即是说，普通社员只拥有“用脚投票”的权利，而没有用手投票的权利。很多合作社理事长声称，理事会成员是经由大家选举产生的，但经详细询问，才知“大家”大多指的是少数几个创始人或大股东。几个所谓“有较多社员参与选举”的合作社，其实选举也是走走形式，社员们声称，他们只是在大会上被告知谁是理事会成员。

由于本书合作者仅在一个省调查，且选样是非随机的，因此，样本合作社的代表性会受到质疑。为了检验上述现象是否具有普遍性，本书合作者分析了一本由农业部编著的合作社案例集中的合作社（农业部农村经济体制与经营管理司和农业部农村合作经济经营管理总站，2009）。该案例集共收集了 50 个来自全国各地的合作社案例。由于这些案例没有提供完备的组织内部治理尤其是股份构成、管理人员产生机制、盈余分配的决策机制及具体方案等信息，这给本书合作者的分析带来了不小的难度，但仍能根据其所提供的信息大致判断它们是否具有“所有者与惠顾者同一”的本质。在该案例集中，原来按“公司（或大户）＋农户”模式运作，后来改名为合作社，仍由公司（或大户）担任理事长的，就至少有 31 家①；实行雇工经营、统一生产的“公司”型合作社至少有 2 家；其余 17 家则因案例中相关信息缺失，本书合作者难以判断其本质，但这 17 家合作社只有部分社员入股，少数股东占大部分股份，发展早期只有少数社员、社员次第加入的特征则十分普遍②。

事实上，本书合作者注意到的这一现象也为其他众多学者所验证。张晓山（2009）指出，大户领办和控制的合作社在一些地区已成为合作社的主要形式，原有的农业产业化经营中的“公司＋农户”或是内部化于合作社之中，或是公司越来越多地利用合作社来与农民交易。潘劲（2011）指出，中国的合作社中，大股东控股较为普遍，在成员边界问题上，合作社往往采用双重标准：在寻求政府资助、争取项目及应对各种考核时，合作社会尽可能扩展自己的成员边界，以获得“带动农户数”的最高评分，这样，但凡与其交易的农户都成了合作社成员；而在涉及成员权益方面，如在分享盈余及量化政府补助时，合作社又尽可能缩小其成员边界，往往以持股成员或核心成员甚至少数发起人为基数，以减少利益外溢。孙亚范和余海鹏（2012）认为，立法后中国合作社的制度

① 比如，某公司原来与农户签订订单，由于投入品不统一、产品品质无保障，不利于品牌和市场的培育，与农户沟通后发起成立合作社，由公司决定理事长；某奶业合作社的主要服务实体——挤奶站是合作社发起人一人所有的；某合作社有正式社员 6 名，准社员 1401 名，股金全部来自正式社员；某农机服务公司联合农机大户发起成立合作社，与种田户签订协议，给予服务价格优惠，种田户亦可将土地全部转包给合作社由合作社经营；某西瓜合作社拥有社员 352 人，在全国各地拥有生产基地 19 个，面积总计 20 070 亩，联结农户 9200 户，但农户并不持股，也不参与合作社的决策，他们实际上与合作社是“公司＋农户”的关系。

② 社员次第加入这一点并不能说明合作社不具有“所有者与惠顾者同一”的本质，但在前面分析的典型案例中，后加入的合作社成员只能接受已经制定的规章制度，如果对合作社的制度安排不满，他们可以选择不加入，而难以改变既有制度安排，即便在加入后，制度安排进行调整时，普通社员也只拥有“用脚投票”的权利，而没有用手投票的权利。因此，以此类推，这本案例集中的合作社很可能也不具备“所有者与惠顾者同一”的本质。

安排和运行机制具有以下突出特点：合作社通常由具有生产技术、经营才能、营销渠道的农村能人、企业家或技术人员领办，他们在合作社中兼具经营管理者和大股东的双重角色，在合作社的决策中一般占据主导地位甚至是决定地位；合作社的剩余索取权和剩余控制权主要由具有经营管理才能的合作社企业家或经营者掌握，而大多数农户在合作社中处于弱势地位。结合本书合作者前面的分析可知，上述学者所指的合作社同样不具有“所有者与惠顾者同一”的本质。

16.4　现实中合作社不具有“所有者与惠顾者同一”本质的成因

本书合作者认为，现实中合作社不具有“所有者与惠顾者同一”本质的原因有两个：一是农户间存在着明显的异质性，在无外部干预的情况下，异质性将使得具有本质规定的合作社难以自发生成；二是国家目前的政策干预不能有效地促使具有本质规定的合作社产生。

一方面，在中国，农户之间存在着明显的异质性，农户在经营规模、人力资本及资金实力等方面都有着明显的差异，而农户与公司之间的差异就更明显了。异质性的存在使得人们对组建及加入合作社的收益预期不同，通常是公司、种养大户、村委会、经纪人、农资商等对组建合作社期望较高，他们更可能出面创建合作社（潘劲，2011），而小户则选择“搭便车”。因此，合作社常常首先是大户之间联合，然后是大户与小户之间联合（张晓山，2004）。

大户之间的联合和大户与小户之间的联合具有本质的不同[①]。大户联合的原因在于，只有联合起来才能实现规模化经营，而大户之间同质性较强，因此，他们之间的联合更多的是平等的联合，没有谁一股独大，也没有谁

① 在现实中，与农户联合的还有公司、经纪人等，本章仅以“大户＋农户”为例进行说明，公司、经纪人等与农户联合的动机与大户类似，不再一一说明。

在组织的创建过程中做出绝对性的贡献，因此，没有谁拥有绝对的话语权，合作社的重大事务必须由大家说了算。因此，社员都是所有者。再加上大户本身也是惠顾者，因此，仅就大户联合来说，他们所组建的合作社一般具有“所有者与惠顾者同一”的本质，即使可能由于大户数量不多而合作社规模不大。

大户与小户之间的联合则不同。在不考虑政策因素的情况下，大户之所以选择与小户联合，可能基于三个方面的需要：一是需要小户的惠顾，以进一步实现产品销售和农资采购的规模经济；二是需要小户的资金，以满足农产品加工等纵向一体化对资金的需求；三是需要小户彼此之间的监督，以提升和保障产品质量。

对于第一种需要，采用“大户 + 农户”的模式也可以部分做到。尽管“大户 + 农户”中双方的契约关系不如合作社那样稳定，但现实中很多合作社没有什么专用性投资，稳定货源的动机不强，而少数涉及加工或固定销售渠道的合作社，由于其所销售的产品大多是大路货，随时可以找到替代品，稳定货源的动机同样不强，大户因而无须以让小户分享决策权为代价来换取农户的稳定惠顾。即便是需要农户的稳定惠顾，大户只要给予农户的收益稍微高于农户单独跟市场打交道时所获收益即可，而无须与他们共享决策权。

对于第二种需要，大户可以选择以资金互助等名义吸纳社员的存款或者延迟支付货款等方法吸纳社员的资金，而无须让小户分享合作社的决策权。当然，如果大户资金紧缺而小户又不愿意以别的方式投入资金，那么，大户就只能选择以让小户入股的方式吸引小户加入，并给予小户相应的决策权。这样，小户就成了合作社的所有者，如此便实现了“所有者与惠顾者同一”。然而在现实中，一来通常大户已筹够了当时所需的资金；二来即便资金不足，大户也总是优先以其他方式筹资，而不是吸引小户入股并给予其决策权，这是因为小户的资金实力有限，再加上承担风险的能力也低，他们无力或不愿缴纳大额股金，因此，能从小户筹集到的资金数量有限，单位股金的筹集成本也较高；三来小户未必信任大户，尤其在组织的初创阶段，他们更多持观望态度，而等到合作社发展壮大、股金的分红率较高时，合作社就更不愿意开放其股东资格了。基于上述三个方面的原因，大户也很少选择吸纳小户入股并让其分享决策权，而是牢牢地将合作社的决策权控制在自己手中。

对于第三种需要，大户要让小户相信，他们所能获得的收益不仅取决于自己的生产经营，还取决于其他社员的生产经营，因此就必须给予社员以合作社的剩余索取权，并且要让这种剩余索取权有保障而不是被架空从而真正激励社员去监督其他社员，就必须给予社员以监督合作社管理者的权利及参与合作社重大事务的决策权，即合作社必须按照“所有者与惠顾者同一”的方式治理。而在现实中，由于合作社大多力量弱小，无力涉足有机食品等高品质产品的生产，尽管很多合作社申请了绿色食品和无公害农产品认证，但由于外部监管不严，合作社并无动力和压力来真正提升产品的品质。因此，大户对于社员彼此监督的需求并不强烈，因而也无须让小户分享合作社的所有权。

综上所述，异质性使得合作社的控制权通常掌握在大户手中，从而演变成“大户＋小户”的合作模式，而小户的“搭便车”心理则对此起到了推波助澜的作用。当大户被替换成公司、经纪人时，“大户＋农户”就变成了“公司＋农户”“经纪人＋农户”。

另一方面，目前的政策法规不利于具有本质规定的合作社产生。《合作社法》虽然规定了合作社应具有“所有者与惠顾者同一”的本质[①]，但不具有法

① 比如“总则”第四条规定，合作社应遵循下列原则：（a）成员以农民为主体；（b）以服务成员为宗旨，谋求全体成员的共同利益；（c）入社自愿、退社自由；（d）成员地位平等，实行民主管理；（e）盈余主要按照成员与农民专业合作社的交易量（额）比例返还。上述各条，第一点规定了大部分社员是惠顾者，第五点规定了收益权主要由惠顾者分享，第四点规定了社员都拥有决策权，这三点合起来就是大部分社员都既是所有者又是惠顾者，即“所有者与惠顾者同一”。

律约束力。现实中，法律的约束力取决于人们如果遵守法律将会获得多少好处，以及如果不遵守将有多大的概率被惩处及被惩处的力度。

在现实中，不遵守《合作社法》不存在被惩处的危险，事实上，并没有政策法规对于不遵守《合作社法》会怎样这一点做出任何相应的规定。《合作社法》出台的根本目的是通过对合作社进行扶持而引导人们组建合作社，并按照《合作社法》及相关规定治理合作社，因此，《合作社法》中的有关条文应理解成合作社组建和经营的指南及获取政策优惠的条件，而不是具有普遍的强制意义的法律条文。也即是说，人们遵守《合作社法》是因为遵守有益，而不是因为不遵守会被惩处。

然而，不遵守《合作社法》也同样可以获取好处。首先，对于具有普惠意义的政策支持来说，由于国家并没有设置相应的机构来对合作社进行监管，因此，只要在工商部门注册，从而拥有合作社的名义即可享受普惠型政策支持。其次，对于具有特惠意义的奖励而言，虽然合作社表面上要符合《合作社法》及达到奖励标准才能获得，但现实中相关部门并没有真正执行这些标准。本书合作者所调查的合作社中，绝大多数都是市级以上示范合作社，有些甚至是全国示范合作社，但这些合作社都不具有“所有者与惠顾者同一”的本质。

目前的政策环境之所以没有导致具有本质规定的合作社产生，很大一部分原因在于合作社的发展与地方政府、供销社及银行等部门的利益激励不完全相容（仝志辉和温铁军，2009）。合作社的发展在三个方面与上述部门激励相容：第一，合作社的发展符合政府部门的公益性目标；第二，合作社将部分市场环节转化为内部管理环节，通过承担管理成本的方式使市场上的外部交易成本内部化，如果由此产生的管理成本小于其减少的外部交易成本，其中的节约可为合作社及与合作社交易的部门分享；第三，合作社通过组织内部分工，提高了成员的专业化水平，在一定程度上可以扩大对农用生产资料和涉农服务的需求。但是，合作社的发展也有与上述部门激励不相容的地方：供销社、银行等部门也从事与合作社有竞争关系的营利性服务，比如，供销社从事农资销售及农产品贩卖，而合作社一旦发展起来，将直接与农资生产厂家和消费者交易，这就会危及供销社的利益；银行部门也不乐意见到真正的合作社，因为合作社的资金互助业务将减少银行的农户存款①。

政府部门会如何选择？首先，对政府部门的公益性目标来讲，虽然它乐于见到真正的合作社，但由于扶持资金有限，扶持大户建立"假合作社"比建立普惠制的扶持机制或建立一套更严密的遴选机制，行政成本要低很多。而奖励措施的出台还可能进一步催生"假合作社"。因此，这些优惠政策不但没有促使合作社具有"所有者与惠顾者同一"的本质，反而使得很多原本以别的名义存在的组织变成了名义上的合作社。比如，"公司 + 农户"模式在《合作社法》出台之前就早已普遍存在，但注册成合作社能获得更多政策上的好处，于是，这类组织纷纷摇身一变成了合作社。甚至很多投资者所有的公司也直接注册成合作社，由于开展外部业务的需要，它们又同时注册公司，所谓"一套班子，两块牌子"。潘劲（2011）认为，这在一定程度上解释了所谓"空壳社"及"假合作社"的存在。其次，对于将农民组织起来从而分享所节省的交易成本而言，建立"大户 + 小户"的组织也同样能办到。因此，虽然有激励相容的地方，但是，地方政府并没有多少积极性去促进合作社的产生和发展。张晓山等（2001）提供的案例有力地证明了部门垄断是提高农民组织化程度、发育新组织资源的桎梏。地方上供销社积极领办合作社亦是这一逻辑的直接证据②。此外，政府未明确给予合作社开展资金互助的合法地位，亦可能是为了照顾银行的利益。

---

① 进行资金互助正是合作社的优势：由于社员间关系更为紧密，合作社更加了解社员的借贷资格，实施对违约者的惩罚也更容易。目前在中国，这个优势业务不能开展，使得合作社的效率优势更难以显现，也削弱了农户对合作社的需求。当然，允许合作社开展资金互助会增强农户对合作社的需求，但并不必然有利于合作社的产生，因为在农户之间存在异质性和缺乏相应配套政策的情况下，反而会诱使大户借用合作社的名义发展私人银行。

② 见案例 16-1。

16.5 中国到底有没有真正的合作社？

综上所述，由于异质性和政策环境的缘故，现实中不容易产生真正意义上的合作社①。鉴于农户间的异质性是个普遍现象，而全国各地的政策环境亦是类似的，因此，上述逻辑很容易推广至全国：虽然本章在 16.3 节所举案例并非通过随机抽样的方式获得，且只来自局部地区，但所得出的结论却适合全国，即全国其他地区的合作社同样不易具有合作社的本质规定。至此，本书合作者甚至可以质疑：中国大部分甚至是绝大部分合作社都不具有“所有者与惠顾者同一”的本质规定。

本书合作者之所以只是质疑，而不是下结论，源于本章的案例不是随机选取的，要推断全国的情况，还需要进行进一步的讨论。全国合作社中“所有者与惠顾者同一”的合作社所占比例有两种可能：一是与本章案例所显示的相近；二是明显高于本章案例所显示的。

支持第一种可能性的理由如下：本章所选取的案例，是地方政府眼中的“明星合作社”。从地方政府评比示范合作社的办法来看②，要成为“明星合作社”，既要服务功能强大，又要大部分社员是合作社的主人，即合作社的

① 张晓山等（2002）、党国英（2004）认为，农民没有获得有保障的土地产权是合作社发展不起来的根本原因。本书合作者认为，这可以解释张晓山等（2002）提到的中国农村的产业组织链以“公司＋乡镇政府（有时甚至是县政府）”为主，而“公司＋农户”模式远未成为联结农户与市场的主导形式，因为追求稳定利润的公司是不会愿意与那些并不真正掌握土地资源的“农民”打交道的；但这不能解释本章提到的农户间合作采取“大户＋农户”模式而不采取具有本质规定的合作社模式的现象。退一步说，即便农户的土地产权不完整是合作社发展不起来的原因之一，本章的结论依然成立——农民的土地产权不完整这一点对全国农户来说都是一样的。

② 比如，某地区规定，对符合“六有”的示范合作社将给予重点扶持。“六有”包括：一是有独立的法人资格；二是有规范的组织规章；三是有紧密的合作关系；四是有较强的服务功能；五是有较大的经营规模；六是有明显的增收效果。其中第三点还进一步规定，社员以货币、实物、经营权入股，合作社实行股份制经营；社员成为合作社的主人，享受生产在家、服务在社的合作成果；成员 80%以上的农产品（与合作社经营相关的）通过合作社组织生产、加工、销售。第五点则进一步要求合作社有较广泛的社员、较大规模的经营和较多层次的合作。

本质与《合作社法》的规定相符。既然"明星合作社"尚且不具备"所有者与惠顾者同一"的本质，更何况那些普通合作社？这也正是本书合作者在人力、物力不允许进行随机大样本调查的情况下以案例研究来推断全国情况的理由。

支持第二种可能性的可能理由如下：本章所调查的合作社大多获得了国家政策奖励，但这些合作社之所以获得了政策奖励，所依赖的是人际关系而不是合作社的表现。这些合作社即便不具备"所有者与惠顾者同一"的本质，也可以获得政策支持，而那些具备"所有者与惠顾者同一"本质的合作社反而未必能够获得政策支持。从个案而论，不具备"所有者与惠顾者同一"的本质的合作社获得了政策支持，而那些具备"所有者与惠顾者同一"本质的合作社反而未获得政策支持，这是有可能的。但是，以此作为支持第二种可能性的理由却不成立。这是因为本章所调查的合作社只有少数是不怎么运转的"空合作社"，大多数都是由职业意义上的农民创办的。倘若其他农民创办具备本质规定的合作社符合自己的利益，那么，本章所调查的合作社的负责人，只要他们也是职业意义上的农民，创办具备本质规定的合作社也就同样符合他们的利益。这一点不会因为他们与政府官员关系的好坏而改变。况且，本章所调查的合作社并非都获得了政策支持。另外，换个角度，本书合作者也没有理由相信地方政府官员对那些具备"所有者与惠顾者同一"本质的合作社不知情或者刻意隐瞒，而有意介绍那些不具备"所有者与惠顾者同一"本质的合作社。

因此，就目前的分析来看，第一种可能性成立，而第二种可能性尚未有相应的依据。至此，本章大抵可以得出结论：中国大部分甚至是绝大部分合作社都不具有"所有者与惠顾者同一"的本质规定[①]。

---

① 必须指出，相对于大样本随机调查，这一结论既不精确亦不严谨。但是，这一结论也不同于以往同样基于案例研究的结论。一是本章从原理上论证了合作社的本质规定，并据此基于产权理论进行了详尽的案例分析，这使得对单个合作社性质的判定更可信；二是本章案例无论是数量还是范围都远超过一般的案例研究，这使得对总体的推断更有说服力；三是本章指出现实中合作社不具有本质规定的根本原因在于农户间的异质性和政策环境，而这一点在全国都具有普遍性，本章借由逻辑推断完成了由特殊性的案例至一般性结论的"惊险一跳"。当然，这一"跳"的效果如何，还有待学术界的批判及现实的检验。

16.6 结　语

运用大量的案例分析和逻辑上的外延推广，本章证实了由于农户间异质性和现行的政策环境，中国绝大部分合作社都不具备“所有者与惠顾者同一”的本质。要使现实中的合作社具备本质规定，进行外部支持就是必要的。事实上，从世界各国合作社的发展实践来看，合作社很少完全自发形成（Fulton，2005）。日本农户间异质性的情况与我国极为相近，地方政府对合作社进行了外部支持。然而，欧美国家尽管农场主间异质性的情况比中国要轻得多，但由于合作社固有的“搭便车”等问题，外部支持在合作社产生和发展过程中同样起到了极其重要的作用（Harris et al.，1995；Stefanson，2002）①。因此，外部支持是否值得及能否成功，将关乎合作社在中国的前途。正如徐旭初（2012）所评论的——目前，“中国合作社又走到了一个新的十字路口”。

参考文献

党国英. 2004. 通过组织创新帮助农民走向市场——读张晓山等著《联结农户与市场》. 经济研究，(3)：124-126.

邓衡山，徐志刚，黄季焜，等. 2011. 组织化潜在利润对农民专业合作组织形成发展的影响. 经济学（季刊），10（4）：1515-1532.

杜吟棠，潘劲. 2000. 我国新型农民合作社的雏形——京郊专业合作组织案例调查及理论探讨. 管理世界，(1)：161-168，216.

黄季焜，邓衡山，徐志刚. 2010. 中国农民专业合作经济组织的服务功能及其影响因素. 管

① 这种外部支持通常采取外部代理人（external agents）支持的方式。外部代理人在合作社组建及经营过程中提供帮助，但不干预合作社的内部决策，因此必须是与合作社没有直接利益关系的机构或个人。此外，外部代理人还可以帮助合作社选择和确定合适的领导人、识别潜在的社员、分配业务计划和产业分析所需的资源及协助开展非常有前景的活动。外部代理人通常通过改进参与者之间的沟通、搜集和传播信息、评估合作社现有资源、提供关于其他体制安排和建立治理结构方面的技能和经验来实现上述目标。此外，外部代理人还可以帮助和鼓励合作社建立适合当地条件的规章制度，修正这些规章，并对规章在应用过程中可能出现的模棱两可之处的问题进行澄清，帮助监督规章和惩罚措施的实施（Fulton，2005）。谁是担当外部代理人的合适人选？需不需要对外部代理人提供激励及怎样提供激励？这些问题需要另文专门讨论。有关外部代理人的详细论述及实例可参见 Harris 等（1995）。

理世界，（5）：75-81.
黄宗智. 2010. 中国的新时代小农场及其纵向一体化：龙头企业还是合作组织？//黄宗智. 中国的隐性农业革命. 北京：法律出版社：138-162.
国鲁来. 2001. 合作社制度及专业协会实践的制度经济学分析. 中国农村观察，（4）：36-48.
农业部农村经济体制与经营管理司，农业部农村合作经济经营管理总站. 2009. 农民专业合作组织案例评析. 北京：中国农业出版社.
潘劲. 2011. 中国农民专业合作社：数据背后的解读. 中国农村观察，（6）：2-11，94.
孙亚范，余海鹏. 2012. 立法后农民专业合作社的发展状况和运行机制分析——基于江苏省的调研数据. 农业经济问题，（2）：89-96，112.
仝志辉，温铁军. 2009. 资本和部门下乡与小农户经济的组织化道路——兼对专业合作社道路提出质疑. 开放时代，（4）：5-26.
吴志雄. 2004. 对农产品合作社一些问题的思考. 中国农村经济，（11）：11-16.
徐旭初. 2005. 农民专业合作经济组织的制度分析——以浙江省为例. 浙江大学博士学位论文.
徐旭初. 2006. 农民专业合作：基于组织能力的产权安排——对浙江省农民专业合作社产权安排的一种解释. 浙江学刊，（3）：177-182.
徐旭初. 2012. 农民专业合作社发展辨析：一个基于国内文献的讨论. 中国农村观察，（5）：2-12，94.
应瑞瑶. 2002. 合作社的异化与异化的合作社——兼论中国农业合作社的定位. 江海学刊，（6）：69-75.
苑鹏. 2001. 中国农村市场化进程中的农民合作组织研究. 中国社会科学，（6）：63-73，205-206.
苑鹏. 2006. 试论合作社的本质属性及中国农民专业合作经济组织发展的基本条件. 农村经营管理，（8）：15-21.
张晓山. 2004. 促进以农产品生产专业户为主体的合作社的发展——以浙江省农民专业合作社的发展为例. 中国农村经济，（11）：4-10，23.
张晓山. 2009. 农民专业合作社的发展趋势探析. 管理世界，（5）：89-96.
张晓山，等. 2002. 联结农户与市场：中国农民中介组织探究. 北京：中国社会科学出版社.
张晓山，罗远信，国鲁来. 2001. 两种组织资源的碰撞与对接——四川射洪棉花协会的案例研究. 中国农村经济，（4）：17-23.
周其仁. 2004. 农地产权与征地制度——中国城市化面临的重大选择. 经济学（季刊），（4）：193-210.
Cheung S N S. 1983. The contractual nature of the firm. The Journal of Law and Economics,

26（1）：1-21.

Deng H S，Huang J K，Xu Z G，et al. 2010. Policy support and emerging farmer professional cooperatives in rural China. China Economic Review，21（4）：495-507.

Fulton M. 2005. Producer associations：international experience//Sonntag B H，Huang J K，Rozelle S，et al. China's Agricultural and Rural Development in the Early 21st Century. Australian Government，Australian Centre for International Agricultural Research：174-196.

Harris A，Fulton M，Stefanson B，et al. 1995. Working together：the role of external agents in the development of agriculture-based industries. Paper Provided by University of Saskatchewan，Centre for the Study of Co-operatives in Its Series Miscellaneous Publications，No.31773.

Stefanson B. 2002. Adult educators in co-operative development：agents of change. Saskatoon：Centre for the Study of Co-operatives in Its Series Occasional Papers，No.31777.

第 17 章　中国小农经济与农民合作社的发展前景

本章在阐明中国小农经济具有历史性和长期性的基础上，基于中篇第 8 章关于合作社产生和发展的逻辑分析框架，以及关于合作社产生发展必要条件和适宜性的理论与实证研究结论，对比分析美国、日本和中国合作社发展的客观条件和基本国情，研讨中长期内中国合作社的发展前景。

17.1　中国小农经济与未来可能的发展方向

17.1.1　以小规模家庭经营为基础的中国小农经济将长期存在

中国具有久远的农耕历史，早在 2000 千多年前就形成了小农经济及与之相适应的政治文化体制。近代以来，在内忧外患的共同作用下，集权式皇权制度土崩瓦解，但是与小农经济相适应的宗族制度及乡土文化并没有受到根本性冲击，并且在当代中国农村仍然发挥着作用。中国小农及与之相适应的社会文化制度具有顽强的生命力，时至今日仍然有其存在的价值和意义。

中国正处于经济、社会和政治转型时期，小农的发展模式和方向选择将内生于其特殊的资源、经济和政治文化等条件。基于中国农村的人地关系和城市化模式及进程，面对市场化和全球化，中国小农未来只能选择以家庭经营为基础的农业经营模式，并通过各种农业经营制度模式创新实现农业生产经营组织化水平的提升，融入现代市场经济，成为推动中国农业现代化的主体。

首先，农业生产经营周期长和劳动监督难是采取“家庭经营”模式的经济学基础。农业生产周期长，季节性强，不同作物和生产环节的农业生产技术差异大，无法像工业一样实现标准化，因此，大规模雇佣劳动力进行委托作业的劳动监管难度大、成本大，而家庭经营以自有劳动为主，能够很好克服上述委托代理的道德风险缺陷。这也是即使在农业生产高度发达的欧美国家，农业生产经营模式也是以家庭经营为主，极少采取以雇工为主要特征的工业化生产模式的重要原因。即便农场规模很大，也主要以机械化来替代劳动力实施生产作业。

其次，中国“人多地少”的资源禀赋关系和人口城市化远滞后于土地城市化，这种“不完全”城市化模式决定了我国的家庭经营仍将以小规模为主。2016 年，中国仍有农户约 2.4 亿户，耕地只有 18 亿亩，户均耕地约 0.5 公顷。假设耕地保持 18 亿亩不减，中国农户耕地规模若要达到亚洲平均水平（1.6 公顷），经营耕地的农户则要减少 69%；如果要达到黑龙江省的农户规模（3 公顷）或户均 6.67 公顷（约 100 亩）的水平，经营耕地农户更是要分别减少 83%或 93%。从中国目前的城市化相关制度安排和城市化模式来看，这样的规模化水平显然在短期内是无法达到的。从历史角度看，中国人多地少的资源禀赋关系也较以前更为严峻，小农经营自有其必然性。

最后，中国在较长时期内维持小农经营模式有其深厚的政治文化基础。以小农为主体的经济形态在中国持续了两千多年，小农家庭经营显示了顽强的生命力，在支持国家财政、缓冲社会矛盾、稳定社会和政治方面都发挥了重要作用。虽然当前中国赋税基础实现了由农业向工业的转变，但农业和农村在缓冲城市化进程中社会保障等公共品供给压力方面一直发挥着重要作用。另外，即便彻底打破农村人口城市化的制度藩篱，由于城乡文化的差异，农村人口和家庭向城市的永久迁移也会面临各种现实制约，这将是一个漫长的过程。

因此，未来中国将在很长时期内需要，也只能在坚持农户家庭经营基础地位的前提下逐步推进农业的规模化、组织化和现代化进程。这是由中国政治文化历史、农村人地等资源禀赋关系和城市化发展模式等综合决定的，也是提高农业劳动生产率和农民收入，推动农业现代化和农村区域发展的必然选择。

17.1.2　农户兼业化与专业化并存将长期存在，规模经营将缓慢发展

当然，与近现代相比，中国小农的生存环境已有根本性变化，市场化、全球化和城镇化在带给小农发展机遇的同时，也带来了前所未有的挑战。伴随着农业生产环境的深刻变革，中国小农正在积极地通过各种努力和尝试来适应外部环境的变化。过去四十多年来，中国尝试通过发展农业产业化、社会化服务、合作社和家庭农场等多种模式，帮助农民克服单个小农户在对接现代市场经济和社会快速发展过程中面临的困难，改善小农在现代社会中的弱势地位。在实践中取得了不少成绩，但也面临着诸多挑战，有待进一步探索和完善。

但总体而言，中国小农兼业化、经营方式多元化的局面将长期存在，规模化经营和农业现代化将是一个缓慢发展的过程。不过，由于中国地域广阔，不同地区农业资源禀赋条件、市场经济发展水平、农业发展条件和所处发展阶段差异巨大，各地区农业现代化的发展进程和模式可能呈现出明显的异质性。

（1）农户兼业化与专业化并存将长期存在，规模经营将缓慢发展。一方面，由于中国人口城市化远滞后于土地城市化，农业和农村在缓冲城市化进程中社会保障等公共品供给压力方面一直发挥着重要作用，城镇化无法在短时间内大规模地将农业人口转出农业，大量农户只能维持“半工半农”的兼业状态，兼业户仍将长期大量存在。另一方面，随着城市化、工业化的持续推进，部分农户逐渐从农业中退出，农户平均经营规模有望扩大。同时，随着经济的发展和人们收入水平的提升，人们对农产品的需求尤其是对蔬菜、水果、蛋肉禽奶的需求越来越旺盛。在这两种力量的共同作用下，将会助推专业大户不断出现。因此，农户兼业化与专业化并存状态将长期存在。但是，农户平均经营规模的扩大并不是农户均匀扩大的结果，而更多是少数农户退出农业同时少数农户转变为专业大户的结果。农户规模化经营和专业化的进程将是一个缓慢的过程。

（2）通过社会化服务和土地托管等模式，在不改变农地承包权的基础上实

现农业生产经营的规模化，可能成为大量小农户农业经营的主要方式和中国农业经营的主流方式。虽然这种经营模式不改变农户的经营规模，但其可以通过生产作业规模化和产前、产后组织化获取规模经济，而且，不实现土地流转，不仅可以保留承包农户的剩余索取权，还可以分散服务供给方的生产和市场风险，在农业副业化和劳动力成本不断上升的背景下，这无疑会成为大量农村地区农业经营规模化、现代化的重要发展方向。

（3）在大多数地区，小规模、资本-劳动双密集化的畜-禽-鱼饲养和菜-果种植的家庭农场经营模式会是中国小农发展的现实选择。总体上，中国的食物结构和农业生产结构转型决定了这种小农农场更适合中国的新时代农业，因为它需要的是频繁的、多种小量的手工劳动，不允许简单的规模经济效益。同时，它也更适合于中国高人口压力的现实。

（4）在黑龙江、新疆和内蒙古这些人均耕地资源非常丰富的地区，局部地区出现和发展大规模机械化农场也是一种发展方向，但也需要有良性的人口迁移和土地流转作为基础。

（5）除了立足于农业和农村自身发展外，中国小农未来的收入增长和生计改善必须越来越依赖劳动密集型非农产业发展。从长远看，在工业化和全球化背景下，中国农业在国民经济中的相对地位将继续下降。劳动密集型非农产业的发展不仅可为农民收入不断增长提供机会，也是缩小城乡收入差距的关键。增加非农收入是农民用来应对农业资源匮乏和农业收入不稳定的重要策略和选择。

17.2 合作社在中国发展的条件和适宜性：与美日之比较

17.2.1 合作社产生和发展的适宜条件

根据中篇第 8 章对合作社产生和发展适宜条件[①]的分析，以下五个因素是影

① 关于合作社产生和发展的适宜条件，8.2 节有详尽的分析，此处不再赘述，为方便阅读，将分析的结论摘抄于此。

响合作社产生和发展的关键因素，包括：①农业劳动监督的难易程度；②资产专用性程度和交易不确定性大小；③外部资源支持；④市场结构；⑤成员规模与异质性。现实中这些条件越有助于合作社扬长避短，合作社产生和发展的条件就越适宜。

面对真正的合作社在世界范围内普遍存在而在中国却极其难寻这一事实，首先需要解释的是合作社在中国的适应性为什么会不如其他国家？合作社为何如此不适应于当前中国，合作社在中国产生和发展的可能性如何？为了回答上述问题，下文基于本书构建的分析框架，选取美国、日本进行国别比较分析。其中，美国在农户规模等农业经营约束条件上与中国有很大的差异，而日本与中国则有着类似的农业经营约束条件——人多地少，并有相近的精耕细作的农耕传统。本书假定农业市场结构、农业劳动监督的难易程度在国别之间并无明显差异①，因此，本章主要从“资产专用性程度与相关交易的不确定性大小”、“成员规模与异质性”和“外部资源支持”这三个维度来分析。

下文分析中，资产专用性程度用农产品加工程度来测度，相关交易的不确定性则用食品质量监管力度来测度，外部资源支持主要看政府与外部代理人支持②等在合作社制度建构中所起的作用。用农产品加工程度来测度资产专用性程度是因为，当农产品加工程度低时，加工和销售农产品的专用性资产主要来自销售渠道的专用性；当农产品加工程度高时，专用性资产不仅来自销

① 忽略对农业市场结构的详细分析是基于以下理由：其一，获得垄断收益不是企业存在的主要原因（Coase，1991）；其二，合作社的垄断收益取决于农产品买方市场的垄断势力及合作社的市场份额，而合作社的市场份额则取决于合作社的成员覆盖范围，这取决于组织成本，为此将其放在组织成本部分来分析；其三，对于农产品买方市场，在这三个国家都是高度竞争性的。中国的情况：本书对 331 个村庄的调查发现，2013 年，平均每个村庄约有 3.15 个农资店和 11.81 个农产品经纪人，而且农资店和农产品经纪人通常需要在比村庄更大的范围内彼此间竞争，因此很难形成垄断势力，而目前中国农户主要通过农资店购买农资，通过经纪人或批发商销售农产品，因此，中国农业市场是高度竞争的。同时，美国和日本都是市场化程度很高的国家。因此，本书假定，这三个国家农产品买方市场的竞争程度无明显差异。

② 外部代理人是与合作社没有直接利益关系的机构或个人，在合作社组建及经营过程中提供帮助，但不干预合作社的内部决策。外部代理人通过了解社员（或潜在社员）的共同特点，帮助社员认识到彼此间存在的互相依赖的关系，从而有助于社员就组建合作社、确定合作社可能采取的行动等问题取得一致意见（Fulton，2005）。

售渠道的专用性，还来自加工设备及加工技术的专用性。因此，通常农产品加工程度越高，其资产专用性也越强。用食品质量监管力度来测度相关交易的不确定性是因为，当相关交易的不确定性程度高时，合作社能否发挥自己的优势，与食品质量监管力度密切相关。相关交易的不确定性主要来自产品价格波动和产品质量信息不对称，其中，产品质量信息不对称对市场交易成本的影响更大。这是因为价格波动带来的是市场风险，产品质量信息不对称则会导致逆向选择行为，而第三方监管机构的监督和证明是避免产品质量信息不对称的有效手段[①]。

17.2.2 美国合作社发展概况及约束条件

2013 年，美国有合作社 2186 个，社员 200 万个，部分农民参加了一个以上合作社，因此，社员总数超过了美国农民总数[②]。1995 年，美国农业部农村商业和合作社发展局的调查显示，在所有合作社中，主营农产品销售的合作社占 51.8%，这些合作社占美国农产品销售市场的 31%；主营生产资料的合作社占 36.4%，这些合作社提供的生产资料占全国的 29%；此外，还有 11.8%的合作社从事人工播种、农产品的仓储和烘干等业务（孔祥智等，2012）。

合作社在美国之所以大行其道，与美国具备适宜合作社产生和发展的条件密不可分。首先，美国农场规模较大，2007 年，农场平均规模为 179.6 公顷（何秀荣，2009）。相比于小农户，这降低了合作社的组织成本。同时，在合作社产生和发展过程中，美国有民间力量给予合作社以外部代理人支持，这进一步降低了合作社的组织成本。其次，美国农产品加工程度较高，80%以上的农产

① 对于农产品市场来说，最典型的信息不对称就是高品质、高安全性的农产品交易，如有机农产品的交易。对于有机农产品来说，农户无力向消费者证明产品究竟是不是有机产品，是因为农户规模太小而检测成本太高。这一逻辑同样适用于订单农业。一旦劳动监督问题凸显而使得第三方监管失效，合作社就将是最好的选择。但是，安全农产品要赢得消费者信任，只能由第三方监管机构来监督和证明。当第三方监管缺失或者低效时，农户即便通过合作社组织起来降低检测成本，也依然无力向消费者证明其产品的安全性。此时，合作社降低检测成本的优势也就变得没有意义了。

② 数据来源于 USDA（2013）。

品都经过加工后上市（农业部农产品加工局赴美考察团，2014）；同时，美国食品监管力度大，食品质量标准具有很强的可操作性①。这些都使得合作社降低市场交易成本的优势能最大限度地得到发挥。

17.2.3　日本合作社发展概况及约束条件

日本合作社又称农协，是一个带有准政府机构色彩的组织，每个村有且仅有一个。因农协的“包村式”特征，日本大部分农户都加入了农协。

从合作社产生和发展的适宜条件来看，日本在农户规模这方面是不利的，日本农场平均规模仅有 2 公顷（何秀荣，2009），而在“资产专用性程度与相关交易的不确定性大小”这方面是十分有利的。日本农产品加工业很发达，人们日常消费的农产品 80%是经过加工的，只有 20%是生鲜食品（冯蕾等，2011）。此外，日本食品市场监管力度极大，其标准甚至可以说是全球最严②。由于日本农协是在政府强行干预下组建的③，因此，较难评估如果政府不强行干预，合作社在日本的发展前景。

---

① 美国食品监管由食品药品监督管理局、农业部和国家环境保护局共同承担；为了加强各机构的协调配合，还成立了“食品传染疾病发生反应协调组”和“总统食品安全委员会”。美国政府、国会和法院三个部门权力相互分离与制约，从而建立了一个决议透明度高、科学严谨及公众参与度高的食品质量安全体系。尤其是美国在食品质量安全法律法规制定过程中采用了预防方法，质量安全标准也不断地制定和完善，从而具有很强的可操作性和检验性（刘少伟，2012）。

② 日本食品质量监管的力度从食品安全立法、监管机构和管理手段上得以体现。2003 年是日本食品安全立法的“分水岭”，之前是以“卫生”为监管重点，之后则以“安全”为监管重点。日本食品安全监管机构包括厚生劳动省、农林水产省及食品安全委员会，已经形成一套分工明确、共同协作又相互制衡的食品安全监督体系。此外，日本还通过采用 HACCP（hazard analysis critical control point，危害分析和关键控制点）体系、可追溯体系、良好农业规范及开展食品安全教育这些管理手段对食品安全进行监管（卢凌霄和徐昕，2012）。

③ 日本学术界认为，日本农协既是政府的“别动队”（意即政府各项农业政策的实际执行人），又是农业经营组织，同时也是一个政治施压团体。日本农协具有如下几个特点：一是采用“包村式”（“村”农协）把整个地区都覆盖下来，以实现地区垄断；二是兼具信贷、农产品销售、生产资料购买及共同使用农业相关设施的功能，实现生产合作和生活合作；三是建立从基层农村到全国农协的金字塔形组织机构（系统农协），这样的组织机构采用自上而下的决策方式；四是和政府及政治的关系密切（通常被称为“经济政府”或“施压团体”）（孔祥智等，2012）。可见，在日本农协的发展过程中，与合作社有关的只有第二个特点，而其他特点更多地与政府有关，因而农协很容易被农政当局左右。

17.2.4 中国合作社发展概况及约束条件

合作社在中国的适应性之所以会远不如美国、日本等其他国家，是因为相比于其他国家，中国各方面的条件都不太利于合作社发展。

首先，由于农户经营规模小等原因，合作社组织成本高昂的劣势更加突出。中国农户经营规模非常小，截至2002年底，户均耕地不到1公顷。与农户经营规模小相伴随的则是农户弱小的投资能力。同时，当前中国正处于城市化、工业化过程中，农户也因此分化成专业户和兼业户，这使得农户异质性大大增强。此外，中华人民共和国成立后的“文化大革命”等政治运动和改革开放后的征粮收税、征地拆迁等活动，以及农村人口流动加剧都削弱了农村基层人们之间的社会信任。[①]这些因素的汇集使得合作社组织成本高昂的劣势成倍凸显。然而政府也没有采取适宜的方式支持合作社发展，虽然出台了《合作社法》，各级政府也给予了财政等方面的支持，但合作社更需要的是旨在降低组织成本的制度建构，而不是物质支持（许建明和李文溥，2015），因为物质支持在缺乏有效监管的情况下，难以降低合作社的组织成本，相反，会催生大量“空合作社”“伪合作社”，甚至还会使原本的真合作社异化成“伪合作社”[②]。

其次，由于食品质量监管不完善等原因，合作社有利于降低交易成本的优势难以发挥。中国农产品更多地以初级产品的形式出售，加工率只有45%（尤

---

① 调研中发现，一些农户仍担心合作社是人民公社的复制，这与其说是农户对合作社缺乏了解，还不如说是人民公社运动破坏了人们之间的社会信任。

② 本书合作者之一曾参与某省的合作社项目评审，其基本做法是，省相关部门先制定一个标准，专家的工作仅仅是以申报的材料为依据核查哪些合作社符合项目奖励的标准，至于材料的真实性，则由地方政府负责。这里有两个问题：第一，项目评审标准本身就可能偏离合作社的本质规定。比如，某省在合作社项目评审中规定，成员以土地入股、理事长获奖则给予加分。第二，在项目诱惑和政绩考核的压力下，地方政府既无动力也无精力来对合作社进行监管，因此，很多公司甚至是“空合作社”也获得了项目扶持（邓衡山和王文烂，2014）。至于原本的真合作社在政策的激励下异化成“伪合作社”，其逻辑在于：真合作社是民主控制的，政策扶持的好处由全体社员共享；为了独享政策扶持的好处，就必须异化成由少数人控制的“伪合作社”。

月，2010）。同时，中国食品质量监管的力度也远不如日本、欧洲、美国等国家和地区。中国在保障食品安全方面的主要措施是出台了《食品安全法》等法律，但是，这方面的法律体系尚不完备，同时监管体制也不太完善（刘亚平，2011；周应恒和王二朋，2013）。

综上所述，相对于美国和日本，无论是在农户规模、异质性与社会信任、资产专用性与交易不确定性方面，还是在外部资源支持方面，中国的现实条件都更不利于合作社的产生和发展（汇总情况见表 17-1）。当最适宜发挥合作社优势的环境不复存在，而其劣势却加倍凸显时，合作社不适应于当前的中国，也就不足为奇了。

表 17-1　合作社发展状况与约束条件的国别比较

国别	合作社或农协的市场份额	农产品买方的垄断势力	资产专用性程度与相关交易的不确定性大小	成员规模	外部资源支持	劳动监督难易程度
美国	较大	无或小	强	大	无或低	无明显国别差异
日本	较大	无或小	强	小	高	
中国	极小	无或小	弱	很小	无或低	

17.3　合作社在中国的发展前景和未来

从合作社产生和发展的适宜条件来看，合作社在中国的总体适应性不如美国、日本，但也不能因此全盘否定合作社在中国产生发展的可能性。首先，在中国的现实条件下，虽然合作社的组织化收益较低而成本较高，但相对于其他经营模式，合作社的净收益仍可能大于零。其次，合作社的现实适应性与产业特征有关。前文述及农户规模小是合作社产生和发展的障碍，而农户规模又受到自然资源禀赋如土地的制约，但不同产业受土地制约的情形大不相同。对于劳动密集型的种植业（如水果、蔬菜）来讲，适度的生产规模并不需要大量的土地，而养殖业对土地规模的要求也相对较低。

因此，为了更好地理解合作社为何在中国如此难寻，本节首先选取几个案例，探讨在中国，为什么在相对更利于合作社产生和发展的现实约束条件下，农户依然没有选择合作社这种经营模式；然后在此基础上讨论合作社在中国产生和发展的可能性。

17.3.1 中国合作社目前的选择：几个案例

为了达到上述目的，案例拟从更符合以下特征的产业中选取：①农业劳动监督相对困难；②经营规模受到土地制约的程度相对较低；③资产专用性程度及不确定性程度较高。其中，案例 17-2 中的奶业是美国和西欧合作社发展最好的产业，即最适宜发展合作社的产业。

典型案例 17-1：本质为订单农业的某茶叶合作社

该合作社成立于 2008 年，由 8 个大户联合发起，理事长和理事会由发起人推举决定。2014 年共有普通社员 148 户，8 个大户共计有 2400 亩茶园，普通社员共计 2700 亩茶园，社员全部分户经营。合作社统一收购社员的鲜茶叶，口头承诺包收但没有价格约定，但在安全要求上有书面协议。合作社通过监督社员生产活动和技术指导来控制质量与安全，一旦社员违约则要求退出合作社。合作社有自己的加工厂、商标和专营销售渠道。茶叶加工后以有机茶叶销售。社员无合作社股份，亦无盈余返还。合作社 2013 年获得财政补贴 10 万元、贴息贷款 20 万元、物质奖励 10 万元。

典型案例 17-2：本质为无订单的市场模式的某奶牛合作社

该合作社由 7 个养牛户于 2009 年发起成立，理事长和理事会由发起人推举决定。2013 年共有社员 25 名。合作社发起人统一经营，养殖规模为 55 头；普通社员分户经营，规模合计 75 头。合作社免费提供技术指导和饲料统一购买服务。合作社统一按市场价收购社员的牛奶，要求由合作社（奶站）统一挤奶以确保质量安全。合作社还收购非社员的牛奶，2013 年占收购总量的 40%。

合作社收购的牛奶卖给蒙牛公司，合作社与其有长期约定，蒙牛公司会对牛奶进行质量检测，不合格的拒绝收购。合作社的利润则来自蒙牛基于市场价的提成。合作社共有股金 120 万元，其中理事长出资 70 万元，其他 6 位发起人共出资 50 万元，普通社员不出资，股金用于生产资料购买和日常开支，合作社盈余按股分红。

很显然，这并不是一个“所有者与惠顾者同一”的合作社，其本质是“无订单的市场模式”：一方面，作为惠顾者的社员和非社员，既无股金亦无盈余返还，因而并不是合作社的所有者；另一方面，“社员们”与合作社没有长期固定的契约关系，社员与非社员也无明确的边界。

为什么在这两个案例中，农户没有组建合作社？

对于案例 17-1 来说，原因主要有两点：一是成员间异质性很强，发起人无论是在经营规模、资金实力还是企业家才能甚至是社会资本上都强于普通社员。异质性的存在使得成员间利益不完全一致，若按照“所有者与惠顾者同一”的方式进行治理，会导致组织成本更加高昂。二是中国的食品安全监管不完善，使得该合作社无动机以盈余按惠顾额返还的方式给予社员以激励来保证产品的质量。该案例中，合作社卖出的是有机茶叶，收购鲜叶时却是市场价。但按照有机农产品的标准进行生产的成本必然比普通产品高出很多，以此反推，可知农户其实生产的只是普通茶叶。实际上，重认证、轻监管及超范围使用有机认证标签是业内的普遍现象（刘亚平，2011）。在这种前提下，组建真正的合作社的动机大大弱化了。虽然茶叶易腐烂，但由于双方都进行了专用性投资，形成了相互依赖的局面；市场的高度竞争使得存在竞争性的市场价格，加上社员们同处较小的地域内，彼此间熟悉，“声誉”的重要性使得谁也不敢轻易偏离竞争性市场价格，因此，双方的交易能够在长期内保持稳定。

案例 17-2 的情形稍有不同。牛奶加工和销售的门槛更高，由于农户规模小、投资能力弱，即便组建合作社也很难涉足加工和成品销售而只能销售初级产品；农户的经营规模也更小。其他方面则是相似的：成员间异质性明显，食品安全监管不完善的大环境是一样的。对于案例 17-2 来说，现有模式之所以能取得成功，逻辑和案例 17-1 是类似的：双方都投资专用性资产，发挥竞争性市场价格及“声誉”机制的作用。

如果食品安全监管变得更严会怎样呢？此时，现有模式很可能难以保证产品质量①，相比于案例中的市场模式或订单农业模式，合作社具有一定的优势，而一旦劳动监督问题凸显而使得第三方机构监管失效时，合作社就将是最好的选择。

17.3.2 中国合作社未来的选择

前述分析表明，农户规模小、农户间的异质性及食品质量监管体系的不完善、缺乏有效的政策支持是我国合作社产生和发展的四大不利因素。这些因素如何变化将在很大程度上决定合作社在中国的未来。不过，这些因素的变化及对合作社的影响将不尽相同。

首先，随着城市化、工业化的持续推进，农户经营规模有望增大。但世界经验表明，这个变化将是缓慢的，日本从 20 世纪 50 年代末开始实施扩大农场规模政策，但 50 年的政策推进结果仅仅是使平均农场规模从起步的 1 公顷扩大到 2 公顷（何秀荣，2009）。而且普遍进行规模化经营也不太适合中国高人口压力的特殊国情。其次，农户间很可能仍将在长期内存在明显的异质性。如前所述，无法在短时间内大规模地将农业人口转出农业的前提下，兼业农户与专业大户仍将长期共存，农户间也将在长期内存在明显的异质性。最后，食品质量监管体系和支持政策的变化则完全取决于政策的调整。如果政策不进行重大调整，合作社在中国的发展前景依然不容乐观。

当前中国的外部经济社会条件不利于合作社的产生发展这一事实提醒我们：需要审慎认识合作社在当前农业生产经营中的作用；此外，如果政策的目

① 在 2000 年以前，山东泰安的出口蔬菜生产中普遍采用的是“公司 + 基地 + 农户”的模式。但其后，国际蔬菜市场的检测标准越来越高。出口企业曾有一段时间采用 24 小时监控的办法，但检测结果不符合指标要求的事件仍时有发生（何秀荣，2009）。

标是促进真正的合作社的产生和发展，那么，政策的重大调整就是必需的——应由物质支持转向制度建构，毕竟无论是资金、项目支持还是指标考核，都只会促使“空合作社”“伪合作社”的产生。政府更多需要做的是在充分考虑合作社发展适宜条件的基础上，完善制约合作社发展的市场外部环境建设，将政策支持资源更多用于农户的组织化能力建设上，提升农户对合作社的认知水平，培育农户管理和运营合作社的能力，因地制宜、循序渐进地促进合作社发展。

参考文献

邓衡山，王文烂. 2014. 合作社的本质规定与现实检视——中国到底有没有真正的农民合作社？. 中国农村经济，(7)：15-26，38.

冯蕾，李树超，角田毅. 2011. 中日农产品加工企业科技创新对比研究. 经济问题探索，(4)：151-156.

何秀荣. 2009. 公司农场：中国农业微观组织的未来选择？. 中国农村经济，(11)：4-16.

孔祥智，金洪云，史冰清，等. 2012. 国外农业合作社研究：产生条件、运行规则及经验借鉴. 北京：中国农业出版社.

刘少伟. 2012. 国外先进食品监管模式给我们的启示. 质量与标准化，(3)：32-35.

刘亚平. 2011. 走向监管国家：以食品安全为例. 北京：中央编译出版社.

卢凌霄，徐昕. 2012. 日本的食品安全监管体系对中国的借鉴. 世界农业，(10)：4-7.

农业部农产品加工局赴美考察团. 2014. 美国农产品加工业现状及启示. 农村工作通讯，(20)：60-62.

许建明，李文溥. 2015. 合作社与政府——制度性建构优于物资性支持. 制度经济学研究，(1)：21-40.

尤月. 2010. 提升农产品加工企业产品及服务附加值的策略研究. 经济纵横，(5)：80-83.

周应恒，王二朋. 2013. 中国食品安全监管：一个总体框架. 改革，(4)：19-28.

Coase R H. 1991. The Nature of the Firm. Oxford：Oxford University Press.

Fulton M. 2005. Producer associations：international experience//Sonntag B H，Huang J K，Rozelle S，et al. China’s Agricultural and Rural Development in the Early 21st Century. Australian Government，Australian Centre for International Agricultural Research：174-196.

USDA. 2013. Rural business-cooperative programs service report 75. www.rd.usda.gov/files/publications/BCP_SR75-2013CoopReport.pdf[2015-03-19].

第18章　内部动力、外部支持与农民合作形式多元化

18.1　引　言

合作社作为一项不同于公司和市场的治理结构，从 20 世纪初以来，在世界上多个国家的农业发展中都扮演了重要的角色，近年来在中国也得到了快速的发展。国际经验表明，合作社不仅能提高农民的收入，还能增加就业机会，在产销对接上能起到非常重要的作用（周应恒等，2013；USDA，2013；Bijman et al.，2012）。在政府的大力扶持下，近年来合作社在中国发展迅速，截至 2016 年 10 月底，全国注册登记的合作社数量达 174.9 万家，较 2007 年增加近 85 倍，覆盖全国 43.5%的农户①。

虽然合作社在中国获得了较快的发展，但学界仍然认为合作社发展过程中存在着质量不佳的问题，原因可能在于是中国没有摸索出适合国情的合作社发展模式。中国合作社数量较多，但由社员自己组建的合作社很少，“空头合作社”和以合作社的名义套利的现象普遍（邓衡山和王文烂，2014；崔宝玉等，2011；潘劲，2011）。合作社之所以存在发展质量问题，有研究者认为根本原因在于“我国至今没有寻求到既符合国际公认的合作社基本原则、又符合我国差异极大的农村经济社会文化条件的农民专业合作社发展模式”（吴彬和徐旭初，2013）。

目前文献对世界上主要合作社发展模式进行了分析和对比，以期能够为中国合作社的发展指明方向，但研究结论往往存在矛盾。现有研究主要持有两种

① 《全国四成多农户加入各类合作社》：http://www.gov.cn/xinwen/2016-11/18/content_5133990.htm，2016 年 11 月 18 日。

观点：一种观点认为东亚国家和地区的综合农协模式更适宜中国合作社的发展；另一种观点则认为东亚模式产生和发展于特定的历史条件之下，现阶段合作社应该发展欧美国家专业化的合作社形式。黄宗智（2015）认为，中国农业需要的不是欧美那样的“横向一体化”的大农场，而是“小农场＋合作社”提供的产、加、销“纵向一体化”服务，由此来克服小农户面对大市场的困境。仝志辉和温铁军（2009）认为，深化农村改革的关键并不是土地流转，而是发展类似于日本和中国台湾地区那样的农协，农协的模式能够多层次、多维度地解决现阶段中国农村所面临的各种问题。王醒男（2006）认为日本农协的成功有一定的反市场原理的因素存在，尽管目前中国的农户规模及资源禀赋与日本有些类似，但仍然不能肯定农协模式在中国具备推广的条件。王栋和曹利群（2008）认为我国应学习美国的新一代合作社，在按惠顾额进行分配的基础上引入和利用资本，以发展产品流通加工业务，使产业合作和信用合作结合，从而增强和实现合作社的发展。吴彬和徐旭初（2013）从成员投资者角色、惠顾者角色和控制者角色出发，给出了治理结构多种可能的演化路径，并认为合作社几乎必然会趋于股份化，合作社治理结构中的共同属性虽然会淡化，但不会消失。

上述研究为本章研究合作社的发展路径及不同的农民合作形式在中国的适应性提供了丰富的文献基础。但观点大相径庭的主要原因可能有以下两个：一是不同国家和地区的农民合作形式并非一成不变的。合作社作为一种制度安排，会伴随外部社会政治经济环境的变化而改变，并且制度安排具有路径依赖的特征，仅仅对比分析不同国家和地区合作社发展的现实特征可能会使研究结论产生偏差；二是不同国家和地区的初始禀赋不同，农民合作形式也会呈现出不同的特点，往往并不是采取单一的合作组织形式，而是形成多层次、多元化的组织形式。因此，对合作社进行国别和地区比较与发展路径探讨时，至少有以下三个问题值得深入关注：一是从不同的国家和地区来看，农民合作的组织形式呈现出怎样演进过程和现实特征？多元化的合作组织形式是如何演变而来的？二是不同国家和地区农民合作的组织形式及其多元化形成的内部动力和外部条件如何，共性在什么地方？又有何差别？三是与其他国家和地区相比，中国合作社目前的发展特征如何？未来会朝什么方向发展？

为了回答以上问题，本章选取了美国、荷兰和中国台湾三个典型的国家和地区来进行分析。之所以选择这三个国家和地区作为研究对象，是因为三者在合作社发展上各自具有不同的特点。荷兰是世界上最早出现农业合作社的国家之一，合作社以规模巨大、占有市场份额高且国际化而著称；美国合作社在基本坚持了合作社经典原则的情况下，逐渐形成传统合作社、新一代合作社和有限合作社等组织形式并存的局面；我国台湾作为资源禀赋、社会文化与大陆一脉相传的地区，农民合作呈现出多层次、多元化的特征，既有综合性农会，又有专业合作社，还有农业产销班的形式。

本章首先对美国、荷兰和中国台湾地区合作社组织形式及其多样化的现实特征和历史演进规律进行梳理，然后对各个国家和地区合作社形成的内部动力和外部支持进行分析，最后根据中国合作社发展的现实特征探讨合作社与其他国家和地区的共同之处与差异，并从农户分化需要和政府政策目标两个视角探讨中国大陆合作社未来发展的可能性。

18.2　农民合作形式、治理结构及其演进规律差异

18.2.1　不同国家和地区的农民合作形式比较

荷兰的耕地面积小，农业资源有限，但农产品出口却位居世界前列，这与合作社跨地区、跨国经营的特点密不可分。荷兰合作社的组织形式主要为纵向一体化的事业部制大型跨地区、跨国合作社。荷兰的农业合作社数量很少，但以规模巨大著称，通常是以某一个类别的农产品作为主营业务，具有类似于公司的组织架构（Cracogna et al.，2013），可以作为控股公司，并由其指定一家子公司来执行合作社与它的成员之间的经济互动活动。合作社将农产品生产、销售、加工环节通过集团化和分公司的形式，使外部交易成本内部化。

美国合作社的组织形式主要为横向一体化的股份合作社，具体分为三种，即传统合作社、新一代合作社和有限合作社。传统合作社通常按合作社经典原则组建，涉及的业务更多的是销售和农资供应，不具备加工企业所需的资本（USDA，2013）。新一代合作社在资金筹集、社员人数与买卖合同、交货权力方面与传统合作社有明显的差异，社员与合作社需要签订合约，并对社员交货的数量和质量方面的权利和义务进行规定，社员准入受限甚至不开放（尼尔森，2000）。有限合作社（limited cooperative association）类似于有限责任公司，有限合作社由惠顾成员和投资成员共同控制，其中投资成员仅仅投资权益资本，但拥有平等的投票权（Zeuli and Cropp，2004）。无论是传统合作社、新一代合作社还是有限合作社，其主要采用的形式是在农产品生产经营的某一环节的横向合作，传统合作社主要在生产资料购买环节进行合作，新一代合作社和有限合作社则是在加工环节进行合作。

我国台湾地区合作社不仅有纵向一体化的合作形式（农会），还有横向一体化的合作形式（合作社和产销班）。农会是以保障农民权益，提高农民知识技能，促进农业现代化，增加生产收益，改善农民生活，发展农村经济为宗旨的，集合农户产、销和加工及信用事业、福利事业为一体的纵向一体化的综合性组织，多年来已经演变为我国台湾地区的一项特色（林宝安，2009）。合作社则是在生产环节独立经营，严格遵照合作社经典原则提取公积金、公益金，然后按交易数量分配的组织（严正，2000）。农业产销班是土地相邻或者经营相同产业的农民，为了克服小农经营分散的缺陷，实现专业化生产而产生的自愿结合共同从事农业经营的组织，并不是独立的法人，发展需要依靠当地农会和合作社的辅导。

18.2.2　不同合作形式的内部治理结构比较

荷兰农业合作社的股金主要来自合作社成员的股份认购、会费等，除此之外还可以来自成员提供的通常可在 10 年内被赎回的长期贷款（long-term loans)。其内部治理结构和盈余分配机制十分灵活，治理结构包括成员大会和管理机构（董事会），而盈余分配可包括交易量返还、交易的额外支付，以及通过年度利润分配的方式来对成员的经济利益进行分配。从民主决策方式来看，尽管荷兰合作社的成员分为惠顾成员和非惠顾成员，但在召开成员大会进行投票时，非惠顾成员的投票权最多只能占投票总数的一半，即只能享受有限数量的投票权（Cracogna et al.，2013）。

美国合作社的股本来源分为有股份和无股份两种。股份制的合作社成员至少要持有一股股份，无股份的合作社成员需通过会费的形式筹集股本。股本的直接来源是成员会费和股份认购，主要来源为收益留成，成员还可以在惠顾额返还的利润中保留一部分作为合作社的股金（Cracogna et al.，2013）。除了有限合作社被允许有非惠顾的投资者成员，传统合作社和新一代合作社通常只允许有惠顾者成员。投资者只能通过购买股票的形式对合作社进行投资，并无投票权利。新一代合作社和成员之间必须有合约关系，同时合作社法规与非成员的交易份额不得少于 49%（Frederick，1997）。从利益分配来看，合作社的资本回报率限制在 8%以内，并且对利润分配的比例也进行了限制。美国合作社的民主控制通常是采用一人一票或者按照惠顾额比例给予相应的投票权。

在我国台湾地区，农会、农业合作社和产销班各自的股本来源和利益分配机制都各有其特点。农会经费的直接来源是会员会费，但经费来源的 85%却来自农会信用部（孔祥智等，2012）。农会成员分为正规成员和赞助会员，正规成员主要由农户组成，而赞助成员则主要由居住在农村但不从事农业的农户组成（程朝云，2006）。赞助会员可以当选农会监事，与其他会员享有相同的权利，但是不享有选举权和被选举权。农会的盈余分配主要以农会福利事业为主，法定公积金占 15%，公益金占 5%，农业推广、培训及文化、福利事业费不得少于 62%，在各级农会间推广、互助及训练经费占 8%，理事、监事及工作人员的酬金不得超过 10%（张强和胡登洲，1996）。农业合作社的股本主要来自成员缴纳的股金，社员认购合作社股份每人至少一股，最多不超过 20%，利益分配时，除了提取 10%的公积金和 5%的公益金及 10%的管理人员酬劳外，余下的 75%均根据社员交易额的多少为标准进行分配。产销班的资本来源和运作经费主要来源于会费及当地相关部门和农会的补助（严正，2000）。产销班内部的最高权力是班会，分定期班会和临时班会，产销班的班会的主要目的是制订生产经营计划，报所属农渔会、农业合作社和相关农业团体，经过它们向主管部门申请补助和辅导。

18.3　合作组织形式及其多样化形成的内部动力与外部条件

18.3.1　荷兰合作社形成的内部动力与外部条件

荷兰大规模跨国合作社的形成得益于农户经营规模化的内部动力与民间力量支撑、富有弹性的法律法规、金融机构发展、民间力量支持等外部条件。

（1）农户经营规模化的内部动力与民间力量支撑。荷兰家庭农场的平均规模在欧洲并不算大，但按照欧盟设置的“农场经济规模”来看，其规模却远远大于其他欧盟国家。为了对欧盟各国的农场规模进行评价，欧盟设置了一个欧洲尺寸单位（European size units，ESU）。该单位具体来说是标准毛利润，是用单位面积土地产出或者单位畜禽养殖所获得的总收入减去所生产成本后的毛盈利额，用欧元的现价表示（肖卫东和杜志雄，2015）。荷兰的农场规模按照 ESU 来算，其奶业有 50%以上的家庭农场有 250 个 ESU，除了谷物和羊肉的家庭农场规模稍小，30%以上的蔬菜、花卉、猪肉、酒类等农场都能够达到 250 个 ESU 单位以上（Bijman et al.，2012），而同期，法国糖类产品的农场有 29%在 100 个 ESU 以上，奶牛农场有 57%规模在 40～100 个 ESU（Iliopoulos，2012），德国的奶牛家庭农场有 40%规模在 40～100 个 ESU，大概有 6.7%规模在 250 个 ESU 以上。可见，荷兰农场的规模较大，投资能力很强。此外，荷兰的农民也以 35～44 岁的年轻农民为主，年轻农民以农场收入作为主要来源，对合作社依赖性强，会积极参与合作社的管理（Bijman et al.，2012）。

（2）富有弹性的法律法规。荷兰政府历来就有权力下放的传统，因此荷兰的合作社法律非常灵活，从而为股东调整合作社章程与规定留下了很大的空间。合作社法律的灵活性体现在两个方面：第一，荷兰合作社不受竞争法的影响。合作社之间的联合可能造成市场垄断，但即使是这样，政府没有对合作社并购做出限制，这是因为荷兰作为小国家，如果限制合作社合并，会导致合作社无法对抗国际上的大型零售商和流通企业。第二，尽管荷兰农民在合作社中获得的收益需要纳税，但税率实际上相对于企业来说很低，合作社可以向投资者分配利润而不用为股息支付任何税，也使得以控股和子控股形式设立的合作社的数量大大增加。除了以上两个政府支持的有利条件以外，合作社方面并没有其他专门针对公共支持的政策（Bijman et al.，2012）。

（3）金融机构发展。荷兰合作社的金融信贷支持体系非常完善，为荷兰合作社的发展壮大提供了主要的资金来源。荷兰最大的合作金融机构 Rabobank 在农村地区有很多的分支机构，是荷兰农户贷款的重要来源，在荷兰合作社的发展过程中扮演着关键的角色。2010 年该金融机构在荷兰有 141.3 家，成员有 180 万人（Cracogna et al.，2013）。

（4）民间力量支持。在荷兰合作社形成之初，教会是合作社形成的重要推动力，教会认为合作社可以帮助农村地区的穷人脱离贫困。由于教会在农村地区的威信，对合作社的形成产生了很大的影响。这种来自教会的力量赋予了合作社共同利益的性质，以至于乳制品合作社的名字会带有社会或者宗教色彩（Bijman and Hendrikse，2003）。各种农民联盟也是荷兰合作社形成和发展的重要支持力量，除此之外，一些农业高等教育机构会对合作社领导人提供有偿培训（Bijman et al.，2012）。

18.3.2 美国合作社形成的内部动力与外部条件

美国合作社组织形式及其多元化不仅得益于美国农场的发展规模，而且与美国完善的合作社支持政策密切相关。美国农场经营规模较大，为合作社的形成提供了良好的合作基础，美国政府对合作社的支持在于无论是法律支持、金融支持还是教育与培训，都非常完善并且会随着时间的推移不断进行调整。

（1）农户的同质性与较大的农场规模。美国合作社的产生和形成与当时农场规模及农户规模同质有很大的关系。在 20 世纪 40 年代以前美国农业属于传统农业，农场之间距离遥远，农户规模同质，为当时合作社的形成提供了良好的基础（樊亢等，1994）。目前，美国的农场规模较大，2007 年农场平均规模为 179.6 公顷（何秀荣，2009），相比于东亚国家的小农户，农场规模较大意味着农户的投资能力较强，有利于减少合作社的组织成本。

（2）完善的法律和税收支持体系。美国国家层面并没有针对合作社的统一法规，但还是出台了很多一般性法律对合作社进行支持，其中包括为美国农民成立议价协会和营销合作社从反托拉斯法中获得了有限豁免权的卡帕-伍尔斯德法案（1922 年），创建了 13 个为合作社服务的银行农场信贷法案，赋予合作社联盟在营销协定和法令制定时投票权的农业营销协定法案（1937 年），为成员惠顾创造的净收益或者按惠顾额向成员支付现金的部分设置单一税率财政法（1962 年），以及维护农民权益的农业公平操作法案（1967 年）（Armbruster and Knutson，2013）。除此之外，美国的各州对合作社也有相关的法律和支持政策，2007 年，美国 50 个州共有近 85 个法令对如何组建合作社有所规定（Cracogna et al.，2013）。从税收上看，美国农业合作社相对于其他类型的合作社在税收政策上可获得更多的优待，不过免税合作社必须保证具有投票权的成员都是农产品生产者并且要将其出售给非生产者的产品限制在其总交易额的 15%以内，此外，免税合作社与成员的交易必须占所有交易的 50%，同时，如果免税合作社组建的时候采用股份的形式进行组建，那么对股本的回报不能超过所在州合作社的法定利润率或者不能超过 8%（Anderson et al.，2005）。

（3）系统的技术推广与教育培训。美国农业部在提供统计数据、技术支持和研究等方面对合作社进行支持的历史悠久。从 1926 年起，美国农业部就针对农业合作社技术推广和教育进行了单独预算。近年来随着外部环境的不断变化，贸易全球化和财政上的压力及技术上的革新，虽然农业部逐渐减少对合作社在技术、教育方面的支持，但州政府却开始承担起相关的责任。州立农业部门通过一系列计划、基金及技术转让机构、研究机构来实现政府对合作社的支持（Armbruster and Knutson，2013）。

（4）金融信贷支持系统。美国在 1933 年就通过了《农场信贷法案》，由此开创了美国信贷系统，为美国农场的发展提供长期、中期的贷款。同时成立的农业信贷管理局在成立 12 家联邦土地银行的基础上，建立了 12 家生产信贷协会和 12 家合作社银行及 1 家合作社中央银行。这四类银行各司其职，联邦土地银行提供长期的农业不动产贷款，生产信贷协会则主要向农场主提供短期信贷，合作社银行则主要负责向合作社贷款，合作中央银行则在区域合作社银行无力借款给合作社时向合作社提供贷款[①]。

（5）普惠性项目的资金直接支持。美国对农业合作社的直接资金支持主要存在于一些特殊的项目援助中，不过这些项目并非都是直接针对合作社的。例如，2010 年美国有一个“价值增值生产者拨款项目”，该项目总拨款共有 2270 万美金，用于扶持从事附加值增值农产品的生产者，196 个接受者中有 15 个是合作社。此外，360 万美元通过“小微生产者拨款计划”授予了少数民族所有和少数民主控制的合作社或者合作社协会（Armbruster and Knutson，2013）。

18.3.3 我国台湾地区合作社形成的内部动力与外部条件

我国台湾地区合作组织之所以形成了有机结合的多元化合作形式，与农户分化中形成的合作基础和潜在合作利润提供的良好内部动力高度相关，也与台湾方面支持的多层次和灵活性密不可分。

---

① 农业信贷管理局（Farm Credit Administration，FCA）和农业信贷管理体系（Farm Credit System，FCS）的历史来自美国农业信贷管理局官网：www.fca.gov/about/history/historyFCA_ FCS.html，2016-02-13。

（1）农户分化中形成的合作基础和社会信任。我国台湾地区农户合作组织及其多元化的形成伴随着农户分化的历程，经历了小规模农户同质，纯农户向兼业农户分化，规模经营户、小规模纯农户和兼业户并存的过程，在这个过程中，农户始终有保持合作的意识。我国台湾地区早期合作组织的自发形成与农民在长期繁重的季节性劳动和灌溉取水等日常活动中本身形成了较强的社会信任等合作基础密切相关。第二次世界大战后，为了防止地主阶层势力重新集结及配合台湾方面的土地改革，实现"耕者有其田"，我国台湾地区进行了土地改革，获得了农户的认同，在农会基层系统中默认了一定的民主自治（林宝安，2009），这为农会长期稳定发展及之后合作社重新发展提供了良好的合作基础。因此在限制合作社发展的规定被废除后，农业合作社和农业产销班也得以快速发展。

（2）不同合作形式有其独特的组织利润。无论是从农会、合作社还是从产销班来看，它们能够运行良好，甚至能够由农会、合作社来对产销班进行辅导，与三种形式各自具有不同的组织利润并实现功能互补有关。农会的形成和发展与第二次世界大战后初期大米的销售和化肥的供应相关，农民将销售大米获得的收入存入农会的信用部门，信用部门将这些资金用于贷款等获得利润。农会获得的利润又用于支持农村社区的公共事业发展，如此良性循环，促进了农会和农村的繁荣。农业合作社是规模农户在产、销及加工上的联合，合作通常建立在高附加值的特色农产品规模生产经营的基础上，高附加值农产品的特性决定了合作社的利润能够维持合作社的良性运转。产销班的形成则是因为小规模农户在联合起来购买生产资料和进行统一运销上能够起到节约交易成本的作用，产销班没有法人资格，其组建不需要门槛，但又能够实现小农户的联合，增加小农户的谈判力量，同时，产销班是在政府支持下，由农会和合作社进行辅导才得以发展起来的。不同的合作形式具有不同的组织利润，并形成多元化的局面，促使实现激励相容。

（3）台湾方面支持的层次化与灵活性。农户合作形式的层次化与台湾方面支持的灵活性密切相关。台湾方面对农会的支持、对合作社的支持与产销班的支持的侧重点不同，但是形式却相对灵活，具有因地制宜、顺势而为的特点。对于农业合作社和产销班来说，尽管在农会繁荣时期，两者之间在业务上会有所冲突从而使农业合作社受到了比较严重的压制，但是，台湾方面始终都在通过设立合作行政机构来办理合作社行政事务，帮助合作社建立健全财务会计制度，为合作社人员提供培训等服务，加强合作社绩效考核，同时编列预算奖励优秀合作社等措施来规范合作社的发展。同时，台湾方面对农业合作社进行的长达几十年的辅导工作非常细致，从 21 世纪初到 2012 年，共办理了合作教育讲习班 1000 余班，近十万人次接受了培训，并且引入了企业识别系统帮助合作社宣传品牌形象（黄祖辉等，2014）。

18.4 合作组织形式多样化对中国合作社未来发展的启示

18.4.1 不同国家和地区合作形式的历史演变、内部动力与外部支持比较

从不同国家和地区合作组织的形成和发展的历史变迁来看，无论是荷兰、美国这样的欧美国家，还是东亚的我国台湾地区，尽管各自的资源禀赋有所差异，但是合作社的形成和发展都经历了一个漫长的过程。荷兰、美国的合作社最初也是以生产资料购买和初级农产品销售为主营业务，这个过程持续了近三十年的时间。此后的五十年间，随着农场规模的扩大、农户投资能力的增强，为了实现农产品价值增值，农户开始在加工环节进行合作，形成了合同农业，最后在近二十年来的全球一体化趋势下形成了跨地区、跨国的合作社。我国台湾地区的合作组织历史悠久，农会有近百年的发展历史，而合作社最初因为农户规模太小，投资能力弱，加之农会业务与合作社业务的重合，一直到 20 世纪 70 年代，才以特色农产品合作社的形式存在，即使经历了多年的发展，其发生水平也仍与荷兰和美国存在差距。产销班则是由农会和合

作社无法顾及的小农户组成，近二十年间的发展趋于稳定，在小农户合作方面发挥了其应有的作用。

从合作社形成和发展的内部动力来看，无论是荷兰、美国还是中国台湾地区，其合作社的产生和形成及农场规模都与当时农户同质、社会信任及组织利润有很大的关系。随着农场规模的不断扩大，美国和荷兰农场的投资能力较强，降低了合作的组织成本，促进了农民合作事业的兴盛；同时美国和荷兰农民具有较强的合作意识；不同类型的合作社均实现了利润的可获性；我国台湾农会产生之初，正是实行土地改革之后，小农户兼业机会少并且基本同质。我国台湾地区合作社从 1970 年左右重新开始发展，与当时农户分化加深，规模经营户数量的大幅增加不无关系，规模经营户投资能力较强且较为同质。无论是农会、合作社还是产销班，都有尤其稳定的不同于其他组织形式的利润来源。

从合作社的外部支持来看，美国和荷兰对合作社的支持不仅有政府层面的法律法规规定及税收减免，还有非政府层面的包括金融机构、研究机构及技术转让机构等的支持，尤其是金融信贷支持，为美国和荷兰合作社的发展提供了有利的外部环境。我国台湾地区则是通过制定地方政策、减免税收、监督管理等方式支持合作社发展。从支持对象的层面来看，美国并不是对农业合作社的所有项目都进行了免税，除了惠顾额返还，农业合作社的其他项目仍然需要征收较低的税率，这一点保证了美国政府对遵循基本原则的传统合作社的支持。同时，美国从国家层面逐渐减弱了政府对农业合作社的支持政策，取而代之的是地方政府或者非政府资源的外部支持。荷兰政府一直有权力下放的传统，因此荷兰合作社面临的法律和制度环境相对宽松。我国台湾地区对农会的支持仍然以鼓励性地方政策支持为主，但其对于农业合作社或者产销班采取的扶持是以非直接资金支持的方式为主，如培训、教育和辅导等。

18.4.2 合作社的现实特征、内部条件与外部环境

与荷兰、美国相比，中国合作社虽然已经形成和发展了四十多年，但目前的发展特征是以寻求技术、生产资料购买和农产品销售方面的合作，合作社所处的历史阶段更类似于荷兰和美国合作社形成的初期。但同时由于我国农民处于生产规模较小，并且农户分化逐渐加深的阶段，又类似于我国台湾地区 20 世纪 90 年代产销班初步形成的阶段。

从中国合作社发展的内部条件来看，当前中国正处于城市化、工业化过程当中，农户也因此分化成专业户和兼业户，这使得农户间异质性大大增强，同时，中国农户经营规模非常小，2016 年户均耕地仅 0.5 公顷。无论从农民的同质性还是从农户的投资能力来看，与荷兰、美国都不具备可比性。过去中国传统农村社会是明显的“乡土社会”，地域与血缘在其中的作用非常明显，农户在分摊成本的同时才能分享到集体利益，“搭便车”行为会受到惩罚，代价高昂，但中华人民共和国成立后的“文化大革命”等政治运动和改革开放后的征粮收税、征地拆迁等活动，以及农村人口流动加剧等，削弱了农村基层人们之间的社会信任。农户经营规模小、农村信任程度低、合作意识差等原因使得合作社组织成本高昂的劣势加倍凸显。

合作社面临的外部发展环境主要在于中国的合作社产生和形成于农业产业化进程中，合作社的发展伴随着来自龙头企业、农产品经纪人外部市场主体的竞争。同时，政府支持合作社的方式较为单一，且瞄准性不强。从国家层面上来看，2007 年实施的《合作社法》虽然对合作社的设立和运营进行了规范，但可操作性较差；各级政府对合作社的支持也是以项目型的财政支持为主，具有树典型的特征；在政府支持合作社的财政资金不具有普惠性的同时，又缺乏监管。

18.4.3　合作社未来发展的可能性

虽然与美国、荷兰相比，我国农民的合作在各方面条件都可能存在不足，但也不能因此全盘否定不同的合作社组织形式在我国形成的可能性。首先，从农户合作的内部动力来看，虽然合作的收益较低而成本较高，但相对于其他经营模式，合作社的净收益仍可能大于零。其次，合作社的现实适应性和产业特征与农户规模有关。随着城市化、工业化的持续推进，农户经营规模有望增大。虽然普遍进行规模化经营不太适合中国高人口压力的特殊国情（黄宗智，2010），但东部沿海地区通过高附加值农产品的规模化生产已经形成了一定的气候。

在合作具有一定的内部动机的情况下，合作社的组织形式就取决于政府的外部支持和需要实现的政策目标。如果是为了农村发展及农业政策的推行，需要建立综合性组织，那么 20 世纪 50～90 年代我国台湾地区农会是较好的示范，但是组建这样的综合性目标的组织也是需要满足一定的历史条件并支付巨大的组建成本的。台湾方面组建农会的目的在于通过农村严密的社会网络，良好地执行地方性公共政策。正是如此，综合目标组织的产生和发展需要有强有力的政治力量推进，并且在组织的不断发展中逐渐产生自身的经费来源，只有这样才能支撑组织的发展，简单的财政支持可能无法满足综合性组织形成和发展的要求。2008 年开始，中国在湖北省恩施土家族苗族自治州建始县河水坪地区进行了综合农协的试点，试图在该地区组建由专业农户和兼业农户为主要成员组成的合作组织，试点过程中也出现了资金不足、政府支持协调困难等问题。

如果政府政策的目标是促进专业合作社的产生和发展，那么农户规模小、投资能力弱、异质性较强且缺乏合作基础、外部支持的不完善这些条件都有待推进与改善，需要审慎认识专业合作社在当前农业生产经营中的作用，在农村规模经营比例逐渐扩大的现状下，政府需要做的是在充分考虑合作社发展适宜条件的基础上，完善制约合作社发展的市场外部环境建设，将政策支持资源更多用于规模农户的组织化能力建设上，提升规模农户对合作社的认知水平，培育农户管理和运营合作社的能力，因地制宜、循序渐进地促进合作社发展。

如果要像我国台湾地区一样，建立有层次的合作组织，就要保证不同的合作组织之间能够实现激励相容、共同发展。综合性目标组织可以有效地执行国家的公共政策，兼顾农村建业户的利益，合作社则能够有效地为规模农户提供各种经济功能，产销班则可以将小规模专业户组织起来。如果不同合作组织之间的功能有冲突和矛盾，也可能会造成两种组织运作的无效率。除此之外，我国台湾地区的农业产销班对大陆地区的借鉴意义也非常重要。台湾地区农会代表的利益是广大兼业户的利益，农业合作社代表的利益则是规模生产农户的利益；对于我国台湾农会和农业合作社都不能涉及的小规模农业生产者来说，农业产销班就是一个合理的选择。不过，对于没有法人权力的产销班来说，台湾农会和农业合作社的辅导是必不可少的。因此，农业产销班对于大陆的合作社中从事小规模生产的农户的合作是有借鉴意义的。在我国大陆目前农户生产规模未达到一定程度，在目前寻求合作的仍然是小规模生产的农户时，不能用合作社的原则和标准来统一这类形式松散，又能提供技术、生产资料服务的农民合作形式。

综上，中国合作社未来应更多地考虑多元化的合作形式，除了综合目标的合作组织需要自上而下的推动之外，无论是类似于美国新一代合作社、有限合作的股份制合作社，还是类似于我国台湾地区规模户合作的专业合作社，又或者是小规模生产者合作的农业产销班，都有在中国的土地上发展的可能性。

18.5 结 论

本章对荷兰、美国和中国台湾地区合作社的组织形式及其多元化的历史演变规律及形成和发展的内部动力和外部支持进行了分析，并结合中国农民合作的内部条件和外部环境进行了分析，结果表明，农户规模和合作基础、合作利润和功能互补是影响国家和地区合作组织形式及其多元化的重要内部动力，而政府在法律和税收、金融体系上的支持及非政府的民间力量是合作组织形式多元化的主要外部条件。

从合作社在中国未来的发展看，尽管农户分化过程中，兼业农户和规模经营农户的比例都在不断增加，但因形成综合性的合作组织需要付出巨大的成本，因此可操作性不强；规模经营农户的增加可以为专业合作社的形成和发展提供机会，但现阶段我国大陆合作社发展的现实特征更类似于台湾地区的产销班，即小户合作的组织形式；因此，合作社在中国大陆未来也可能会呈现出多元化的发展态势，缺乏有效的多层次的政策支持可能会成为中国合作社未来发展中最不利的因素。

政府多层次的政策支持意味着发展综合性农会、专业合作社及农业产销班所面临的政策支持需要有所区别。对于综合性农会来说，需要政府自上而下的推动；对于专业合作社来说，需要的是旨在降低组织成本的制度建构方面的普惠性的支持政策（许建明和李文溥，2015），而不是项目型的直接资金支持，项目型的直接资金支持在缺乏监管的情况下，难以转化为合作社的组织成本，相反，会催生大量“空合作社”“伪合作社”，甚至还会使原本的真合作社异化成“伪合作社”；对于松散小农户的合作组织的农业产销班来说，则不仅需要普惠性的支持政策，还需要强有力的机构来对其进行辅导。

参 考 文 献

程朝云. 2006. 光复初期台湾农会与合作社分合问题. 台湾研究集刊，（2）：57-65.

崔宝玉，陈强. 2011. 资本控制必然导致农民专业合作社功能弱化吗？. 农业经济问题，（2）：8-15，110.

邓衡山，王文烂. 2014. 合作社的本质规定与现实检视——中国到底有没有真正的农民合作社？. 中国农村经济，（7）：15-26，38.

樊亢，戎殿新. 1994. 论美国农业社会化服务体系. 世界经济，(6)：4-12.
何秀荣. 2009. 公司农场：中国农业微观组织的未来选择？. 中国农村经济，(11)：4-16.
黄宗智. 2010. 中国的新时代小农场及其纵向一体化：龙头企业还是合作组织？//黄宗智. 中国的隐性农业革命. 北京：法律出版社：138-162.
黄宗智. 2015. 农业合作化路径选择的两大盲点：东亚农业合作化历史经验的启示. 开放时代，(5)：5，18-35.
黄祖辉，梁巧，吴彬，等. 2014. 农业合作社的模式与启示：美国、荷兰和中国台湾的经验研究. 杭州：浙江大学出版社.
孔祥智，金洪云，史冰清，等. 2012. 国外农业合作社研究：产生条件、运行规则及经验借鉴. 北京：中国农业出版社.
林宝安. 2009. 农会改进：战后初期台湾农会体制的建构. 人文及社会科学集刊，21（1）：143-188.
尼尔森 J. 2000. 农民的新一代合作社. 杜吟棠，译. 中国农村经济，(2)：77-79.
潘劲. 2011. 中国农民专业合作社：数据背后的解读. 中国农村观察，(6)：2-11，94.
仝志辉，温铁军. 2009. 资本和部门下乡与小农户经济的组织化道路——兼对专业合作社道路提出质疑. 开放时代，(4)：5-26.
王栋，曹利群. 2008. 引入和利用资本：对农民专业合作社发展方向的探讨. 中国行政管理，(9)：97-100.
王醒男. 2006. 日本农协演变经纬的政治经济学分析. 中国农村观察，(1)：66-73，81.
吴彬，徐旭初. 2013. 合作社的状态特性对治理结构类型的影响研究——基于中国 3 省 80 县 266 家农民专业合作社的调查. 农业技术经济，(1)：107-119.
肖卫东，杜志雄. 2015. 家庭农场发展的荷兰样本：经营特征与制度实践. 中国农村经济，(2)：83-96.
熊万胜. 2009. 合作社：作为制度化进程的意外后果. 社会学研究，(5)：83-109，244.
许建明，李文溥. 2015. 合作社与政府——制度性建构优于物资性支持. 制度经济学研究，(1)：21-40.
严正. 2000. 台湾的农业合作社和产销班. 台湾研究集刊，(3)：42-47.
张强，胡登洲. 1996. 台湾的农会组织. 中国农村经济，(3)：76-79.
周应恒，李强，耿献辉. 2013. 日本农协发展的新动向. 世界农业，(9)：27-32，187.
Anderson B L，Henehan B M，Sullivan C J. 2005. Doing business in New York State：structures and strategies. Ithaca：Department of Applied Economics and Management College of Agriculture and Life Sciences Cornell University.

Armbruster W J，Knutson R D. 2013. US Programs Affecting Food and Agricultural Marketing. New York：Springer New York.

Bijman J，Hendrikse G. 2003. Co-operatives in chains：institutional restructuring in the Dutch fruit and vegetables industry. Journal on Chain and Network Science，3（2）：95-107.

Bijman J，van der Sangen G，Poppe K J，et al. 2012. Support for farmers' cooperatives：country report the Netherlands. Wageningen University and Research：Support for Farmer's Cooperatives.

Cracogna D，Fici A，Henrÿ H. 2013. International Handbook of Cooperative Law. Springer-Verlag：Berlin Heidelberg.

Eversull E E，Ali S. 2014. Cooperative statistics 2013. USDA Service Report.

Frederick D A. 1997. Co-ops 101：an introduction to cooperatives. www.rd.usda.gov/files/cir55.pdf[2016-03-10].

Iliopoulos C. 2012. Support for Farmers' Cooperatives Country Report Greece. Wageningen：Wageningen UR.

USDA. 2013. Rural Business-cooperative programs service report 75. www.rd.usda.gov/files/publications/BCP_SR75-2013CoopReport.pdf[2015-03-19].

Zeuli K，Cropp R. 2004. Cooperatives：principles and practices in the 21st century. http://icdc.coop/sites/default/files/cooperative-principles-practices.pdf[2016-07-21].

第19章　中国农民合作社“规范化”与现实道路选择

19.1　引　　言

合作社之所以被称为“不规范”的合作社，实际上是三个不同层面的问题：一是合作社登记之后没有开展实际经营活动，有人称为“虚假合作社”；二是《合作社法》实施之后有的农业企业、家庭农场也登记了合作社，一些“公司+农户”模式登记了合作社之后，实际上并没有改变原有的经营形式，这一部分被称为“翻牌合作社”；三是合作社登记之后开展合作经营活动，如统一技术服务、统一品牌、统一购买生产资料等，但在销售环节主要采取“大户成员收购小户”的买断式销售，极少采取合作社统一销售后实行“盈余按交易额返还”的利益机制，这一部分合作社被称为“精英俘获”“被参与”“不规范”等。

显然，上述第一种情况不仅是“不规范”的，实际上是有名无实的“空壳合作社”；第二种情况，即“翻牌合作社”中的“公司+农户”合作社，目前是不规范的，经过指导、改造之后有一些是可以向合作经营的方向发展的；第三种情况，人们质疑合作社“不规范”的根本原因在于，这些合作社并没有循着经典的合作社模式发展，即实行“盈余按交易额返还”的合作社原则。目前主要是对这一部分合作社是否规范的问题存在争议。

关于合作社的规范发展问题，九部委的文件虽然有详细的规定，但基本上是重复了《合作社法》的条文[①]，相关部门并没有出台具体的衡量指标，各地各说各话，对于“规范”的理解莫衷一是。在中国合作社快速发展之后，如何解决上述问题已经成为政府、社会和学术界日益关注的热点，因此，明晰上述问题，对于促进合作社健康发展具有重要的理论价值与现实意义。

江苏、吉林和四川 3 省 331 个村 500 家合作社的调查数据表明，加入合作社的农户与原先分散经营相比，境况均有所改善，且农户与合作社交易量（如农资购买量、产品销售量）越大，获益越多。制度变迁理论认为，当且仅当既定制度安排仍存在可转化的外部利润时（如外部交易内部化、降低风险、交易费用降低等），制度创新和变迁才会发生（邓衡山等，2011；North，1981，1990）。对应到合作社，当且仅当存在可实现或转化的利润时，组织才有可能存续，服务功能才有可能被提供。可以推断，现实中的合作社虽然没有实行“按交易额（量）返还”的经典原则，但其运行过程中必然存在着不同于经典原则的、较为隐蔽的利益联结机制，甚至这种隐蔽的利益联结机制在现实中更具生命力。本章将通过讨论“事实”背后的“实质”，进一步分析合作社内部制度安排的经济原因，在此基础上提出规范中国合作社的对策建议。

19.2　合作社成员的显性利益与隐性利益

“利益只能存在于人与人的相互关系中，单独的个人无所谓利益”“利益总是一种社会关系。进而言之，所谓利益关系，即是指既定社会中人们各种利益

① 农业部、国家发展和改革委员会等 9 部门印发《关于引导和促进农民合作社规范发展的意见》（农经发〔2014〕7 号）第 14 条规定：“收益分配公平合理。收益分配事关农民合作社成员的切身利益。农民合作社应按照法律和章程制定盈余分配方案，经成员（代表）大会批准实施。可分配盈余中，按成员与农民合作社的交易量（额）比例返还的总额不得低于可分配盈余的 60%；剩余部分依据成员账户中出资额、公积金份额、财政补助和社会捐赠形成的财产平均量化的份额，按比例进行分配。农民合作社可以由章程或成员（代表）大会决定，对成员为农民合作社提供管理、技术、信息、商标使用许可等服务或作出的其他突出贡献，给予一定报酬或奖励，在提取可分配盈余之前列支。农民合作社可以从当年盈余中提取公积金、公益金和风险金。农民合作社不得将成员作为牟利对象，其与成员和非成员的交易应当分别核算。”

（其核心是物质利益）的组合方式与结构”（赵磊，1998）。于是，有共同利益诉求的人聚集成为利益群体，利益群体作为整体代替个人与外界进行交流。但由于资源有限、不同利益群体间目标不一致，因此，不同利益群体逐利过程中的帕累托最优几乎无法同时实现。为保证交易双方利益，人们通常借助外界制度约束（如契约）来维持既有利益格局。

契约在保证交易双方权益方面发挥的作用不可低估。但明文规定的契约要在第三方监督下实施，这将产生较高的执行成本、监督成本和信息成本，导致约定的自然状态在真实世界中未必能实现，因此，事前的最优契约往往会失效（杨瑞龙和聂辉华，2006）。学者将其归结为“不完全契约”（incomplete contract）（Hart and Moore，1996）或“不完全合同”（费方域和蒋士成，2011）。长期博弈后，具有共同利益诉求的交易双方出于降低交易成本的考虑，会越过第三方形成利益同盟，通过“自我执行”实现互惠（Fehr and Gächter，2000；Bull，1987），隐性契约逐渐风靡开来。

区别于显性契约，隐性契约更注重没有明确条款约定的潜在利益需求，更具动态性，契约成本低于前者（程宏伟，2005）。类比于显性契约、隐性契约的分类，经济利益也可以进一步细分为显性利益和隐性利益。程林林和黄旭（2010）从发生时间角度对经济利益分类进行讨论，将已经形成约定、程序化的利益归结为显性利益，将未来可能发生的、潜在化的利益归结为隐性利益。显性利益是一种确定发生的静止状态，而隐性利益则是在实践中不断争取的动态变化过程。显性利益和隐性利益相互作用，在一定条件下可以相互转化。

本章讨论的是合作社运作过程中经济利益的显性与隐性之分，具体定义如下：将组织财务制度或章程中明确列出的利益定义为显性利益；将不纳入组织财务核算制度或章程，但客观上存在的经济效益或利益定义为隐性利益。

细化到合作社服务功能，每项服务对应的经济利益如表 19-1 所示。可以发现，合作社社员从服务中获得的显性利益仅局限于根据农资购买量或产品销售量获得的二次分配收益，但合作社成员加入合作社获得更多的收益是如技术提高、农资购买价格降低、产品溢价、质量保证等未在章程或财务核算中明确的隐性利益。几乎所有合作社都套用农业部于 2007 年 6 月颁布的《农民专业合作社示范章程》作为组织章程，但实践中却很少根据自身实际情况对成员利益安排加以细化。目前，尚未有证据显示合作社成员因为合作社没有建立严格的“按交易额分配”制度而诉诸法律或者求助相关部门。因此，寻求隐性利益可能是合作社成员的理性选择。那么，合作社成员为什么会选择隐性利益机制呢？

表 19-1　合作社社员的显性利益与隐性利益

服务功能	显性利益	隐性利益
技术服务		技术提高、劳动投入减少
农资购买服务	根据农资购买量进行二次返利	农资质量提高、购买单价降低
产品销售服务	根据产品销售量进行二次分配	产品溢价、销售风险降低
开展生产性集体投资	根据农资购买量和产品销售量进行二次分配	技术提高、劳动投入减少，农资质量提高、农资购买单价降低，产品溢价、销售风险降低，获得生产性集体投资回报

19.3　考虑组织成本的合作社利益机制安排

经典合作社经营模式采用类似于公司的盈余分配机制，即组成合作社企业，具体合作如下：生产资料购买环节，合作社管理人员统一采购农资，成员从合作社购买，购买量和价款记载在合作社账簿上，合作社支付采购人员报酬，如果年终合作社有盈余，按照农资购买量计算盈余分配。销售环节，合作社职业经理组成的团队负责开辟销售渠道，统一销售从成员处收购的农产品，合作社支付职业经理和销售人员报酬，如果年底有盈余，则按照产品销售量计算盈余分配。投资加工环节更为复杂，是上述两个环节的综合与进一步延伸，因此，只有运营较好、合作程度相对较高的组织才会涉及此环节。

显然，经典运营模式决定了合作社是成本高昂的组织，在运行过程中将产生聘请组织采购人员、职业销售经理薪酬费用及对其考核和监督的成本，盈余分配会计核算成本等。满足合作社按经典模式运行的条件是：合作社统一经营所产生的溢价要足以弥补合作过程所需的各项组织成本。具体来说：生产资料购买环节，生产资料降低的价格要足以弥补合作社采购管理人员工资、监督成本等费用；销售环节，产品销售单价的提高要足够支付职业销售经理工资和弥补对销售人员的监督考核成本。因此，现实中合作社选择隐性利益机制可能的原因是，隐性利益安排可以减少职业经理的薪酬成本、监督考核成本和盈余分配计算成本。因此，经典合作社模式下利益机制尚未清晰。

但现实中，无论是农业生产资料市场还是农产品销售市场，竞争都非常充分，因垄断势力带来的价格歧视几乎不存在，因此合作社统一经营产生的溢价空间有限。而且，绝大多数农产品都是生鲜产品，耐储藏和贮藏能力较差，需要及时处理，况且农产品市场价格千变万化，更需要果断处置。即使合作社采纳经典模式运行，也不能完全杜绝销售风险。

相反，在隐性利益下，利益关系更为简单明了且组织成本较低。合作社低价销售农资给成员，成员获得低于市场销售价格且有质量保证的农资，所获收益在一次购买时体现，不涉及组织成本高昂的根据农资交易量核算的二次分配收益环节。大户与小户的买断机制下，并不涉及职业销售经理薪酬，监督成本也较低。大户根据自身经济能力和风险承受能力选择收购数量和收购结算方式，小户在稳定自身产成品销售途径的同时转移销售风险。大户以略高于市场价的价格收购小户产品，或根据市场行情酌情分配部分溢价给小户，但该部分收益并不在章程中有明确记载；小户在保证产品销售的基础上有时还能获得溢价收入，状况优于分散经营时的状况。

那么，具备隐性利益联结机制的合作社符合经典理论中规范合作社标准吗？如果符合，那么中国关于规范合作社发展的相关意见和指导方针应当将其考虑入内。如果不符合，那现实中却大量存在这类合作社，是规范合作社的标准太严苛，还是中国农村现实情况并不适用该标准？如果是前者，意味着经典意义上规范合作社需要与时俱进；如果是后者，说明中国政府需要进一步完善合作社发展的外部客观环境。下文将进一步讨论合作社规范的判断标准。

19.4　合作社的规范与规范的合作社

19.4.1　合作社的规范

大多数合作经济学者认为，合作社原则是区别合作社与其他经济组织或判断合作社是否规范的基本标志（苑鹏，2005；应瑞瑶，2002）。合作社原则能对组织内在价值给出基本判断，是合作社制度的集中体现，也是组织将其价值付诸实践的指导方针（唐雯，2007）。

国际合作社联盟、中国法律法规[①]、学者（苑鹏，2005；苑鹏和潘劲，1998；张晓山，1998；潘劲，1990）对经典合作社准则的归纳已经较为完备，本章将其总结为如下四点。

（1）所有者与惠顾者同一。这是合作社的基本特征，也是合作社区别于公司等其他组织形式的本质特征，即合作社是成员共享主权、自我服务的组织，而非少数成员攫取利润的工具。这一点在学术界已基本达成共识（张晓山，2011；黄祖辉和邵科，2009；苑鹏，2006；徐旭初，2005；汉斯曼，2001；国鲁来，2001；Sexton and Iskow，1993）。

① 2017 年实施的《合作社法》将“成员以农民为主体；以服务成员为宗旨，谋求全体成员的共同利益；入社自愿、退社自由；成员地位平等，实行民主管理；盈余主要按照成员与农民专业合作社的交易量（额）比例返还”作为合作社的基本原则。《合作社法》第四十四条规定“可分配盈余主要按照成员与本社的交易量（额）比例返还。可分配盈余按成员与本社的交易量（额）比例返还的返还总额不得低于可分配盈余的百分之六十”。农业部等九部委联合下发的《关于引导和促进农民合作社规范发展的意见》中也指出，“可分配盈余中，按成员与农民合作社的交易量（额）比例返还的总额不得低于可分配盈余的 60%”。《农民专业合作社登记管理条例》将“载明成员的姓名或者名称、出资方式、出资额以及成员出资总额，并经全体出资成员签名、盖章予以确认的出资清单”作为申请设立合作社的必要文件之一。

（2）实行民主管理。加入与退出组织由社员自主决定，组织内部管理实行一人一票的治理方式。组织内部全体社员地位平等。

（3）组织盈余坚持以按交易量（额）返还为主要分配方式。如果合作社实行按股分红，那合作社的本质就成了公司，合作社与社员间的关系，就由原先的所有者、惠顾者，变成了“公司 + 农户”的形式，合作社的本质也就变成了以营利为目的的组织。

（4）关心社区发展。合作社作为不以营利为目的的农民自我服务组织，应当承担一定的社会责任，在服务社员的同时，合作社可以带动周边从事同类或相近农业生产经营活动的农户。

合作社原则虽然众多，但社员的民主管理与经济参与毫无疑问是核心原则，而“社员经济参与”是核心之核心。因为，如果没有了社员经济参与，一人一票的民主控制原则就变得毫无意义。所以，合作社规范化发展，首先要解决社员经济参与问题。只要经济参与是规范的，其他原则即使不够规范，也容易得到矫正。

19.4.2 规范的合作社

不可否认，依照罗虚代尔原则建立的、具有显性利益分配机制的经典合作社［即将“盈余按交易额（量）返还”作为核心原则的合作社］固然属于规范的合作社。

但合作社作为以自我服务为主的组织，在现实中很少或几乎没有涉及投资，社员加入合作社只是为了实现个人无法实现的事情，而非期望资本投资获得的收益。在实际运作过程中，多数合作社并未产生直接的可分配盈余，因此，将《合作社法》第三十七条规定的可分配盈余“按成员与本社的交易量（额）比例返还，返还总额不得低于可分配盈余的百分之六十”作为判断规范合作社的核心标准，在很大程度上只是形同虚设（应瑞瑶，2009）。即使合作社涉及投资、存在可分配盈余，但二次分配需要专人记录和管理合作社成员与组织的交易量，这将产生会计核算和监督成本。所以，经典的规范合作社不一定是最佳选择。

此外，罗虚代尔原则提出时，社会整体经济处于低水平平衡状态，而当前中国经济社会整体环境已经发生变化，农户异质性尤为突出，因此对现实中规范合作社判别标准完全套用经典合作社原则并不合适，应当承认现实中多种利益联结机制（如隐性利益）的存在，具备隐性利益联结机制且监督成本较低的合作形式都应当视为规范合作社，即对规范合作社利益分配机制的检验无须苛求是否按交易量（额）进行二次分配，存在与数量挂钩利益联结机制的涉及农业生产经营的自我服务组织理应被看作是规范的合作社。这一论断与苑鹏（2013）的研究结论一致，经典的规范合作社在中国虽有成功案例，但终将被边缘化，逐渐被所有者与业务相关者同一、相关利益主体形成联盟的形式取代，形成中国特色的合作社。

因此，以下几种运营形式的合作社均可被视为规范合作社：①为成员提供同质服务，但组织本身并不产生盈余（如技术服务）。②合作社直接让利给成员，不涉及二次盈余分配（如统一购买生产资料环节，直接以低于市场价的价格将农资销售给成员，不产生盈余、不涉及盈余分配）。③合作社协调价格，成员享受不低于市场销售价格的同时，销售风险降低（如产品销售环节，大户加价收购小户产品或大户收购后根据市场行情及收购量给予利益分享）。④涉及股份投资的合作社，盈余可以根据股份占比进行分配，但股份占比须与交易量占比基本对应。⑤严格按照经典原则，在盈余分配环节选择将“按交易额（量）返还”作为主要利益分配方式。

19.5　中国农民合作社规范化发展的现实选择

中国合作社在联结小农户与现代市场、提升农业生产经营组织化程度、改善农民生活、提升乡村治理水平等方面的确产生了积极作用（徐志刚等，2011；黄季焜等，2010）。然而，中国农户规模普遍较小且农户异质性较强的国情在短期内并不会发生明显变化，因此经典的规范合作社在中国发展前景不容乐观，但也不能因此否定合作社在中国存续和发展的可能性。

在当前现实约束下，可以借鉴参考我国台湾地区产销班的发展经验。我国台湾地区合作社由日本对台湾侵占时期的“农会”发展而来，在部分合作社内部，达到一定规模[①]且具备一定专业化生产能力的农户自发联合形成产销班，从事生产资料共同购进、产成品共同运输、共同销售等活动（严正，2000）。产销班建立合作公约，制定一系列完善的经营标准[②]，将个体农户的生产要素（包括土地、劳动力、资金、设备、信息、技术等）进行整合，共同经营，共担风险，降低交易成本、延长产品价值链、获取规模经济效益的同时，有效提高了农户经营收益。

我国台湾地区合作社发展的现状启示我们：农民不仅需要成员利益紧密的企业型合作组织（如经典合作社），而且还需要成员利益相对松散的协作型合作组织（如台湾地区产销班）。大陆如果在合作社发展的起始阶段，就严格区分协作型合作组织和企业型合作组织，那么把两者分开是合作社的理想模式。但问题是，合作社数量迅速增长之后，再来改革该项制度可能就要付出极其高昂的成本，特别是合作社注销需要经过严格的清算程序，这显然是政府部门管理能力所不及的。

因此，两种形式并存的合作社制度可能是当前较为实际的选择。政府无须按照经典标准苛求合作社的规范发展，应当完善适合合作社发展的外部客观因素，为处于发展中或刚起步的组织提供良好的发展环境，如：搭建有利于降低

① 在我国台湾地区，参加产销班的农户一般已经具备一定的专业化生产能力，如“参加稻米产销班的农户平均种植面积为 1.6 公顷（24 亩），参加肉鸡产销班的养鸡户平均饲养规模为 18 733 只，参加毛猪产销班的养猪户平均饲养规模为 791 头”（严正，2000）。

② 具体包括施肥用药、套装、产期调节、采收、分级、包装等方面的标准，通过经营标准的制定确保农产品品质，从而实现农产品高附加值。

交易成本的电子商务平台，推动“互联网＋”[①]在合作社发展过程中的运用。待内外条件兼备时，将协作型合作组织发展成为企业型合作组织，最终实现合作社的规范化，这也是《合作社法》修订过程中需要正视的。

参 考 文 献

程宏伟. 2005. 隐性契约与企业财务政策研究. 西南财经大学博士学位论文.

程林林，黄旭. 2010. 隐性利益与体育利益格局演化分析框架（上）. 体育与科学，(6)：1-7，48.

邓衡山，徐志刚，黄季焜，等. 2011. 组织化潜在利润对农民专业合作组织形成发展的影响. 经济学（季刊），(4)：1515-1532.

费方域，蒋士成. 2011. 奥利弗・哈特等论文集：不完全合同、产权和企业理论. 费方域，蒋士成，译. 上海：格致出版社.

国鲁来. 2001. 合作社制度及专业协会实践的制度经济学分析. 中国农村观察，(4)：36-48.

汉斯曼 H. 2001. 企业所有权论. 于静，译. 北京：中国政法大学出版社.

黄季焜，邓衡山，徐志刚. 2010. 中国农民专业合作经济组织的服务功能及其影响因素. 管理世界，(5)：75-81.

黄祖辉，邵科. 2009. 合作社的本质规定性及其漂移. 浙江大学学报（人文社会科学版），(4)：11-16.

潘劲. 1990. 合作社原则及其演变特点初探. 经济纵横，(6)：48-51.

唐雯. 2007. 论合作社的定义、价值、原则与法律特征. 农村经济与科技，(8)：80-81.

徐旭初. 2005. 中国农民专业合作经济组织的制度分析. 北京：经济科学出版社.

徐志刚，张森，邓衡山，等. 2011. 社会信任：组织产生、存续和发展的必要条件？——来自中国农民专业合作经济组织发展的经验. 中国软科学，(1)：47-58，192.

严正. 2000. 台湾的农业合作社和产销班. 台湾研究集刊，(3)：42-47.

杨瑞龙，聂辉华. 2006. 不完全契约理论：一个综述. 经济研究，(2)：104-115.

应瑞瑶. 2002. 合作社的异化与异化的合作社——兼论中国农业合作社的定位. 江海学刊，(6)：69-75.

应瑞瑶. 2009. 农民专业合作社：规范与发展. 江苏农村经济，(5)：10-11.

苑鹏. 2005. 现代合作社理论研究发展评述. 农村经营管理，(4)：15-19.

---

① 吉林省九台区某合作社，利用当地相关部门推出的农资销售电子商务平台，从网上选择需要的农资（包括品牌、质量），网上下单后可直接送货上门，收货检验确认无误后，再从网上付款。从该平台购得的农资，价格低于从普通农资店购买农资的价格且质量更优。

苑鹏. 2006. 试论合作社的本质属性及中国农民专业合作经济组织发展的基本条件. 农村经营管理，(8)：15-21.

苑鹏. 2013. 中国特色的农民合作社制度的变异现象研究. 中国农村观察，(3)：40-46，91-92.

苑鹏，潘劲. 1998. 关于合作社基本概念、基本原则的再认识——以色列合作社运动的反思. 中国农村观察，(5)：47-50.

张晓山. 1998. 合作社的基本原则及有关的几个问题. 农村合作经济经营管理，(2)：7-9.

张晓山. 2011. 农民专业合作社发展需要关注的一些问题. 农村经营管理，(1)：18-23.

赵磊. 1998. 论当前改革中的利益失衡. 哲学研究，(11)：24-29.

Bull C. 1987. The existence of self-enforcing implicit contracts. The Quarterly Journal of Economics，102（1）：147-159.

Fehr E，Gächter S. 2000. Fairness and retaliation：the economics of reciprocity. Journal of Economic Perspectives，(3)：159-181.

Hart O，Moore J. 1996.The governance of exchanges：members' cooperatives versus outside ownership. Oxford Review of Economic Policy，12（4）：53-69.

North D C. 1981. Structure and Change in Economic History. New York：W. W. Norton & Company Inc.

North D C. 1990. Institutions，Institutional Change and Economic Performance. New York：Cambridge University Press.

Sexton R J，Iskow J. 1993. What do we know about the economic efficiency of cooperatives：an evaluative survey. Journal of Agricultural Cooperation，(8)：15-27.

第 20 章 社会资本、政策资源获取与成员受益

20.1 研究问题与文献综述

合作社作为小农户实现联合的组织创新，近年来在中国发展十分迅速。合作社能有效弥补市场经济的发展和家庭经营制度的缺陷，是中国农业经营体制中的一项重大创新，有利于提高农民的组织化程度与福利水平，增强农民市场谈判地位，节约农业经营的交易费用，促进农村经济发展（邓衡山和王文烂，2014；黄祖辉，2000；苑鹏，2008）。截至 2016 年 10 月底，全国注册登记的合作社数量达 174.9 万家，较 2007 年增加近 85 倍，覆盖全国 43.5%的农户。

中国合作社的迅速发展在一定程度上得益于中国政府对合作社的立法支持和财政资金扶持（Deng et al.，2010）。一方面，2006 年《合作社法》颁布，中国以立法形式规范了合作社的组织和行为；另一方面，2003～2012 年，中央财政扶持合作社的资金累计达到 34.2 亿元，而 2013 年各级财政扶持总额达 55 亿元（肖琴等，2015）。政府对合作社的财政支持既包括税收优惠、对合作社发展能力的扶持（包括支持合作社在信息、培训、农产品质量标准与认证、农业生产基础设施建设、市场营销和技术推广等方面开展服务）等普惠型政策，也包括使用最广、影响最直接的项目支持政策（黄胜忠和刘洋洋，2013）。项目支持通常由地方政府向符合条件的合作社直接安排财政投资项目，引导国家政策性扶持资金形成的资产移交由合作社管护，相较于税收优惠、技术培训推广等普惠性扶持政策更具有明显的“树典型”特征。

由于合作社具有准公共物品的性质，政府对合作社进行政策性资金支持的目的在于增加合作社资本积累，有利于合作社规模扩张并使成员受益。但理论上讲，如果政府政策支持方向和内容不当，政策性资金分配不均，反而会影响

合作社的公平竞争和良性发展，导致农户发展机会不均，偏离政府政策设计的初衷。正如《合作社法》所规定的“可分配盈余按成员与本社的交易量（额）比例返还的返还总额不得低于可分配盈余的百分之六十；返还后的剩余部分，以成员账户中记载的出资额和公积金份额，以及本社接受国家财政直接补助和他人捐赠形成的财产平均量化到成员的份额，按比例分配给本社成员”，说明合作社获取的政策性资金应该在合作社内部量化到成员，但现实中，无论是政策性资金的获取还是在合作社内部的分配，可能都缺乏瞄准性。从政策性资金获取来看，大部分研究认为，以项目为载体同时缺乏有效监督的瞄准机制使得地方政府出于政绩及资金支持效率的考虑，选择优先考虑规模较大、社会资源丰富的合作社（肖琴等，2015；潘劲，2011）；地方政府与农村能人之间会形成庇护关系，并且庇护关系会影响领办合作社的农村能人获得政策性资金支持的可能性（赵晓峰和付少平，2015），不同合作社政策性资金的获取与合作社内部成员，特别是以理事长为代表的核心成员所拥有的各项资源密切相关（崔宝玉，2015；王生叶和薛兴利，2013）。在政策性资金内部分配方面，由于扶持政策的瞄准机制不合理，监管缺位及合作社内部权力过度中心化带来的目标群体瞄准过窄，民主决策机制、盈余分配机制等核心机制缺位，剩余索取权分配倾向于合作社内的大股东，使得财政资金的公平性难以体现，主要表现为政策性资金分配不公（刘珉和茹广明，2009；马彦丽，2006；胡中应和程广华，2010）。在规模偏好性和示范偏好性的驱动下，仅有少数合作社得到了公共财政的支持，且由于疏于监管，以合作社之名获取政策性收益的行为也时有发生，对争取到的财政支持资金既没有按要求使用，也没有按成员人均量化到成员账户，政策性收益未能惠及广大成员（任永昌等，2012）。

现有文献对合作社政策性资金获取的影响因素进行了分析，并就政策性资金获取后在合作社内部量化进行了定性研究，但仍有以下两个问题值得进一步探讨：首先，现有研究无法回答“政策性资金被具有什么特征的合作社拿走了？”现实中合作社的发起人既包括具有商业性资本的农民企业家和经纪人，也包括具有政治性资本的基层干部，核心成员拥有不同类型社会资本，其所在的合作社在政策性资金获取上也可能有所差异。其次，现有研究也无法回答“获取政策性资金的合作社内部异质性成员受益是否存在差异？”财政资金支持合作社政策既是国家对弱势群体与弱势产业的直接帮扶，又是合作社的主要收益来源之一。现有针对合作社成员受益的研究中，将成员视为同质，仅以加入和不加入合作社区分成员，忽视了合作社内部异质性成员在享受政策性资金扶持过程中的区别，缺乏针对核心成员和普通成员受益程度差异进行的定量分析。因此，进一步厘清以合作社理事长为代表的核心成员社会资本与合作社政策性资金获取之间的关系，以及获取政策性资金的合作社中异质性成员的受益差别，有助于我们加深对合作社政策性资金获取及分配效果的理解，同时为国家完善扶持合作社的相关政策提供普适性的建议。

与以往研究相比，本章在以下两方面有所创新：一是本章充分考虑了以合作社理事长为代表的核心成员凭借不同类型社会资本对合作社获取政策性资金的作用机制并进行了实证分析，弥补了关于核心成员社会资本与政策性资金获取关系研究的空白；二是本章放弃合作社成员同质的假定，将合作社成员角色区分为普通成员与核心成员，在合作社成员异质性前提下研究政策性资金在合作社内部的分配机制与成员受益差异，使合作社政策性资金扶持对农户作用的评估更加系统和客观。本章所用数据为第三轮调查中蔬菜合作社及其成员的调查数据。

20.2　理论分析与研究假说

合作社“所有者与惠顾者同一”的本质决定了合作社应坚持普惠性与益贫性的基本原则。政府通过公共财政扶持合作社是为了促进合作社发展、实现全体成员增收以提高农民的经济、社会地位。政策性资金是合作社除通过自我服务而实现的业务收入外收益的主要构成部分，在改善合作社的资金约束、降低农民参与市场竞争风险、促进合作社发展从而促使其内部成员受益等方面具有重要意义。

但是由于农户异质性的存在，政策性资金分配不均会导致政策性资金可能无法发挥其应有的作用。一方面，不同的合作社，其发起人团队特别是理事长的资源禀赋存在着显著的差异，尤其是社会资本作为资源禀赋的重要体现，存在着商业性资本和政治性资本的区别；另一方面，由于合作社内部成员异质性的存在，获得政策性资金的合作社，其内部核心成员与普通成员的受益也会存在差异，最终导致政策性资金在合作社间及合作社内部成员间的分配差异，如图 20-1 所示。

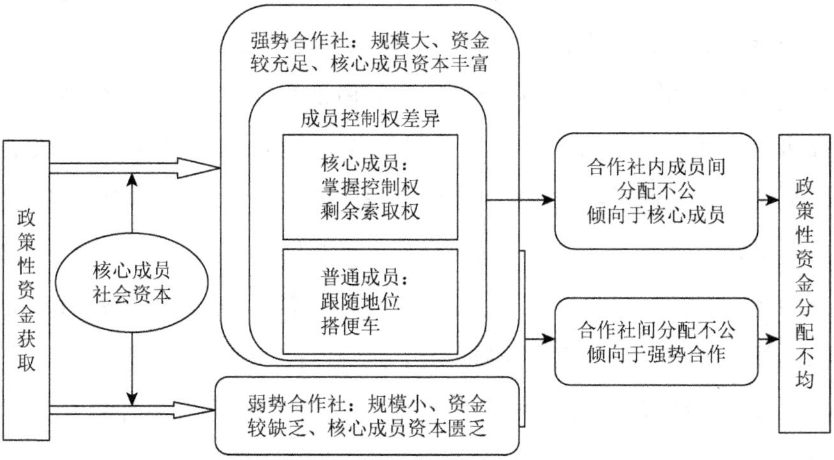

图 20-1　社会资本、政策资源获取与成员获益：分析框架

在中国现行的合作社扶持政策下，以合作社理事长（社长）为代表的合作社核心成员的社会资本差异直接影响合作社能否获取政策性资金及获取的金额。中国合作社经历了自发形成阶段，专业大户、乡村干部、供销社能人等政治、商业资源占优的农村能人顺应农民合作愿望发起合作社，并逐步转型为合作社核心成员担任整合资源、管理运营合作社的职权。合作社核心成员在合作

社产权界限模糊、个人利益与合作社集体利益高度关联情况下，积极争取各项资源以实现合作社收益增加从而使受益符合理性人假设。同时，国家以项目支持为主的合作社扶持政策在实际操作中由地方政府实际掌握着财政资源的“选择性再分配权”，并在一定程度上不受中央政府的后续监管，因此，地方政府在“树典型”、创建示范社等基层工作中找到了与农村能人合作双赢的空间（赵晓峰和付少平，2015）。由于政策性资金的发放与地方政府直接相关，合作社核心成员与掌控财政资源的地方政府形成的合作空间使合作社核心成员的政治性社会资本成为合作社获取政策性资金的关键影响因素。相对于拥有商业资源的理事长来说，政治性社会资本丰厚的理事长更易获得政府的政策性资金支持（倪细云等，2012；黄胜忠和张海洋，2014）。

在政策性资金因缺乏瞄准性造成合作社间分配不公的同时，其又受到成员异质性、利益博弈和合作社内部利益分配机制的约束和影响，表现为合作社成员间受益差异。合作社“所有者与惠顾者同一”的本质在理论上表现为成员承担成本、风险的义务与分享剩余的权利的均等，但在中国合作社发展过程中，起领办组织作用的农村能人及企业、政府人员转型为合作社核心成员，普通农户因缺乏经济、社会资源和企业家才能，逐步演变为普通成员，甚至是合作社的雇工或名义成员。核心成员在合作社日常管理运营中调动自身各项资本，承担大部分成本及风险，拥有高于普通成员的交易量（额）和股权，贡献率大于普通成员；而处于跟随地位的普通成员不承担或仅承担十分有限的成本及风险，只能被动接受内部利益分配机制，无法掌控合作社控制权，在合作过程中更多地采取“搭便车”行为。合作社成员间的上述差异使核心成员在很大程度上掌握了合作社的控制权和剩余索取权，并选择私有产权或模糊产权的处理方式作为解决外部性的方法，根据自身承担的成本来分配合作社的利益。因此，合作社通过获得政策性资金形成的资产主要受核心成员处置，最终表现为内部成员间受益差异。由于核心成员需要与普通成员保持稳定的合作关系以获得规模经济，即使核心成员掌握了大部分的控制权和剩余索取权，在对政策性资金进行分配时仍会兼顾普通成员的利益，将所获得的政策性资金一部分归个人所得，而另一部分用于合作社项目建设和服务功能实现。因此，核心成员的受益来源包括对政策性资金直接获取和合作社服务功能提供两方面，而普通成员虽然受益，但受益主要来自合作社所提供的基本功能，所以，核心成员的受益程度要高于普通成员。

综上所述，本章提出以下两个需要实证检验的研究假说。

假说 1：以理事长为代表的合作社核心成员的政治性社会资本越丰富，合作社越容易获得政府政策性资金支持，且支持力度越大。

假说 2：获得政府政策性资金的合作社，其资金支持的取得对核心成员收入产生正向的影响，对于普通成员虽然也有影响，但低于对核心成员的促进作用。

20.3 政策性资金获取与分配：基于三省实地调研数据的分析

本章以合作社核心成员社会资本和合作社内部成员异质性为视角，探讨政府扶持合作社的政策性资金在合作社间及内部成员间的获取与分配差异。本章分析所用数据来自第三轮调查，主要考察合作社治理结构，如理事长及理事会的产生机制、盈余分配和决策机制，合作社与成员间的利益关系等。

20.3.1 政策性资金主要被核心成员社会资本丰富的少数合作社获得

在财政支持资源分配主要由地方政府掌握的背景下，尤其是在地方政府将政绩及合作社支持资金使用效率作为政策性资金分配过程中优先考虑的重要因素的情况下，合作社核心成员的社会资本可能会成为决定合作社能否获得政策性资金支持的关键因素。现实中，合作社的核心成员往往是当地的能人或基层干部，具有社会资本集聚的特征。为了分析不同类型社会资本对合作社获取政策性资金支持的影响，本章将核心成员的社会资本区分为政治性社会资本和商业性社会资本。就政治性社会资本来看，合作社理事长发起前是否担任过村干部或是否有亲朋在县级以上部门任职能够较好地反映合作社核心成员的政治性社会资本，满足其中一项即认为理事长拥有政治性社会资本。从商业性社会资本来看，理事长是否做过农产品生意或当过农产品经纪人、理事长是否销售过农资、理事长是否开办过公司，均能够较好地反映合作社核心成员的商业性社会资本，满足其中一项即认为理事长拥有商业性社会资本。

为了对核心成员政治性社会资本和商业性社会资本与合作社获取政策性资金的关系进行初步的判断，本章首先对理事长的政治性社会资本和商业性社会资本与其所在合作社是否获取政策性资金，以及累计获得的政策性资金金额进行相关分析，采用的是 2013 年 500 家合作社中有实际活动的 248 家合作社的数据，分析结果见表 20-1。从初步判断的结果来看，政策性资金主要被核心成员社会资本丰富的少数合作社取得，尤其是理事长拥有政治性社会资本的合作社，其获得政策性资金的比例更高。理事长拥有政治性社会资本的合作社获得政策性资金的比例为 44.58%，比没有政治性社会资本的合作社高出 22.76 个百分点。拥有商业性社会资本的合作社获得政策性资金的比例为 30.91%，比没有商业性社会资本的合作社高出 2.65 个百分点。理事长拥有社会资本的合作社获得的政策性资金更多，尤其是理事长拥有政治性社会资本的合作社累计获得的政策性资金总额平均为 7.68 万元，高于政治性社会资本缺乏的合作社 4.48 万元，也高于理事长拥有商业性社会资本的合作社 0.88 万元。政策性资金在合作社间分配不均的现象明显。

表 20-1　理事长社会资本与合作社政策性资金获取的关系

理事长社会资本	合作社占比	获得政策性资金合作社的比例	合作社累计获得的政策性资金总额/万元
是否拥有政治性社会资本			
是	33.47%	44.58%	7.68
否	66.53%	21.82%	3.20

续表

理事长社会资本	合作社占比	获得政策性资金合作社的比例	合作社累计获得的政策性资金总额/万元
是否拥有商业性社会资本			
是	44.35%	30.91%	6.80
否	55.65%	28.26%	3.02

资料来源：根据调查资料统计整理所得

20.3.2　合作社核心成员政策性资金受益程度高于普通成员

在合作社内部政策性资金分配不均导致成员受益差异影响机制分析的基础上，为更加全面地解释政策性资金获取对不同农户的收入影响和利益分配差异，本章在考虑合作社内部普通成员和核心成员差异的同时将本村非成员农户和外村农户纳入分析中，作为对照组进行对比研究。

为对合作社政府政策性资金在异质性成员间的分配情况进行初步判断，本章对合作社获取政策性资金与内部成员收入间的关系进行了交叉分析。分析结果如表 20-2 所示，获取政策性资金合作社的核心成员、普通成员及非成员的收入都普遍高于未获取政策性资金合作社的农户；获得政策性资金支持合作社的普通成员和核心成员的收入均高于非成员农户，但核心成员受益程度远高于普通成员。政策性资金在合作社内部成员间分配不均表现为合作社内部异质性成员间的政策性资金受益程度差异。

表 20-2　合作社是否获取政策性资金与不同角色农户收入增长的关系　单位：元

项目	未获取政策性资金合作社	获取政策性资金合作社
人均大棚果蔬收入增长值		
有合作社村非成员	2 440	8 810
有合作社村成员	7 458	17 246
普通成员	6 211	13 207
核心成员	18 885	34 554

续表

项目	未获取政策性资金合作社	获取政策性资金合作社
人均果蔬总收入（大棚＋露地）增长值		
有合作社村非成员	3 473	9 030
有合作社村成员	7 329	16 851
普通成员	6 066	12 670
核心成员	18 916	34 640
人均总收入增长值		
有合作社村非成员	7 869	11 375
有合作社村成员	10 304	19 044
普通成员	8 673	13 248
核心成员	25 256	43 888

资料来源：根据调查资料统计整理所得

20.4　模型设计与实证分析

20.4.1　模型设计

基于上述分析，本章分别建立计量模型对以合作社理事长为代表的核心成员社会资本与合作社政策性资金获取之间的关系，以及合作社所获政策性资金对不同成员的收入影响进行实证分析，以说明合作社政策性资金在合作社间及内部异质性成员间的分配不均问题。

1. 政策性资金在合作社间分配不均

以上就核心成员不同类型社会资本与合作社政策性资金获取关系的初步判断，并未控制可能影响合作社政策性资金获取的其他因素。为了更科学地评估核心成员是否具备政治性社会资本和商业性社会资本对合作社获取政策性资金的作用，本章设置了如下两个经济计量模型对两者之间的关系进行实证检验，以验证本章提出的假说 1：

$$\mathrm{IS}_i = \alpha + \beta \mathrm{ps}_i + \delta \mathrm{cs}_i + Z_i \gamma + \mu_i \tag{20-1}$$

$$\mathrm{SA}_i = \alpha + \beta \mathrm{ps}_i + \delta \mathrm{cs}_i + Z_i \gamma + \mu_i \tag{20-2}$$

其中，i 表示第 i 个合作社。IS 表示合作社从发起时到 2014 年是否获得了政策性资金。SA 表示合作社从发起时到 2014 年累计获得政策性资金的总额。本章设置了两类变量反映核心成员的社会资本。一是政治性社会资本，用 ps 表示。政治性社会资本采用以下变量进行测度：合作社发起前，理事长是否担任过村干部或者亲朋中是否有人在县级以上部门工作，满足其中一项即表示理事长拥有政治性社会资本。二是商业性社会资本，用 cs 表示。商业性社会资本采用以下变量进行测度：合作社发起前，理事长是否开办过公司、理事长是否做过农产品生意和担任过农产品经纪人、理事长是否销售过农资，满足其中一项即表示理事长拥有商业性社会资本。由于式（20-1）中被解释变量为二值虚拟变量，因此采用 Probit 模型进行估计。由于有相当比例的合作社未获取政策性资金，被解释变量取值为 0，因此式（20-2）分别采用 Tobit 模型和 OLS 模型进行估计。Z 表示一组控制变量，主要包括三类：一是理事长个人和家庭特征，如合作社发起时，理事长年龄、理事长家庭年收入。二是合作社的特征，如合作社的类型是否为公司或者大户、合作社是否主要生产高附加值农产品、合作社的主营业务是否为产品类。三是其他村层面和地区层面的控制变量。由于本章的关键解释变量采用的是合作社发起时的数据，同时为了避免内生性问题，本章选用了 2008 年合作社所在村的村人均耕地面积、村人均纯收入、村距离县城的距离、村企业数量、村社会生产总值、村二三产业占比作为村层面的控制变量。此外，还设置了地区虚拟变量反映地区差异。

2. 政策性资金在合作社内成员间分配不均

本章建立如下面板数据模型，采用固定效应估计方法，分析合作社政策性资金获取对不同农户受益差异的影响，以此来验证本章提出的假说 2，说明政策性资金在合作社内成员间分配不均。对样本农户进行如下分类：无合作社村农户（即外村农户），以及有合作社村的合作社核心成员、普通成员、非成员。以外村农户为基准，如果获取政策性资金的合作社的核心成员与外村农户相比收入有差异，而普通成员与外村农户没有差异，则表示合作社利益分配偏向核心成员。

$$\text{income}_{it} = \alpha + \beta p_{1it} + \chi p_{2it} + \delta p_{3it} + \phi p_{1it} \times \text{fd} + \theta p_{2it} \times \text{fd} + \sigma p_{3it} \times \text{fd} + Z_{it}\gamma + \varepsilon_{it} \tag{20-3}$$

其中，i 表示农户；t 表示取值为 0 和 1 的时间虚拟变量，t 取 1 时为 2013 年，取 0 时为 2008 年；因变量 income 表示一组收入变量，分别是人均大棚果蔬收入、人均果蔬总收入、人均总收入；p_1、p_2 和 p_3 表示取值为 0 和 1 的虚拟变量，p_1 为 1 时表示非成员，p_2 为 1 时表示普通成员，p_3 为 1 时表示核心成员；政策性资金获取变量 fd 表示取值为 0 和 1 的虚拟变量，为了便于分析，将获得政策性资金的合作社设置为 0，未获得政策性资金的合作社设置为 1；Z 表示一组控制变量。由于本章使用的是固定效应估计方法，控制变量中户主性别和受教育年限是不随时间变化的变量，因此参数不估计，而年龄是随时间等距离变化的变量，参数也不估计。

20.4.2　实证分析

1. 核心成员社会资本对合作社政策性资金获取的影响分析

核心成员政治性社会资本和商业性社会资本对合作社政策性资金获取影响的实证结果见表 20-3。Probit 模型的估计结果显示，理事长政治性社会资本对合作社是否获得政策性资金影响显著，理事长商业性社会资本对合作社是否获得政策性资金无显著影响。OLS 模型和 Tobit 模型的估计结果均显示，理事长政治性社会资本对合作社累计获得政策性资金总额的影响显著，而理事长商业性社会资本对合作社累计获得政策性资金总额的影响不显著。

表 20-3　社会资本对合作社政策性资金获取影响的计量经济分析结果

变量	是否获得政策性资金（1＝是；0＝否）		累计获得政策性资金总额（万元）	
	Probit 模型	边际效应估计	OLS 模型	Tobit 模型
关键解释变量				
政治性社会资本	0.702*** （3.346）	0.187*** （3.609）	4.993* （1.653）	23.830** （2.260）
商业性社会资本	0.187 （0.947）	0.050 （0.947）	3.473 （1.479）	12.120 （1.531）
控制变量				
理事长年龄（岁）	0.0129 （1.231）	0.0034 （1.238）	0.0458 （0.393）	0.5390 （1.295）
理事长家庭年收入（万元）	5.82×10^{-5}*** （3.530）	1.55×10^{-5}*** （3.588）	2.32×10^{-4}*** （3.199）	1.36×10^{-3}*** （3.620）
合作社是否为公司或大户（1＝是；0＝否）	0.629*** （2.982）	0.167*** （3.131）	1.929 （0.773）	23.650*** （3.610）
合作社是否主要生产高附加值农产品（1＝是；0＝否）	0.304 （1.181）	0.081 （1.173）	2.338 （1.346）	11.150 （1.261）
合作社主营业务是否为产品类（1＝是；0＝否）	−0.468** （−2.107）	−0.124** （−2.135）	2.472 （1.146）	−12.130** （−1.994）
村人均耕地面积（亩）	0.0995 （1.242）	0.0265 （1.249）	0.0911 （0.164）	0.4100 （0.215）
村人均纯收入（万元）	−0.315 （−1.205）	−0.084 （−1.209）	2.510 （0.867）	0.704 （0.085）
村距离县城的距离（千米）	0.0034 （0.691）	0.0009 （0.693）	−0.0204 （−0.540）	0.0193 （0.129）
村企业数量（个）	0.0479** （2.052）	0.0127** （2.114）	0.3690 （1.355）	1.4170** （2.274）
村社会生产总值（亿元）	−0.0015 （−1.259）	−0.0000 （−1.263）	0.0114 （0.609）	−0.0013 （−0.031）
村二三产业占比（%）	−0.0004 （−0.0907）	−0.0001 （−0.0908）	−0.0366 （−0.8440）	−0.1660 （−1.0600）
地区虚拟变量（1＝四川；0＝其他省份）	−0.0495 （−0.133）	−0.0161 （−0.134）	−5.5810** （−2.108）	−18.8600 （−1.475）
地区虚拟变量（1＝吉林；0＝其他省份）	−0.903*** （−2.756）	−0.242*** （−2.839）	−3.241 （−1.185）	−21.500** （−1.990）
常数项	−1.575** （−2.080）	—	−4.049 （−0.466）	−70.100* （−1.956）
样本数	248	248	248	248
F 值	—	—	11.77	2.5
Wald 值	71.55	—	—	—

注：OLS 模型估计结果中括号里数值是 *t* 值，Tobit 模型、Probit 模型及边际效应估计结果中括号里数值是 *Z* 值

*、**和***分别表示在 10%、5%和 1%的置信水平上具有统计显著性

由于 Probit 模型为非线性模型，模型中的系数并不能直接反映政治性社会资本对合作社政策性资金获取的边际影响。因此，本章做出了进一步计算，得到了理事长政治性社会资本影响合作社政策性资金获取的边际效应值。结果表明，理事长政治性资本更丰富的合作社，其获得政策性资金的可能性比理事长没有政治性社会资本的合作社要高 18.7%。

以上实证分析的结果表明，核心成员政治性社会资本丰富的少数合作社更易获得政策性资金，核心成员的商业性社会资本对合作社是否获取政策性扶持资金及累计获得政策性资金总额均无显著的影响，政策性资金在合作社之间的分配偏向于政治性社会资本更丰富的核心成员所在的合作社，这验证了本章提出的假说 1。

2. 政策性资金获取与异质性成员受益差异分析

合作社获取政策性资金对异质性成员受益影响的估计结果见表 20-4。结果显示，获取政策性资金的合作社对核心成员、普通成员均有明显的正向影响。从交互项的系数来看，对于核心成员来说，获取政策性资金的合作社的人均大棚果蔬收入和人均果蔬总收入在 10%的显著性水平上分别比没有获取政策性资金的合作社高 17 597 元和 17 295 元。在 10%的显著性水平上，获取政策性资金合作社的普通成员的人均大棚果蔬收入和人均果蔬总收入分别比没有获取政策性资金支持的合作社的普通成员高 8568 元和 7782 元。可见，获取政策性资金的合作社对普通成员的收入有显著影响。进一步地，从农户角色的系数来看，获取政策性资金的合作社核心成员的人均大棚果蔬收入、人均果蔬总收入和人均总收入分别比外村农户要高 28 277 元、27 014 元和 30 498 元。获得政策性资金的普通成员与外村农户之间在收入上没有显著区别。

表 20-4　合作社政策性资金获取与异质性成员受益差异

变量	人均大棚果蔬收入	人均果蔬总收入（大棚＋露地）	人均总收入
关键解释变量			
有合作社村非成员 （1＝是；0＝否）	52.43 （4 413）	−820.10 （4 323）	2 208.00 （6 143）

续表

变量	人均大棚果蔬收入	人均果蔬总收入（大棚＋露地）	人均总收入
普通成员 （1＝是；0＝否）	6 399 （4 456）	4 768 （4 365）	4 227 （6 202）
核心成员 （1＝是；0＝否）	28 277*** （6 454）	27 014*** （6 323）	30 498*** （8 984）
有合作社村非成员×政策性资金获取 （1＝未获得政策性资金；0＝获得政策性资金）	−3 418 （4 993）	−1 910 （4 892）	−2 660 （6 951）
普通成员×政策性资金获取 （1＝未获得政策性资金；0＝获得政策性资金）	−8 568* （4 721）	−7 782* （4 625）	−4 966 （6 572）
核心成员×政策性资金获取 （1＝未获得政策性资金；0＝获得政策性资金）	−17 597* （9 949）	−17 295* （9 747）	−14 250 （13 850）
控制变量			
户主性别 （1＝男；0＝女）	不随时间变化变量，参数不估计		
户主年龄（岁）	随时间等距离变化变量，参数不估计		
户主受教育年限（年）	不随时间变化变量，参数不估计		
时间 （1＝2013 年；0＝2008 年）	4 865 （3 712）	5 101 （3 637）	7 880 （5 168）
是否从事农业经营 （1＝是；0＝否）	16 425*** （3 802）	18 267*** （3 725）	5 315 （5 293）
是否种植水果 （1＝是；0＝否）	−3 491 （5 955）	−2 432 （5 834）	11 207 （8 290）
是否处于农业园区 （1＝是；0＝否）	8 122 （6 482）	8 194 （6 350）	4 663 （9 023）
是否为温室大棚 （1＝是；0＝否）	189.800 （7 602）	2.449 （7 447）	−2 751.000 （10 582）
村人均耕地面积（亩）	−42.100 （5 253）	572.100 （5 146）	−1 414.000 （7 312）
村人均收入（元）	0.474 （0.540）	0.633 （0.529）	0.262 （0.751）
村总人口（人）	−0.186 （1.218）	−0.171 （1.193）	−0.467 （1.696）
村离最近高速距离（千米）	1 584 （1 237）	1 452 （1 212）	1 618 （1 721）
常数项	−47 150* （25 459）	−47 283* （24 942）	−22 315 （35 441）
R^2	0.353	0.374	0.265
样本量	510	510	510

注：括号里是估计系数的标准误

*、***分别表示在 10%、1%的置信水平上具有统计显著性

为进一步比较政策性资金对合作社内部核心成员和普通成员影响的差异，本章对核心成员与普通成员人均大棚果蔬收入、人均果蔬总收入和人均总收入的系数做了 F 检验，结果见表 20-5。获取政策性资金的合作社的核心成员和外村农户之间的差异与普通成员和外村农户之间的差异的差均在 20 000 元以上，F 检验分别为 12.50、13.46 和 9.30，拒绝了核心成员与普通成员人均大棚果蔬收入和人均果蔬总收入及人均总收入无差异的原假设，接受了核心成员与普通成员有差异的备择假设。F 检验的结果表明，获取了政策性资金支持的合作社，虽然其普通成员能够在一定程度上受益，但其普通成员的人均大棚果蔬收入、人均果蔬总收入和人均总收入也是显著低于核心成员的，验证了本章提出的假说 2。

表 20-5　获取政策性资金合作社对普通成员与核心成员收入影响差异的 F 检验

变量	人均大棚果蔬收入	人均果蔬总收入（大棚＋露地）	人均总收入
获取政策性资金的合作社核心成员与外村农户收入的差异（δ）/元	28 277	27 014	30 498
获取政策性资金的合作社普通成员与外村农户收入的差异（χ）/元	6 399	4 768	4 227
获取政策性资金的合作社核心成员和外村农户收入差异与获取政策性资金的合作社普通成员和外村农户收入差异的差（$\delta-\chi$）/元	21 878	22 246	26 271
F 检验值	12.50	13.46	9.30

20.5　结论与政策建议

本章基于以合作社理事长为代表的核心成员社会资本差异及成员异质性视角，研究中国现行的以项目为载体的合作社扶持政策瞄准机制造成政策性资金在合作社间、合作社内部成员间的分配不均问题，并提供了相应的实证依据。研究发现，政策性资金在合作社间的分配会倾向于核心成员、社会资本丰富的少数合作社，实证结果同样验证了核心成员政治性社会资本越丰富的合作社越容易获得更多的资金支持；政策性资金在合作社内部异质性明显的成员间的分配则受到合作社既有利益分配机制的影响，在核心成员掌握合作社控制权及剩余索取权，而普通成员仅处于跟随地位时，获取了政策性资金支持的合作社的普通成员虽能够在一定程度上受益，但其受益程度显著低于核心成员，表现出政策性资金在合作社内部成员间分配不均，实证分析结果也提供了依据。

本章对于深刻认识中国现行合作社扶持政策具有重要的意义：中国实行的合作社扶持政策将以促进合作社发展，促进农民增收作为政策目标，但在现实操作中受到合作社扶持政策瞄准机制不合理，合作社内部治理机制、利益分配机制不健全等影响，政策性资金往往被核心成员资本丰富的少数合作社拿走；然而获得资金支持的合作社也存在将利益分配重心倾向于核心成员的现象，合作社扶持政策未有效发挥作用，合作社的普惠性与益贫性原则未完全体现。因此，为实现合作社扶持政策目标，促进合作社发展与其成员受益增加，应改善现行的政策瞄准机制，取消地方政府政绩考核与合作社发展数量挂钩的制度，转为注重合作社的能力建设与质量提升；在政策资源配给方面应坚持以多元化、多层次的普惠型政策为主，逐渐减少倾向于大社、强社的项目型帮扶，重点识别和扶持具有发展潜力且尚处于起步阶段的合作社。同时，在合作社内部应着力完善以利益分配为代表的机制建设，建立健全成员账户，确保政策性资金实现量化，并无差别地惠及全部成员。

参考文献

崔宝玉. 2015. 农民专业合作社：社会资本的动用机制与效应价值. 中国农业大学学报（社会科学版），(4)：101-109.

邓衡山，王文烂. 2014. 合作社的本质规定与现实检视——中国到底有没有真正的农民合作社？. 中国农村经济，(7)：15-26，38.

胡中应，程广华. 2010. 社会资本视角下的农民专业合作社发展研究. 皖西学院学报，(6)：74-78.

黄胜忠，刘洋洋. 2013. 促进农民专业合作社发展的财政支持政策. 农村经济，(12)：64-68.

黄胜忠，张海洋. 2014. 农民专业合作社理事长胜任特征及其绩效的实证分析. 经济与管理，

（5）：68-73.
黄祖辉. 2000. 农民合作：必然性、变革态势与启示. 中国农村经济，（8）：4-8.
刘珉，茹广明. 2009. 财政资金支持农民专业合作社政策研究. 经济经纬，（2）：111-114.
马彦丽. 2006. 我国农民专业合作社的制度解析——以浙江省为例. 浙江大学博士学位论文.
倪细云，王礼力，刘婧. 2012. 农民专业合作社理事长能力测度与培育——基于运城市 100 家合作社的实证研究. 西北农林科技大学学报（社会科学版），（5）：26-31，37.
潘劲. 2011. 中国农民专业合作社：数据背后的解读. 中国农村观察，（6）：2-11，94.
任永昌，郭晓鸣，丁延武. 2012. 当前农民专业合作社支持政策存在的问题及对策建议——基于四川省的调查分析. 农村经济，（5）：7-10.
王生叶，薛兴利. 2013. 农民专业合作社政策支持影响因素分析——基于山东省蔬菜专业合作社的问卷调查. 农村经济，（9）：122-126.
肖琴，李建平，李俊杰，等. 2015. 财政扶持农民专业合作社的瞄准机制研究——基于东部某市农业综合开发产业化经营项目的思考. 农业经济问题，（5）：98-103，112.
苑鹏. 2008. 对公司领办的农民专业合作社的探讨——以北京圣泽林梨专业合作社为例. 管理世界，（7）：62-69.
赵晓峰，付少平. 2015. 多元主体、庇护关系与合作社制度变迁——以府城县农民专业合作社的实践为例. 中国农村观察，（2）：2-12，94.
Deng H S，Huang J K，Xu Z G，et al. 2010. Policy support and emerging farmer professional cooperatives in rural China. China Economic Review，21（4）：495-507.

第 21 章　中国农民合作社发展的法律与政策优化

21.1　引　　言

合作社在世界范围内的成功使得中国对合作社也充满了期待，并促成了《合作社法》的颁布和实施，中央各部委和各级地方政府也纷纷出台了一系列合作社支持政策，一时间，合作社如雨后春笋，遍布神州[①]。

然而，现实中很多合作社并不符合《合作社法》的规定（潘劲，2011；仝志辉和温铁军，2009；熊万胜，2009）。按照《合作社法》的规定，合作社的“成员地位平等，实行民主管理”“盈余主要按照成员与农民专业合作社的交易量（额）比例返还”。然而现实中绝大多数合作社没有按交易额比例返还盈余，即使有，也只是“意思”一下，以应付有关部门的评估考核；民主管理流于形式，“民主议决”成了“通告议决结果”，大家举手通过（潘劲，2011）。

如何看待上述现象？是理论滞后于现实，应发展有中国特色的合作社理论，进而修改《合作社法》以承认合作社的多样性？还是理论本身可以指导现实，是我们对理论的理解和运用出了问题，法律本身也并没有不合理，而是法律和相关政策的实施出了问题？为了回答上述问题，就需要从理论上正本清源：合作社的本质是什么？这一本质需不需要与时俱进？

关于合作社的本质，学术界的看法并不一致。一种看法认为合作社必须坚守“所有者与惠顾者同一”的本质规定或者坚守资本报酬有限、按惠顾额分配盈余和成员民主控制等基本原则（邓衡山和王文烂，2014；唐宗

---

① 截至 2015 年底，我国合作社已达 153.1 万家，平均每个行政村 2 家，“十二五”期间（2011～2015 年），合作社数量增长近 3 倍（数据来源于《全国农民合作社发展部际联席会议第四次全体会议召开》：http://news.xinhuanet.com/politics/2016-03/21/c_128819262.htm，2016 年 3 月 21 日）。

焜，2012；潘劲，2011；张晓山，2011；黄祖辉和邵科，2009；苑鹏，2006；徐旭初，2005；应瑞瑶，2002；国鲁来，2001）。另一种看法则认为合作社的本质应该与时俱进（刘老石，2010），吴志雄（2004）认为，一人一票、盈利返还、限制资本报酬等合作社原则虽有其合理性，但合作社作为经济组织，其原则归根结底应由其组织结构、经营机制及成员的经济利益而不是某种政治理念所决定。

与上述两种看法对应，对于现实中偏离“所有者与惠顾者同一”的合作社，也有两种截然不同的看法。一种看法称之为“不规范”（张晓山，2009）、“异化”（应瑞瑶，2002）、“名实分离”（熊万胜，2009）或“名实不符”（邓衡山和王文烂，2014），甚至将其称为“假合作社”“翻牌合作社”“大农吃小农”“精英俘获”（潘劲，2011；仝志辉和温铁军，2009）。另一种看法则认为，这是合作社的新形式，认为合作社的本质和原则应该随着实践的发展而发展（刘老石，2010），甚至主张发展有中国特色的合作社理论体系。[①]

对上述问题的认识直接影响人们对《合作社法》的看法。主张合作社本质规定是“所有者与惠顾者同一”的人认为《合作社法》也应体现这一本质规定，那些不具备这一本质规定的组织应被排除在合作社之外（孔祥智，2014）。而认为合作社的本质应与时俱进的人则更倾向于修改《合作社法》以承认现实中合作社的多样性，或者干脆秉持“实用主义”的态度，认为合作社的名实之辩是没有意义的，不管现实中合作社的治理结构是不是符合某种本质规定，只要其能发挥作用，就应该加以肯定和支持（刘老石，2010）。

本章拟首先阐述学术研究中合作社名实之辩的意义；其次从学理上论证合作社的本质规定；再次讨论是否需要发展有中国特色的合作社理论；最后回答《合作社法》是否需要在合作社的本质规定方面进行修改，以及应该出台什么

① 中国供销合作社总社则于 2012 年 5 月 18 日组织召开了“中国特色合作社发展之路”恳谈会（资料来源于《总社组织召开“中国特色合作社发展之路”恳谈会》：http://www.chinacoop.gov.cn/HTML/2012/05/18/76465.html，2012 年 5 月 18 日）。

配套政策以促进《合作社法》实施。后文结构安排如下：21.2 节阐述名实之辩的意义；21.3 节给出合作社本质规定的合理性论证；21.4 节基于江苏、吉林、四川三省随机抽样的一套大样本调查数据来回答中国需不需要发展有中国特色的合作社理论；21.5 节回答是否需要从本质规定方面对《合作社法》进行修改，并揭示《合作社法》的主要不足；21.6 节是本章结语。

21.2 学术研究中合作社名实之辩的意义

名，指事物的名称；实，指事物的内容。名实之辩则是指辨别事物是否名实相符。早在两千多年前，中国著名思想家孔子就已指出名实相符的重要性。孔子主张“正名”，认为“名不正，则言不顺；言不顺，则事不成”①，他区别了不同名的不同意义，强调名实相符。对于合作社而言，名实之辩的重要性取决于现实中合作社的名实是否相符，名实越不相符，则名实之辩也就越重要。

21.2.1 合作社名实不符的可能性

本章拟以《合作社法》作为名的准绳，探讨合作社名实不符的可能性②。

《农民专业合作社登记管理条例》③（后文简称《登记条例》）第一条写明，“为了确认农民专业合作社的法人资格，规范农民专业合作社登记行为，依据《中华人民共和国农民专业合作社法》，制定本条例”。第二条则写明，“农民专业合作社的设立、变更和注销，应当依照《中华人民共和国农民专业合作社法》和本条例的规定办理登记”。申请办理农民专业合作社登记，申请人应当对申请材料的真实性负责。

① 见《论语》子路篇，北京：中华书局，2006：187。

② 法律需要不断修改完善，因此，名实是否相符应该以学理而不应该以法律为准绳，但由于此处尚未从学理上论证合作社的本质规定，因此暂以法律为准绳，不过，后文将说明《合作社法》的规定体现了合作社的本质规定。

③ 详见 2014 年 2 月 19 日根据中华人民共和国国务院令第 648 号《国务院关于废止和修改部分行政法规的决定》修订过的《农民专业合作社登记管理条例》（中华人民共和国国务院令第 498 号）。

如果合作社的登记完全遵照《登记条例》的规定，那么从法律的意义上来说，合作社的名实就是相符的。问题在于，工商局难以对每一个合作社的登记资格进行事前审查和事后监管。此时，合作社的登记是否遵照《登记条例》就完全取决于申请人的动机。登记合作社有什么好处？在目前有财税政策扶持的诱惑下，人们有强烈的动机登记合作社，而在政绩考核的压力下，政府相关部门则助推了虚假合作社的产生（邓衡山和王文烂，2014；潘劲，2011；仝志辉和温铁军，2009）。因此，这就很容易导致合作社名实不符。

21.2.2　合作社名实之辩的重要性

当合作社的名实不符成为一种普遍现象，对现实中的合作社进行研究时，进行名实之辩就显得非常重要了，墨子主张“非以其名也，以其取也”[①]，也即是强调名实之辩的必要性。

目前学术界在对合作社进行研究时不分辨名实是一种普遍现象。黄宗智（2010）在对比龙头企业和合作社在实现纵向一体化谁更有优势时，引用官方数据，认为龙头企业得到了更多政策支持但合作社的数量却增长更快，得出合作社更有生命力的结论。但该文忽略了合作社名实不符的可能性。在现实中合作社名实不符的情况下，不辨名实就会导致张冠李戴，即理论和实证脱节的后果。脱节的程度则取决于现实中合作社名实不符的程度。与此类似，邓衡山等（2011）在实证分析组织化潜在利润对农民专业合作组织形成发展的影响时，分析机制借助了合作社理论，但实证考察的却是名为合作社的农民专业合作组织。Deng 等（2010）实证分析政策支持对中国合作社产生的影响时，同样没有给出现实中合作社性质的说明。

名实之辩的意义即在于在理论和现实之间架起一座桥梁，没有这座桥梁，理论分析和实证研究就可能脱节。一方面，理论将无法准确地用来对现实问题

① 见《墨子》贵义篇，北京：中华书局，2007：210。

进行分析；另一方面，现实数据也难以用来检验理论的正确性。例如，黄祖辉等（2002）基于交易成本理论对合作社进行分析，认为蔬菜、水果等产业的组织化潜在利润更大，合作社更易于在这些产业中产生发展，然而这一观点能否被现实中的合作社所证实，在很大程度上取决于合作社名实相符的程度——现实中很多合作社的成立是为了套取政策好处而不是为了降低交易成本；此外，为了回应政府对粮食安全问题的重大关切，现在一些地方正采取措施鼓励和支持种粮农民兴办粮食专业合作社（张晓山，2009）。因此，若合作社并没有更多地在蔬菜、水果等产业中产生，就不能证伪“蔬菜、水果等易腐性产业更适宜于产生合作社”，而很可能是名实不符所致。

21.3　合作社的本质规定：所有者与惠顾者同一

要进行合作社的名实之辩，就必须知道“名”给予合作社的本质规定，以及现实中合作社的“实”究竟是什么。法律需要不断修改完善，因此，本章讨论名实是否相符以学理而不以法律为“名”的准绳。

很多学者认为，合作社的本质规定是“所有者与惠顾者同一”（唐宗焜，2012；张晓山，2011；苑鹏，2006；应瑞瑶，2002；国鲁来，2001；Sexton and Iskow，1993）。“所有者与惠顾者同一”是合作社的本质规定，原因在于以下两个方面。一方面，“所有者与惠顾者同一”将合作社与其他组织区别开来。比如，公司通过为他人服务赚取利润，其所有者不必是公司服务的惠顾者；“公司 + 农户”中的公司和农户则不完全共享所有权。另一方面，合作社也必须坚守这一规定。德国学者哈内尔早在 1992 年就已指出，“所有者与惠顾者同一”作为合作社的本质规定是不可突破的，因为一旦突破将会带来两种后果：一种是如果合作社出于营利的目的而开展非社员业务，以致社员应得的扶持越来越难以实现，从而公平供给下降，社员与组织的关系不断疏远，逐渐等同于一般的顾客或业务伙伴，则合作社就转向以营利为目的的公司。另一种是如果合作社的非社员业务不以营利为目的，公平供给，对社员与非社员一视同仁，这样公平就不再是集体物品，而成为公共物品，合作社也就转变为公益企业了。所以，任一朝向的同一性错位都将导致合作社性质的改变（国鲁来，2001）。

“所有者与惠顾者同一”的含义既可以是严苛的，也可以是相对宽泛的。但这并不意味着“盈余按惠顾额返还”及“成员民主控制”原则可以被无止境地突破。再宽泛的标准也必然要求“盈余按惠顾额返还为主”“社员拥有用手投票的权利”，否则就会变成“盈余按资本返还为主”与“社员只拥有用脚投票的权利”，合作社与公司也就无本质区别了。在后文实证分析部分，本书合作者将采用这一相对宽泛的标准。

21.4　需要中国特色的合作社理论吗？

如果现实中的合作社并不具备“所有者与惠顾者同一”的性质，那么这是不是一种新型的合作社呢？本章的看法是：其一，我们不能将别的已有公认定义的其他组织如公司称为新型合作社；其二，如果中国出现了不具有“所有者与惠顾者同一”性质的组织，而且这种组织在基本性质上有别于已有公认定义的其他组织，那么就可以称之为新的组织形态，应该以全新的名称，而不宜以新型合作社或中国特色的合作社来称呼它。反之，如果现实中的组织其实不过是公司等已有公认定义的组织，那么其既不是新型的合作社也不是新的组织。

21.4.1　合作社、公司、市场模式的检视标准

基于合作社的本质规定，合作社同时符合以下条件才成为真正的合作社。

（1）必须是正式组织。正式组织有明确的成员边界，即成员与组织间有明确的权利义务关系——成员与组织间必须有一个契约，而非成员则没有这样的契约。因此，那些农户间没有明确契约关系的松散联合被界定为市场模式。比如，三五家农户临时约好一起去购买农资，在生产上进行换工，在技术和市场

信息上进行交流互助，这些现象在农村极为普遍，但并没有什么正式的组织，应当被界定为市场模式。

（2）合作社盈余以惠顾额返还为主[①]，且大部分惠顾者都拥有合作社事务的决策权。若盈余不按惠顾额而是按股金分配为主，则合作社就变成了公司，合作社与社员的关系也就变成了公司与农户的关系。若大部分惠顾者都不拥有合作社事务的决策权，即合作社的服务内容与价格由少数人决定，则这些决策者必然使得制度安排更利于自己而不是每一个惠顾者，那么，惠顾者也就谈不上是真正的所有者了。

对现实中不能同时具备上述两个条件的“合作社”或生产经营模式，可视情况归为公司或市场模式。其中，公司是指盈余和决策权归资本要素所有，生产经营由雇工完成的经营模式。市场模式是指农户单独和市场打交道的经营模式。根据农户和市场打交道时签订契约的不同可细分为无订单的市场模式、订单农业、农资订购。无订单的市场模式即农业生产主要由农户自己完成，且生产前农户与组织或个人无订单。订单农业即农业生产主要由农户自己完成，生产前农户与组织或个人签有农产品订单，但农户间不共享产权。农资订购即农户单独向农资商订购农资。

现实中的大部分合作社，尤其是“空合作社”、公司、无订单的市场模式都比较容易判定。这里讨论一个与社员关系相对比较紧密，服务活动较多，相对较难判定其性质的合作社及其本质上所属类型。

典型案例 21-1：本质为订单农业的某养鸭合作社

该合作社成立于 2007 年，由孵化场场长发起，场长自我任命为理事长。2013 年共有社员 47 名，社员分户经营，合作社统一提供鸭苗、饲料和技术服务并收购成鸭。合作社与社员有长期稳定的契约关系，在产品数量和价格方面都有书面协议，其中成鸭价格根据养殖成本的变化进行调整；合作社还与

① 这里以《合作社法》的规定为参照：可分配盈余按成员与本社的交易量（额）比例返还的返还总额不得低于可分配盈余的百分之六十。若现实中合作社无盈余来源，则判定时不再有这个要求。

100 名非社员有不稳定的契约关系。2013 年合作社收购的成鸭 70%来源于社员。合作社无股份，利润归场长个人所有。

该合作社与社员有严格的契约关系，但合作社没有盈余来源，没有股权结构，没有民主管理，因此不是真正的合作社，属于市场模式中的订单农业。

21.4.2　调查结果：可能并不存在中国特色合作社

本章基于第三轮调查数据来推断中国合作社发展的总体状况。调查统计结果（表 21-1）显示，在 500 家样本合作社中，市场模式的组织共 216 家，公司共 32 家，空组织共 252 家，而具有“所有者与惠顾者同一”本质的合作社一家也没有。

表 21-1　现实中合作社的性质与分布

项目	数量/家	比例
所有样本合作社	500	100.0%
空组织 [1]	252	50.4%
市场模式		
无订单的市场模式	192	38.4%
订单农业	6	1.2%
农资订购 [2]	7	1.4%
土地合作社 [3]	11	2.2%
公司	32	6.4%
真正意义上的合作社	0	0

资料来源：根据调查资料统计整理所得

1）空组织指的是没有实际运转，即没有为社员提供任何服务的名义合作社

2）此处农资订购评判标准更严格，同时考虑提供服务、决策方式等。松散的合作社牵线购买、由合作社发起团购农资的均将其归为市场模式，因此本节统计数据小于第 3 章

3）土地合作社本质上是资本所有者的联合（相对于人格化的劳动而言，土地和资金都是物质资本）。联合的方式主要有两种情形：一种是农户不享有合作社的决策权，不共享产权，只获得土地租金，此时，农户与合作社是一种纯粹的市场交易关系；另一种是农户享有合作社的决策权，共享产权，此时土地合作社的性质是公司，农户是公司的股东。本次调查中的土地合作社都是采用前一种模式，因此将其归为市场模式

通过调查结果可以看出，现实中的合作社基本不具备“所有者与惠顾者同一”的性质，但也谈不上什么新组织，其本质是公司及订单农业等其他类

型的组织，尚未有证据表明中国存在大量具有本土特色的合作社[①]，因而也就不需要发展中国特色的合作社理论了。

21.5　需要修改《合作社法》吗？

现实中的合作社几乎都不具备“所有者与惠顾者同一”的本质规定，面对这一现象，《合作社法》需要修改吗？为了回答这一问题，应从以下几个方面来进行考察：第一，《合作社法》本身有没有体现合作社的本质规定？第二，要不要放弃对“所有者与惠顾者同一”本质规定的追求，以迁就于现实？

21.5.1　《合作社法》体现了合作社的本质规定

总体来看，《合作社法》体现了合作社的本质规定。比如《合作社法》第四条规定，合作社应遵循下列原则：①成员以农民为主体；②以服务成员为宗旨，谋求全体成员的共同利益；③入社自愿、退社自由；④成员地位平等，实行民主管理；⑤盈余主要按照成员与农民专业合作社的交易量（额）比例返还。上述各条中，④和⑤直接体现了合作社的本质规定，而①则将合作社局限在农业范围内。

不过，《合作社法》在很多具体条款上过于宽松，例如，①《合作社法》虽然规定成员以农民为主体，但对农民究竟是户口意义上的，还是职业意义上的并没有做明确的规定。②《合作社法》规定，企业可以加入合作社[②]。这为“原有的农业产业化经营中的‘公司 + 农户’的形式内部化于合作社之中”提供了法律依据。③资本可分享盈余，且比例可高达 40%[③]。这大大突破了传统

---

① 需要特别说明的是，由于本次调查的样本数量仅为总体的约 0.05%，因此不能根据本次调查结果推测中国没有真正的合作社，而只能推测中国真正的合作社极少或罕见。

② 《合作社法》第二十条：“成员总数二十人以下的，可以有一个企业、事业单位或者社会组织成员；成员总数超过二十人的，企业、事业单位和社会组织成员不得超过成员总数的百分之五。”

③ 《合作社法》第四十四条：“可分配盈余按成员与本社的交易量（额）比例返还的返还总额不得低于可分配盈余的百分之六十。”这相当于许可资本可分享盈余的 40%。

合作社中资本领取固定利息的基本原则，为现实中的合作社突破“按惠顾额分配盈余”原则打开了突破口。

综上所述，《合作社法》体现了合作社的本质规定，因此，不能将合作社名实不符现象的主要成因归咎于《合作社法》关于合作社本质规定的不完善。

21.5.2　放弃对“所有者与惠顾者同一”本质规定的追求？

21.3 节已经论证了“所有者与惠顾者同一”是合作社的本质规定，是不可突破的，一旦突破，就会演变成别的组织。21.4 节则证实了现实中的合作社的本质是公司等其他组织，其中相当一部分（如“空合作社”）连组织都算不上。因此，若《合作社法》放弃对“所有者与惠顾者同一”本质规定的追求，转而承认不符合“所有者与惠顾者同一”性质的组织为合作社，就会使得理论和现实的脱节，甚至会诱使人们错误地运用理论来指导现实。

21.5.3　《合作社法》的主要问题

《合作社法》的主要问题在于强调对合作社进行物质支持①。很多研究已经指出，物质性的政策支持方式是导致合作社名实不符的主要成因（邓衡山和王文烂，2014；潘劲，2011；仝志辉和温铁军，2009）。在这方面，《合作社法》有不可推卸的责任。《合作社法》的第十条明确指出，国家通过财政支持、税收优惠和金融、科技、人才的扶持以及产业政策引导等措施，促进农民专业合作社的发展。《合作社法》的这些规定无疑起着政策风向标的作用，为中央各部委和地方政府进行优秀合作社评选进而给予项目支持及数量考核等做法提供了法律依据。

① 也有学者认为给予合作社补助是必须的，真正的问题出在监管不严。这种观点显然忽视了对众多的合作社进行监管需要高昂的成本，以至于监管不太可行的问题。

21.6 结　　语

目前，现实中的合作社普遍不符合《合作社法》的规定，针对怎么看待这一现象，尤其是需不需要对《合作社法》进行修改的问题，本章从名实之辩的重要性谈起，从理论上论证合作社的本质规定，并用一套基于江苏、吉林、四川三省随机抽样的大样本调查数据考察了现实中合作社的具体性质，回答了《合作社法》需不需要在合作社的本质规定方面进行修改，以及应该出台什么配套政策以促进《合作社法》实施的问题。本章得出以下结论：①现实中的合作社几乎都不具备"所有者与惠顾者同一"的本质规定。②《合作社法》体现了合作社"所有者与惠顾者同一"的本质规定；修改《合作社法》以承认现实中多样化的"合作社"将使得理论和现实脱节，甚至会诱使人们错误地运用理论来指导现实。③《合作社法》的主要不足在于强调对合作社进行物质支持。

给予合作社过多的物质支持而又缺乏严格控制的情况下，会产生人为的、不切实际的合作社。如果这种形式上的合作社也能得到政府政策的强力支持，那么，这不仅对于真正的合作社不公平，对于其他的营利企业也不公平，而且还可能诱使一些营利企业投机取巧，打着合作社的幌子捞取好处，从而不仅会破坏政策目标的实现，也会扰乱市场经济秩序，妨碍市场竞争的正常开展（国鲁来，2006）。已有研究（邓衡山等，2011；Deng et al.，2010；黄季焜等，2010）和本章的大样本调查均表明，物质性政策支持催生了大量"空合作社""伪合作社"，甚至使原本的真合作社异化成"伪合作社"。

虽然因为固有的"搭便车"问题，合作社很少能够完全自主形成（Fulton，2005），但合作社更需要的是外部支持力量帮助合作社进行制度建构，而不是物质支持（许建明和李文溥，2015；Zachernuk and Fock，2006）。在欧美等发达国家，这种外部支持通常采取外部发展代理人的形式（Stefanson，2002；Harris et al.，1998）；而在日本，则是建立具有准政府机构性质的综合农协。但目前给合作社以物质支持的做法却在不断得到加强[①]。如果《合作社法》出台的目的是促进真正的合作社产生和发展，那么，《合作社法》的修改及政策支持的调整就已迫在眉睫——应该强调制度建构而不是物质支持。政府更多需要做的是在充分考虑合作社发展适宜条件的基础上，将政策支持资源更多用于农户的组织化能力建设上，提升农户对合作社的认知水平，培育农户管理和运营合作社的能力，因地制宜、循序渐进地促进合作社发展。

参考文献

邓衡山，徐志刚，黄季焜，等. 2011. 组织化潜在利润对农民专业合作组织形成发展的影响. 经济学（季刊），10（4）：1515-1532.

邓衡山，王文烂. 2014. 合作社的本质规定与现实检视——中国到底有没有真正的农民合作社？. 中国农村经济，（7）：15-26，38.

国鲁来. 2001. 合作社制度及专业协会实践的制度经济学分析. 中国农村观察，（4）：36-48.

国鲁来. 2006. 农民合作组织发展的促进政策分析. 中国农村经济，（6）：4-11，37.

黄季焜，邓衡山，徐志刚. 2010. 中国农民专业合作经济组织的服务功能及其影响因素. 管理世界，（5）：75-81.

黄宗智. 2010. 中国的新时代小农场及其纵向一体化：龙头企业还是合作组织？//黄宗智. 中国的隐性农业革命. 北京：法律出版社：138-162.

黄祖辉，邵科. 2009. 合作社的本质规定性及其漂移. 浙江大学学报（人文社会科学版），39（4）：11-16.

黄祖辉，徐旭初，冯冠胜. 2002. 农民专业合作组织发展的影响因素分析——对浙江省农民专业合作组织发展现状的探讨. 中国农村经济，（3）：13-21.

孔祥智. 2014. 合作社不规范问题必须抓紧解决. 中国合作经济，（5）：4.

刘老石. 2010. 合作社实践与本土评价标准. 开放时代，（12）：53-67.

潘劲. 2011. 中国农民专业合作社：数据背后的解读. 中国农村观察，（6）：2-11，94.

唐宗焜. 2012. 合作社真谛. 北京：知识产权出版社.

仝志辉，温铁军. 2009. 资本和部门下乡与小农户经济的组织化道路——兼对专业合作社道路提出质疑. 开放时代，（4）：5-26.

① 近年来，中央财政通过多种渠道，积极加大对合作社的扶持力度。参见农业部 2015 年 8 月 28 日发布的《关于进一步促进农民专业合作社健康发展的建议》。

吴志雄. 2004. 对农产品合作社一些问题的思考. 中国农村经济，（11）：11-16.
熊万胜. 2009. 合作社：作为制度化进程的意外后果. 社会学研究，（5）：83-109，244.
徐旭初. 2005. 中国农民专业合作经济组织的制度分析. 北京：经济科学出版社.
徐旭初. 2006. 农民专业合作：基于组织能力的产权安排——对浙江省农民专业合作社产权安排的一种解释. 浙江学刊，（3）：177-182.
许建明，李文溥. 2015. 合作社与政府——制度性建构优于物资性支持. 制度经济学研究，（1）：21-40.
应瑞瑶. 2002. 合作社的异化与异化的合作社——兼论中国农业合作社的定位. 江海学刊，（6）：69-75.
苑鹏. 2006. 试论合作社的本质属性及中国农民专业合作经济组织发展的基本条件. 农村经营管理，（8）：15-21.
张晓山. 2009. 农民专业合作社的发展趋势探析. 管理世界，（5）：89-96.
张晓山. 2011. 农民专业合作社发展需要关注的一些问题. 农村经营管理，（1）：18-23.
Deng H S，Huang J K，Xu Z G，et al. 2010. Policy support and emerging farmer professional cooperatives in rural China. China Economic Review，21（4）：495-507.
Fulton M. 2005. Producer associations：international experience//Sonntag B H，Huang J K，Rozelle S，et al. China's Agricultural and Rural Development in the Early 21st Century. Australian Government，Australian Centre for International Agricultural Research：174-196.
Harris A，Fulton M，Stefanson B，et al. 1998. Working together：the role of external agents in the development of agriculture-based industries. Miscellaneous Publications，9（6）：4.
Sexton R J，Iskow J. 1993. What do we know about the economic efficiency of cooperatives：an evaluative survey. Journal of Agricultural Cooperation，8：1-13.
Stefanson B. 2002. Adult educators in co-operative development：agents of change. Saskatoon：Centre for the Study of Co-operatives in Its Series Occasional Papers，No.31777.
Zachernuk T，Fock A. 2006. China-farmers Professional Associations Review and Policy Recommendations，East Asia and Pacific Region. Washington DC：The World Bank.

第 22 章　全书总结与政策建议

22.1　主 要 结 论

自《合作社法》颁布实施以来，中国合作社的数量迅猛增长，但同时，合作社发展质量不尽如人意和不规范的问题也十分普遍和严重，这提醒越来越多的学者和官员要开始反思中国合作社发展的问题、缘由、发展前景和策略及相关理论问题。本书以交易成本理论、合作博弈理论、产权理论等为理论基础，利用三次全国范围内的村庄和合作社跟踪调查数据，开展了系统深入的理论和实证研究，着重回答以下三组问题。

(1) 中国合作社究竟发展到了什么程度？对农民生产和收入产生了怎样的影响？农民参与程度怎样？存在哪些问题？

(2) 中国合作社的发展质量究竟如何？服务功能和内部治理机制存在众多问题的根本原因在哪里？是中国缺乏合作社发展的基本条件，还是支持政策不完善使然？

(3) 中国合作社发展的前景究竟如何？应该如何看待中国合作社发展的不规范和多元化现象？未来中国合作社发展的方向和政策优化选择是什么？

主要研究结论如下。

(1) 当前，中国合作社的服务功能大多还比较薄弱，其中，蔬菜、水果等组织化潜在利润较高产业的、农户参与发起成立的合作社服务功能相对更强一些，而粮食类、普通经济作物类等组织化潜在利润相对较低产业的、纯粹由外部力量发起成立的合作社服务功能则更弱一些。有一定比例的合作社成立之后并没有开展实质性经营活动。合作社参与率存在较大的水分，主要集中在乡镇农技部门和村委会牵头成立的、功能较差的“空壳合作社”之中。

（2）部分合作社产生了积极的影响，但不同成员的受益差异较大。以本书研究的大棚蔬果合作社为例①，其对普通成员的生产规模、生产效益及收入均无显著影响，但对核心成员的生产规模、生产效益及收入均有显著影响。其中，服务功能较强的大棚蔬果合作社对普通成员的生产效益和收入也有显著影响，但对核心成员的影响要显著大于对普通成员的影响，核心成员受益更大。

（3）合作社产生和发展有其适宜性，需要诸多必要条件。农业劳动监督越难，资产专用性程度和交易不确定性越大，农产品买方垄断程度越高，农户家庭经营规模越大、同质性越强，农户之间社会信任程度越高，制度性构建的外部资源支持越多，则合作社相对于公司与市场模式的优势越明显，即合作社产生和发展的条件越适宜。

（4）蔬菜、水果及诸多特色农作物相比于粮食和一般经济作物，其资产专用性程度和交易不确定性更大，组织化潜在利润更高，更易于形成合作社。中国农户主要从事粮、棉、油等大田作物生产，而这些产品生产经营的组织化潜在利润很小，农户生产组织化难度较大，合作社发展空间较小。

（5）农村社会信任程度越高，合作社越易形成、存续和发展。当前农村信任模式沿血缘亲疏、地缘远近呈递减趋势的“差序格局”，限制了村民自治对农村社会资本和组织资源的汲取，影响合作社的产生和发展。

（6）合作社提供农资购买服务的比例较低。2014 年调查数据表明，在不含雇佣关系的合作社样本中，只有 14.47%的合作社提供牵线购买农资服务，11.90%的合作社提供统一购买农资服务。当下游有农产品质量控制要求时，价格谈判动机越强、谈判能力改善潜力越大，合作社统一购买农资概率越大。中国农户生产经营规模普遍偏小，农资市场竞争比较充分，农产品质量安全监管不力，这些阻碍了合作社提供统一购买农资服务功能。

① 平均而言，相对于一般种植类合作社，大棚蔬果类合作社的服务功能更强。

（7）合作社统一销售产品的比例较低。2014 年调查数据表明，在“不含雇佣关系”的合作社样本中，12.86%合作社提供牵线销售服务，真正统一销售产品的合作社仅有 4.18%。研究表明，拥有产品加工能力和专有销售渠道等溢价手段有助于合作社提供统一销售服务；农户所处产业风险越高，对合作社统一销售服务的需求越高，有能力降低产业风险的合作社越有可能进行统一销售。合作社提供统一销售服务比例较低的原因是：首先，政绩考核与物质激励催生了大量“空合作社”。其次，中国小农普遍缺乏加工投资、开辟专有销售渠道、经营高附加值农产品等溢价手段所需的资金投入与人力资本支持。最后，由于食品质量监管不完善，农产品优质优价难以形成。

（8）合作社开展生产性集体投资的空间狭小。原因在于，农户农业生产经营规模普遍偏小致使集资成本高（或者说组织成本高）、社会资金回报率低。

（9）只有少数合作社有盈余分配活动，且盈余以按股分配为主。成员间异质性强是合作社盈余偏向于按股分配的重要原因。合作社成员异质性越强，即合作社核心成员的股份比例越高于其交易量比例，合作社盈余分配按股分红的比例越大，按交易量返还的比例越小。现行的物质性支持政策也是合作社盈余偏向于按股分配的重要原因。

（10）合作社的利益分配机制因服务功能的不同而各异。大部分合作社仅仅提供技术服务，本身不存在盈余；提供农资购买服务的合作社，大部分都采取便捷灵活、交易成本低的利益机制安排，即在农资交付时直接以降低单价形式与成员交易；提供产品销售服务的合作社，大多采用大户以优惠价收购小户农产品形式，不实行二次返利，即使有一定数额的盈余返还，返还比例也远达不到法律规定的“不低于 60%”；开展生产性集体投资的合作社，也以按股分红为主。现实选择下的合作社运行方式及由此产生的利益分配机制，是当前现实条件下合作双方实现激励相容后的理性选择。合作社严格实行“依法的盈余分配”机制，所需条件较为苛刻，组织成本较高。相反，现实中实行的便捷灵活的利益联结机制，节省了大量组织成本，是多重现实约束下合作社的必然选择。

（11）当前中国合作社发展适宜条件的约束，决定了合作社现存诸多问题与未来发展的渐进性。中国农户农业生产的组织化潜在利润不足、农户经营规模小且农户异质性强、社会信任缺失、有效的外部资源支持缺失，以及农产品质量监管不力，导致最适宜发挥合作社降低交易成本优势的条件缺失，组织成本高昂的劣势凸显。中国以小规模家庭经营为基础的小农经济将长期存在，农户兼业化与专业化将长期并存，规模经营将缓慢发展，农产品质量监管的加强是一项长期任务，农村社会信任提升更是一个长期过程。因此，虽然从长期来看，随着约束条件的突破和适宜条件的改善，中国合作社还存在很大的发展空间，但短期内，经典式的规范合作社发展的前景不容乐观，需要与合作社发展相关的，以及与上述约束条件相关问题的政策进行相应的调适。

（12）合作社在中国未来会呈现多元化的发展态势。通过多个国家和地区发展经验比较发现，农户规模、合作基础、合作利润和功能互补是影响合作组织形式及其多元化的重要内部动力，而政府在法律和税收、金融体系上的支持及非政府的民间力量是合作组织形式多元化的主要外部条件。现阶段我国大陆合作社发展的现实特征更类似于台湾地区的产销班，即小户合作的组织形式，这作为中国合作社的主流方式将长期存在；中国未来规模经营户的增加可以为专业合作社的发展和质量提升积累条件；综合性合作社的形成涉及更多利益主体关系的协调，组织成本高，发展需要一个更长的过程。

（13）我国台湾地区产销班的发展经验对大陆合作社的定位和发展有良好的启示。我国农业发展的现阶段，农民不仅需要成员利益紧密的经典式的规范合作组织，而且需要成员利益相对松散的协作型合作组织。两类组织形式并存是中国现阶段的客观需要和合理选择。我们无须一味按照经典标准苛求合作社的规范发展，应认同合作社多元化发展的阶段性。长期而言，政府应当努力完善适合合作社发展和质量提升的外部客观因素，提供良好的发展环境，促使协作型合作社发展成为规范合作社，逐渐实现合作社的规范化发展。

（14）现阶段支持合作社的政策资源在合作社间及内部成员间分配不均，

不仅偏离政府支持合作社发展的政策目标，还导致合作社发展的不公平竞争。中国对合作社的政策支持以物质性支持为主，而获得政策性资金支持的合作社主要是那些核心成员政治性社会资本丰富的少数合作社，以理事长为代表的合作社核心成员政治性社会资本越丰富，越容易获得政策性资金，并且获得的金额越大。获取了政策性资金支持的合作社，其普通成员虽能够在一定程度上受益，但其受益程度显著低于核心成员。合作社发展政策的支持方向和内容、政策性资金的分配方式都需要进行调整与优化，为合作社的公平和健康发展创造更好的政策环境。

22.2 政策建议

中国合作社经历了十多年的快速发展，取得了很大成绩，但也面临诸多挑战，走到了需要就合作社定位、发展方向和政策措施进行系统思考的关键时刻。基于本书的研究结论，考虑中国的基本国情，本书就中国合作社的发展定位和方向，合作社发展政策的支持方向、内容和支持方式优化提出如下政策启示和建议，希望为未来中国合作社更加健康、公平和持续的发展提供思路。

（1）科学认识合作社发展内在发展规律，理性评判合作社作用。

发展合作社有获取规模经济和降低交易成本等潜在优势和好处，但这种优势的发挥需要适宜的条件，这也会因此导致组织成本增加。只有减少的交易成本大于增加的组织成本时，组建合作社才是更有效率的选择。只有现实中具备合作社发展的适宜条件时，合作社才能发挥其作用。需要科学认识合作社发展适宜性与内在发展规律，客观评判合作社在农业发展中的作用。一方面，尽管过去十多年合作社粗放式的数量增长式发展导致了一些问题，造成了一些负面影响，但我们应正确看待农民的合作需求差异，客观认识合作社的合作层次。农民的合作需求多元，不宜用一个单一模式去评判其合理性。不能因为一些合作社不符合经典的合作社原则就全盘抹杀合作社的成绩和作用。要科学地、实事求是地评判过去合作社发展的成绩，反对合作社“虚无主义”的观点。另一方面，虽然合作社作为一种组织创新，相对分散经营有很多优势，但也需要科学认识合作社发展的适宜性和空间。合作社的良性发展需要良好的市场和政策环境、必要的产业基础和合作化潜在利润、适宜的领头人和团队、村民内部信任等诸多必要条件。需要审慎认识合作社的发展空间。就产业来说，蔬菜、水果及诸多特色农作物生产和畜禽养殖的合作化潜力较大，但这些产品生产规模终究有限，也就决定了受益农户数量的有限性。就合作社活动来说，虽然从国际经验看，合作社在提升食品质量尤其是食品安全方面能发挥十分重要的作用，但由于我们食品监管体系不完备，目前通过合作化来提升食品安全的空间很小。再如，对于小农户融资，合作社的资金互助是一个很好的选择，但鉴于风险防控，合作社的内部融资和资金互助也需要格外谨慎。另外，在我国小农经营模式将长期存在，专业大户与大量兼业农户并存的国情下，组建和运转合作社的成本高昂，而在规范、竞争充分的市场环境下，农资商、经纪人、批发商等的利润并不高，农户组建合作社的利益空间不大，动力不会很强。需要理性看待合作社在农业发展中的作用。

（2）理性看待中国合作社发展阶段，合理定位其作用、发展方向和发展前景，稳妥、有效地促进合作社健康持续发展。

当前中国合作社运行方式及相应的利益分配机制，除了与政策激励和支持内容方式有关，也是现实条件下合作双方实现激励相容后的理性选择，是中国目前合作社发展多重现实约束下的必然选择。中国农业的地位特殊，农村市场庞大，就长期而言，随着合作社发展条件的改善，合作社还存在很大的发展空间，但短期内，经典式的规范合作社发展的前景不容乐观，需要与合作社相关的，以及与上述约束条件相关问题的政策进行相应的调适。在很长一段时期内，中国可能需要客观面对合作社多元化的发展态势。政府无须按照经典标准苛求合作社的规范发展，应当致力于完善适合合作社发展的外部客观因素，为处于发展中或刚起步的组织提供良好的发展环境，待内外条件兼备时，逐渐实现合作社的规范化发展。要科学、合理定位中国合作社的作用、发展方向和发展前景，理性、有效地去推动合作社的发展。就政府而言，合作社需要的是在充分考虑其发展必要条件的基础上，帮助农户提升对合作社的认知、合作化的参与和组织能力，采取适宜支持政策，创造条件提升合作化潜在利润的可实现性，因地制宜、循序渐进地促进农业合作社的健康持续发展。

（3）正确认识中国合作社发展方式多元化的阶段性，无须放松《合作社法》的规定，努力提升合作社质量。

在中国合作社发展大多不规范的当下，很多学者主张通过放松合作社的认定标准来包容实践中的合作社。但实际上，《合作社法》并不需要大改，需要调整的是政策支持方式。导致大量“空合作社”“伪合作社”出现的根本原因不是《合作社法》制定的标准太严，而是不恰当的政策支持方式：数量考核、物质刺激。因为合作社具备“所有者与惠顾者同一”的本质规定是政策支持合作社的出发点，当前《合作社法》的规定体现了合作社的本质规定，同时也算不上很严苛。例如，经典合作社原则要求盈余完全按交易量返还，而《合作社法》只要求盈余按交易量返还的比例不低于 60%，经典合作社原则要求实行一人一票的民主治理，而《合作社法》只要求实行民主治理，出资额或者与本社交易量较大的成员按照章程规定，可以享有附加表决权。

（4）改革上级政府对地方政府合作社发展的考核方式，因地制宜地推动合作社的发展。

纯粹的外部力量来推动合作社发展并不利于合作社提高质量和服务功能，应深刻认识合作社发展的目标，理性看待政府支持在合作社发起、发展过程中的作用。对于农户而言，组建或加入合作社的动力源泉是追求合作化潜在收益和好处。如果合作化收益空间过小，即便在外部力量的推动下，合作社能勉强形成，也难以发挥良好的作用和持续发展。建议对“合作社数量”、“合作社成员数量”和“入社农户比例”等指标进行修改，弱化基层政府推动合作社数量型增长的动机，避免地方政府为应付上级任务而成立“虚假合作社”。不具备合作社所需产业特征和基础、领头人团队等条件的村，可以考虑用公益性社会化服务代替合作社。

（5）完善食品质量安全监管体系的构建，优化制约合作社发展的外部市场环境，充分发挥合作社在解决农产品安全问题中的作用。

目前，农产品质量安全问题频发，其中的原因之一是农户的生产经营规模太小导致监管成本太高，而合作社通过将社员的产品集中起来进行检测可以很好地解决这个问题，但目前有效的第三方认证监督系统的缺失使得合作社难以发挥这一优势。此外，与普通农产品相比，差异化农产品存在更高的溢价空间，但当前质量安全监管体系不完善甚至缺失，导致产品的高附加值无法体现，继而产品利润空间较小，合作社存续的经济基础将受影响。未来，在市场流通领域应当增加质量安全方面的检测，尤其是对于差异化农产品，避免优质无法实现优价情况的发生。具体地，可以通过增设检测机构、补贴检测仪器等途径降低检测成本，或者为生产差异化农产品的合作社提供特殊鉴定渠道，保证差异化农产品的市场认可，从而为实现产品溢价奠定基础。

（6）改变合作社政策支持的内容和方式，转向以制度性建构和农户组织化能力建设为主。

只有在规范的组织建设下，才能够较好地维护普通农民成员的利益，才能够较好地实现合作社的长远发展，才能够较好地实现益贫性旨趣和扶持发展的公共政策意图。促进和规范合作社发展的根本办法是将政策支持资源更多地用于农户组织化能力建设上，提升农户对合作社的认知水平，培育农户管理和运营合作社的能力。政府应将重心调整到加强培训与能力建设，促进合作社完善治理结构和内部运行机制上，包括：因地制宜，引导具有产业基础的地区和农户创建合作社，提升合作化的收益增加程度或成本降低程度及其实现条件。借鉴我国台湾地区发展产销班的经验，避免过于追求规模扩张，提升农业生产经营的专业化和组织化水平。通过宣传、培训和能力建设，吸取发展合作社的经验和教训，帮助农户认识和理解合作社这一组织的优势、缺陷及发挥其优势、规避可能的问题，培养农户合作化的意识和需求，提升他们的合作能力。鼓励农户积极参与合作社的发起成立过程，完善发起方式，使合作社的产生和发展建立在自愿和自助的基础上，充分发挥农户的参与和制衡作用，为合作社治理结构和内部运行机制的完善提供内生的制度基础和持久动力。通过培训、宣传和政策引导，培育和发掘合作社领头人，培养合作社的管理、技术人员，激励合作社核心团队充分考虑合作社发展长期利益和短期利益的冲突、团队自身利益和社员利益的平衡等问题，创新机制，积极完善合作社股权结构和决策机制等内部治理结构与运行机制。引导和帮助合作社完善农户进入、退出合作社机制，明确相关规定，维护普通社员利益和入社积极性。

（7）完善和规范合作社工商登记制度，实行合作社基本信息公开制度。

尽快制定合作社登记发证工作的新规定，调整登记程序，为合作社规范运行创造基础条件。可按照“自愿原则”申报，由基层合作社管理部门审核，实行合作社基本信息的公开。把信息公开作为合作社进入“合作社名录”的必要条件，接受社会监督。

（8）建议农业技术推广部门以合作社为抓手，促进公益性农技推广服务机构服务能力和效果的提升。

提供技术服务是合作社的重要功能之一，但合作社只有积极从外部获取技术才能将这一功能真正发挥出来。相对于科研院所及企业，农业技术推广部门在为合作社提供技术服务方面有着天然的优势：一方面，这是农技部门的本职工作，且农技部门本来就面向农村，与村庄联系紧密；另一方面，农技部门也可以在合作社与科研院所、企业间牵线搭桥。因此，将对合作社的指导工作与公益性农技推广工作结合起来，有助于提升公益性农技推广服务机构的技术服务能力和合作社的技术服务效果。